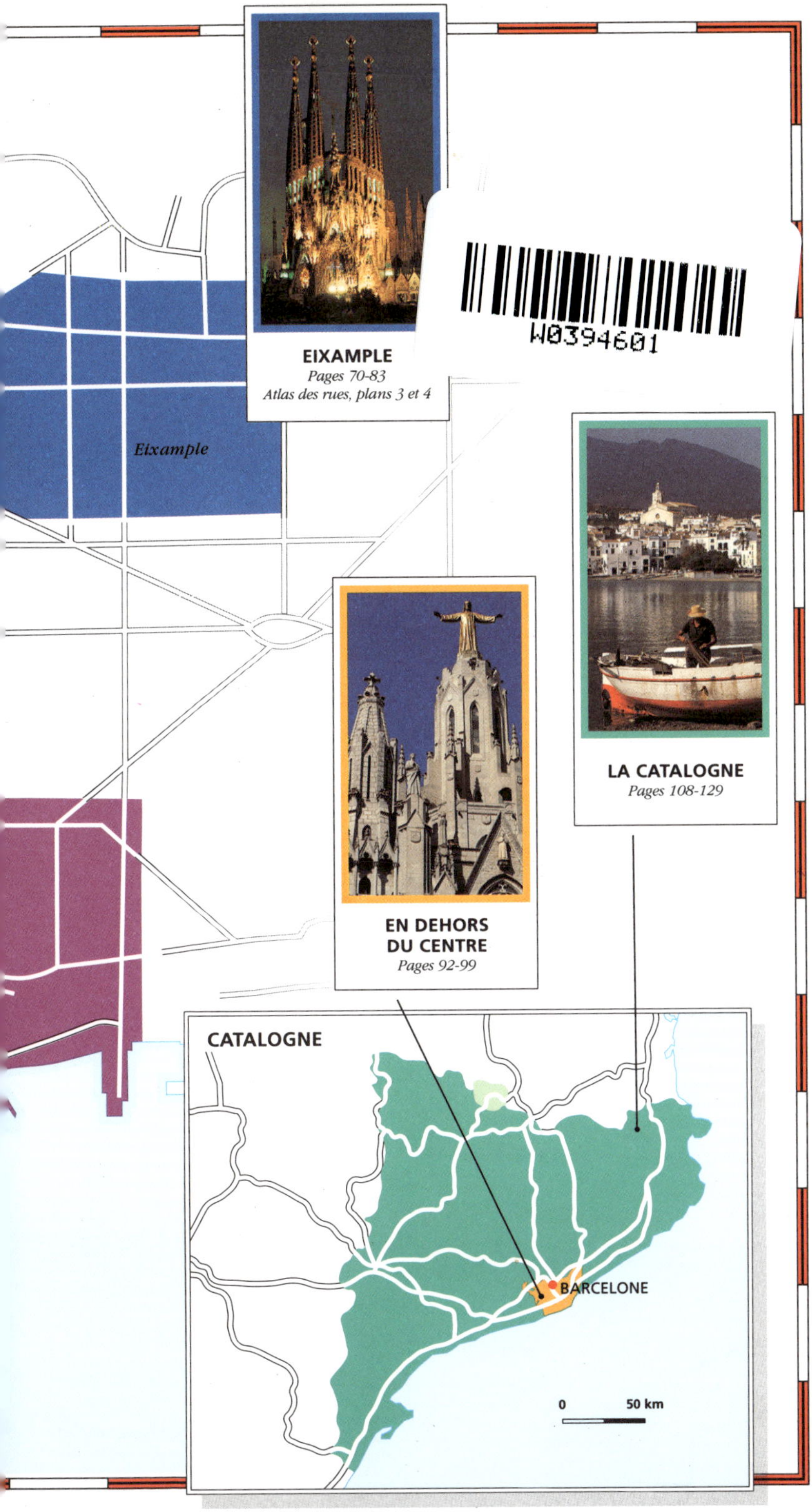
EIXAMPLE
Pages 70-83
Atlas des rues, plans 3 et 4
Eixample
LA CATALOGNE
Pages 108-129
EN DEHORS
DU CENTRE
Pages 92-99
CATALOGNE
BARCELONE
0
50 km

GUIDES VOIR

BARCELONE ET LA CATALOGNE

GUIDES VOIR

BARCELONE ET LA CATALOGNE

HACHETTE

HACHETTE

HACHETTE TOURISME
43, quai de Grenelle, 75905 Paris Cedex 15

DIRECTION
Cécile Boyer-Runge

RESPONSABLE DE PÔLE ÉDITORIAL
Amélie Baghdiguian

RESPONSABLE DE COLLECTION
Catherine Laussucq

ÉDITION
Aurélie Pregliasco

TRADUIT ET ADAPTÉ DE L'ANGLAIS PAR
Dominique Brotot
avec la collaboration d'Isabelle de Jaham

MISE EN PAGES (PAO)
Maogani

CE GUIDE VOIR A ÉTÉ ÉTABLI PAR
Roger Williams

DK

Publié pour la première fois en Grande-Bretagne en 1997, sous le titre : *Eyewitness Travel Guides : Barcelona*

IMPRIMÉ ET RELIÉ EN CHINE PAR SOUTH CHINA PRINTING CO LTD

DÉPÔT LÉGAL : 60761, janvier 2006
ISBN : 2-01-240364-6
ISSN : 1246-8134
Collection 32 – Édition 01
N° DE CODIFICATION : 24-0364-0

Aussi soigneusement qu'il ait été établi, ce guide n'est pas à l'abri des changements de dernière heure. Faites-nous part de vos remarques, informez-nous de vos découvertes personnelles : nous accordons la plus grande attention au courrier de nos lecteurs.

SOMMAIRE

PRÉSENTATION DE BARCELONE ET DE LA CATALOGNE

Jacques Ier le Conquérant, souverain de la Catalogne de 1213 à 1276

QUATRE JOURS À BARCELONE **10**

BARCELONE ET LA CATALOGNE DANS LEUR ENVIRONNEMENT **12**

UNE IMAGE DE LA CATALOGNE **16**

LA CATALOGNE AU JOUR LE JOUR **34**

HISTOIRE DE LA CATALOGNE **40**

Dans un café du Port Vell rénové de Barcelone

BARCELONE QUARTIER PAR QUARTIER

BARCELONE D'UN COUP D'ŒIL **50**

◁ **Pages précédentes : banc du Parc Güell, Barcelone ; Miravet, sur l'Èbre, en Catalogne méridionale**

Port de Cadaqués sur la Costa Brava

LA VIEILLE VILLE **52**

EIXAMPLE **70**

MONTJUÏC **84**

EN DEHORS DU CENTRE **92**

TROIS ITINÉRAIRES DE PROMENADE **100**

Verrière moderniste du Palau de la Música Catalana

LA CATALOGNE

LLEIDA, ANDORRE, GÉRONE, PROVINCE DE BARCELONE, TARRAGONE **108**

LES BONNES ADRESSES

HÉBERGEMENT **132**

RESTAURANTS, CAFÉS ET BARS **142**

FAIRE DES ACHATS À BARCELONE **154**

SE DISTRAIRE À BARCELONE **162**

ACTIVITÉS DE PLEIN AIR **170**

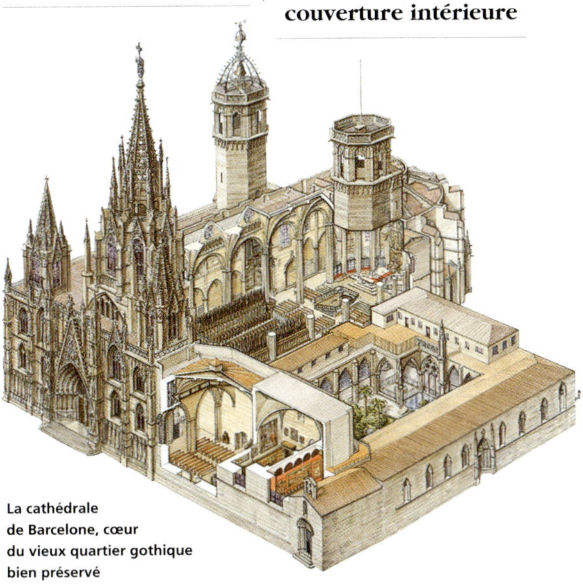

La cathédrale de Barcelone, cœur du vieux quartier gothique bien préservé

RENSEIGNEMENTS PRATIQUES

BARCELONE MODE D'EMPLOI **174**

ALLER ET CIRCULER EN CATALOGNE **182**

ATLAS DES RUES **188**

INDEX **198**

REMERCIEMENTS **205**

Pa amb tomàquet - tartines à la tomate, à l'ail et à l'huile d'olive

LEXIQUE **207**

PLANS DES TRANSPORTS DE BARCELONE **Dernière de couverture intérieure**

COMMENT UTILISER CE GUIDE

Ce guide a pour but de vous aider à profiter au mieux de vos visites de Barcelone et de la Catalogne. L'introduction, *Présentation de Barcelone et de la Catalogne,* situe la région dans son contexte. Six chapitres décrivent les principaux sites : *Barcelone d'un coup d'œil* indique les visites à ne pas manquer dans la cité ; *La vieille ville, Eixample* et *Montjuïc* explorent les quartiers centraux en détail ; *En dehors du centre* présente les lieux intéressants de la périphérie et *La Catalogne* offre un aperçu des quatre provinces de la région. Les *Bonnes adresses* conseillent hôtels et restaurants et les *Renseignements pratiques* vous aideront à régler les problèmes de la vie quotidienne.

BARCELONE ET LA CATALOGNE

Nous avons divisé la région en cinq aires de visite : les trois quartiers centraux de Barcelone, leur périphérie et le reste de la Catalogne. Le chapitre consacré à chacune commence par une introduction et une liste des sites décrits. Pour les quartiers centraux, un plan pas à pas offre une vue aérienne de leur partie la plus intéressante.

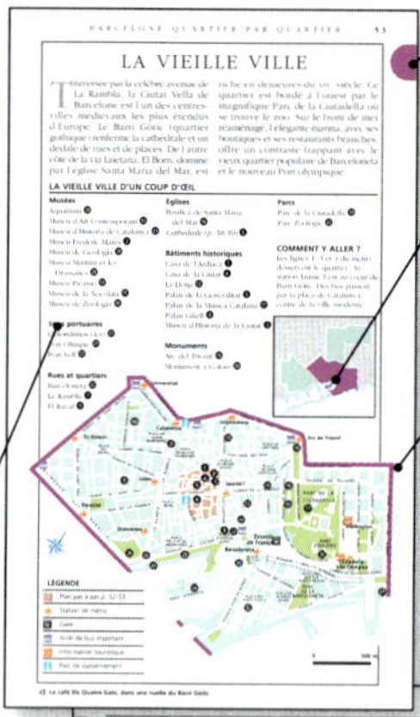

Un repère de couleur identifie chaque chapitre de Barcelone et la Catalogne.

Une carte de localisation indique la situation du quartier dans la ville.

1 Plan général du quartier

Les stations de métro utiles figurent sur ce plan où des numéros désignent les sites du quartier. Ceux-ci apparaissent également sur les plans de l'atlas des rues des pages 188-201.

Le quartier d'un coup d'œil donne une liste par catégories des centres d'intérêt : monuments, musées, églises, rues et jardins.

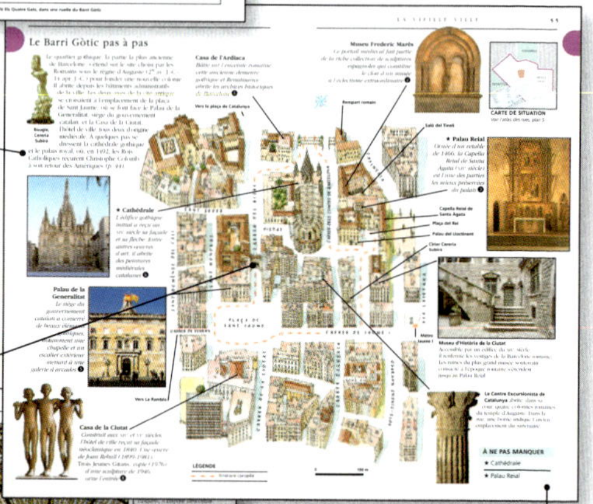

2 Plan du quartier pas à pas

Il offre une vue aérienne détaillée de la zone signalée en rose sur le plan général.

Le meilleur itinéraire de promenade apparaît en rouge.

Des étoiles signalent les sites à ne pas manquer.

3 Renseignements détaillés

Les rubriques décrivant en détail chaque site cité au début du chapitre suivent la numérotation du plan général. Une légende des symboles se trouve sur le dernier rabat de couverture.

4 Introduction à la Catalogne
Le chapitre sur la Catalogne possède sa propre introduction ; celle-ci dresse un rapide portrait de la région et de sa personnalité. Les rubriques présentent son riche patrimoine naturel, historique et culturel, des plages de sable de la Costa Daurada aux sommets enneigés des Pyrénées, et des monastères de Montserrat et de Poblet aux « tours humaines » de la province de Tarragone.

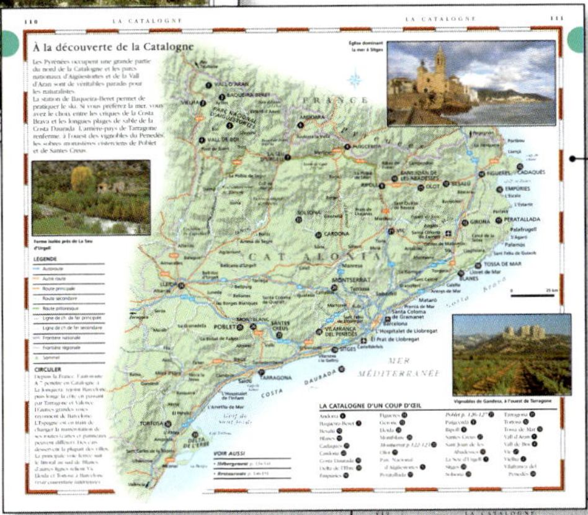

5 La carte illustrée
Elle offre une vue de toute la région et de son réseau routier. Tous les sites du chapitre sont répertoriés et numérotés. L'article Circuler *fournit des informations sur les déplacements en voiture, en car ou en train.*

6 Renseignements détaillés
Les localités et sites importants sont décrits individuellement dans l'ordre de la numérotation de la carte illustrée. Les notices présentent en détail les sites intéressants à visiter.

Des étoiles signalent les œuvres et les bâtiments à ne pas manquer.

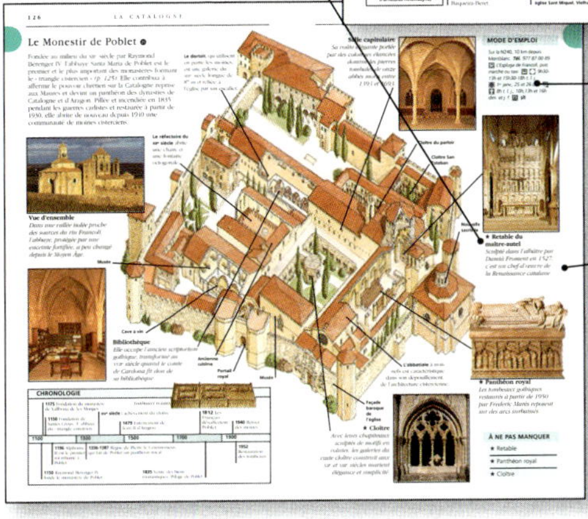

Un mode d'emploi vous aide à organiser votre visite. **La légende des symboles** figure sur le dernier rabat de couverture.

7 Les principaux sites
Deux pleines pages, ou plus, leur sont réservées. La représentation des édifices historiques en dévoile l'intérieur et donne le nom de leurs éléments les plus importants pour vous aider à les situer.

PRÉSENTATION DE BARCELONE ET DE LA CATALOGNE

QUATRE JOURS À BARCELONE 10-11

BARCELONE ET LA CATALOGNE DANS LEUR ENVIRONNEMENT 12-15

UNE IMAGE DE LA CATALOGNE 16-33

LA CATALOGNE AU JOUR LE JOUR 34-39

HISTOIRE DE LA CATALOGNE 40-47

QUATRE JOURS À BARCELONE

Les journées sont longues à Barcelone. La matinée s'étire jusqu'au déjeuner, qui commence rarement avant 14 heures, et l'après-midi se prolonge jusqu'en début de soirée. Avec un peu d'organisation, vous pourrez profiter au maximum de tout ce temps. Voici quatre itinéraires thématiques accessibles en transport en commun. Les tarifs comprennent le transport, les repas et les entrées des sites. Les tarifs familiaux sont prévus pour deux adultes et deux enfants.

Sagrada Família

Promenade à toute heure sur La Rambla

CIRCUIT HISTORIQUE

- **Visite du quartier gothique et des musées**
- **Salle de concert moderniste**
- **La plus célèbre avenue d'Espagne**

POUR DEUX ADULTES, prévoir au moins 40 euros

Le matin

Le **Barri Gòtic** *(p. 54-55)* est le centre historique de Barcelone. Il est facile de se perdre dans ce dédale de ruelles médiévales. Prenez le temps d'y flâner car le quartier est plein de charme. **La cathédrale** *(p. 58-59)* est superbe. À côté, le **Palau Reial** (palais royal) abrite désormais le **Museu d'Historia** *(p. 56-57),* où des ruines ont été mises à nu dans les sous-sols, et le très éclectique **Museu Frederic Marès** *(p. 56)*. Ce dernier est probablement le musée le plus fascinant de la ville. Les restaurants bon marché et typiques ne manquent pas, notamment dans la carrer de Call.

L'après-midi

Suivez une visite guidée du **Palau de la Música Catalana** *(p. 62-63)* et de son magnifique intérieur moderniste (réservez à l'avance). Ensuite, plongez dans l'atmosphère d'**El Born** *(p. 102-103)* et de ses boutiques branchées. Visitez le **Museu Picasso** *(p. 64-65),* puis promenez-vous sur Las Ramblas, une avenue toujours très animée.

Les riches ornements intérieurs du Palau de la Música Catalana

CIRCUIT GAUDÍ

- **Les formes organiques de la Casa Batlló**
- **La Sagrada Família, l'extraordinaire église de Gaudí**
- **Soirée shopping sur le passeig de Gràcia**

POUR DEUX ADULTES, prévoir au moins 40 euros

Le matin

Pour beaucoup, Barcelone rime avec Gaudí. L'architecte créa de nombreux immeubles, tous dignes d'intérêt. Nous vous conseillons de commencer par le plus pittoresque et le plus excentrique, la **Casa Batlló** *(p. 76-77)*. Admirez ses fantastiques formes organiques, ses détails architecturaux raffinés et montez voir les cheminées remarquables et le « dos de dragon » du toit (moyennant un supplément). Depuis peu, les spectaculaires combles de la Casa Batlló sont ouverts à la visite. Un peu plus loin, visitez la très réputée **Casa Milà** *(p. 79)*. Si vous manquez de temps, contentez-vous d'admirer sa magnifique façade. Pour déjeuner, vous trouverez des restaurants bon marché autour du passeig de Gràcia.

L'après-midi/la soirée

La Sagrada Família *(p. 80-83)* est l'œuvre maîtresse de Gaudí. Prenez le temps d'observer les innombrables détails des deux façades de cette extraordinaire église inachevée, la façade de la Passion et la façade de la Nativité, et montez jusqu'aux

La Casa Batlló, un univers architectural unique

tours vertigineuses (à pied ou en ascenseur).
De retour sur terre, flânez devant les élégantes boutiques du passeig de Gràcia. Cherchez l'immeuble moderniste de la boutique Vinçon (p. 155).

Museu d'Art Contemporani

CIRCUIT ARTISTIQUE

- **Les joyaux romans de la colline de Montjuïc**
- **Les œuvres d'art contemporain**
- **La collection des grands maîtres**

POUR DEUX ADULTES, prévoir au moins 50 euros

Le matin

Le nombre de musées que vous pourrez visiter dépendra de votre curiosité. Commencez à 10 h, à l'ouverture du **Museu National d'Art de Catalunya** *(p. 88),* sur la colline de Montjuïc (et admirez la vue). Sa collection d'art roman est la plus belle d'Europe.
À proximité, dans une usine moderniste, le **CaixaForum** *(p. 98)* est la dernière galerie d'art contemporain de la ville. Déjeunez dans un café du quartier.

L'après-midi

Dépaysement garanti au **Monestir de Pedralbes** *(p. 95)*. Cet adorable monastère renferme une partie de la collection Thyssen-Bornemisza. De retour dans le centre-ville, laissez-vous surprendre par le **Museu d'Art Contemporani** *(p. 62-63).*

CIRCUIT FAMILIAL

- **Excursion au parc de loisirs**
- **Croisière dans le port**
- **Les requins de l'aquarium**
- **Séance de cinéma IMAX**

POUR 4 PERSONNES, prévoir au moins 100 euros

Le matin

Vous pouvez prendre le tramway et le funiculaire pour aller passer la journée en famille à **Tibidabo** *(p. 98-99),* un parc de loisirs perché sur la plus haute colline derrière Barcelone. Sinon, montez au sommet du **Monument a Colom** *(p. 68-69),* au pied de Las Ramblas. Du quai voisin, embarquez pour une croisière dans le port à bord d'une *golondrina (p. 68-69)*. Puis traversez le pont piétonnier pour déjeuner au centre commercial Maremàgnum.

L'après-midi/la soirée

Vous pouvez réserver certaines attractions pour enfants pour les soirées. L'**Aquarium** *(p. 68-69)* leur propose diverses activités, en plus du spectacles des requins et autres créatures fascinantes. À proximité, assistez au spectacle étonnamment réaliste (et renversant) de l'**IMAX Cinéma** *(p. 164)*. À quelques pas de là, l'évocation de la vie quotidienne aux temps anciens proposée par le très reposant **Museu d'Historia de Catalunya** *(p. 68-69)* plaira aux enfants.

L'Aquarium de Barcelone, une expérience formidable pour les enfants

Barcelone et la Catalogne dans leur environnement

La Catalogne occupe, dans l'angle nord-est de la péninsule Ibérique, six pour cent de la superficie de l'Espagne. Elle a pour capitale Barcelone, grand port méditerranéen situé juste au centre de son littoral et principal point d'embarquement à destination des îles Baléares, un archipel dont les habitants parlent le catalan.

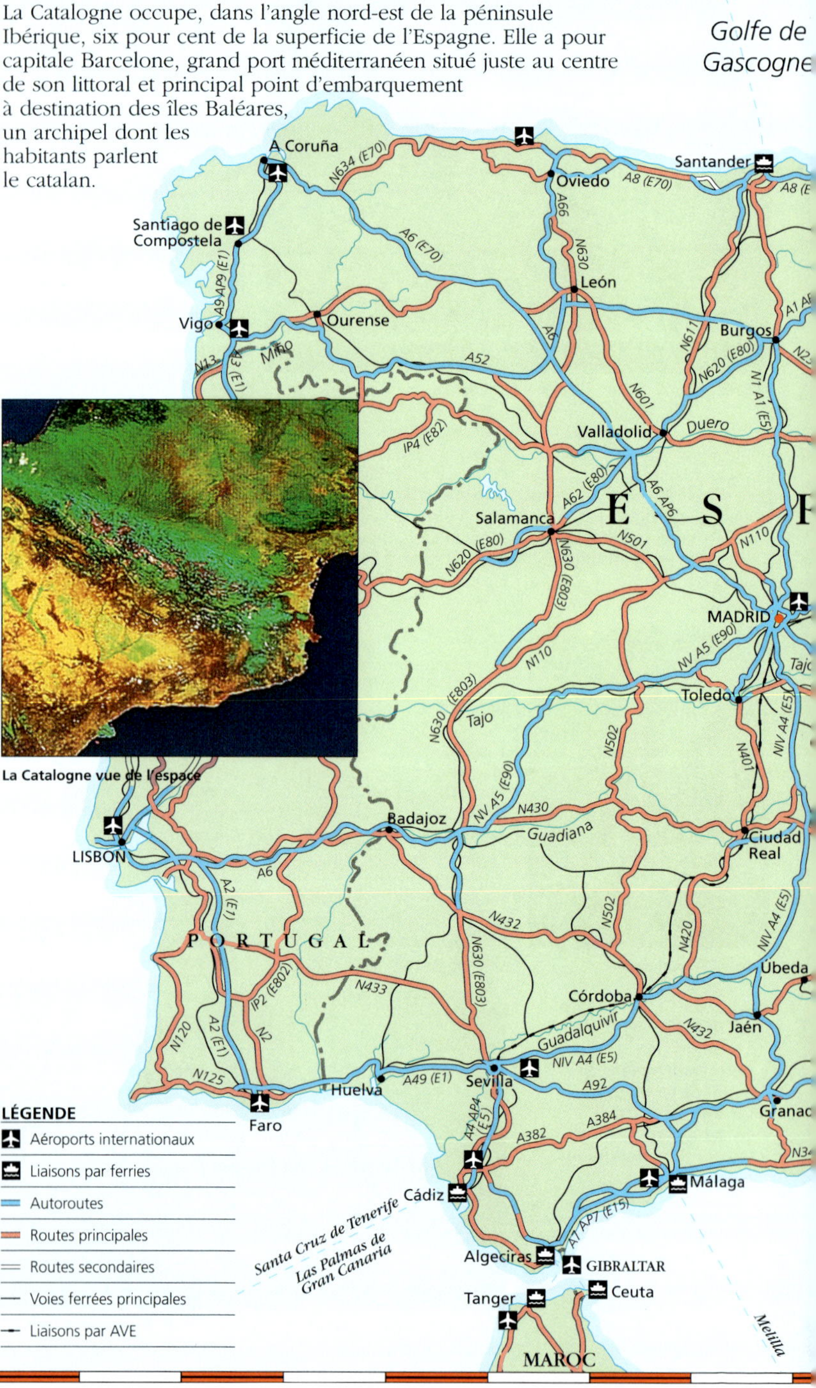

La Catalogne vue de l'espace

◁ *Paral.lel any 1930*, par Emili Bosch Roger, représentant une des avenues de Barcelone au début du siècle

Les Canaries
Situé dans l'Atlantique à 150 km du Maroc, cet archipel de sept îles se trouve à 1 150 km au sud-ouest de Cadix.

Les frontières de la Catalogne
La crête des Pyrénées marque au nord la frontière avec la France et la principauté d'Andorre. Au sud et à l'ouest s'étendent les régions espagnoles de Valence et de l'Aragon.

Le centre de Barcelone

Adossée à la montagne face à la mer qui lui a donné sa prospérité et continue de jouer un grand rôle dans sa vie économique, Barcelone présente un visage hétérogène qui reflète l'histoire de sa croissance. Cette diversité a déterminé le découpage, dans ce guide, du centre en trois grands quartiers. La colline de Montjuïc domine la mer à la pointe sud-ouest d'un abrupt arc rocheux qui enserre presque entièrement la ville. Des édifices monumentaux s'y dressent dans un vaste espace vert. La vieille ville a pour cœur le quartier gothique dont les ruelles bordées de maisons anciennes forment un dédale autour de la cathédrale. Eixample, agrandissement aux rues rectilignes datant du XIXe siècle, recèle de superbes bâtiments modernistes (Art nouveau).

Montjuïc
Cette colline, dont le sommet ménage des vues magnifiques, abrite plusieurs des meilleurs musées de Barcelone, dont le Museu Arqueològic (p. 80), *qui expose cette mosaïque romaine découverte en ville.*

0 — 1 km

LÉGENDE

- Site majeur
- Station de métro
- Gare
- Arrêt de bus
- Téléphérique
- Funiculaire
- Poste de police
- Parc de stationnement
- Information touristique
- Église

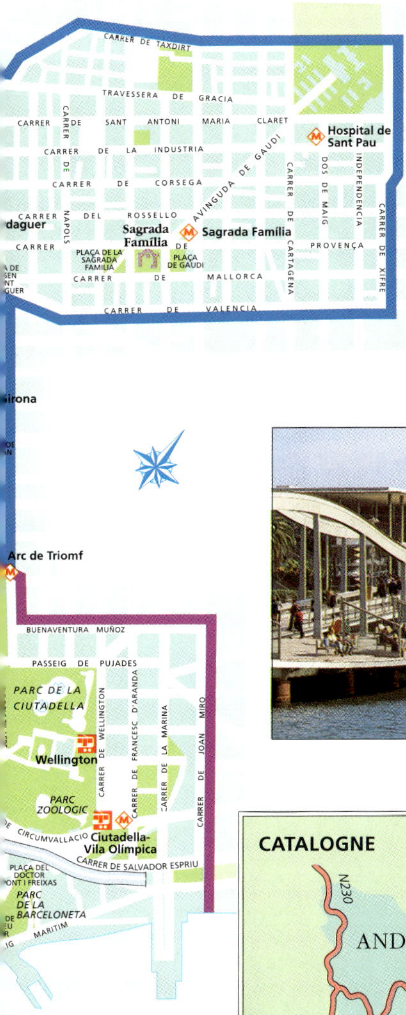

Eixample
La partie la plus intéressante de l'agrandissement de la ville effectué au XIXe siècle permet de découvrir d'innombrables éléments architecturaux modernistes, telle la porte de la Casa Comalat (p. 48).

Vieille ville
Cette zone inclut les quartiers les plus anciens de la cité, son port, le « village » de pêcheurs du XVIIIe siècle appelé Barceloneta et les aménagements modernes en front de mer (p. 64).

Catalogne
Très montagneuse hors de la plaine côtière où se trouve Barcelone, la région est réputée pour ses églises romanes comme Sant Pere de Galligants (p. 21).

UNE IMAGE DE LA CATALOGNE

Peu d'autres grandes cités méditerranéennes chargées d'histoire adhèrent à la modernité avec autant d'audace que Barcelone. Aussi célèbre pour ses musées et son architecture que pour ses bars et sa principale promenade, La Rambla, elle vit intensément de nuit comme de jour, mettant la même ardeur à s'amuser qu'à construire l'avenir.

Au bord de la Méditerranée à environ 150 km au sud de la France, Barcelone s'étend entre deux fleuves, le Llobregat et le Besòs, et au pied de la serra Collserola, une chaîne de collines qui culmine à 532 m dans le parc de Tibidabo. Elle est la capitale de la communauté autonome de Catalogne, divisée en quatre provinces nommées d'après leurs chefs-lieux respectifs : Barcelone, Gérone, Lleida et Tarragone. Deuxième ville d'Espagne après sa vieille rivale, Madrid, Barcelone possède quatre millions d'habitants, soit environ la moitié de la population totale de la Catalogne. Fière d'avoir gardé sa propre langue, revendiquant toujours plus d'indépendance face au gouvernement central, la région s'est tournée résolument vers l'Europe.

La Dama del paraigua

POLITIQUE ET SOCIÉTÉ

Derrière un front de mer qui a complètement changé de visage au cours des vingt dernières années, Barcelone conserve un des plus beaux quartiers médiévaux d'Europe. La Generalitat, gouvernement de la Catalogne, y a son siège au cœur de la vieille ville sur la plaça de Sant Jaume, qui occupe l'emplacement du forum romain. Comme la Casa de la Ciutat (hôtel de ville), qui lui fait face, le Palau de la Generalitat a des origines gothiques. Le Parlement de la région partage quant à lui un bâtiment avec le Museu d'Art Modern dans le Parc de la Ciutadella. Malgré leur goût pour le changement, les Catalans se montrent plutôt conservateurs dans leurs engagements politiques. Les élections qui

Promeneurs profitant d'une belle journée d'hiver sur La Rambla

Colonnes ornées de motifs floraux du Palau de la Música Catalana de style moderniste à Barcelone

Fête du livre en avril à la saint Georges

suivirent la mort de Franco en 1975, portèrent le parti nationaliste modéré *Convergència i Unió* présidé par le charismatique Jordi Pujol à la tête de la Généralité ; le conseil municipal, lui était socialiste. Cependant en 2003, la majorité de la Généralité devint socialiste derrière Pascual Maragall. La région a profondément évolué pendant cette période, obtenant du pouvoir central toujours plus de prérogatives locales. Le symbole le plus visible de cette démarche est le remplacement, presque partout, de la police nationale par la police catalane. L'économie, qui reposait traditionnellement sur l'industrie, s'est elle aussi transformée, se tournant vers l'Europe et développant considérablement le secteur des services.

Entreprenants et travailleurs, les Catalans aiment parfois à penser qu'ils sont plus proches des Européens du Nord que des autres Espagnols, qu'ils jugent indolents. Une des grandes sources de friction avec Madrid demeure le fait que la région verse plus à l'État qu'elle n'en reçoit.

Mais le *seny*, ou bon sens, n'est pas le seul moteur des Catalans. Ils sont tout aussi sensibles à la *rauxa*, une forme de chaos créatif, et même les plus sérieux restent à la merci d'un *cop de rauxa*. Ces fameux coups de sang servent souvent à justifier les moments les plus violents de l'histoire du pays. Les Catalans ont mené tambour battant la récente réhabilitation de plusieurs quartiers de Barcelone, détruisant des lieux d'une grande valeur sentimentale comme les gargotes de bord de plage de Barceloneta. D'étonnants bâtiments comme le Museu d'Art Contemporani furent élevés dans la vieille ville, et des édifices anciens, comme le Cafè Zurich, rendez-vous des artistes et des intellectuels sur la Rambla furent vigoureusement rénovés.

Artiste de rue sur La Rambla

LANGUE ET CULTURE

Langue romane issue directement du latin et proche du provençal, le catalan n'a jamais cessé d'être parlé malgré son interdiction en 1717 par Philippe V et, la répression, plus récente, menée par le régime franquiste, de toute expression spécifique. Le catalan est devenu la langue officielle de la Catalogne quand la province

Affiche d'un film de Pedro Almodóvar

Plage de Tossa de Mar sur la Costa Brava

a acquis le statut d'autonomie de 1979. Il est parlé par environ huit millions de personnes. Tous les panneaux et documents officiels de la Catalogne sont aujourd'hui rédigés en catalan et en espagnol.

La tradition picturale de la région remonte aux fresques romanes du haut Moyen Âge, mais c'est avec le Modernisme du tournant de ce siècle qu'elle a fourni une contribution originale aux arts plastiques, notamment en architecture avec Antoni Gaudí. Lieu de naissance des peintres Joan Miró, Salvador Dalí et Antoni Tàpies, la Catalogne est aussi l'endroit où se forma Pablo Picasso. Des créateurs comme Javier Mariscal, qui dessina la mascotte des Jeux olympiques de 1992, Oliver Tusquets, réputé pour son mobilier, et la styliste de mode Toni Miró continuent de faire de Barcelone une ville à la pointe de l'esthétique. Les réalisateurs Pedro Almodóvar, auteur de *Tout sur ma mère,* filmé à Barcelone, et Bigas Luna *(Jamón Jamón)*, natif de cette ville, sont mondialement connus.

Montserrat Caballé

Au cours de ces cent cinquante dernières années, les compositeurs Isaac Albéniz (1860-1909), Enric Granados (1867-1916) et Frederic Mompou (1893-1987) ont apporté à la musique classique un ton sincèrement ibérique. De grands interprètes se sont aussi imposés sur les scènes mondiales, en particulier le violoncelliste Pau Casals (1876-1973) et les chanteurs d'opéra Montserrat Caballé et Josep Carreras.

Les Catalans lisent plus que les autres Espagnols et possèdent depuis des siècles une riche littérature. Après la période difficile du franquisme, elle a pris un nouvel essor ces vingt dernières années mais reste peu traduite en français, en dehors des aventures du détective Pepe Carvalho, imaginé par Manuel Vázquez Montalbán.

TRAVAIL ET LOISIRS

Les Catalans restent attachés à leurs traditions ainsi qu'à la vie de famille, et beaucoup de Barcelonais rentrent déjeuner à la maison. Les boutiques ferment à 20 h, et acheteurs et promeneurs emplissent les rues à partir de 18 h. On dîne tard et l'ardeur au travail n'ôte rien au goût de la fête : plus le week-end approche et plus les nuits sont longues sur La Rambla. La soirée ne commence toutefois à s'animer que vers 22 h.

Manifestation d'indépendantistes catalans

Les fleurs du *matollar*

Ophrys frelon

Le maquis méditerranéen caractéristique appelé *matollar* a remplacé les vastes forêts de chênes verts qui couvraient jadis la côte de l'Espagne orientale et qui furent détruites au fil des siècles par les incendies ou pour obtenir du bois d'ouvrage ou de chauffage. C'est au printemps que le maquis prend ses plus belles couleurs quand fleurissent la bruyère, les genêts ou la sauge. Avec l'été, leur parfum s'estompe devant celui de plantes aromatiques telles que les cistes, le romarin et le thym. Comme la végétation, la faune s'est adaptée à la sécheresse qui règne en été.

Le genêt d'Espagne *produit au printemps des fleurs jaunes et odorantes qui se transforment en gousses noires.*

La sauge, *souvent cultivée dans les jardins, était au Moyen Âge une plante réputée pour ses vertus médicinales.*

La fleur d'agave peut atteindre une taille de 10 m.

Pin d'Alep

Romarin

L'ail sauvage *se distingue à la floraison par une longue tige portant une boule de plusieurs petites fleurs roses.*

Le thym *est cueilli de préférence au printemps quand les fleurs augmentent son parfum.*

EN TERRE ÉTRANGÈRE

Fleurs de figuier de Barbarie

Plusieurs plantes du Nouveau Monde ont réussi à s'implanter sur les terres arides où croît le *matollar*. Le figuier de Barbarie, rapporté, pense-t-on, par Christophe Colomb, produit des fruits délicieux, mais garnis de très fines aiguilles. Leur cueillette exige des gants épais. Originaire du Mexique, l'agave a une croissance rapide pendant 10 ou 15 ans puis il dresse vers le ciel une fleur unique avant de mourir.

Fleurs d'agaves

L'ophrys miroir *se différencie des autres orchidées par la brillance de son labelle bleu entouré de duvet brun.*

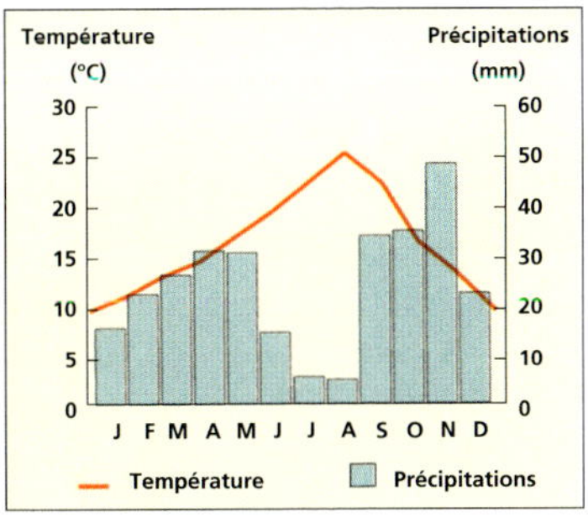

LE CLIMAT

Les plantes du *matollar* fleurissent en majorité au printemps, chaud et arrosé. Des bulbes contenant des réserves d'eau, ou des feuilles vernissées et des résines visqueuses limitant l'évaporation, leur permettent de survivre l'été.

Les chênes verts *aux feuilles vernissées sont bien adaptés au climat de l'Espagne orientale.*

L'arbousier *produit des fruits comestibles mais sans grande saveur hormis en confiture.*

Le ciste cotonneux *aux fleurs délicates et colorées a besoin de soleil pour se développer.*

Le ciste à laudanum *sécrète une résine aromatique utilisée en parfumerie.*

Le chardon étoilé, *une plante annuelle, donne des fleurs souvent rose pâle puis des gousses en forme d'étoile.*

LA FAUNE DU MATOLLAR

Les insectes sont les animaux du *matollar* les plus aisés à observer, les oiseaux se montrant en général très discrets. Les petits mammifères comme les souris et les campagnols ne sortent que la nuit pour se protéger de leurs prédateurs, en particulier des serpents.

La couleuvre jarretière *se nourrit de rongeurs, d'oiseaux et d'insectes. Des traits noirs évoquant les barreaux d'une échelle aident à reconnaître les jeunes. Les adultes ne portent que deux bandes.*

Les scorpions *recherchent l'humidité sous des pierres ou des morceaux de bois. Leur piqûre peut provoquer chez l'être humain œdème et irritation.*

La fauvette pitchou *se montre peu mais a un chant mélodieux pendant la saison des amours. Le mâle arbore des couleurs plus vives que la femelle.*

Le machaon *est l'un des superbes papillons du matollar où abondent également fourmis, abeilles et sauterelles.*

Art et architecture romans

La Catalogne connut une intense période de construction entre le XIe et le XIIIe siècle et elle conserve plus de 2 000 bâtiments de style roman, en majorité des sanctuaires religieux. Ceux qui se trouvent dans les Pyrénées ont échappé aux conflits et sont particulièrement bien préservés. Caractérisées par d'élégants clochers et des voûtes en berceau, les églises possédaient une intéressante statuaire et de remarquables peintures murales. Beaucoup de ces dernières ont été mises à l'abri au Museu Nacional d'Art de Catalunya *(p. 88)* et remplacées par des copies.

Sant Jaume de Frontanyà (p. 114), *ancien chapitre d'augustins, présente des traits typiques du XIe siècle comme les bandes lombardes sous les toits des trois absides. En revanche, la grande lanterne centrale octogonale est inhabituelle.*

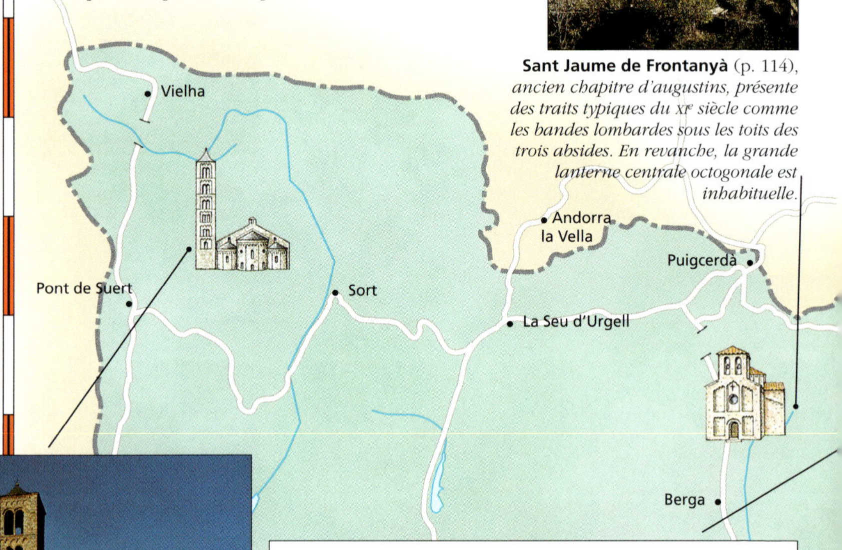

Sant Climent de Taüll, *dans la Vall de Boí* (p. 113) *en 1123, abritait des fresques, dont un Christ en majesté* (p. 88), *parmi les plus belles de Catalogne. Elle en conserve des copies, les originaux se trouvant à Barcelone.*

MONESTIR DE SANTA MARIA DE RIPOLL

Fondée en 879 et reconstruite en 1032 sous la direction de l'abbé Oliva, l'église de l'ancien monastère bénédictin de Ripoll possède un magnifique portail, protégé par un auvent gothique du XIIe siècle. Ses sculptures s'inspirent de la Bible de Ripoll, aujourd'hui au Vatican, et évoqueraient la reconquête de la Catalogne sur les Maures. Au sommet, au-dessus du tympan *(p. 96)*, des anges, les attributs des apôtres et les vieillards de l'Apocalypse entourent le Christ. Les travaux des mois de l'année ornent les montants intérieurs de l'entrée qu'encadrent saint Pierre et saint Paul. Les légendes ci-dessus décrivent les autres frises.

Sant Pere de Camprodon (p. 115), *consacrée en 1169, témoigne d'un style arrivé à maturité avec ses cinq absides. La forme légèrement ogivale de la voûte en berceau de la nef annonce le gothique.*

RÉGION D'ART ET D'ARCHITECTURE ROMANS

Sant Cristòfol de Beget (p. 115), *belle église d'un hameau pittoresque caché au fond d'une vallée, possède un intérieur superbement préservé avec ses fonts baptismaux romans et son crucifix du* XII*e siècle, le Majestat.*

Sant Pere de Rodes, *ancien monastère bénédictin en cours de restauration, garde dans la nef des colonnes du temple romain dont il occupe l'emplacement à 600 m d'altitude.*

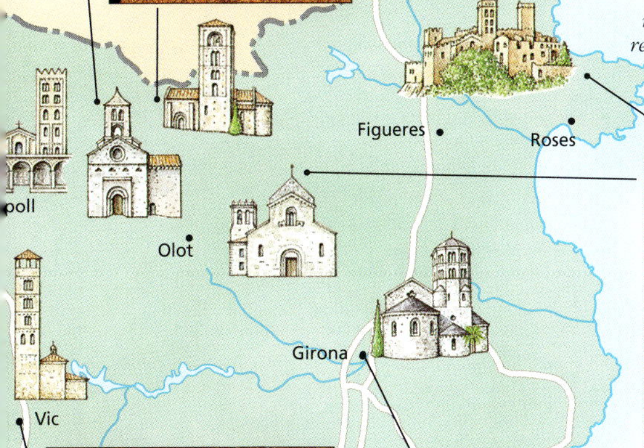

Sant Pere de Besalú (p. 115) *date du* XII*e siècle et faisait partie d'un couvent bénédictin plus ancien. Le déambulatoire conserve des chapiteaux finement sculptés.*

Le Museu Episcopal de Vic (p. 124), *attenant à la cathédrale, possède une riche collection d'art roman. Elle comprend cette émouvante représentation de la Visitation. Elle décorait jadis un autel du monastère de Lluçà.*

Sant Pere de Galligants (p. 116) *est du plus pur style roman avec son portail décoré d'une rosace du* XI*e siècle, ses trois nefs et son clocher octogonal. Des scènes bibliques ornent les chapiteaux du cloître. Le Musée archéologique de Gérone occupe désormais cette ancienne abbaye bénédictine.*

Gaudí et le Modernisme

Cheminée, Casa Vicens

À la fin du XIXe siècle, l'Art nouveau révolutionna en Europe les rapports entre l'architecture et les arts décoratifs. Il prit à Barcelone une forme originale portée par l'aspiration nationaliste catalane : le Modernisme. Parmi ses principaux représentants figurent Josep Puig i Cadafalch, Lluís Domènech i Montaner et, surtout, Antoni Gaudí i Cornet *(p. 78)*. La création du quartier d'Eixample *(p. 70-83)* offrit un vaste terrain vierge à leur fièvre créatrice.

Décoration et architecture *sont intimement liées dans le Modernisme. Cette porte et son entourage de céramique se trouvent dans la Casa Batlló, bâtie en 1905* (p. 78).

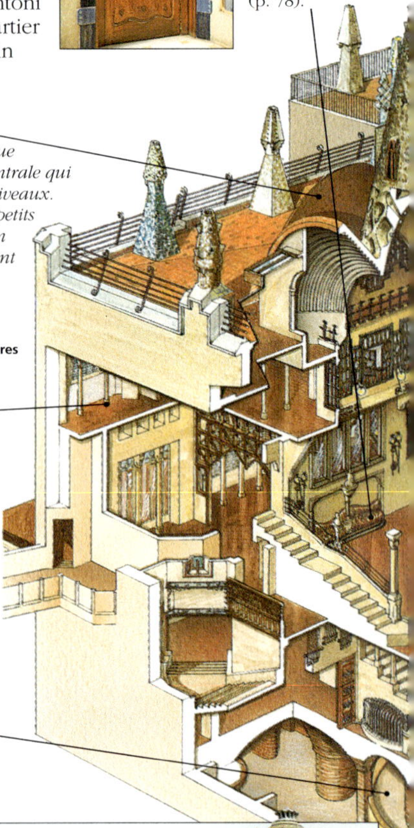

Une coupole *au sommet conique couvre la salle centrale qui s'étage sur trois niveaux. Elle est percée de petits oculi d'inspiration islamique évoquant un ciel étoilé.*

Les galeries supérieures ont une riche décoration de bois sculpté et de pisé.

La rampe en hélice *des écuries témoigne de la prédilection de Gaudí pour les courbes, un goût qui s'exprime avec force et brio dans l'étonnante façade de la Casa Milà* (p. 79).

L'ÉVOLUTION DU MODERNISME

1859 L'ingénieur civil Ildefons Cerdà i Sunyer soumet un projet d'expansion de Barcelone

1878 Gaudí diplômé d'architecture

1900 Josep Puig i Cadafalch construit la Casa Amatller *(p. 78)*

1903 Lluís Domènech i Montaner construit l'Hospital de la Santa Creu i de San Pau *(p. 79)*

Détail de l'hôpital

1850 | **1865** | **1880** | **1895** | **1910** | **1925**

1883 La continuation de la Sagrada Família *(p. 80-81)* est confiée à Gaudí

Détail de la Sagrada Família

1888 L'Exposition universelle de Barcelone donne son élan au Modernisme

1905 Casa LLeó Morera *(p. 78)* de Lluis Domènech i Montaner. Casa Terrades *(p. 79)* de Josep Puig i Cadafalch

1910 Achèvement de la Casa Milá

1926 Mort de Gaudí

Les cheminées *prirent des formes échevelées dans les dernières œuvres de Gaudí, comme ici sur le toit de la Casa Batlló.*

Des lampes en fer forgé éclairent la grande salle

Des carreaux de céramique ornent les cheminées.

Les arcs paraboliques, *que Gaudí commença à utiliser dans le Palau Güell, dérivent de l'architecture gothique. Ce corridor (1890) appartient au Collegi de les Teresianes, une école religieuse à l'ouest de Barcelone.*

L'escutcheon évoque les armoiries catalanes.

LES MATÉRIAUX DE GAUDÍ

Gaudí concevait la décoration de ses constructions en même temps qu'il en créait les plans, associant des matériaux bruts tels que bois, pierre taillée, mortier et brique à des éléments ouvragés comme le fer forgé, le vitrail ou les carreaux et mosaïques de céramique.

Vitrail de la Sagrada Família

Mosaïque de céramique, Parc Güell ***(p. 98)***

Détail d'un portail, Casa Vicens ***(p. 26-27)***

Décor d'El Capricho à Comillas, Cantabrie

PALAU GÜELL

Le premier édifice majeur que Gaudí construisit dans le centre-ville, sur La Rambla *(p. 60)*, en 1889, établit la réputation internationale de cet architecte très original. Commandée par son principal mécène, l'industriel Eusebi Güell, l'ancienne demeure borde une ruelle qui offre peu de recul pour contempler sa façade. Le jeu des volumes intérieurs, la décoration et le mobilier rendent sa visite fascinante.

Des formes organiques, *caractéristiques du travail de Gaudí, ont inspiré les ferronneries du portail, ainsi que ce dragon couvert de fragments de carreaux polychromes qui garde l'escalier du Parc Güell.*

La Ruta del Modernisme

L'Art nouveau a pris à Barcelone une forme originale, le Modernisme, dont un itinéraire défini par l'office du tourisme, et indiqué sur ce plan, permet de découvrir cinquante exemples architecturaux. Un *Multi-ticket*, valable à partir de la Casa Amatler *(p. 78)*, donne accès à trois musées de votre choix (entrée à moitié prix) et permet d'organiser librement votre itinéraire. Des visites guidées existent à la Casa Lleó Morera, au Palau Güell et au Palau de la Música Catalana. Certains bâtiments abritent des boutiques, des cafés et des hôtels ou sont réservés à des usages privés et fermés au public. Ce guide décrit, dans divers chapitres, les lieux les plus connus.

Casa Vicens
Gaudí puisa largement dans le répertoire de l'ornementation maure pour animer cet immeuble d'angle. Son portail rappelle que l'architecte avait aussi une formation de ferronnier ㊽

Palau Baró de Quadras
Cette belle maison bâtie en 1904 par Josep Puig i Cadafalch présente au-dessus des fenêtres du premier étage une frise sculptée qui évoque le style plateresque du début de la Renaissance ㊶

Casa Lleó Morera
Cette demeure abrite au premier étage une salle à manger ornée de vitraux par Lluís Rigalt. Huit panneaux de mosaïque de céramique par Gaspar Homar représentent des scènes champêtres ⑲

Antiga Casa Figueres
Le plus célèbre commerce moderniste de Barcelone, aujourd'hui l'élégante Pastisseria Escribà, possède un décor de mosaïques, de vitraux et de fer forgé conçu en 1902 par Antoni Ros i Güell ⑦

LÉGENDE

- - - Itinéraire
— — Ligne de bus
— Ligne de métro

0 500 m

MODE D'EMPLOI

Point de départ : *Palau Güell, mais suivez votre inspiration pour fixer votre propre itinéraire. Cherchez les signes au sol.*
Longueur : *environ 4 km pour la partie à pied, (① à ㊶), en excluant les détours vers des sites éloignés du trajet principal.*
Durée : *il faut plusieurs jours pour explorer tous les sites. Le Multi-ticket est valable un mois.*

Palau Macaya
Josep Puig i Cadafalch acheva en 1901 cet hôtel particulier aujourd'hui converti en lieu d'exposition. Plusieurs artistes participèrent à sa décoration ㊸

OÙ TROUVER LES SITES ?

① Palau Güell *p. 24-25*
② Central street lamps, Plaça Reial *p. 61*
③ Hotel España *p. 134*
④ Hotel Peninsular *p. 134*
⑤ Cafè de l'Òpera
⑥ Casa Doctor Genové
⑦ Antiga Casa Figueres
⑧ Mercat de la Boqueria *p. 155*
⑨ Reial Acadèmia de Ciències i Arts
⑩ Farmàcia Nadal
⑪ Palau Sabassona (Ateneu Barcelonès)
⑫ Catalana de Gas
⑬ Casa Martí, Els Quatre Gats *p. 52*
⑭ Palau de la Música Catalana *p. 62*
⑮ Casa Pascual i Pons
⑯ Casa Calvet
⑰ Forns Sarret i de la Concepció
⑱ Cases Rocamora
⑲ Casa Lleó Morera *p. 78*
⑳ Casa Amatller *p. 78*
㉑ Casa Batlló *p. 76-77*
㉒ Editorial Montaner i Simón (Fundació Antoni Tàpies) *p. 78*
㉓ Casa Dolors Calm
㉔ Casa Fargas
㉕ Farmàcia Bolós
㉖ Casa Juncosa
㉗ Casa Josep i Ramon Queraltó
㉘ Bench street lamps by Pere Falqués
㉙ Casa Josefa Villaneuva
㉚ Casa Jaume Forn
㉛ Conservatori Municipal de Música
㉜ Casa Llopis Bofill
㉝ Casa Thomas *p. 73*
㉞ Palau Montaner *p. 73*
㉟ Casa Milà *p. 79*
㊱ Can Serra
㊲ Casa Sayrach / Casa Pérez Samanillo
㊳ Casa Bonaventura Ferrer
㊴ Casa Fuster
㊵ Casa Comalat
㊶ Palau Baró de Quadras *p. 73*
㊷ Casa Terrades *p. 79*
㊸ Palau Macaya
㊹ Casa Planells
㊺ Temple de la Sagrada Família *p. 80-81*
㊻ Hospital de la Santa Creu i de Sant Pau *p. 79*
㊼ Parc Güell/Casa-Museu Gaudí *p. 98*
㊽ Casa Vicens *p. 78*
㊾ Museu de Zoologia *p. 65*
㊿ Parlament de Catalunya

La peinture catalane

L'art chrétien espagnol du Moyen Âge est né en Catalogne, dans les Pyrénées où des fresques marquées par des influences byzantines *(p. 22-23)* décorent toujours les églises romanes. La période gothique, apogée du rayonnement catalan en Méditerranée et dans la péninsule, fut elle aussi très féconde. En revanche, il fallut attendre l'arrivée du Modernisme à la fin du XIXe siècle pour qu'une esthétique originale s'imposât à nouveau. Elle a influencé certains des plus grands peintres modernes : Picasso, Dalí, Miró et Tàpies. Ils ont tous un musée dédié à leur œuvre.

Saint Georges et la Princesse **(fin XVe siècle) de Jaume Huguet**

LE GOTHIQUE

L'un des premiers artistes de Catalogne dont nous connaissons le nom, Ferrer Bassa (1285-1344), était peintre à la cour de Jacques II et exécuta l'exquise décoration de la chapelle du monastère de Pedralbes *(p. 95)*. Elle constitue le premier exemple connu de peinture murale à l'huile, technique influencée par l'art italien.

En sculpture, le gothique catalan commence avec l'œuvre de Mestre Bartomeu (1250-1300), dont l'extraordinaire *Calvaire* d'aspect oriental se trouve au Museu d'Art de Gérone *(p. 117)*.

Les villes de Vic et de Solsona *(p. 124)* possèdent aussi des collections gothiques mais la plus riche est de loin celle du Museu Nacional d'Art de Catalunya de Barcelone *(p. 88)*. Les artistes représentés comprennent Lluís Borrassà (1365-1425), qui peignit le retable de la cathédrale de Tarragone, et Lluís Dalmau (?-1463), qui étudia à Bruges auprès de Jan Van Eyck. Un autre maître de l'époque, Jaume Huguet (1415-1492), utilisait beaucoup une technique de dorure typique appelée *esgrafiat*. Son *Saint Georges et la Princesse* exprime toute la majesté d'une nation cultivée.

DE LA RENAISSANCE AU NÉO-CLASSICISME

Du XVIe au XVIIIe siècle, l'art en Catalogne s'efface au profit d'artistes non catalans : El Greco à Tolède ; Murillo et Zurbarán à Séville ; Ribera à Valence et Velázquez puis Goya à Madrid. On peut admirer quelques-unes de leurs œuvres au Museu Nacional d'Art de Catalunya, à côté de tableaux des deux seuls peintres catalans renommés de la période : Francesc Pla et Antoni Viladomat.

Procession devant Santa Maria del Mar **(v. 1898) de Ramon Casas**

LE XIXE SIÈCLE

L'Académie des beaux-arts de Barcelone ouvrit au-dessus de la Llotja *(p. 62)* en 1849 alors que la prospérité apportée par la révolution industrielle permettait l'apparition de nouveaux mécènes en Catalogne. Les entrepreneurs avaient cependant déjà commencé à former leurs propres artistes et une école fondée à Olot *(p. 115)* préparait depuis 1783 ses élèves à la conception de motifs pour les manufactures de textile. Elle donna naissance à un mouvement pictural qui eut pour principaux représentants Josep Berga i Boix (1837-1914) et Joaquim Vayreda i

Les Jardins d'Aranjuez (1907) par Santiago Rusiñol

En attendant la soupe (1899) par Isidre Nonell

Vila (1843-1894). Ils créèrent aussi les ateliers Art Cristiá, qui produisent toujours de la statuaire d'église.

Aux verts et aux bruns des paysages de l'école d'Olot répondirent les bleus pâles et les roses des luministes de Sitges : Arcadi Mas i Fontdevila (1852- 1943) et Joan Roig i Soler (1852-1909). Ceux-ci subirent l'influence de l'orientaliste Marià Fortuny (1838-1874), qui vécut à Rome et à Paris. Le Museu d'Art Modern abrite sa *Bataille de Tetúan*, grande toile commandée par le conseil municipal de Barcelone pour célébrer une victoire espagnole au Maroc à laquelle prirent part 500 volontaires catalans.

La Cathédrale des pauvres (1897) de Joaquim Mir

Mas i Fontdevila organisa en 1892 à Sitges une exposition qui réunissait l'école d'Olot et les luministes. Deux autres artistes y participaient : Santiago Rusiñol (1861-1931) et Ramon Casas (1866-1932), figures marquantes de la peinture moderniste.

Fils d'un magnat du textile, Rusiñol acheta une maison à Sitges, Cau Ferrat (p. 128), aujourd'hui transformée en musée. Casas exécuta de grandes toiles puissantes et de nombreux portraits. Ils contribuèrent tous deux à la fondation du café Els Quatre Gats *(p. 63)*, inspiré du Chat noir de Paris.

LE XXE SIÈCLE

Bien que Pablo Ruiz Picasso (1881-1973) n'ait vécu que huit ans à Barcelone *(p. 63)*, cette période fut pour lui extrêmement formatrice. Ses premières œuvres, exposées au Museu Picasso *(p.63)*, portent l'empreinte de la ville et de ses alentours. Picasso se nourrit aussi de l'influence d'artistes catalans tels que le paysagiste Isidre Nonell (1873-1911), Joaquim Mir (1873-1940) et les modernistes Rusiñol et Casas. Même après son déménagement à Paris, et malgré l'exil qu'il s'imposa pendant l'ère franquiste, il resta en contact avec la Catalogne toute sa vie.

Joan Miró (1893-1983) fréquenta aussi l'école d'art de Barcelone mais il s'en fit chasser à cause de sa faiblesse en dessin. Son œuvre, même si elle dévia ensuite vers une abstraction pleine de poésie, doit beaucoup aux surréalistes, que l'artiste fréquenta à Paris et qu'il présenta à Salvador Dalí *(p. 117)* Ce dernier demeura en Catalogne après la guerre civile, et sa maison de Port Lligat *(p. 120)* est l'une de ses plus intéressantes créations.

Josep Marià Sert (1876-1945), d'inspiration plus traditionnelle, refusa aussi l'exil, ce qui lui permit de repeindre avant sa mort son cycle de fresques qu'un incendie avait détruit dans la cathédrale de Vic *(p. 124)* pendant la guerre civile. Il est surtout connu pour ses compositions murales, telles celles dont il orna la Casa de la Ciutat *(p. 57)*, ainsi que le Rockefeller Center et la salle à manger du Waldorf Astoria de New York.

La Catalogne compte de nombreux artistes contemporains dont le Museu d'Art Contemporani *(p. 60)* présente le travail.

Le plus célèbre d'entre eux, Antoni Tàpies, possède, comme Miró et Picasso, son propre musée à Barcelone *(p. 78)*. Il revendique l'influence de l'art roman et ses racines catalanes jusque dans sa peinture abstraite.

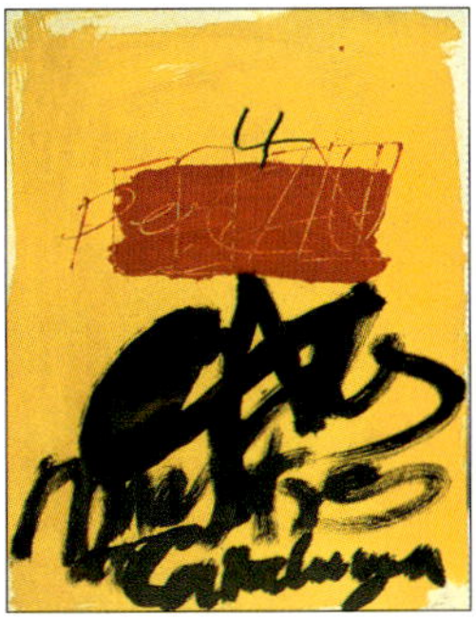

Lithographie (1948) aux couleurs du drapeau catalan par Tàpies

Les saveurs de la Catalogne

La gastronomie est au cœur de la culture catalane. Ce n'est pas un hasard si Pepe Carvalho, le plus célèbre détective de la littérature barcelonaise, est un fin gourmet. Capitale incontestée de la Méditerranée, Barcelone possède l'une des plus intéressantes scènes gastronomiques d'Europe. Des chefs inventifs, dont Ferran Adrià, du légendaire El Bullí *(p. 151)*, revisitent les classiques catalans avec brio. Parallèlement, les traditions survivent dans les petits restaurants familiaux, dans les bars à *tapas* authentiques, et plus encore sur les étals colorés des superbes marchés locaux.

Cèpes

Pâtisseries et desserts traditionnels dans un café barcelonais

Rendez-vous sur l'un des marchés de Barcelone pour y admirer la spectaculaire diversité des produits frais : poissons scintillants de la Méditerranée, viande et gibier des montagnes, et choix époustouflant de fruits et de légumes des plaines. Les fondements de la cuisine catalane, même la plus expérimentale, sont la simplicité, la qualité et la diversité des produits locaux. C'est aussi avant tout une cuisine de saison : *calçots*, sortes d'oignons de printemps ; innombrables fruits d'été ; champignons sauvages, viandes rôties et copieux ragoûts en automne et en hiver.

LA VIANDE ET LE GIBIER

Les saucisses et saucissons catalans , en particulier le *fuet*, une saucisse piquante, sont réputés dans tout le pays. Le porc est omniprésent, notamment les incontournables *peus de porc* (pieds de porc). Le sanglier *(porc sanglar)* est très apprécié à la fin de l'automne, de même que le gibier, en particulier la perdrix *(perdiu)*. Le lapin *(conill)* et les escargots *(cargols)* sont délicieux en

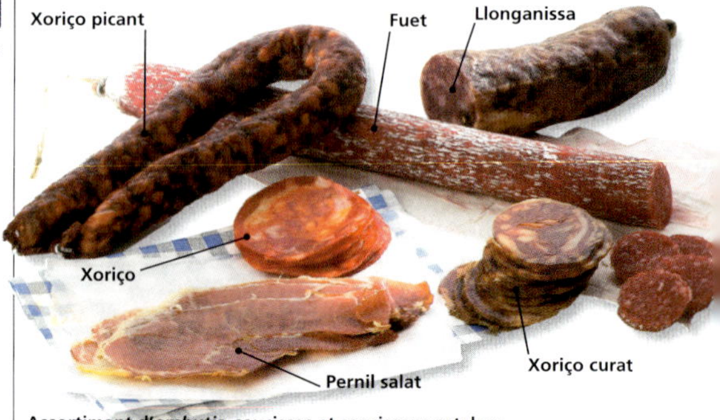

Assortiment d'*embutis*, saucisses et saucissons catalans

LES SPECIALITES LOCALES

Pa amb tomaquet

La gastronomie catalane comporte des mets considérés comme sacrés, notamment quatre sauces classiques omniprésentes. La reine d'entre elles est la *sofregit* (mentionnée dans le premier livre de cuisine catalane de 1324) – réduction d'oignons caramélisés, de tomates fraîches et d'aromates. La *samfaina* est une *sofregit* additionnée d'aubergines, de courgettes et de poivrons rôtis. Plus épicée, la *picada* se compose de miettes de pain, d'ail, d'amandes, de safran et de pignons, mais peut varier. L'*all i oli* est une sorte de mayonnaise aillée (sans œuf) généralement servie avec des viandes et des légumes grillés. La grande spécialité catalane est le délicieux *pa amb tomàquet* – pain croustillant frotté de tomates fraîches et d'ail, puis arrosé d'huile d'olive.

*L'***escalivada** *est une salade d'oignons, de poivrons et d'aubergines marinés puis grillés.*

Fruits et légumes d'été au marché de La Boquería

hiver. Les plats baptisés *mar i muntanya* (mer et montagne) marient viandes et poissons.

LE POISSON

Barcelone est le pays des fruits de mer. Les bars à *tapas* servent de succulentes sardines et des crevettes roses grillées ou sautées à l'ail. Les restaurants et les marchés regorgent de poissons frais : lotte, bar, colin, sole, calamar, poulpe et innombrables coquillages. Le poisson est souvent servi grillé *(a la brasa)* ou accompagné d'une sauce toute simple qui révèle la finesse de sa chair. Il est particulièrement savoureux en *fideuà* (paella) ou en ragoût *(suquet de peix)*. La modeste morue salée *(bacallà)* continue de régner en maître suprême sur la cuisine catalane, surtout lorsqu'elle est cuite au four avec des tomates, de l'ail et du vin *(a la llauna)*.

Les sardines du pays grillées au feu de bois sont très savoureuses

LES FRUITS ET LES LEGUMES

Le printemps est la saison des *calçots* (mi-poireau, mi-oignon), des petites fèves *(fava)* et des asperges. En été, les marchés regorgent de cerises, fraises, figues, pêches, melons, aubergines, courgettes, tomates et artichauts. En automne, les Catalans vont traditionnellement cueillir des champignons dans les collines. A l'approche de l'hiver, ils savourent les plats de haricots traditionnels.

ADRESSES

La Boqueria *(p. 155)*.

Xocoa. Carrer d'en Bot (93 318 8991). Excellents chocolats et emballages design.

Casa del Bacallao. Carrer Comtal 8 (93 301 6539). Le temple de la *bacallà*.

La Pineda. Carrer del Pi (93 302 4393). Délicieuse épicerie à l'ancienne. Spécialités de jambons.

Tot Formatge. Passeig del Born (93 319 5375). Superbes fromages de Catalogne, d'Espagne et d'ailleurs.

Botifarrería de Santa María. Carrer Santa María 4 (93 319 9123). Saucisses et saucissons.

Origens 99,9%. Carrer Vidreria 6-8 (93 310 7581). Produits catalans, plutôt bio.

Le **conill amb cargols** *est un ragoût de lapin et d'escargots préparé avec tomates, aromates et vin.*

Le **suquet de peix** *est un onctueux ragoût de poisson accompagné de tomates, d'ail et d'amandes grillées.*

La **crema catalana**, *version catalane de la crème brûlée, est une crème aux œufs couverte de sucre caramélisé.*

Le cava

Marque de *cava* de renommée mondiale

Relativement bon marché pour un mousseux de qualité, le *cava*, dont le nom signifie simplement « cave », fait partie des produits d'exportation catalans les plus populaires. Sa fabrication, à partir de cépages locaux, macabeo, xarel.lo et parellada, suit la méthode champenoise avec une seconde fermentation en bouteille. Elle commença à grande échelle en 1872 à l'instigation de Josep Raventos, qui donna son essor à Codorníu. Ses descendants dirigent toujours ce célèbre domaine de Sant Sadurní d'Anoia, la capitale du *cava* dans la région viticole de la Penedès. La Catalogne produit aussi un rosé agréable, très frais, en apéritif.

Le Codorníu, *premier* cava *fabriqué selon la méthode champenoise, établit la réputation internationale du mousseux catalan.*

Freixenet *est devenu l'un des grands noms du* cava, *et sa bouteille noire est reconnue dans le monde entier. Fondé par la famille Sala en 1914, le domaine se trouve à Sant Sadurní d'Anoia, au cœur du pays du mousseux catalan.*

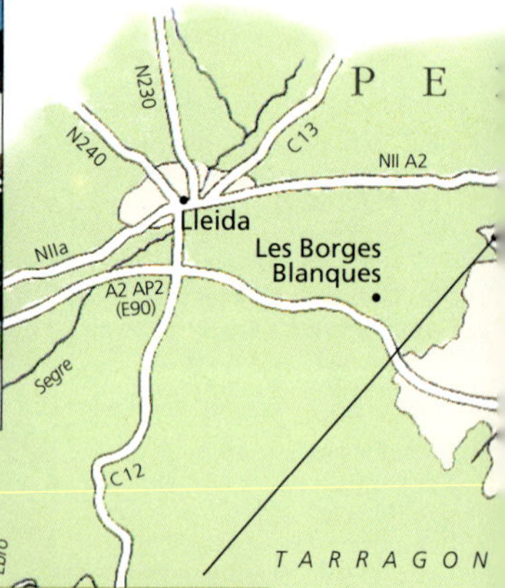

Le Raïmat *vinifié par la famille Raventós à partir de chardonnay a su conquérir de nombreux adeptes. Le domaine occupe 3 000 ha de terres défrichées à 14 km à l'ouest de Lleida. Déclaré « exploitation agricole modèle » par le gouvernement espagnol, il renferme sa propre gare et un village d'employés.*

LES AUTRES VINS DE CATALOGNE

Porró traditionnel

La Catalogne produit du *vi* (vin) *negre* (rouge), *rosat* et blanc. La *garnatxa* est un vin de dessert ; le *ranci* est un blanc mûri. La tradition qui consiste à boire directement le mince filet coulant du bec de la carafe *(porró)* se pratique surtout dans les *festes* locales.

Il existe sept régions officielles de Denominació de Origen :

Empora – Costa Brava : les vins légers du Nord-Est comprennent le *vi de l'any* bu dans l'année. Peralada produit du *cava*.

Alella : petite région juste au nord de Barcelone aux bons blancs légers.

Penedés : de grands rouges et quelques blancs avec des noms comme Torres et Codorníu. Vilafranca del Penedès *(p. 125)* abrite un musée du Vin.

Conca de Barberà : petites quantités de blancs et de rouges.

Costers del Segre : le lieu de production des délicieux rouges de Raïmat.

Priorat : des rouges de caractère et de bons blancs (Falset) dans une jolie région de petits villages à l'ouest de Tarragone.

Tarragone et Terra Alta : ces vins traditionnellement corsés commencent à s'alléger.

La cave Art nouveau *dessinée en 1906 par Josep Puig i Cadafalch à Sant Sadurní d'Anoia pour Codorníu possède 26 km de celliers souterrains sur cinq niveaux. Les visiteurs les découvrent dans un petit train.*

Primé dès 1888, le *cava* de Codorniú remplaça le champagne dans les réceptions officielles à partir de 1897.

LÉGENDE

☐ Principales régions de production

0 20 km

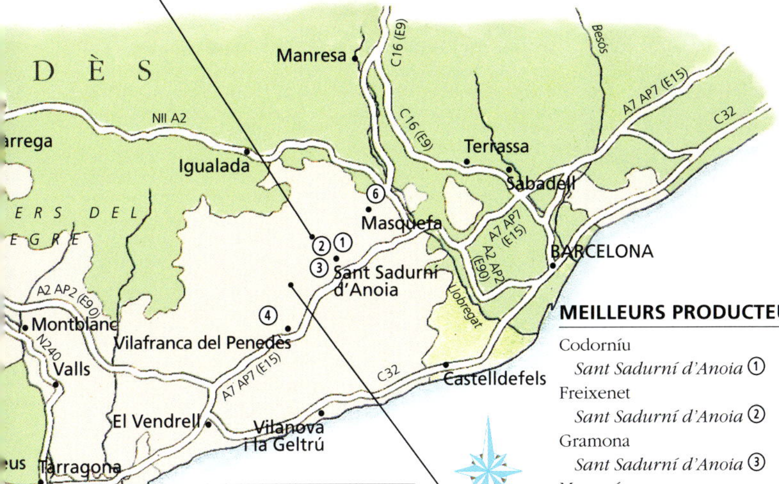

MEILLEURS PRODUCTEURS

Codorníu
Sant Sadurní d'Anoia ①
Freixenet
Sant Sadurní d'Anoia ②
Gramona
Sant Sadurní d'Anoia ③
Mascaró
Vilafranca del Penedès ④
Raïmat
Costers del Segre ⑤
Raventós Rosell
Masquefa ⑥

CE QU'IL FAUT SAVOIR SUR LE *CAVA*

Les prix

Les crus les plus secs, et les plus chers, sont appelés *brut de brut* et *brut nature*. Le *brut* et le *sec* sont légèrement plus doux. Le *semiseco* et le *dulce* accompagnent surtout les desserts. Si le *cava* reste bon marché comparé au champagne, les prix de certains petits producteurs spécialisés sont parfois élevés.

Visiter une cave

Les principaux domaines sont ouverts au public aux heures de bureau mais beaucoup ferment en août. Sant Sadurní d'Anoia, qui abrite les caves de Freixenet et Codorníu, se trouve à 45 min de train de Barcelone. L'office du tourisme de Vilafranca del Penedès *(p. 125)* fournit des informations sur les visites.

Freixenet, *qui propose des visites de ses caves, vend chaque année plus de bouteilles de cava que les Français de champagne.*

LA CATALOGNE AU JOUR LE JOUR

Chaque *barri* (quartier) de Barcelone et toutes les localités de Catalogne célèbrent leur saint patron lors de leur *festa major,* l'occasion de danser la sardane *(p. 129)* et, sur la Costa Brava, des *havaneres (habaneras).* Beaucoup de villes, dont Barcelone, organisent des défilés de géants *(gegants),* de grosses têtes *(capgrosses)* et de nains *(nans),* caricatures en papier mâché de personnages jadis liés aux confréries de marchands. Les Catalans adorent les feux d'artifice, et ceux *Revetlla de la Sant Joan* sont particulièrement somptueux. Les réjouissances commencent souvent la veille de ces fêtes, pendant lesquelles la nourriture, les pâtisseries notamment, joue un rôle important.

Les femmes reçoivent une rose rouge à la Sant Jordi

Étals de livres à Barcelone pour la Sant Jordi, *el dia del Llibre*

PRINTEMPS

Après les amandiers, les cerisiers et les pommiers se couvrent de fleurs. La fonte des neiges gonfle le cours des rivières et la pêche à la truite commence fin mars. Pâques donne lieu à des réunions de famille et à des sorties dans la campagne pour pique-niquer ou chercher des asperges sauvages. C'est surtout en mai que les fleurs s'épanouissent dans les prairies, en particulier dans les Pyrénées.

MARS

Sant Medir *(3 mars).* À Barcelone, processions et distributions de bonbons dans le quartier de Gràcia, puis celui de Sants une semaine plus tard.
Sant Josep *(19 mars).* Les Catalans célèbrent plus leur fête que leur anniversaire. Beaucoup d'entre eux s'appellent Josep (abrégé en Pep). Jour férié en Espagne mais pas en Catalogne.
Terrassa Jazz Festival *(tout mars).* Ce festival international comprend des concerts en plein air gratuits le week-end.
Semana Santa. Maintes célébrations rythment la semaine précédant Pâques.

AVRIL

Diumenge de Rams (dimanche des Rameaux). Bénédiction de palmes dans les églises, dont la Sagrada Família. Procession de soldats romains à Gérone et *via crucis* (chemin de croix) dans différents endroits, en particulier la station thermale de Sant Hilari Sacalm dans la province de Gérone.
Dijous Sant (jeudi saint). La *dansa de la mort* exécutée à Verges, dans la province de Gérone, remonterait aux grandes pestes du XIVe siècle.
Pasqua (Pâques). Le vendredi saint *(Divendres Sant),* les fidèles suivent les stations de la croix en portant des crucifix. Le lundi de Pâques *(Dillums de Pasqua),* parrains et marraines achètent à leurs filleuls de la mona (gâteau aux œufs).
Sant Jordi *(23 avr.).* La Saint-Georges, patron de la Catalogne, coïncide avec l'anniversaire de la mort de Cervantes *(p. 43),* l'auteur de *Don Quichotte,* et cette fête porte aussi le nom de *dia del Llibre* (fête du livre). Les jeunes garçons et les hommes offrent une rose rouge à leur mère, leur fiancée ou leur femme et celles-ci leur donnent des livres en retour.

MAI

Fira de Sant Ponç *(11 mai).* Cette vieille célébration dans le quartier de la Carrer de l'Hospital à Barcelone rassemble des vendeurs de miel, d'aromates et d'herbes médicinales.
Fête-Dieu *(mai-juin).* Des fleurs tapissent les rues à Sitges. Un monstre, la Patum, danse dans les rues de Berga, dans la province de Barcelone.

Rue tapissée de fleurs à l'occasion de la Fête-Dieu

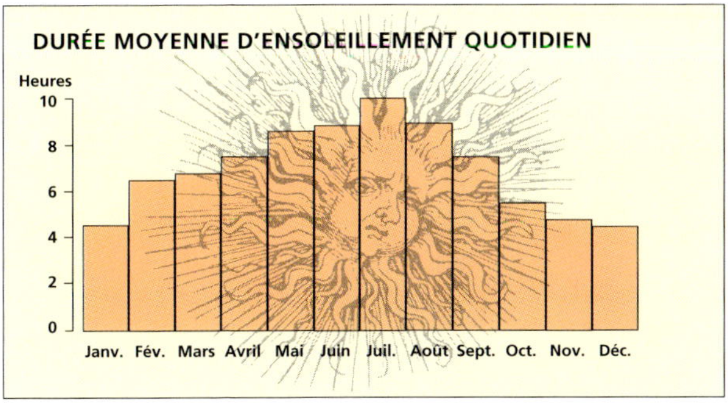

Ensoleillement
Barcelone jouit de longues périodes de ciel bleu, et le soleil y brille jusqu'à dix heures d'affilée en été. En hiver, malgré le froid qui règne à l'ombre, il permet certains jours de rester assis, aux heures les plus clémentes, sur une terrasse ou dans un patio protégé et bien exposé.

ÉTÉ

Beaucoup de Barcelonais s'empressent le week-end d'échapper à la ville en prenant la direction des stations balnéaires ou de la montagne. Mieux vaut donc éviter les autoroutes le vendredi après-midi et le dimanche soir. Les vacances scolaires sont longues et commencent fin juin quand la mer a atteint une température suffisante pour se baigner. Beaucoup de commerces ferment en ville au mois d'août.

Bain de soleil à Platja d'Aro, une station balnéaire de la Costa Brava

JUIN

Festival del Grec *(juin-juil.)*. Des représentations dans tout Barcelone rythment ce festival international des arts de la scène. Les principaux lieux de spectacle sont le Teatre Grec, le Mercat de les Flors et le Poble Espanyol.
Revetlla de Sant Joan *(24 juin)*. Des feux d'artifice marquent le solstice d'été à la veille de la Saint-Jean, en particulier sur Montjuïc, à Barcelone. On danse autour de feux de joie et on boit du *cava*, mousseux *(p. 32-33)* en dégustant une *coca* (gâteau) spéciale, garnie de pignons et de fruits confits *(p. 31)*. Une procession aux flambeaux descend du sommet du mont Canigó, situé de l'autre côté de la frontière avec la France.
Castellers *(24 juin)*. À Valls, dans la province de Tarragone, la Saint-Jean donne lieu à un concours de tours humaines *(p. 125)*, une forme de compétition traditionnelle spécifique à la Catalogne.
Saison de concerts L'Institut Municipal de Parc i Jardins propose de la musique classique dans plusieurs parcs de Barcelone.

JUILLET

Cantada d'havaneres *(1er dim. de juil.)*. Tout en buvant du *cremat* (café et rhum), des groupes de musiciens et de chanteurs interprètent des *habaneras* sur le front de mer de Calella de Palafrugell.

Équipe de *castellers* en action

Virgen del Carmen *(16 juil.)*. Processions et groupes de *havaneres* animent autour du port de Barcelone cette fête marine.
Santa Cristina *(24 juil.)*. Une flottille décorée accompagne au large une statue de la Vierge lors de la plus grande fête de Lloret de Mar.

AOÛT

Festa major de Gràcia *(une semaine commençant vers le 15 août)*. Chaque quartier de Barcelone organise sa propre fête pendant laquelle les rues rivalisent d'imagination dans leur décoration. Ponctuée de concerts, de bals, de concours et de jeux, la *festa* du vieux quartier de Gràcia est la plus importante et la plus spectaculaire.
Festa major de Sants *(vers le 24 août)*. Grande fête annuelle du quartier de Sants à Barcelone.
Festa major de Vilafranca del Penedès *(mi-août)*. La fête de cette ville viticole offre une des meilleures occasions d'assister à un concours de *castellers (p. 125)*.

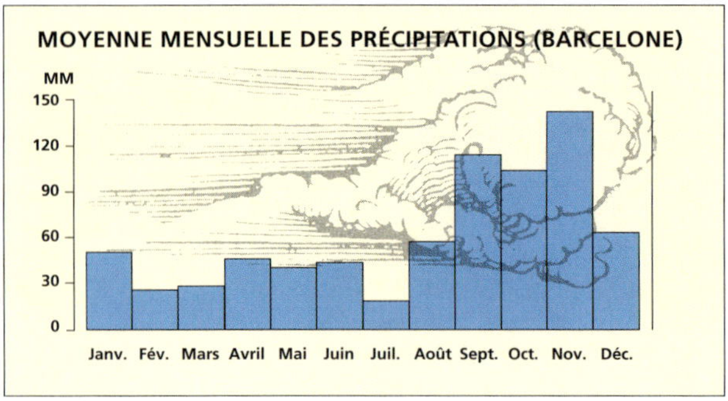

Précipitations
Hormis en automne, il pleut peu à Barcelone (le plus souvent sous forme d'averses) ; à peine assez pour entretenir les espaces verts de la ville. Cependant, quelques orages brefs et violents viennent ponctuer les mois d'été. Les périodes où le temps est couvert plusieurs jours sont très rares.

AUTOMNE

Les vendanges *(verema)* marquent la fin de l'été, puis les feuilles des vignes virent au rouge et à l'or et les champignons apparaissent sur les étals des marchés. Les chasseurs commencent à traquer en octobre les perdrix rouges, les canards migrateurs et les sangliers. Les nageurs les plus endurcis se baignent dans la mer jusqu'en novembre.

Troupeau quittant son alpage dans les Pyrénées à la fin de l'été

SEPTEMBRE

Diada de Catalunya *(11 sept.)*. La fête nationale de la Catalogne célèbre la résistance de Barcelone lors du siège de 1714 par Philippe V *(p. 44)* qui mit un terme à l'autonomie de la région. On danse la sardane *(p. 129)*, on chante *Els Segadors (p. 44)*, et les drapeaux catalans flottent. **La Mercè** *(24 sept.)*. À Barcelone, concerts, danses et messes rendent hommage pen dant une semaine à *Nostra Senyora de la Mercè*, la Vierge de miséricorde. Ne manquez pas le *carrefoc*, un défilé de dragons, de géants et de monstres, ni le *piro musical*, feu d'artifice en musique.
Sant Miquel *(29 sept.)*. La fête patronale de Barceloneta évoque l'occupation de l'Espagne par Napoléon *(p. 45)*, et le général Bum Bum parade dans les rues au bruit de salves d'armes à feu. On danse sur la plage.

Vendanges, l'un des temps forts de l'automne en Catalogne

OCTOBRE

Festes de Sarrià i de Les Corts *(1er dim. d'oct.)*. Fêtes patronales de deux quartiers de Barcelone.
Dia de la Hispanitat *(12 oct.)*. La fête nationale espagnole, peu célébrée par les Catalans, commémore la découverte de l'Amérique par Christophe Colomb en 1492 *(p. 44)*.

NOVEMBRE

Tots Sants *(1er nov.)*. La Toussaint est l'occasion de manger des patates douces. Le lendemain, le *Dia dels difunts*, on fleurit les tombes des morts.

JOURS FÉRIÉS

Any Nou *(Nouvel An)* 1er janv.
Reis Mags *(Épiphanie)* 6 janv.
Sant Josep 19 mars.
Divendres Sant *(vendredi saint)* mars-avr.
Dilluns de Pasqua *(lundi de Pâques)* mars-avr.
Festa del Treball *(Fête du Travail)* 1er mai.
Sant Joan 24 juin.
Assumpció *(Assomption)* 15 août.
Diada de Catalunya *(Fête nationale)* 11 sept.
La Mercè 24 sept.
Dia de la Hispanitat *(Fête des nations hispanophones)* 12 oct.
Tots Sants *(Toussaint)* 1er nov.
Dia de la Constitució *(Fête de la Constitution)* 6 déc.
Immaculada Concepció *(Immaculée Conception)* 8 déc.
Nadal *(Noël)* 25 déc.
Sant esteve 26 déc.

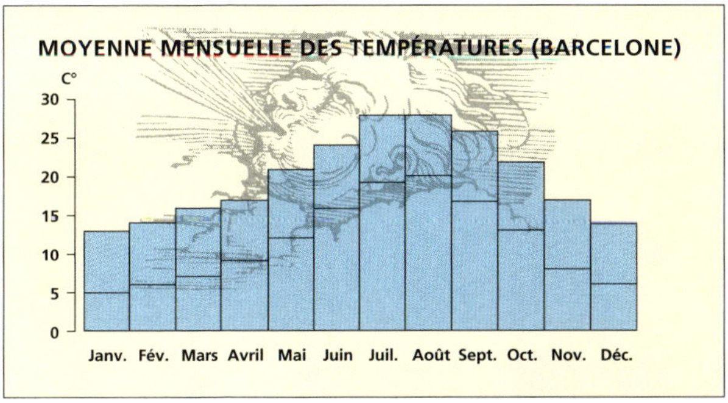

Températures
Malgré des moyennes clémentes en hiver, la température approche parfois zéro degré à Barcelone. La chaleur règne tout l'été : il est indispensable de prévoir chapeau et écran solaire. En voiture, pensez à emporter de l'eau pour de longs trajets, surtout avec des enfants.

HIVER

Les stations de ski des Pyrénées s'emplissent pendant les week-ends et les vacances. Le temps devient imprévisible bien que certains jours le soleil permette de déjeuner en plein air. À Barcelone à Noël, devant la cathédrale, la Feria de Santa Llúcia permet d'acheter artisanat et décorations, dont le *caganer*. Ce santon qui représente un berger pantalon baissé est un symbole de fertilité car il fume la terre.

Jour d'affluence dans une station de ski des Pyrénées

DÉCEMBRE

Nadal et Sant Esteve *(25 et 26 déc.)*. Pris en famille, le repas traditionnel du déjeuner de Noël consiste en une *escudella*, un bouillon de viande, suivie d'une dinde farcie aux pommes, abricots, pruneaux, pignons et raisins secs.
Revellón *(31 déc.)*. Partout en Espagne, la tradition impose de manger un grain de raisin à chaque coup de minuit le soir du 31 décembre afin d'avoir de la chance toute l'année.

JANVIER

Reis Mags *(6 janv.)*. La veille de l'Épiphanie, les Rois mages distribuent, partout en Catalogne, des bonbons aux enfants. À Barcelone, la plus grande cavalcade a lieu au port.
Santa Eulàlia *(12 janv.)*. L'ancienne patronne de Barcelone reste célébrée dans la vieille ville par des danses et des géants.
Els Tres Tombs *(17 janv.)*. Des cavaliers en haut de forme et queue de pie traversent trois fois la ville en l'honneur de saint Antoine, le patron des animaux.
Pelegrí de Tossa *(20 et 21 janv.)*, Tossa de Mar. Ce pèlerinage de 40 km est la plus grande célébration annuelle de la ville.

Fête d'Els Tres Tombs à Vilanova i la Geltrú

FÉVRIER

Carnestoltes *(fév.-mars)*. Le carnaval a son roi, qui préside les réjouissances. Les enfants portent de beaux habits, et chaque *barri* de Barcelone organise une soirée. On mange une omelette à la saucisse le Mardi gras *(Dijous gras)* et l'*Enterrament de la sardina* marque symboliquement la mort de l'hiver le mercredi des Cendres. Platja d'Aro, sur la Costa Brava, et Vilanova, sur la Costa Daurada, proposent de grandes célébrations. La fête donne lieu à tous les travestissements à Sitges.
Rally Internacional de Cotxes d'Època *(autour du 1er dim. de carême)*. Rallye de voitures anciennes entre Barcelone et Sitges.

Défilé de *gegants* (géants) en septembre à Barcelone pour la fête de La Mercè

vist mai
Barcelona
us Turistic

HISTOIRE DE LA CATALOGNE

La Catalogne a connu au Moyen Âge une longue période de souveraineté où elle contrôla, associée à l'Aragon, un vaste territoire en Méditerranée. Près de trois siècles de déclin marqués par la domination de Madrid suivirent. Son dynamisme économique et culturel, et l'attachement de ses habitants à leur identité lui ont permis de retrouver son autonomie et son rang en Europe.

Sans port protégé ni point d'eau sur la colline de Montjuïc, le site de Barcelone ne se prêtait pas naturellement à une implantation humaine. C'est ailleurs que les traces les plus anciennes de la présence de l'homme en Catalogne, tels les dolmens de l'Alt (haute) Empordà et les allées couvertes de la Baix (basse) Empordà et de l'Alt Urgell, furent découvertes.

Mosaïque romaine retrouvée à Barcelone et représentant les trois Grâces

Des cultivateurs celtes commencèrent à s'installer aux environs de la ville actuelle pendant le Ier millénaire avant Jésus Christ, période où les Ibères établissaient eux aussi des colonies. Les vestiges d'un de leurs villages (construits en pierre) restent visibles à Ullastret, sur la Costa Brava. Vers 550 av. J.-C., des Grecs de Marseille fondèrent le comptoir marchand d'Empúries (Emporion, *voir p. 120)*. Barcelone doit son nom aux Carthaginois, qui la baptisèrent d'après Hamilcar Barca, le père d'Hannibal. Et c'est leur présence, et le sac de Sagonte, une cité d'origine ibère alliée de Rome, qui incita les Romains à débarquer à Empúries en 218 av. J.-C. puis à partir à la conquête de toute la péninsule. Carthaginois et Celtes balayés, ils firent de Tarraco, l'ancêtre de Tarragone *(p. 128)*, dans le sud de la Catalogne, la capitale de la Tarraconaise, l'une de leurs troisprovinces ibériques.

De la Barceloneromaine subsistent des fragments de remparts du IIIe siècle près du palais royal *(p. 56)*, des fondations mises au jour dans le sous-sol du Museu d'Història de la Ciutat *(p. 56-57)* et des colonnes ayantappartenu au temple d'Auguste, dressées dans la cour du Centre Excursionista de Catalunya *(p. 55)* derrière la cathédrale.

Après l'effondrement de l'Empire romain, les Wisigoths latinisés du royaume de Toulouse, soumis à la pression des Francs, franchirent les Pyrénées pour s'installer en Tarraconaise. En 587, leur roi Reccared Ier renonça à l'arianisme et se convertit au christianisme.

CHRONOLOGIE

500-200 av. J.-C. Colonie fortifiée ibère d'Ullastret. Murs cyclopéens de Tarragone

1000-500 av. J.-C. Des Indo-Européens envahissent les vallées du Ter et du Llobregat ; des Ibères à Montjuïc

550 av. J.-C. Des Grecs fondent un comptoir à Empúries

Croix wisigothique

2500 av. J.-C. | **1500 av. J.-C.** | **500 av. J.-C.** | **500 apr. J.-C.**

2000-1500 av. J.-C. Monuments mégalithiques dans toute la Catalogne

Hannibal

230 av. J.-C. Hamil Barca, père d'Hannibal, fonde Barcelone

218 av. J.-C. Les Romains débarquent à Empúries

531 apr. J.-C. Les Wisigoths s'établissent à Barcelone

258 apr. J.-C. Remparts de Barcelone après une invasion franque

◁ **Soldats fraternisant avec la milice locale pendant la guerre carliste de 1833-1839, Barcelone**

Page d'un manuscrit du xve siècle du *Llibre del Consolat de Mar*

LES MAURES ET CHARLEMAGNE

À partir de 680, des luttes dynastiques déchirèrent le royaume wisigoth et, en 711, des soldats arabes et berbères invités par des opposants à l'un des prétendants au trône, Rodrigue, prirent pied dans la péninsule, qu'ils conquirent en un temps record, atteignant Barcelone en 717. Le chef franc Charles Martel arrêta définitivement leur progression à Poitiers en 732 .

Cordoue, en Andalousie, devint la capitale de l'Espagne musulmane, tandis que des nobles chrétiens réfugiés dans les Pyrénées lançaient les premières incursions contre les envahisseurs. Ils reçurent l'aide du petit-fils de Charles Martel, Charlemagne, et Barcelone fut reprise dès 801. L'occupation maure ne dura pas assez longtemps en Catalogne, contrairement au reste de l'Espagne, pour laisser une empreinte vraiment significative sur la culture ou sur la langue catalanes.

Raymond Bérenger Ier de Barcelone (1035-1076)

LES COMTES DE BARCELONE

Pour protéger ses territoires, Charlemagne créa la marche d'Espagne, un État tampon le long des Pyrénées dont il confia les fiefs à des seigneurs locaux. La décadence de l'empire entraîna la réaction de Wilfred le Velu (Guifré el Pelós), comte de Barcelone et d'Urgell. Il entreprit d'assurer l'autonomie des comtés orientaux et fonda le monastère de Ripoll *(p. 114), el bressol de Catalunya* (le berceau de la Catalogne). Wilfred le Velu mourut en combattant les Arabes en 897 ; sa dynastie, celle des comtes de Barcelone, dura cinq siècles.

Les Francs perdirent le peu d'autorité qu'ils conservaient quand ils refusèrent, en 985, de venir au secours de Barcelone occupée par le Maure Al-Mansour. En 1060, Raymond Bérenger (Ramon Berenguer) Ier établit le premier gouvernement constitutionnel d'Europe en proclamant les *Usatges,* code du droit et des coutumes. Au début du XIIe siècle, la Catalogne repoussa sa frontière sud au-delà de Tarragone. L'influence catalane s'étendit au nord grâce au mariage de Raymond Bérenger III avec Dolça de Provence et, plus durablement, à l'ouest avec l'union, en 1137, de Raymond Bérenger IV et de Pétronilla, l'héritière du royaume d'Aragon.

CHRONOLOGIE

711 Des musulmans d'Afrique du Nord envahissent la péninsule

717 La Catalogne est occupée par les musulmans

Épée maure

700 apr. J.-C.

778 Charlemagne, chef des Francs, commence à repousser les Maures

800

801 Libération de Barcelone. Création de la marche d'Espagne

Charlemagne (742-814)

878 Wilfred le Velu consolide les comtés des Pyrénées orientales et leur assure une quasi-autonomie. Il fonde la dynastie des comtes de Barcelone qui durera cinq cents ans

900

1000

1008-1046 L'abbé Oliva bâtit une égl à Ripoll et contrôl les implantations bénédictines, dont Vic et Montserrat

1060 Code de coutumes des *Usatges*. Première mention connue du mot « catalan »

En 1196, le monastère de Poblet *(p. 126-127)* devint le panthéon des souverains catalans à la place du monastère de Ripoll.

L'EXPANSION MARITIME

Avec Jacques Ier le Conquérant (1213-1276), la Catalogne entra dans une période de prospérité et d'extension territoriale. À la fin du XIIIe siècle, elle a conquis les îles Baléares et la Sicile grâce à une flotte dont beaucoup de navires sortaient des chantiers navals des Drassanes *(p. 67)* à Barcelone. Le *Llibre del Consolat de Mar* devint en Méditerranée le code des pratiques commerciales de référence et le renom des comtes-rois augmenta encore quand Roger Llúria infligea une sévère défaite à une flotte d'invasion française en 1285. En 1303, Roger de Flor , chef de la troupe de mercenaires appelés les Almogàvers, se porta au secours de l'empereur byzantin menacé par les Turcs.

Barcelone se dota d'une nouvelle enceinte qui protégeait une aire dix fois plus vaste que celle définie par les remparts romains. Des demeures aristocratiques s'élevèrent le long de la nouvelle carrer Montcada, tandis que de riches négociants financèrent la construction de Santa Maria del Mar *(p. 63)*.

***Ex-voto* en forme de navire du XVe siècle**

Pendant le règne de Pierre IV, le Saló del Tinell et le Saló de Cent vinrent compléter, respectivement, le palais royal et la Casa de la Ciutat *(p. 56-57)*. La prospérité due au commerce facilita l'émergence d'une riche littérature. Jacques Ier retraça les hauts faits de son règne dans le Llibre dels Feits et Bernat Desclot chroniqua vers 1285 la conquête de la Sicile par Pierre le Grand. Né à Majorque, le grand poète et philosophe Ramon Lull (1232-1315) fut le premier à rédiger dans une langue vernaculaire un écrit religieux. À partir de 1395, le concours de poésie des Jocs Floral se tint à Barcelone. En 1450, Joanot Martorell commença son récit épique, *Tirant lo Blanc,* que Miguel de Cervantes qualifia de « meilleur livre du monde ». L'auteur mourut 22 ans avant sa publication.

Peinture murale montrant Jacques Ier pendant sa conquête de Majorque

1137 Union du comté de Barcelone et du royaume d'Aragon

1258-1272 Le Consolat de *Mar,* code de pratiques commerciales, s'impose dans toute la Méditerranée

1282 Pierre le Grand prend la Sicile, expédition décrite dans les *Chroniques* de Desclot

1347-1348 La peste tue un quart de la population

1359 Fondation de la Generalitat

1423 Conquête de Naples

1100 | 1200 | 1300 | 1400

1148 La ...ntière avec Maures est repoussée ...squ'à l'Èbre

1213-1235 Jacques Ier le Conquérant prend Majorque, Ibiza et Formentera

Jacques Ier (1213-1276)

1324 Conquête de la Sardaigne

1302-1305 Les mercenaires catalans commandés par Roger de Flor aident Byzance contre les Turcs

1287 Conquête de Minorque par Alphonse III

FERDINAND ET ISABELLE DE CASTILLE

Le mariage de Ferdinand II de Catalogne-Aragon avec Isabelle de Castille – la Castille était alors le royaume qui avait absorbé le reste du nord de la péninsule Ibérique – scella en 1479 l'union de l'Espagne chrétienne. Surnommés les Rois Catholiques, les deux souverains achevèrent la Reconquête en 1492 en prenant Grenade, le dernier des royaumes maures. Cette même année, ils expulsèrent les juifs, qui formaient d'importantes communautés en Catalogne et jouaient un grand rôle dans l'activité commerciale. En 1493, ils accueillirent à Barcelone Christophe Colomb à son retour des Amériques. Mais le monopole du négoce avec le Nouveau Monde échut à Séville et à Cadix, marquant le début d'une longue période de déclin de Barcelone.

Baptême de juifs pendant le règne des Rois Catholiques

RÉVOLTES ET SIÈGES

Pendant la guerre de Trente Ans (1618-1648), Philippe IV força les *Corts* (Assemblée) de Barcelone à lever une armée pour combattre les Français, imposa un vice-roi et fit stationner en Catalogne des troupes castillanes. En juin 1640, une révolte populaire menée par des paysans armés de faux éclata. La chanson *Els Segadors* (Les Faucheurs) qu'elle inspira est aujourd'hui l'hymne catalan. Assiégée en 1651, Barcelone se rendit à Philippe IV et celui-ci céda en 1659 à la France toute la partie du pays au nord des Pyrénées.

La guerre de la Succession d'Espagne entraîna encore une confrontation avec Madrid. Alors que les deux plus puissantes familles d'Europe, les Habsbourg et les Bourbons, se disputaient le trône, la Catalogne, alliée à l'Angleterre, soutint Charles III de Habsbourg. Le traité d'Utrecht reconnut Philippe V de Bourbon roi d'Es-

Enseigne en céramique d'une corporation catalane

Siège de Barcelone en 1714 à la fin de la guerre de la Succession d'Espagne

CHRONOLOGIE

1492 Découverte de l'Amérique. Barcelone écartée du commerce avec le Nouveau Monde. Expulsion des juifs

1494 Le Conseil suprême d'Aragon place la Catalogne sous contrôle castillan

L'Inquisition espagnole fut instaurée en 1478

1619 Madrid devient la capitale de l'Espagne

1659 Le traité des Pyrénées cède le Roussillon à la France

1450 — 1500 — 1550 — 1600 — 1650

1479 Mariage de Ferdinand II de Catalogne-Aragon avec Isabelle de Castille

1490 Publication en catalan de Tirant lo Blanc, récit épique de Martorell *(p. 39)*

1571 Une vaste flotte part de Barcelone pour participer à la bataille de Lépante

1640 Révolte des faucheurs (segadors) en réaction à l'exploitation des ressources catalanes pendant la guerre de Trente Ans

Femmes participant à la défense de Gérone contre les troupes napoléoniennes en 1809

pagne en 1713. Après un nouveau siège, Barcelone tomba le 11 septembre 1714, date dont les Catalans ont fait leur fête nationale *(p. 36)*. Le vainqueur prononça la dissolution des instances de gouvernement locales, interdit le catalan, ferma les universités, transforma la cathédrale gothique de Lleida en caserne.

À Barcelone, il rasa le quartier de la Ribera pour construire une place forte à l'emplacement de l'actuel Parc de la Ciutadella *(p. 64-65)*.

Au cours du XVIIIe siècle, les échanges avec le reste de la péninsule puis l'autorisation de commercer avec le Nouveau Monde relancèrent l'économie. Un conflit avec la France de 1793 à 1795 et, surtout, la guerre d'indépendance (1808-1814) contre les troupes d'occupation napoléoniennes ralentirent ce développement. Barcelone tomba dès 1808 mais Gérone subit un siège de sept mois. Des monastères, dont Montserrat *(p. 122-123)*, furent pillés. Pendant les guerres civiles qui ensanglantèrent le pays au cours de la première moitié du XIXe siècle, la Catalogne rurale se rangea contre les forces libérales derrière les carlistes, défenseurs d'un pouvoir absolu.

LA RENAIXENÇA

Les matières premières importées des Amériques permirent à Barcelone d'être la première cité d'Espagne à s'industrialiser grâce, en particulier, à des usines de coton. Ce dynamisme économique attira des immigrants et relança la croissance démographique. La ville rasa son enceinte médiévale pour s'étendre en 1854 *(p. 71)*.

À l'intérieur des terres, les *colònies industrials* se multiplièrent le long des cours d'eau et dans des centres comme Terrassa et Sabadell. Comme au XIVe siècle, la prospérité économique suscita un nouvel élan culturel, la *Renaixença*. Ce mouvement d'affirmation de l'identité catalane s'illustra dans des écrits tels que l'*Oda a la patria* de Bonaventura Aribau et les poèmes d'un jeune moine, Jacint Verdaguer, qui se distingua aux Jocs Floral *(p. 43)* de nouveau organisés.

Barcelonaises aisées du début du XIXe siècle choisissant des étoffes fabriquées localement

Philippe V (1700-1724)

1808-1814 Guerre d'indépendance. Gérone est assiégée, Barcelone occupée. Sac du monastère de Montserrat

1823-1826 Les Français occupent la Catalogne

1835 Confiscation des biens monastiques

1833-1839 Première guerre carliste

1859 Relance du concours de poésie des Jocs Floral

1700 | **1750** | **1800** | **1850**

1714 Fin du siège de Barcelone par Philippe V, le premier roi Bourbon, qui prive la Catalogne de toute autonomie

1778 La Catalogne est autorisée à commercer avec les Amériques

1849 1re liaison ferroviaire d'Espagne entre Barcelone et Mataró

1833 *Oda a la patria* d'Aribau

Le poète Bonaventura Carles Aribau i Farriols

Produits espagnols présentés à l'Exposition universelle de 1888

CATALANISME ET MODERNISME

La renaissance culturelle de la fin du XIXe siècle eut des conséquences politiques. Les aspirations à l'autonomie des Catalans trouvèrent un écho en Galice et dans le Pays basque. Le deuxième président de l'éphémère République espagnole créée en 1873 pendant la troisième guerre carliste était un théoricien du fédéralisme : Francesc Pi i Margall.

Un parti nationaliste, la *Lliga de Catalunya,* vit le jour en 1887, tandis que se développait un mouvement ouvrier où les anarchistes tenaient une grande place. L'industrialisation et les richesses qu'elle engendrait permirent en 1888 l'organisation à Barcelone d'une Exposition universelle dans le Parc de la Ciutadella, où la forteresse de Philippe V venait d'être démantelée. La ville s'agrandit selon un plan d'urbanisme défini par Ildefons Cerdà *(p. 71)*. Cet eixample financé par des hommes d'affaires éclairés comme Eusebi Güell offrit à des architectes tels qu'Antoni Gaudí *(p. 24-25)* la possibilité d'inventer une variante originale de l'Art nouveau : le Modernisme. Ils profitèrent des espaces dégagés par la démolition de monastères pour construire des bâtiments tels que le Palau de la Música Catalana *(p. 62)* ou le marché de La Boqueria *(p. 155)*. Nombre de ces créations, intactes, parent toujours la ville.

Antoni Gaudí, l'architecte le plus créatif du Modernisme

Les désaccords avec le gouvernement central, la perte des colonies américaines, le conflit au Maroc jugé inutile, entre autres, restaient cependant nombreux. Les émeutes de la *Setmana tràgica* de 1909 firent 116 victimes et 300 blessés. En 1929, la colline de Montjuïc fut aménagée pour accueillir l'Exposition internationale.

Affiche de l'Exposition de 1929

LA GUERRE CIVILE

Prat de la Riba instaura en 1914 la Mancomunitat de Catalunya, mais le général Primo de Rivera, après avoir pris le pouvoir en Espagne par un coup d'État, prononça la dissolution de cette assemblée en 1923. Quand la dictature s'affaiblit, Francesc Macià proclama, en 1931, la République catalane, qui prit

CHRONOLOGIE

1872-1876 3e et dernière guerre carliste

1888 Exposition universelle dans le Parc de la Ciutadella

1909 *Setmana tràgica* : protestation contre la guerre au Maroc

Primo de Rivera (1870-1930)

1875 — 1900 — 1925

Soldats carlistes

1893 Un attentat anarchiste à l'Opéra fait 14 victimes

1901 *La Lliga Regionalista* remporte les élections

1929 Exposition internationale de Montjuïc

1931 Francesc Macià proclame la République catalane

Réfugiés en route vers la France pour échapper aux représailles franquistes en 1939

peu après le nom de Généralité de Catalogne pour ne pas mettre en danger la République espagnole instaurée à Madrid. Trois ans plus tard, Lluís Companys fut emprisonné pour avoir déclaré unilatéralement l'autonomie de l'État catalan.

Le Front populaire qui prit le pouvoir aux élections de 1936 rendit son autonomie à la Catalogne et libéra Companys. Cependant, l'insurrection armée commandée par Franco obligea le gouvernement républicain à fuir Madrid pour Valence, puis Barcelone. Malgré les bombardements des avions allemands et des navires italiens, la cité résista trois ans. Quand elle tomba, des milliers de personnes s'exilèrent en France. Les représailles firent des milliers de victimes, dont Lluís Companys.

Ce fut le début de la *noche negra*. Cette sombre période, encore très présente dans l'esprit des Catalans, fut marquée par la répression de toute forme d'identité catalane. La région renoua toutefois avec la croissance économique à partir des années 60 et l'arrivée des premiers touristes sur la Costa Brava et la Costa Daurada.

L'APRÈS-FRANQUISME

L'annonce de la mort de Franco en 1975 fut accueillie avec liesse. Grâce au soutien du roi Juan Carlos Ier, l'Espagne se convertit à la démocratie. En 1979, la Catalogne et le Pays basque obtinrent un statut d'autonomie approuvé par référendum. Les élections régionales placèrent à la tête de la Generalitat le parti conservateur *Convergència i Unió* dirigé par Jordi Pujol.

Pasqual Maragall, maire socialiste de Barcelone depuis 1997 et actuel président de la Catalogne soutint le changement de la ville – nouveau front de mer, espaces verts inspirés, grandes voies d'accès – afin d'accueillir, en 1992, les Jeux olympiques.

Cérémonie d'ouverture des Jeux olympiques de 1992

1939 50 000 personnes s'exilent en France. Exécution du président catalan Companys

1947 Franco est déclaré régent du royaume espagnol

1975 Mort de Franco. 3e restauration des Bourbon : Juan Carlos Ier

1979 La Catalogne obtient une autonomie partielle

1992 Jeux olympiques de Barcelone

1950 | **1975** | **2000**

1992 Jeux olympiques de Barcelone

936-1939 Guerre civile. e gouvernement républicain e replie à Valence puis à Barcelone

Années 60 Essor du tourisme sur la Costa Brava

1985 Les îles Medes deviennent la première réserve marine espagnole

1986 L'Espagne entre dans le Marché commun

Cobi, la mascotte olympique

BARCELONE ET LA CATALOGNE

BARCELONE D'UN COUP D'ŒIL 50-51

LA VIEILLE VILLE 52-69

EIXAMPLE 70-83

MONTJUÏC 84-91

EN DEHORS DU CENTRE 92-99

LA CATALOGNE 108-129

Barcelone d'un coup d'œil

Barcelone est plus que la capitale d'une région espagnole. Port actif de la Méditerranée, grande rivale économique de Madrid, elle est un pôle culturel à la créativité bouillonnante et une cité qui se tourne vers l'Europe pour affirmer et défendre l'identité catalane. Le succès des Jeux olympiques organisés en 1992 dans le parc de Montjuïc a prouvé le dynamisme et l'efficacité de ses habitants. L'attachement des Barcelonais à leurs racines se conjugue avec le goût de la modernité comme en témoignent, outre les immeubles dont le Modernisme *(p. 24-25)* a paré vers 1900 le quartier d'Eixample, les sculptures contemporaines des espaces publics et la décoration des bars jusque dans la vieille ville riche en monuments historiques.

La Casa Milà (p. 79) *est l'immeuble le plus avant-gardiste d'Antoni Gaudí* (p. 78). *Aucune ville ne possède autant d'édifices Art nouveau que Barcelone.*

Le Palau Nacional (p. 88), *sur la colline de Montjuïc, domine l'avenue et les pavillons monumentaux construits pour l'Exposition internationaoe de 1929. Il abrite depuis 1934 le Museu Nacional d'Art de Catalunya, et sa collection d'art gothique et roman.*

Le Castell de Montjuïc (p. 89), *forteresse massive du XVIIe siècle, crée au sommet de la colline de Montjuïc un contraste frappant avec les installations ultra-modernes des Jeux olympiques de 1992. Il ménage une vue panoramique de la ville et du port.*

Christophe Colomb *surveille le front de mer depuis une colonne de 60 m* (p. 67) *érigée sur le Port Vell (vieux port). De son sommet, les visiteurs découvrent les quais et les promenades aménagés pour les Jeux olympiques de 1992.*

◁ **Au Port Vell, la Rambla de la Mar permet d'accéder au complexe de loisirs du Maremàgnum**

La Sagrada Família (p. 80-81), *chef-d'œuvre inachevé, a été entrepris à Eixample en 1882. Ses formes inspirées de la nature et ses mosaïques de céramique sont caractéristiques du génie de Gaudí .*

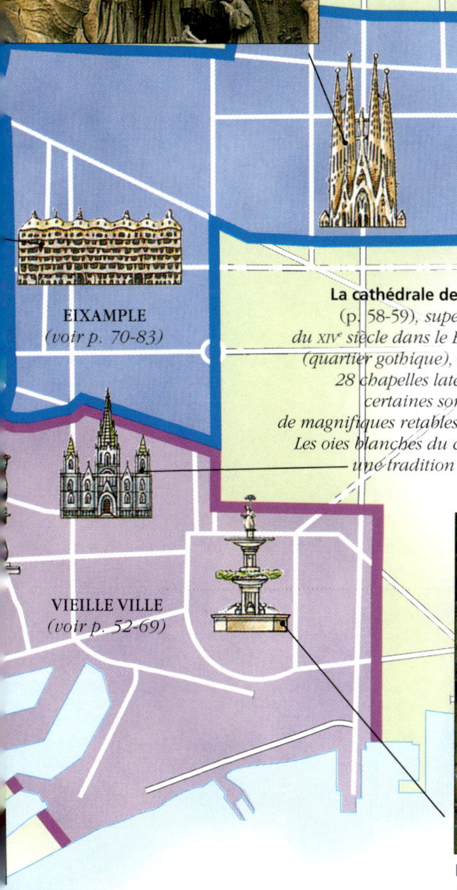

La cathédrale de Barcelone (p. 58-59), *superbe édifice du XIVe siècle dans le Barri Gòtic (quartier gothique), comprend 28 chapelles latérales dont certaines sont décorées de magnifiques retables baroques. Les oies blanches du cloître sont une tradition séculaire.*

Le Parc de la Ciutadella (p. 64-65), *entre la vieille ville et la Vila Olímpica, a quelque chose à proposer à chacun : jardins parés d'une riche statuaire ; lac où l'on peut canoter ; zoo et deux musées de géologie et de zoologie.*

La Rambla (p. 60-61), *la plus célèbre avenue d'Espagne, vit de jour comme de nuit. Une promenade sur La Rambla jusqu'à la mer permet de découvrir ses boutiques, ses cafés et ses vendeurs à la sauvette et offre une parfaite introduction à la vie barcelonaise.*

BAR

LA VIEILLE VILLE

Traversée par la célèbre avenue de La Rambla, la Ciutat Vella de Barcelone est l'un des centres-villes médiévaux les plus étendus d'Europe. Le Barri Gòtic (quartier gothique) renferme la cathédrale et un dédale de rues et de places. De l'autre côté de la via Laietana, El Born, dominé par l'église Santa Maria del Mar, est riche en demeures du XIVe siècle. Ce quartier est bordé à l'ouest par le magnifique Parc de la Ciutadella où se trouve le zoo. Sur le front de mer réaménagé, l'élégante marina, avec ses boutiques et ses restaurants branchés, offre un contraste frappant avec le vieux quartier populaire de Barceloneta et le nouveau Port olympique.

LA VIEILLE VILLE D'UN COUP D'ŒIL

Musées
Aquarium 24
Museu d'Art Contemporani 10
Museu d'Historia de Catalunya 25
Museu Frederic Marès 2
Museu de Geologia 19
Museu Marítim et les Drassanes 28
Museu Picasso 13
Museu de la Xocolata 15
Museu de Zoologia 18

Sites portuaires
Golondrinas (les) 27
Port Olímpic 21
Port Vell 23

Rues et quartiers
Barceloneta 22
La Rambla 7
El Raval 9

Églises
Basílica de Santa Maria del Mar 14
Cathédrale (p. 58-59) 6

Bâtiments historiques
Casa de l'Ardiaca 1
Casa de la Ciutat 4
La Llotja 12
Palau de la Generalitat 5
Palau de la Música Catalana 11
Palau Güell 8
Museu d'Història de la Ciutat 3

Monuments
Arc del Triomf 16
Monument a Colom 26

Parcs
Parc de la Ciutadella 19
Parc Zoològic 22

COMMENT Y ALLER ?
Les lignes 1, 3 et 4 du métro desservent le quartier ; la station Jaume I est au cœur du Barri Gòtic. Des bus passent par la plaça de Catalunya, centre de la ville moderne.

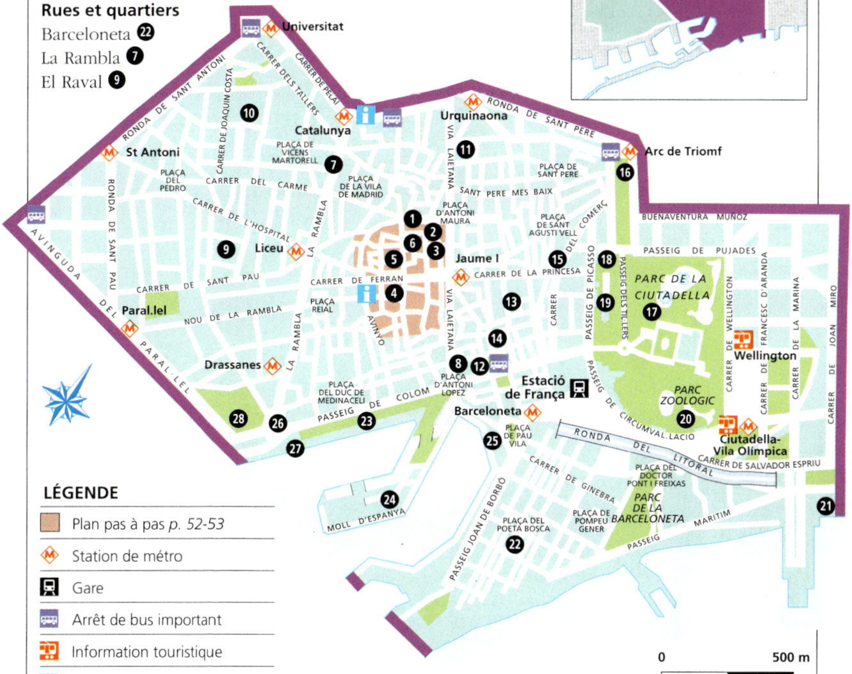

LÉGENDE
- Plan pas à pas *p. 52-53*
- Station de métro
- Gare
- Arrêt de bus important
- Information touristique
- Parc de stationnement

◁ **Le café Els Quatre Gats, dans une ruelle du Barri Gòtic**

Le Barri Gòtic pas à pas

Bougie, Cereria Subirà

Le quartier gothique, la partie la plus ancienne de Barcelone, s'étend sur le site choisi par les Romains sous le règne d'Auguste (27 av. J.-C.-14 apr. J.-C.) pour fonder une nouvelle colonie. Il abrite depuis les bâtiments administratifs de la ville. Les deux axes de la cité antique se croisaient à l'emplacement de la plaça de Sant Jaume, où se font face le Palau de la Generalitat, siège du gouvernement catalan, et la Casa de la Ciutat, l'hôtel de ville, tous deux d'origine médiévale. À quelques pas se dressent la cathédrale gothique et le palais royal, où, en 1492, les Rois Catholiques reçurent Christophe Colomb à son retour des Amériques *(p. 44)*.

Casa de l'Ardiaca
Bâtie sur l'enceinte romaine, cette ancienne demeure gothique et Renaissance abrite les archives historiques de Barcelone ❶

★ Cathédrale
L'édifice gothique initial a reçu au XIXe siècle sa façade et sa flèche. Entre autres œuvres d'art, il abrite des peintures médiévales catalanes ❻

Palau de la Generalitat
Le siège du gouvernement catalan a conservé de beaux éléments gothiques, notamment une chapelle et un escalier extérieur menant à une galerie d'arcades ❺

Casa de la Ciutat
Construit aux XIVe et XVe siècles, l'hôtel de ville reçut sa façade néoclassique en 1840. Une œuvre de Joan Rebull (1899-1981), Trois Jeunes Gitans, *copie (1976) d'une sculpture de 1946, orne l'entrée* ❹

LÉGENDE

– – – Itinéraire conseillé

Museu Frederic Marès
Ce portail médiéval fait partie de la riche collection de sculptures espagnoles qui constitue le clou d'un musée à l'éclectisme extraordinaire ❷

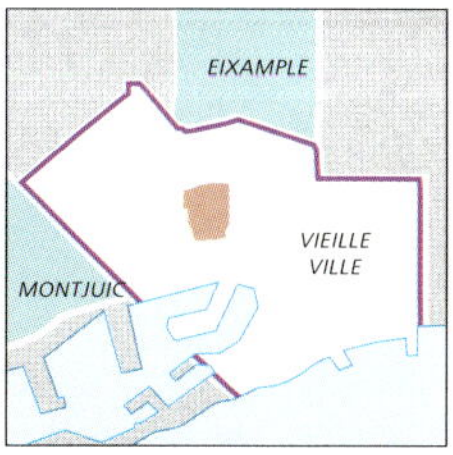

CARTE DE SITUATION
Voir l'atlas des rues, plan 5

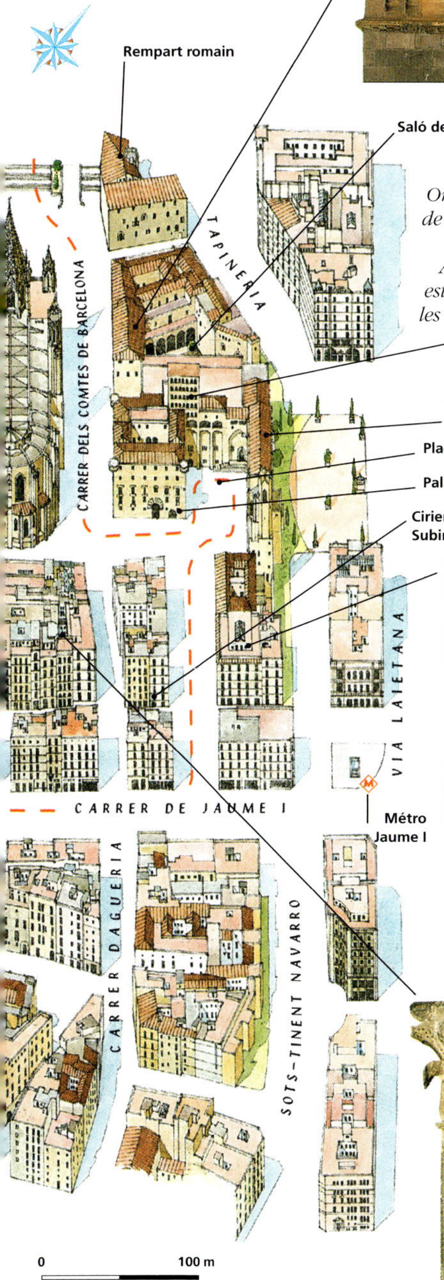

★ Palau Reial
Ornée d'un retable de 1466, la Capella Reial de Santa Àgata (XIVe siècle) est l'une des parties les mieux préservées du palais ❸

Museu d'Història de la Ciutat
Accessible par un édifice du XIVe siècle, il renferme les vestiges de la Barcelone romaine. Les ruines du plus grand musée souterrain consacré à l'époque romaine s'étendent jusqu'au Palau Reial.

Le Centre Excursionista de Catalunya abrite, dans sa cour, quatre colonnes romaines du temple d'Auguste. Dans la rue, une borne indique l'ancien emplacement du sanctuaire.

À NE PAS MANQUER

- ★ Cathédrale
- ★ Palau Reial

Boîte aux lettres moderniste, Casa de l'Ardiaca

Casa de l'Ardiaca ❶

Carrer de Santa Llúcia 1. **Plan** *5 B2.* ***Tél.*** *93 318 11 95. Jaume I. lun.-ven. 9h-20h., sam. 9h-13h. dim. et j.f.*
www.bcn.es/arxiu/arxiuhistoric

Construite au XIIᵉ siècle près de ce qui était la porte de l'Évêque percée dans l'enceinte romaine, la maison de l'Archidiacre fut remaniée vers 1500. La colonnade élevée en cette occasion fut étendue en 1870 pour former, autour d'une fontaine, un patio de style gothique flamboyant.
À côté du portail Renaissance, la boîte aux lettres en marbre fut conçue par l'architecte moderniste Domènech i Montaner (1850-1923). L'Arxiu Històric de la Ciutat (Archives municipales) se trouve à l'étage.

Museu Frederic Marès ❷

Plaça de Sant Iu 5. **Plan** *5 B2.* ***Tél.*** *93 310 58 00. Jaume I. mar. -sam. 10h-19h, dim. 10h-15h. lun., 1ᵉʳ janv., vendredi saint, 1ᵉʳ mai, 25 et 26 déc. excepté pour les moins de 16 ans ; mer. après 15h et 1ᵉʳ dim. du mois.* *sur r.-v..*
www.museumares.bcn.es

Installé dans un bâtiment qui faisait partie du palais royal, ce musée (ouvert en 1948) est un monument à l'éclectisme et à la passion de la collection et des voyages du sculpteur Frederic Marès i Deulovol (1893-1991). Les antiquités occupent le fond du patio. Au rez-de-chaussée, les salles d'art roman abritent plus de 400 sculptures peintes sur bois. La crypte renferme les sculptures sur pierre, notamment deux portails romans, tandis que le premier étage offre un large aperçu de la sculpture espagnole du Moyen Âge au XIXᵉ siècle. Le « Musée sentimental » des deux niveaux supérieurs présente, rassemblés par thèmes, un ensemble exceptionnel d'objets du monde entier tels que montres, pendules, crucifix, bas de femme, costumes, bijoux.

Vierge, Museu Frederic Marès

Palau Reial et Museu d'Història de la Ciutat ❸

Plaça del Tél.Rei. **Plan** *5 B2.* ***Tél.*** *93 315 11 11. Jaume I. juin-sept.: mar.-sam. 10h-20h ; dim. 10h-15h ; oct.- mai : mar. -sam. 10h-14h et 16h-20h., dim. 10h-15 h. 1ᵉʳ janv., 1ᵉʳ mai, 24 juin, 25 et 26 déc. sur r.-v.*
www.museuhistoria.bcn.es

Fondée à la fin du Xᵉ siècle mais datant en majeure partie du XIVᵉ siècle, l'ancienne résidence des rois de Barcelone s'organise autour du Saló del Tinel (1355-1362). C'est dans cette salle de banquet, longue de plus de 30 m, sous des arcs d'une portée de 17 m, que les Rois Catholiques *(p. 44)* reçurent Christophe Colomb à son retour des Amériques en

Nef gothique de la Capella de Santa Àgata, Palau Reial

L'ANCIENNE COMMUNAUTÉ JUIVE DE BARCELONE

Tablette en hébreu

Du XIᵉ au XIIIᵉ siècle, les juifs dominèrent la vie commerciale et culturelle de Barcelone. Ils donnaient à la ville ses médecins et fondèrent le premier établissement éducatif. En 1243, une violente crise d'antisémitisme conduisit à leur enfermement dans un ghetto, El Call, qui ne possédait qu'une seule entrée donnant sur la plaça Sant Jaume. Malgré de lourdes taxes imposées par le roi, qui les considérait comme des « serfs royaux », les juifs conservèrent le contrôle de la majeure partie du négoce entre la Catalogne et l'Afrique du Nord. Les persécutions, officielles ou populaires, finirent toutefois par entraîner la disparition du ghetto en 1401, près d'un siècle avant l'interdiction de la pratique du judaïsme en Espagne *(p. 44)*. La principale synagogue (il y en avait trois) bordait la carrer Sant Domènec del Call. Il n'en reste que les fondations. Au nº 1 de la carrer de Martlet, une tablette en hébreu du XIVᵉ siècle dit : « Sainte fondation de Rabbi Samuel Hassardi, pour qui la vie ne finit jamais. »

1493. Dans l'antichambre, des fresques d'époque illustrent la vie de la noblesse vers 1300.

Construite dans le rempart romain, la Capella de Santa Àgata abrite le retable du connétable Pierre de Portugal achevé en 1466 par Jaume Huguet *(p. 28)*. À droite de l'autel, des escaliers mènent au Mirador del Rei Martí. Formée de cinq étages de galeries, cette tour du XVIe siècle porte le nom du dernier souverain catalan, Martin Ier l'Humain, qui régna de 1396 à 1410. Son sommet offre une jolie vue du palais.

La principale curiosité du Museu d'Història de la Ciutat se trouve au sous-sol, où des passerelles suspendues permettent de parcourir les vestiges des rues et des places de l'ancienne Barcino, la ville romaine. Ce site archéologique fut découvert en 1931, lors du déplacement à cet endroit et pierre par pierre de la Casa Clariana-Padellàs, l'édifice gothique qui abrite le musée. Une photo extraordinaire montre les fouilles. Ce qui est aujourd'hui le musée souterrain le plus grand et plus complet consacré à l'époque romaine permet de découvrir les conduites d'eau et les égouts, des bains, des demeures aux sols de mosaïque, des ateliers artisanaux et l'ancien forum.

Casa de la Ciutat ❹

Plaça de Sant Jaume. **Plan** *5 A2.*
Tél. *93 402 73 00.* *Jaume I ou Liceu.* *dim. 10h-13h30 (12 fév. et 23 avr. : 10h-20h) ; ou sur r.v. (93 402 73 64).*

Le superbe hôtel de ville *(ajuntament)* de Barcelone se dresse en face du Palau de la Generalitat. Les statues de Jaume I *(p. 43)* et de Joan Fiveller encadrent l'entrée. Un portail Renaissance ouvre sur la chambre du Conseil, le Saló de Cent, inauguré en 1373 mais décoré dans le style baroque. Commandé pour l'Exposition internationale de 1929, le Saló de Flor est orné de peintures murales par Josep Marià Sert *(p. 29)*. Elles évoquent l'expédition en Orient, au début du XIVe siècle les troupes catalanes commandées par Roger de Flor.

Palau de la Generalitat ❺

Plaça de Tél.Sant Jaume 4. **Plan** *5 A2.*
Tél. *93 402 46 00.* *Jaume I.* *23 avr. (Sant Jordi), sam. sur r.v. (93 402 46 17) et 4e dim. du mois : 10h30-13h30.*
www.gentat.es

Siège du gouvernement catalan depuis 1403, la Generalitat présente une façade

Sobre façade Renaissance du Palau de la Generalitat

Renaissance ornée, d'une statue du saint patron de la Catalogne, Sant Jordi (saint Georges) terrassant le dragon.

Marc Safont dessina au début du XVe siècle le bel escalier gothique menant, depuis la cour, jusqu'à la Capella de Sant Jordi, qu'il édifia de 1432 à 1436. Elle fut remaniée vers 1620. Œuvre de Pere Blai, le Saló de Sant Jordi est de style classique. Il ouvre sur le Pati dels Tarongers (patio des Orangers) par Pau Mateu. Le clocher qui le domine date de 1568. Le Saló Daurat (Salon doré) possède un beau plafond peint.

Un pont de style gothique construit en 1928 au-dessus de la carrer del Bisbe relie le palais à la Casa del Canonges (maison des Chanoines).

Le Saló de Cent, grande salle du conseil à la Casa de la Ciutat

La cathédrale de Barcelone ❻

Sainte Eulalie

Entreprise en 1298 sur un site précédemment occupé par un temple romain et une église wisigothique, la construction de cette harmonieuse cathédrale gothique flanquée d'un beau cloître et d'une chapelle romane ne s'acheva qu'au XIXe siècle. La clôture du chœur, sculptée au XVIe siècle, évoque le martyre de sainte Eulalie, patronne de Barcelone. Près des fonts baptismaux, une plaque commémore le baptême de six Indiens des Caraïbes ramenés par Colomb en 1493.

Les deux tours octogonales ont été édifiées entre 1386 et 1393. Celle-ci reçut ses cloches en 1545.

La façade principale, achevée en 1899, fut construite d'après les plans dessinés en 1408 par l'architecte français Charles Galtés.

Nef
De style gothique catalan, l'intérieur ne comprend qu'une seule et large nef haute de 26 m et bordée de 28 chapelles latérales.

★ Stalles du chœur
Sculptées au XVe siècle, elles présentent dans leur partie supérieure les blasons peints (1518) des membres de la Toison d'or.

Capella del Santíssim Sagrament
Cette petite chapelle abrite le Christ de Lépante (XVIe siècle).

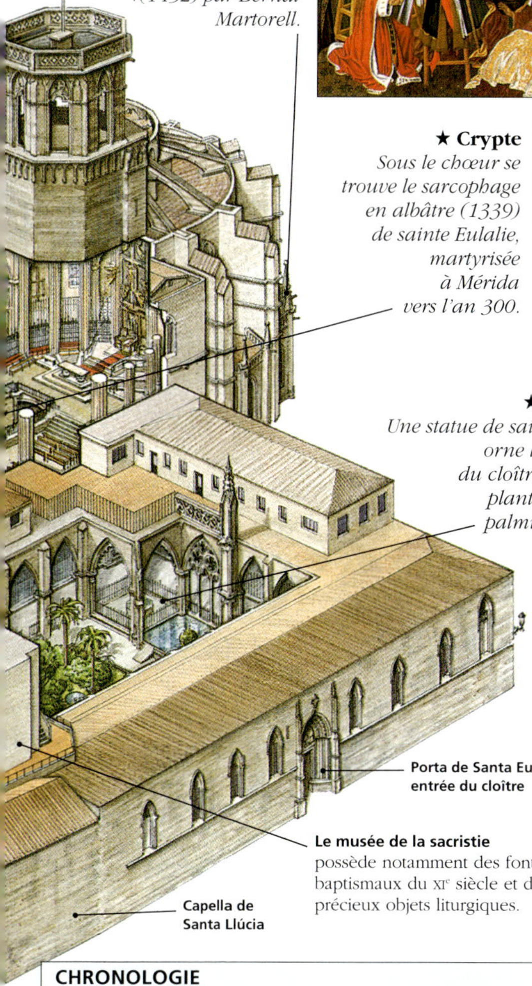

Capella de Sant Benet
Dédiée à saint Benoît, patron de l'Europe et fondateur de l'ordre des Bénédictins, elle abrite le splendide retable de la Transfiguration (1452) par Bernat Martorell.

MODE D'EMPLOI

Plaça de la Seu. **Plan** 5 A2. ***Tél.*** *93 315 15 54.* *Jaume I.* *17, 19, 45.* *t.l.j. 8h-19h30, vis. guid. 13h-17h.* *gratuit t.l.j. 8h-12h45 et 17h15-19h30.* **Musée** *t. l. j. 9 h-13h et 16h-19h.* **Chœur** *lun.-ven. 10h-13h et 16h-19h, sam. 9h-13h.* *plusieurs t.l.j.*

★ Crypte
Sous le chœur se trouve le sarcophage en albâtre (1339) de sainte Eulalie, martyrisée à Mérida vers l'an 300.

★ Cloître
Une statue de saint Georges orne la fontaine du cloître gothique planté de palmiers.

Porta de Santa Eulàlia, entrée du cloître

Le musée de la sacristie possède notamment des fonts baptismaux du XIe siècle et de précieux objets liturgiques.

Capella de Santa Llúcia

À NE PAS MANQUER

★ Stalles du chœur

★ Crypte

★ Cloître

CHRONOLOGIE

IVe siècle Construction d'une basilique paléochrétienne

559 Basilique dédiée à sainte Eulalie et à la sainte Croix

877 Translation dans la cathédrale des reliques de sainte Eulalie

985 Les Maures détruisent l'église

1046-1058 Raymond Bérenger Ier fait bâtir une église romane

1257-1268 Construction de la Capella de Santa Llúcia

1298 Jacques II entreprend la cathédrale gothique

1339 Transfert des reliques de sainte Eulalie dans un sarcophage

1493 Baptême d'Amérindiens venus avec Colomb

1889 Achèvement de la façade d'après les plans (1408) de Charles Galtés

1913 Achèvement de la flèche centrale

400 | 700 | 1000 | 1300 | 1600 | 1900

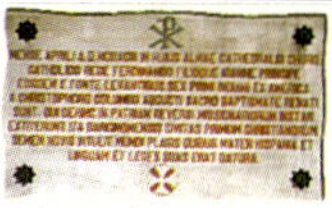

Plaque du baptême des Indiens

La Rambla ❼

L'avenue historique de La Rambla qui conduit à la mer est animée à toute heure du jour et de la nuit. Cafés, kiosques à journaux, marchands de fleurs et artistes de rue accueillent une foule particulièrement nombreuse le soir et les week-ends. Parmi les édifices fameux qui la bordent, citons l'opéra Liceu, l'immense marché de la Boqueria et quelques beaux hôtels particuliers.

La Rambla, la fameuse avenue bordée d'arbres est toujours animée

À la découverte de la Rambla
Le nom de cette longue avenue, appelée en catalan Les Rambles, vient du mot arabe *ramlas* qui désigne un torrent cessant de couler en saison sèche. En effet, l'enceinte fortifiée de Barcelone suivait au XIIIe siècle la rive gauche d'un cours d'eau de ce type. Il fut canalisé à partir de 1366. Des monastères et l'université se sont éablis au XVIe siècle sur la rive opposée. Le lit du torrent a été comblé, et ces édifices ont disparu mais leur souvenir demeure dans les noms des cinq Rambles qui forment l'avenue, entre la très fréquentée plaça de Catalunya et le Port Vell (vieux port).

Mercat de Sant Josep *Plaza de la Boqueria.* **Plan** 2 F3. ***Tél.*** *93 318 20 17.* Ⓜ *Liceu* ◯ *lun.-sam. 8h-20h30.*
Palau de la Virreina *La Rambla 99.* **Plan** 5 A2. ***Tél.*** *93 316 10 00.* Ⓜ *Liceu.* ◯ *lun.-ven. 11h-14h et 16 h-20h30, sam. 11h-20h30, dim. 11h-15.*
Museu de Cera *Pg de la Banca 7.* **Plan** 2 F4. **Tél.** *93 317 26 49.* Ⓜ *Drassanes.* ◯ *juil.-sept. : t.l.j. 10h-20 h ; oct.-juin lun.-ven. 10h-13h30 et 16h-19h30, sam. , dim. et j.f. 11-14h et 16h30-20h30.*

Mercat de Sant Josep ⑤
Appelé La Boqueria c'est le marché d'alimentation le plus coloré de Barcelone.

Gran Teatre del Liceu ⑦
L'opéra de Barcelone a été restauré deux fois à la suite des incendies de 1861 et 1994.

Le monument à Christophe Colomb se dresse au bout de La Rambla

Palau Güell ⑨
Ce palais néo-gothique, achevé en 1889, est l'une des œuvres majeures de Gaudi *(p. 62)*.

Font de Canaletes ①
Dire de quelqu'un qu'il « boit l'eau de Canaletes » signifie qu'il est de Barcelone. La fontaine date du XIXe siècle.

Reial Acadèmia de Ciències i Arts ②
Ce théâtre (depuis 1910) possède la première horloge publique officielle de Barcelone.

Palau Moja ③
Le salon baroque de cet édifice néoclassique de 1790 accueille des expositions.

Palau de la Virreina ④
La première occupante de ce palais, fut, en 1777, la veuve du vice-roi (virreina) d'Espagne au Pérou.

Plaça de la Boqueria ⑥
Un pavement en mosaïque de Joan Miró (1976) et le dragon Art déco d'une boutique de parapluies ornent cette place.

Plaça Reial ⑧
Des réverbères de Gaudí et des palmiers ponctuent la place la plus vivante de Barcelone, aménagée dans les années 1850.

Museu de Cera ⑩
Créé en 1973 dans une majestueuse demeure du XIXe siècle, le Musée de Cire présente plus de 300 personnages.

LEGENDE

- Gare FGC
- Station de métro
- Parc de stationnement
- Église

0 — 100 m

Palau Güell ❽

Nou de la Rambla 3-5.
Plan 2 F3. ***Tél.*** *93 317 39 74.*
Liceu. *Fermé jusqu'à fin 2006.*

Gaudí bâtit sa première grande œuvre au cœur de Barcelone à la demande d'un riche client, Eusebi Güell, qui lui donna carte blanche malgré l'inexpérience du jeune architecte.
Gaudí le prit au mot, comme en témoigne la qualité des matériaux ; l'extérieur est tapissé de marbre et l'intérieur offre une profusion de bois nobles.
La taille de l'immeuble est disproportionnée par rapport la rue étroite dans laquelle il est situé. C'est Gaudí lui-même qui créa le mobilier, l'éclairage, les vitraux et le reste – il procéda ainsi pour tous les immeubles qu'il créa. Cette luxueuse maison familiale, achevée en 1889, accueillit aussi des réunions politiques, des concerts de musique de chambre et des hôtes de marque.
De la rue, seules les cheminées en forme de flèche donnent un avant-goût de la couleur et de l'originalité qui caractériseront plus tard l'œuvre de l'artiste. La façade austère est symétrique, toute en lignes droites. Seules les deux portes formées d'un arc parabolique – forme géométrique qu'il utilisera ultérieurement avec brio – laissent supposer la prédilection de l'architecte pour les courbes.
À l'intérieur, on remarquera surtout la très haute pièce centrale du rez-de-chaussée. À la fois salon et cour couverte, elle s'élève sur trois étages (l'immeuble en compte six). Elle est couronnée d'une coupole et dessert toutes les pièces.

El Raval ❾

Plan 2 F3. *Catalunya, Liceu.*

Situé à l'ouest de La Rambla, ce quartier englobe l'ancien quartier des prostituées, ou Barri Xinès (ou Barrio Chino, le quartier chinois).

Les spectaculaires cheminées du toit du Palau Güell

La carrer de l'Hospital, où subsistent plusieurs herboristeries, abrita l'hôpital de la ville à partir du XIVe siècle. C'est ici que Gaudí *(p. 78)* fut conduit après son fatal accident de tramway en 1926. L'immeuble abrite aujourd'hui la Biblioteca de Catalunya. L'élégante salle de dissection a été entièrement restaurée. Le Palau Güell se trouve dans la carrer Nou de la Rambla, en direction du port. Au bout de la carrer Sant Pau, Sant Pau del Camp (XIIe siècle) est l'église romane la mieux conservée de Barcelone. Les moines franciscains y interprètent encore leur plain-chant.

Museu d'Art Contemporani ❿

Plaça dels Angels 1. **Plan** 2 F2.
Tél *93 412 08 10.* *Universitat, Catalunya.* *lun., mer.-ven. 11h-19h30 ; sam. 10h-20h; dim. et j. f. 10h-15h.* *1er janv., 25 déc.* *mer. et sam. 18h ; dim. midi.*
www.macba.es **Centre de Cultura Contemporània** Montalegre 5.
Tél *93 306 41 00.* **www**.cccb.org

Ce fantastique immeuble de verre conçu par l'architecte américain Richard Meier est La Mecque de l'art contemporain de la capitale de la Catalogne. Sa silhouette très contemporaine offre un contraste saisissant avec les vieux immeubles et les ruelles étroites qui l'environnent. Ses vastes galeries lumineuses qui laissent entrer à plein le soleil de Barcelone accueillent une collection permanente de peintures, de sculptures et d'installations essentiellement espagnoles de 1950 à nos jours. Le musée est également le siège d'expositions temporaires d'artistes étrangers, dont la peintre américaine Susana Solano ou le photojournaliste sud-africain David Goldblatt.
À côté du MACBA, le très actif **Centre de Cultura Contemporània** accueille de grands festivals d'art et des spectacles de culture contemporaine.

La façade du Museu d'Art Contemporani

Coupole renversée moderniste du Palau de la Música Catalana

Palau de la Música Catalana ⓫

Carrer de Sant Francesc de Paula 2. **Plan** 5 B1. ***Tél*** *90 244 28 82.* Ⓜ *Urquinaona.* ◻ *sept.- juin : t.l.j. 10h-15h30 ; juil.-août : t.l.j.10h-18h ; et pour les concerts.* *toutes les 30 min.*
www.palaumusica.org

Achevé en 1908 sur le site d'un monastère fermé au XIXe siècle, l'étonnant palais de la Musique catalane, dessiné par l'architecte moderniste Lluís Domènech i Montaner, possède la seule salle de concert d'Europe éclairée par la lumière naturelle. La façade au parement de briques rouges est agrémentée de colonnes couvertes de mosaïques portant les bustes de Palestrina, Bach et Beethoven. Au coin du bâtiment, un groupe sculpté par Miquel Blay rend hommage à la chanson populaire catalane. L'intérieur présente une décoration d'une richesse extraordinaire. Les vitraux y jouent un rôle important, en particulier dans la grande salle du premier étage couverte d'une immense coupole renversée. Deux sculptures dessinées par Domènech, mais achevées par Pau Gargallo, ornent l'arc de l'avant-scène. *Wagner* symbolise la musique internationale, *Clavé* la musique catalane. Les étonnantes « Muses du Palau », un groupe de 18 jeunes femmes très stylisées jouant chacune d'un instrument de musique, servent de toile de fond à la scène. Composées de terre cuite et de *trencadis* (éclats de céramique), elles séduisent les visiteurs.

Grâce à son travail de promotion de la chanson catalane, Josep Anselm Clavé (1824-1874) a en effet ouvert la voie à la création, en 1891, de l'Orfeó Català, le précurseur du palais de la Musique actuel.

Bien que l'Orfeó soit aujourd'hui en résidence au tout moderne Auditori, sur la Plaça de les Glòries *(p. 162)*, le Palau propose un concert presque tous les soirs. Il demeure le lieu privilégié des festivals de jazz et de guitare, et des orchestres symphoniques nationaux et internationaux s'y produisent régulièrement.

Restauré et agrandi par l'architecte catalan Oscar Tusquets, il dispose désormais d'un auditorium en sous-sol et, à l'extérieur, d'une place aménagée pour accueillir des concerts en été. Une nouvelle ère a ainsi commencé, consolidant sa réputation de scène musicale la plus appréciée de la ville.

La Llotja ⓬

Carrer del Consolat de Mar 2. **Plan** 5 B3. ***Tél*** *93 319 24 12 ou 90 244 84 48.* Ⓜ *Barceloneta.* ● *au public.*

Une reconstruction effectuée en 1763 a donné à l'ancienne Bourse de Barcelone son aspect néoclassique. Pourtant, l'édifice, bâti pour accueillir le siège du Consolat de Mar, la ligue des négociants maritimes, date de la fin du XIVe siècle. On peut toujours apercevoir à travers les grandes vitres du rez-de-chaussée les trois nefs gothiques où se déroulaient les échanges.

L'Académie des beaux-arts occupa les étages supérieurs entre 1849 et 1970. Elle eut pour élèves Picasso et Joan Miró *(p. 29)*. La Llotja abrite aujourd'hui une bibliothèque.

Statue de Poséidon dans la cour intérieure de la Llotja

Mariage dans la basilique gothique Santa Maria del Mar

Museu Picasso ⓭

Carrer Montcada 15-23. **Map** 5 B2. ***Tél*** *93 319 63 10.* *Jaume I.* *mar.-sam et j.f. 10h-19h30 ; dim. 10h-14h30.* *1er janv., Ven. Saint, 1er mai, 24 juin ; 25 et 26 déc.* *Ent. libre le 1er dim. du mois.* **www**.museupicasso.bcn.es

Le musée Picasso occupe cinq palais médiévaux de la carrer Montcada : Berenguer d'Aguilar, Baró de Castellet, Meca, Mauri et Finestres. Le musée fut créé en 1963 avec des œuvres offertes par Jaime Sabartes, un ami du peintre. Après la mort de celui-ci en 1968, Picasso donna lui-même des tableaux. À sa mort, il légua des œuvres graphiques et sa veuve Jacqueline fit don de céramiques.

Les œuvres de jeunesse de cette collection de 3 000 pièces montrent que, dès l'âge de 15 ans, Picasso peignit des toiles majeures telles que la *Première communion* (1896) et *Science et Charité* (1897). Les œuvres des périodes bleu et rose sont rares, mais on peut admirer la série des *Ménines* – 44 tableaux inspirés du chef-d'œuvre de Velázquez.

Basílica de Santa Maria del Mar ⓮

Pl Sta Maria 1. **Plan** 5 B3. ***Tél*** *93 310 23 90.* *Jaume I.* *t.l.j. 9h-13h30, 16h30-20h (dim. 10h).*

Ce magnifique édifice est la seule église entièrement bâtie dans le style gothique catalan, une unité architecturale due à la rapidité sans égal de sa construction financée par les commerçants et les chantiers navals : 55 ans. Son acoustique lui vaut d'accueillir des concerts de qualité. Sur la façade ouest, une rosace du

Pablo Picasso, *Autoportrait* au fusain (1899-1900)

PABLO PICASSO ET BARCELONE

Picasso (1881-1973) avait 13 ans lorsqu'il arriva à Barcelone. Son père, José Ruiz y Blasco, avait trouvé un emploi d'enseignant à l'académie des Beaux-arts, au-dessus de la Llotja. La ville pourtant riche accueillait une importante classe ouvrière qui commençait à s'organiser et à se rebeller. La famille s'installa au n°3 de la carrer de la Mercè, un immeuble lugubre de cinq étages à deux pas de la Llotja. Le talent précoce de Picasso lui permit d'accéder très tôt à l'académie, où il se lia d'amitié avec Manuel Pallarès Grau. Les deux jeunes artistes perdirent leur virginité auprès des prostituées de la carrer d'Avinyó, qui inspirèrent à Picasso les *Demoiselles d'Avignon* (1906-1907). Pour beaucoup de critiques d'art, cette œuvre marque l'avènement de l'art moderne. Picasso suivit Pallarès à Horta, sa ville natale, où il peignit ses premiers paysages, aujourd'hui exposés au Museu Picasso. Les deux artistes furent amis jusqu'à la fin de leur vie.

XVe siècle représente le Couronnement de la Vierge. Les vitraux qui éclairent la vaste nef et les ailes latérales ont été réalisés du XVe au XVIIIe siècles. Elle retrouva son dénuement et sa simplicité après l'incendie du chœur et du mobilier pendant la guerre civile *(p. 46)*.

Museu de la Xocolata ⓯

Comerç 36. **Plan** 5 C2. ***Tél*** *93 268 78 78.* *Jaume I, Arc de Triomf.* *lun., mer.-sam. 10h-19h ; dim. et j. f. 10h-15 h.* *1er janv., 1er mai, 25 et 26 déc.* *Ent. libre le 1er dim. du mois.* *Sur r.-v.*
www.museudelaxocolata.com

Fondé par le syndicat des chocolatiers et des pâtissiers de Barcelone, ce musée retrace l'histoire de la plus universelle des friandises au travers d'affiches, de photographies et de films : de la découverte du cacao en Amérique du Sud à l'invention de la première broyeuse à chocolat à Barcelone. Un hommage est rendu au *mona* – gâteau de Pâques traditionnel catalan qui évolua, au fil de siècles, pour devenir une véritable sculpture culinaire. Chaque année, les pâtissiers rivalisent d'imagination pour décorer de bijoux, de plumes et autres leurs versions en chocolat d'immeubles célèbres ou de personnages folkloriques.

Arc del Triomf ⓰

Passeig Lluís Companys. **Plan** 5 C1. *Arc de Triomf.*

Le portail principal de l'Exposition universelle de 1888 dans le Parc de la Ciutadella est l'œuvre de Josep Vilaseca i Casanovas. Les sculptures de cet édifice en brique de style mudéjar représentent des allégories de l'artisanat, de l'industrie et du commerce. Sur la façade, la frise de Josep Reynés montre la ville accueillant les visiteurs étrangers.

Façade de brique rouge de l'Arc del Triomf (fin du XIXe siècle)

Parc de la Ciutadella ⓱

Avda del Marquès de l'Argentera. **Plan** 6 D2. *Barceloneta, Ciutadella-Vila Olímpica.* *t.l.j. 8h-22h30.*

Les Catalans aiment canoter sur le lac et se promener au milieu des orangers, des palmiers et des perroquets. Le parc occupe le site d'une citadelle pentagonale construite pour Philippe V entre 1715 et 1720 après treize mois de siège de la ville *(p. 45)*. La forteresse devait accueillir les soldats. Mais, elle fut transformée en prison et devint tristement célèbre pendant l'occupation napoléonienne *(p. 45)* et lors des répressions des mouvements nationalistes du XIXe siècle. Elle devint le symbole honni du pouvoir centralisé. En 1878, le général Prim, dont la statue se dresse au milieu du parc, la démantela et fit don du parc à la ville. C'est là que se déroula l'Exposition universelle de 1888 *(p. 46)*. Trois bâtiments subsistent : la chapelle ; le palais du gouverneur, transformé en école ; et l'arsenal, siège du parlement catalan.
Le parc est le plus grand centre d'activités culturelles et sportives de la ville. Le dimanche après-midi, on y vient pour jouer de la musique, danser et se détendre, ou visiter les musées ou le zoo. Le parc expose des œuvres de sculpteurs catalans – Marès, Arnau, Carbonell, Clarà, Llimona, Gargallo, Dunnyac et Fuxà – et d'artistes contemporains comme Tàpies et Botero.
La fontaine triomphale des jardins de la Plaça de Armes est l'œuvre de l'architecte Josep Fontseré, assisté d'Antoni Gaudí, qui n'était alors qu'un jeune étudiant en architecture.

Cascade ornementale du Parc de la Ciutadella par Josep Fontseré et Antoni Gaudí

Museu de Zoologia ⓲

Passeig de Picasso. **Plan** 5 C2. ***Tél*** *93 319 69 12.* *Arc de Triomf or Jaume I.* *mar.-dim. et j. f. 10h-15h (jeu. 18h30).* *sur r.-v.* **www**.museuzoologia.bcn.es

Pour l'Exposition universelle de 1888, Lluís Domènech i Montaner édifia le Castell dels Tres Dragons (château des Trois Dragons). Le château se dresse à l'entrée du Parc de la Ciutadella. Son nom est tiré d'une pièce de Frederic Soler, qui était très populaire à l'époque de sa construction. Inspiré de la bourse gothique de Valence, l'édifice en briques crénelées fut ensuite utilisé par Lluís Domènech i Montaner comme atelier de création moderniste et devint un haut lieu du mouvement. L'édifice occupa différentes fonctions au fil du temps : il servit de restaurant, puis de Musée d'histoire, et après une exposition sur la pêche en 1910, il accueillit les premiers spécimens de sciences naturelles. En 1917, il abrita le Musée de Catalogne consacré à la faune, la flore et la géologie. Il accueillit ensuite le Musée biologique, puis, en 1937, le Musée zoologique. Le Museu de Zoologia et le Museu de Geologia sont regroupés au sein du Musée des Sciences Naturelles de Barcelone.
Le château offre un bel écrin aux différentes collections de sciences naturelles.

L'une des galeries du vaste Museu de Zoologia

Des enfants en visite au Parc Zoològic

Museu de Geologia ⓳

Parc de la Ciutadella. **Plan** 5 C3. ***Tél*** *93 319 68 95.* *Arc de Triomf, Jaume I.* *mar.-dim. et j. f. 10h-15h (jeu. 18h30).* *1er janv., Ven. Saint, 1er mai, 25 et 26 déc.* *dim. 10h30.* **www**.museugeologia.bcn.es

Inauguré en 1882, la même année que le Parc de la Ciutadella, dans l'édifice néoclassique de l'architecte Antoni Rovira i Trias, le Museu de Geologia est le plus ancien musée de la ville. Il succéda au Musée Martorell, fondé en 1878 pour accueillir la collection de sciences naturelles et d'archéologie léguée à la ville par Francesc Martorell i Peña. Aujourd'hui, le musée présente une riche collection de fossiles et de minéraux, notamment de Catalogne. Il comprend deux serres de 1884 : la première, l'Hivernacle, de Josep Amargós, accueille des concerts ; la seconde, l'Umbracle, conçue par l'architecte du parc, Josep Fontseré, est faite de brique et de bois.

Parc Zoològic ⓴

Parc de la Ciutadella. **Plan** 6 D3. ***Tél*** *93 225 67 80.* *Ciutadella-Vila Olímpica.* *oct.-fév. t.l.j. 10h-17h; mars t.l.j. 10h-18h; avr. et sept. t.l.j. 10h-19h ; mai-août t.l.j. 9h30-19h30.* **www**.zoobarcelona.com

Ce zoo fut conçu dans les années 1940 avec l'intention d'offrir aux animaux d'assez bonnes conditions de vie. Les fossés ont remplacé les habituels barreaux. Un des aquariums propose des spectacles de dauphins et de

L'Hivernacle, serre du Museu de Geologia

Les deux plus hauts gratte-ciels d'Espagne dominent le Port Olímpic

baleines. Les enfants peuvent y faire du poney, conduire une voiture électrique ou emprunter un petit train. À l'entrée, la *Demoiselle au Parapluie (p. 17)* du sculpteur Roig i Soler (1885) est l'un des symboles de la ville.

Port Olímpic ㉑

Plan 6 F4. Ⓜ *Ciutadella-Vila Olímpica.*

L'aménagement le plus spectaculaire entrepris pour les jeux Olympiques de 1992 fut la démolition du vieux port industriel et la création de 4 km de plages de sable bordées d'une promenade. Ces grands travaux donnèrent à Barcelone des allures de station balnéaire. Au cœur de ce projet, se trouvait Nova Icària et ses 65 ha d'appartements neufs et de parcs, destinés à accueillir les athlètes olympiques. Le surnom de Vila Olímpica lui est resté, malgré le départ des sportifs.
Le seul vestige du vieux port de Barcelone est l'entrepôt créé en 1881 par l'ingénieur Maurici Garràn. Il fut complètement restauré en 1992 pour devenir le Museu d'Història de Catalunya *(p. 68-69).*
Sur le front de mer de détachent deux tours de 44 étages, les plus hautes d'Espagne. La première abrite des bureaux, et la seconde l'Hotel Arts *(p. 136).*
Elles se dressent devant le Port Olímpic, qui fut lui aussi édifié en 1992. Les boutiques et les boîtes de nuit, mais surtout les deux étages de restaurants qui entourent la marina, en ont fait un rendez-vous à la mode. Le magnifique décor attire les hommes d'affaires à midi et de nombreux promeneurs, Barcelonais et touristes, le soir et le week-end.
La promenade le long des plages, ornée de palmiers, est bordée de cafés, où il fait bon boire un verre ou prendre un repas. Derrière, la nouvelle route côtière contourne un parc qui longe les trois dernières plages séparées par des digues rocheuses. La baignade sur ces plages de sable en pente douce est sans danger.

Plage de sable et de palmiers du Port Olímpic

Barceloneta ㉒

Plan 5 B5. Ⓜ *Barceloneta.*

Le « village » de pêcheurs de Barcelone est situé sur une langue de terre triangulaire qui se jette dans la mer au pied du centre-ville. Il est réputé pour ses petits cafés et restaurants. Sa plage – la plus proche du centre – est dotée de maîtres nageurs, d'un accès pour handicapés, de douches et d'aires de jeux.
Le quartier fut créé en 1753 par l'architecte et ingénieur militaire Juan Martín de Cermeño pour accueillir les personnes délogées par la construction de la Ciutadella *(p. 64-65)* à deux pas. Depuis, il abrite essentiellement une population d'ouvriers et de pêcheurs. Ses ruelles en damier sont bordées de petites maisons à deux ou trois étages dans lesquelles chaque pièce a une fenêtre qui donne sur la rue. L'atmosphère y est chaleureuse.
Au cœur du quartier, sur la petite Plaça de la Barceloneta, lieu de marché, Cermeño bâtit aussi l'église baroque Sant Miguel del Port.
Aujourd'hui, le port de pêche de Barceloneta est toujours basé au Moll del Rellotge (le quai de l'horloge), près d'une petite horloge. En face, la Torre de Sant Sebastià est le terminus des téléphériques qui permettent de gagner Montjuïc.

Bateau de pêche dans le port de Barceloneta

Le complexe commercial de Maremàgnum, sur le Moll d'Espanya, Port Vell

Port Vell ㉓

Plan 5 A4.
Ⓜ *Barceloneta, Drassanes.*

La marina de Barcelone est située au pied de La Rambla, juste après les anciens bureaux des douanes. Elle fut construite en 1902 au Portal de la Pau, l'ancienne entrée maritime principale de la ville. Au sud, le Moll de Barcelona, avec son nouveau World Trade Centre, sert de passerelle aux bateaux de croisière. Devant les douanes, La Rambla est reliée aux yachts clubs du Moll d'Espanya par un pont pivotant et une passerelle piétonnière, La Rambla de Mar. Sur le Moll d'Espanya, le tout nouveau Maremàgnum abrite des commerces et des restaurants, un cinéma IMAX et l'un des plus grands aquariums d'Europe – ses tunnels de verre sont très spectaculaires.
Sur la rive, la structure rouge du Moll de Fusta (Quai du Bois) s'inspire du pont d'Arles peint par Vincent Van Gogh. Les terrasses de café sont accueillantes. Le quai se termine sur une sculpture haute de 20 m de l'Américain Roy Lichtenstein, *El Cap de Barcelona* (La Tête de Barcelone).
De l'autre côté du Moll d'Espanya, la marina était jadis bordée d'entrepôts. Le seul édifice encore débout, construit dans les années 1880 par Elies Rogent, a été rebaptisé Palau de Mar. Sa façade de cafés et de restaurants cache désormais le Museu d'Història de Catalunya.

Tunnel de verre spectaculaire à l'aquarium de Port Vell

Aquarium ㉔

Moll d'Espanya. **Plan** 5 B4. Ⓜ *Barceloneta, Drassanes.* ***Tél*** *93 221 74 74.* ◯ *t.l.j. 9h30-21h (sam., dim., juin et sept. 21h30).*
www.aquariumbcn.com

Peuplé de plus de 11 000 spécimens de 450 espèces différentes, l'aquarium de Barcelone est l'un des plus grands d'Europe. Ses trois étages de verre sont essentiellement consacrés à la faune méditerranéenne locale. Deux réserves naturelles, le Delta del Ebro et les îles Medes au large de la Costa Brava, ont leur propre aquarium. Les eaux tropicales sont aussi représentées et des plateformes mobiles entraînent les visiteurs dans un tunnel de verre sous un « océan » de requins et de poissons lunes. Un grand hall d'activités accueille les enfants ; ils accèdent en rampant à travers des tunnels de verre à une île encerclant l'aquarium de raies.

Museu d'Història de Catalunya ㉕

Plaça Pau Vila 3. **Plan** 5 A4. Ⓜ *Barceloneta, Drassanes.* ***Tél*** *93 225 47 00.* ◯ *mar., jeu.-sam. 10h-19h ; mer. 10h-20h ; dim. et j.f. 10h-14h30.* *sauf le 1er dim. de chaque mois.* *sur r.-v. (93 225 42 44).*
www.mhcat.net

Le musée retrace l'histoire de la Catalogne, du début du paléolithique à l'âge d'or maritime et industriel de la région. Le premier étage est

La façade bordée de cafés du Museu d'Història de Catalunya

consacré notamment à l'invasion maure, à l'architecture romane, à la vie monastique du Moyen-Âge et à l'essor maritime. Le deuxième étage évoque la révolution industrielle et l'impact de la machine à vapeur et de l'électricité sur l'économie. Une carte en relief de la Catalogne est recouverte d'un plancher de verre sur lequel marchent les visiteurs. Le rez-de-chaussée est réservé aux expositions temporaires.

Une *golondrina* quittant le Portal de la Pau

Le monument à Christophe Colomb sous les feux d'artifice de la fête de La Mercé

Monument a Colom 26

Plaça del Portal de la Pau. **Plan** 2 F4. ***Tél*** *93 302 52 24. Drassanes. oct.-mars : lun.-ven. 10h-13h30 et 15h30-18h30 ; sam., dim. et j.f. 10h-18h30 ; avr.-mai : lun.-ven. 10h-13h30 et 15h30-19h30 ; sam., dim. et j.f. 10h-19h30 ; juin-sept. : t.l.j. 9h-20h30.*

Haut de 60 m, le monument à Christophe Colomb fut créé par Gaietà Buigas pour l'Exposition universelle de 1888 *(p. 46)*, à l'époque où les Catalans considéraient que l'explorateur n'était pas Italien, mais Catalan.
Il se dresse au pied de La Rambla, là où Colomb aurait débarqué en 1493 après avoir découvert l'Amérique. Les rois catholiques lui réservèrent un accueil triomphal au Saló del Tinell *(p. 56)*. Colomb était accompagné de six Indiens des Caraïbes. Dans la cathédrale *(p. 56)*, une plaque rappelle leur conversion au christianisme.
Un ascenseur conduit à la plateforme avec vue panoramique du sommet. La statue de bronze est l'œuvre de Rafael Arché.

Golondrinas 27

Plaça del Portal de la Pau.
Plan 2 F5. ***Tél*** *93 442 31 06.*
Drassanes. Horaires des départs variables (se renseigner par téléphone).
www.lasgolondrinas.com

Pour visiter le port de Barcelone et le Port Olímpic, empruntez les *golondrinas* – bateaux-mouches amarrés au pied de La Rambla, en face du monument à Colomb.
En une demi-heure, le bateau vous conduit au pied du château de Montjuïc, en direction du port industriel, avec une halte sur la digue prolongeant Barceloneta pour se dégourdir les jambes. Les croisières d'une heure et demie font découvrir le port de Barcelone, les plages et le Port Olímpic.

Museu Marítim et Drassanes 28

Avinguda de les Drassanes.
Plan 2 F4. ***Tél*** *93 342 99 20.*
Drassanes. lun.-dim. 10h-19h. 1er et 6 janv., 25 et 26 janv. sur r.-v.
www.diba.es/mmaritim

Les grandes galères qui firent de Barcelone une importante puissance maritime furent construites dans les ateliers des Drassanes (chantiers navals), désormais occupés par le Musée maritime. Ces chantiers royaux sont l'ensemble médiéval de ce type le plus important et le mieux conservé du monde.
Ils furent fondés au milieu du XIIIe siècle, lorsque l'union des royaumes de Sicile et d'Aragón nécessita de meilleures liaisons maritimes. Trois des quatre tours d'origine subsistent.
De nombreux navires sortirent de ses salles voûtées, dont la Real, vaisseau amiral de la flotte chrétienne de Don Juan d'Autriche, qui remporta la fameuse victoire de Lépante contre les Turcs en 1571. La réplique grandeur nature décorée de rouge et d'or est le fleuron de la collection.
Le Llibre del Consolat de Mar, recueil de codes et de pratiques, rappelle que la Catalogne fut jadis l'arbitre du droit maritime en Méditerranée *(p. 43)*. Des cartes marines de l'époque précolombienne sont également exposées, celle de 1439 servit à l'explorateur Amerigo Vespucci.

Vitrail du Museu Maritim qui occupe les anciens chantiers navals

EIXAMPLE

La démolition, en 1859, de la majeure partie de l'enceinte fortifiée qui étouffait le développement de Barcelone permit d'entreprendre sur un terrain militaire l'agrandissement de la ville selon des plans dessinés par l'ingénieur civil Ildefons Cerdà y Sunyer (1815-1876). Ils prévoyaient un quadrillage rigoureux de rues délimitant des pâtés de maisons d'une centaine de mètres de côté et quelques grandes avenues assurant la fluidité de la circulation, notamment l'avinguda Diagonal, qui relie le quartier de Predalbes à la mer. L'aménagement de cette extension urbaine, Eixample, se fit au moment où une génération d'architectes inventaient une déclinaison catalane de l'Art nouveau : le Modernisme. Ce style est caractérisé par des influences gothiques et mauresques et une décoration exubérante très inspirée de la nature. Ces architectes trouvèrent auprès d'une haute bourgeoisie éprise de nouveauté de riches clients prêts à leur commander des immeubles d'habitation et des édifices publics.

Parmi les plus importants figurent l'Hospital de la Santa Creu i de Sant Pau, dessiné par Domènech i Montaner (1850-1923), la spectaculaire Sagrada Família *(p. 80-83)*, immense cathédrale inachevée d'Antoni Gaudí, et de belles demeures élevées le long ou à proximité du passeig de Gràcia.

***Christ à la colonne,* Sagrada Família**

EIXAMPLE D'UN COUP D'ŒIL

Musée

Fundació Antoni Tàpies ❸

Église

Sagrada Família p.80-83 ❼

Bâtiments modernistes

Casa Batllo ❶

Casa Milà, « La Pedrera » ❹

Casa Terrades, « Casa de les Punxes » ❺

Hospital de la Santa Creu i de Sant Pau ❻

Mansana de la Discòrdia ❷

COMMENT Y ALLER ?

Trois stations de la ligne 1 du métro, Catalunya, Passeig de Gràcia et Diagonal, jalonnent le passeig de Gràcia. La ligne 5 dessert la Sagrada Família et l'Hospital Sant Pau, tous deux très éloignés des autres sites.

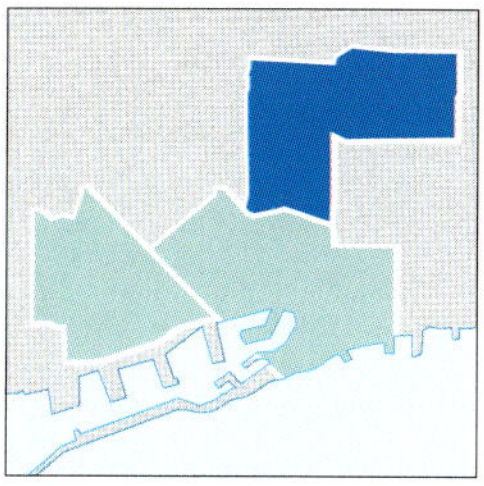

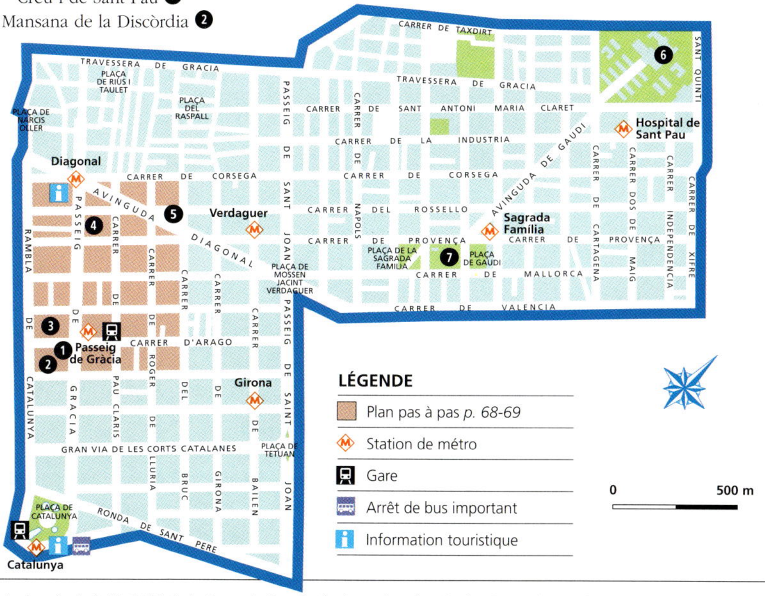

◁ **La façade de la Nativité de la Sagrada Família fut la seule achevée du vivant de Gaudí**

Le Quadrat d'Or pas à pas

Flacon, Museu del Perfum

Formé de la centaine de pâtés de maisons créés à la fin du XIXe siècle à proximité du passeig de Gràcia, le « Carré d'Or » doit son surnom au fait qu'il renferme nombre des plus beaux édifices modernistes de Barcelone *(p. 24-25)*. Cette partie d'Eixample était à l'origine le quartier résidentiel des bourgeois éclairés qui adoptèrent avec enthousiasme ce style architectural revendiquant le particularisme catalan. Quatre maisons contrastées font de la Mansana de la Discòrdia l'ensemble le plus intéressant. Plusieurs bâtiments ouverts au public permettent de découvrir les vitraux, céramiques et fers forgés de leur décoration intérieure.

Le passeig de Gràcia est bordé d'édifices modernistes et de boutiques de luxe. Pere Falqués (1850-1916) dessina ses gracieux réverbères.

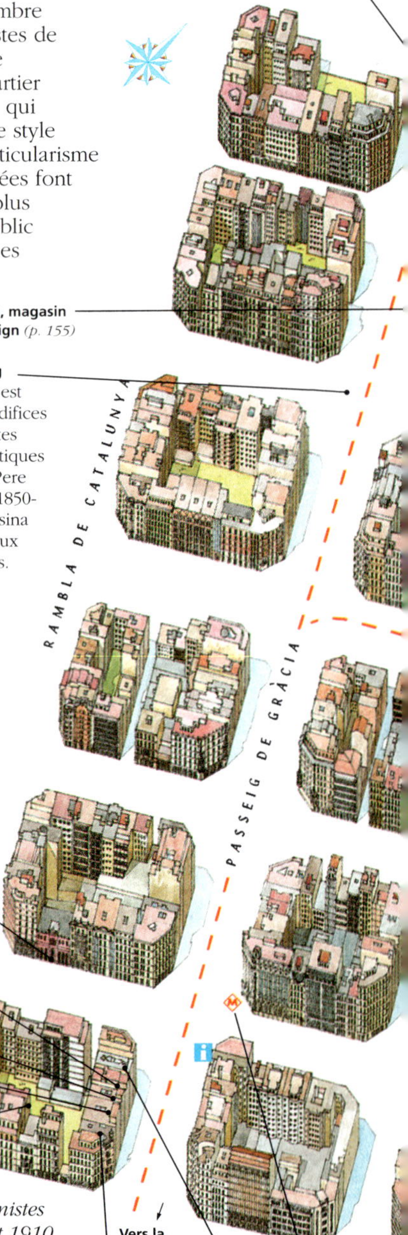

Fundació Tàpies
Surmonté de la sculpture Nuage et Chaise, *un édifice par Domènech i Montaner abrite ce musée consacré au plus grand artiste catalan contemporain : Antoni Tàpies* ❷

★ Mansana de la Discòrdia
Ce pâté de maisons comprend quatre immeubles modernistes bâtis entre 1900 et 1910. Cette tour orne la Casa Lleó Morera par Domènech i Montaner ❶

LePalau Baró de Quadras fut construit par Puig i Cadafalch en 1904. dans le style néo-gothique. Sa façade est ornée de nombreuses sculptures grotesques. Celle-ci décore l'entrée.

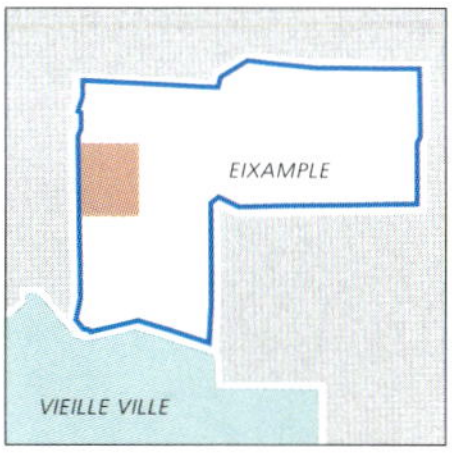

CARTE DE SITUATION

Voir l'atlas des rues, plan 3

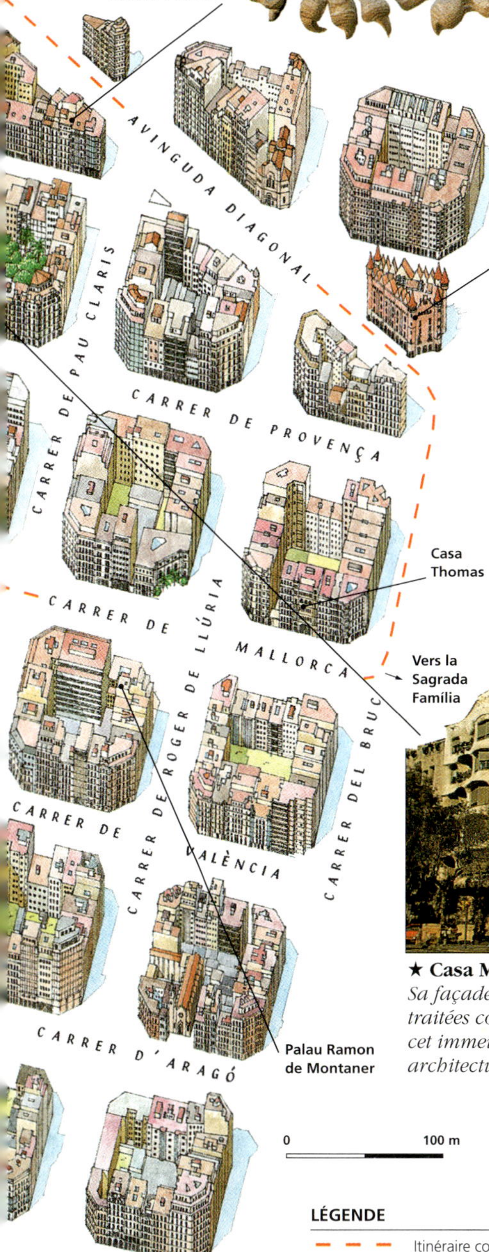

Casa Terrades « Les Punxes »
Puig i Cadafalch s'est inspiré du gothique du nord de l'Europe pour concevoir, en 1905, cette maison en brique et pierre de taille ❹

★ Casa Milà
Sa façade toute en courbes et ses cheminées traitées comme des sculptures ont rendu célèbre cet immeuble où s'exprime toute l'audace architecturale d'Antoni Gaudí ❸

LÉGENDE

– – – Itinéraire conseillé

À NE PAS MANQUER

- ★ Mansana de la Discòrdia
- ★ Casa Milà

Casa Batlló ❶

Contrairement aux autres œuvres de Gaudí, cet immeuble commandé par Josep Batlló i Casanovas sur le prestigieux passeig de Gràcia est une transformation d'un bâtiment existant. Avec sa façade aux étonnantes formes organiques, son toit et ses cheminées fantastiques, il paraît tout aussi étrange et novateur que lors de son achèvement en 1906. À l'intérieur, les ventilateurs intégrés aux portes et aux fenêtres témoignent de l'approche intégrale de l'architecture de son créateur. L'immeuble symbolise la légende de saint Georges terrassant le dragon ; l'épine dorsale de celui-ci domine la façade.

Vue de la façade et du dos du dragon

★ Cheminées
Les extraordinaires cheminées, éléments généralement fonctionnels et invisibles d'un immeuble, sont la signature de Gaudí. Celles-ci sont regroupées et ornées de motifs abstraits.

Terrasse et façade arrière
Cette terrasse donne sur la façade arrière de l'immeuble et ses balcons en fer forgé surmontés de trencadis *aux couleurs magnifiques.*

Greniers
Les arcs en briques serrés soutenant le toit sont plâtrés et peints en blanc donnant au visiteur l'impression d'être à l'intérieur d' un squelette d'animal géant.

Escalier menant à l'étage principal

La salle à manger
Les formes bulbeuses du plafond de la salle à manger familiale recréent l'impact d'une goutte d'eau.

A NE PAS MANQUER

- ★ Grand salon
- ★ Cheminées
- ★ Dos du dragon

★ Dos du dragon
L'une des plus extraordinaires innovations de cette maison est cette étroite crête aiguisée couverte de céramiques irisées surplombant la façade. Elle évoque l'épine dorsale d'un reptile. À l'intérieur, une pièce à dôme blanc servait de citerne d'eau.

MODE D'EMPLOI

Passeig de Gràcia 43.
Plan 3 A4.
Tél *93 216 03 06.*
Passeig de Gràcia.
t.l.j. 9h-20h.
www.*casabatllo.es*

★ Façade
Pour Dali, les courbes des murs et fenêtres évoquaient « les vagues un jour de tempête ». Les fines colonnes des fenêtres du rez-de-chaussée ont été comparées à des tibias, ce qui valut à la Casa Batlló le surnom de « Maison des Ossements ».

Patio
Le patio de l'immeuble d'origine a été agrandi.

La croix
La croix en céramique fabriquée à Majorque fut endommagée pendant le transport. Gaudí aima son effet fêlé et décida de la conserver.

Le ventre du dragon

Les balcons en fer forgé représentent des masques de carnaval.

Décors *trencadis*

Entrée

La salle de la cheminée
La cheminée, en forme de champignon, de l'ancien bureau de Josep Batlló est décorée de céramiques aux couleurs argileuses.

★ Grand salon
L'un des côtés de cette salle est parée de vitraux donnant sur l'élégant et animé passeig de Gràcia. Le plafond est orné de moulures en spirale. Les cadres des porte et des fenêtres ondulent gaiement.

Décor moderniste de la Casa Lleó Morera, Illa de la Discòrdia

Mansana de la Discòrdia ❷

Passeig de Gràcia, entre la carrer d'Aragó et la carrer del Conseil de Cent. **Plan** 3 A4. *Passeig de Gràcia.* **Centre del Modernisme** Casa Amatller, Passeig de Gràcia, 41. ***Tél.*** *93 488 01 39.* *lun.-sam 10h-19h ; dim. et j.f. 10h-14h*

Ce pâté de maisons, ensemble moderniste *(p. 24-25)* le plus célèbre de Barcelone illustre la variété des styles des différents architectes.du mouvement. Il doit son surnom de Mansana de la Discordia, « Pâté de la Discorde », aux contrastes saisissants qu'offrent les immeubles. Les trois plus marquants sont des maisons du début du XXe siècle qui ont été remaniés selon le style moderniste. Première résidence réalisée par Lluís Domènech i Montaner, la Casa Lleó Morera (1902-1906), au n° 35, a souffert en 1934 de la création d'une boutique au rez-de-chaussée mais a conservé la décoration de son vestibule et de l'escalier. Elle est fermée au public mais si la porte est ouverte, vous verrez le plafond peint du hall. Trois maisons plus loin, la Casa Amatller dessinée par Puig i Cadafalch en 1898, présente une façade harmonieuse s'inspirant à la fois du gothique catalan et de celui de l'Europe du Nord. Au rez-de-chaussée, vous pourrez acheter les tickets pour la Ruta del Modernisme *(p. 26-27)*. Vous verrez derrière le portail en fer forgé un bel escalier en pierre éclairé par une verrière. Malheureusement; le reste du bâtiment, et notamment, la magnifique bibliothèque lambrissée, est occupé par l'Institut Amatller d'Art Hispànic et fermé au public. La troisième maison du pâté, la Casa Batlló d'Antoni Gaudí *(p. 76-77)* est la seule maison ouverte au public. Sa façade curviligne évoque des formes marines.

Fundació Antoni Tàpies ❸

Carrer d'Aragó 255. **Plan** *3 A1.* ***Tél.*** *93 487 03 15.* *Passeig de Gràcia.* *mar. -dim. et j.f. 10h-20h.* *1er et 6 janv., 25 et 26 déc.* *gratuit pour les moins de 16 ans* **www**.fundaciotapies.org

Domènech i Montaner construisit en 1880 pour la maison d'édition de son frère le premier édifice privé de Barcelone à structure métallique. Il abrite aujourd'hui le musée consacré à Antoni Tàpies *(p. 29)*. Né en 1923, ce grand artiste espagnol contemporain, inspiré par le surréalisme, a utilisé pour son œuvre abstraite de nombreux matériaux de récupération *(p. 72-73)*. Les œuvres exposées, qui peuvent paraître d'un abord difficile, permettent d'avoir une vision complète du travail de ce grand artiste.

ANTONI GAUDÍ (1852-1926)

Né à Reus (Tarragone) dans une famille d'artisans, Gaudí est le plus célèbre et le plus original représentant du Modernisme *(p. 24-25)*. Après un apprentissage de forgeron, il fit ses études d'architecte à Barcelone, ville où il réalisa la quasi-totalité de son œuvre, de la Casa Vicens (1888) du n° 24 de la carrer de les Carolines *(p. 26)*, son premier édifice important, jusqu'à la Sagrada Família *(p. 80-83)*, église à laquelle il consacra sa vie à partir de 1914. Mêlant intimement architecture et décoration, ses créations visent à fonder un art « naturaliste » dont l'apparente fantaisie repose sur des structures géométriques très étudiées dérivant du gothique.

Cheminée de la Casa Vicens

◁ Cheminées sculptées de la Casa Milà de Gaudí

Façade de la Casa Milà, immeuble d'habitation dessiné par Gaudí

Casa Milà ❹

Passeig de Gràcia 92. **Plan** *3 B3.*
Tél. *90 240 09 73. Diagonal.*
t.l.j. 10h-20h. 1er et 6 janv., 25 et 26 déc.
www.obrasocial.caixacatalunya.es

Souvent appelée « La Pedrera » (carrière de pierre) à cause du matériau utilisé pour sa façade, la Casa Milà est le plus important des édifices civils construits par Antoni Gaudí à Barcelone et sa dernière œuvre avant qu'il ne se consacre entièrement à la Sagrada Família *(p. 80-83)*. Construite entre 1906 et 1910, La Pedrera, très éloignée des construction habituelles suscita de nombreuses controverses. Haut de huit étages, le bâtiment ne possède aucun mur rectiligne et s'organise autour de deux cours intérieures. Son sous-sol recèle le premier parc de stationnement souterrain de Barcelone. Ses balcons en fer forgé par Josep Maria Jujol évoquent des algues portées par des vagues.
L'appartement de la famille Milà au premier étage illustre un intérieur typiquement moderniste. Le musée « El Espai Gaudí » expose des dessins et des explications du grand architecte. Les cheminées ont un aspect si effrayant qu'elles ont été surnommées les *espantabruixes* (épouvantails à sorcières).

Casa Terrades ❺

Avinguda Diagonal 416. **Plan** 3 B3.
Diagonal. au public.

Cet immeuble d'appartements hexagonal occupant tout un pâté de maisons est le plus important édifice dessiné par Puig i Cadafalch. Il doit son surnom de Casa de les Punxes (maison des Pointes) aux flèches en forme de chapeau de sorcière qui coiffent ses six tourelles d'angle. Bâti de 1903 à 1905 à partir de trois maisons occupant déjà le site, il s'inspire des châteaux médiévaux et utilise tours et pignons du gothique de l'Europe du Nord. Le décor floral, sculpté dans la pierre, et l'utilisation de la brique comme principal matériau de construction sont néanmoins typiques du Modernisme.

Flèche de la tour principale, Casa Terrades

Hospital de la Santa Creu i de Sant Pau ❻

Carrer de Sant Antoni **Tél**. *Maria Claret 167. 08025 Barcelona.* **Plan** *4 F1.* ***Tél.*** *93 291 91 99. Hospital de Sant Pau.* **Parc** *t.l.j. ; demander par écrit l'autorisation de visiter certains pavillons sans usage médical. 93 488 20.*
www.hspau.com

Lluís Domènech i Montaner commença en 1902 la construction d'un nouvel hôpital en accord avec les conceptions thérapeutiques du début du XXe siècle.
Il disposa dans un vaste parc 26 pavillons qu'il relia par des passages souterrains. Marqués d'influences mudéjares, les bâtiments possèdent une riche décoration, en particulier celui de la réception, orné de sculptures par Paul Gargallo et de panneaux muraux en mosaïque. Domènech i Montaner mourut avant l'achèvement de ce vaste projet et ce fut son fils, Pere, qui termina les travaux en 1930.

Statue de la Vierge, Hospital de la Santa Creu i de Sant Pau

Sagrada Família ❼

Buccin sculpté

L'église la moins conventionnelle d'Europe, le Temple Expiatori de la Sagrada Família, est devenue l'emblème de Barcelone. Gaudí *(p. 24-25)* commença à y travailler en 1883, un an après que Francesc de Paula Villar i Lozano eut entrepris un sanctuaire néo-gothique, et il ne cessa, tout au long de sa vie, de modifier son projet. Il put à la fois mettre en œuvre ses recherches sur l'amélioration des structures portantes gothiques et exprimer son profond mysticisme dans un décor chargé de symbolisme. Il vécut 16 ans en reclus sur le chantier et repose dans la crypte. Des trois façades initialement prévues, il ne put achever que celle de la Nativité, mais les travaux ont repris, financés par une souscription publique.

Mosaïques vénitiennes
Sur les 12 tours dédiées aux apôtres, 8 ont été édifiées et ornées de mosaïques vénitiennes.

L'ÉGLISE TERMINÉE

Moins ambitieux que le projet de départ de son génial créateur, le sanctuaire devrait comprendre à son achèvement une haute tour centrale en l'honneur du Christ entourée de cinq tours dédiées à la Vierge et aux évangélistes. Des douze tours (quatre par façade) symbolisant les apôtres, il ne reste plus à construire que celles de la façade de la Gloire du Christ. Un déambulatoire courra à l'extérieur de l'édifice.

★ Façade de la Passion
L'artiste Josep Maria Subirachs s'est vu confier son achèvement en 1986 mais, pour certains, ses sculptures dénatureraient l'œuvre originelle de Gaudí.

Tour avec ascenseur

L'abside fut la première partie qu'acheva Gaudí. Un escalier conduit à la crypte.

Le dais de l'autel est une œuvre de Gaudí.

Entrée principale

Escalier d'une tour
400 marches ou des ascenseurs permettent de découvrir le splendide panorama offert depuis le sommet des tours.

MODE D'EMPLOI

C/ Mallorca 401. **Plan** 4 *E3*. ***Tél.*** *93 207 30 31.* *Sagrada Família.* *19, 34, 43, 50, 51, 54.* *avr.-sept. : t.l.j. 9h-20h ; nov.- fév : t.l.j. 9h-18h ; mars-oct. : t.l.j. 9h-19h.* *1er et 6 janv., 25 et 26 déc.* *plusieurs messes par jour* *sauf crypte et tours.*
www.sagradafamilia.org

★ Façade de la Nativité
La seule façade achevée par Gaudí, sur les trois initialement prévues, possède trois portails représentant la Foi, l'Espérance et la Charité. Son décor comprend des scènes de l'enfance du Christ.

★ Crypte
Construite en 1882 par le premier architecte du sanctuaire, Francesc de Paula Villar i Lozano, elle accueille les offices religieux. Elle abrite un petit musée retraçant l'histoire mouvementée de l'édifice et la carrière de ses deux architectes.

Nef
Dans la nef, toujours en construction, une forêt de colonnes striées supportera quatre galeries situées au-dessus des ailes latérales et des lucarnes laisseront passer la lumière du jour.

À NE PAS MANQUER

★ Façade de la Passion

★ Façade de la Nativité

★ Crypte

La façade de la Passion

Gargouille de la Sagrada Família

La Sagrada Família serait un livre gravé dans la pierre, destiné à être décrypté comme une cathédrale médiévale, chaque élément représentant un événement biblique ou un aspect de la foi chrétienne. Gaudí l'a voulu ainsi : son architecture est indissociable de la foi qui l'inspirait. Les deux façades actuelles sont un récit détaillé et visuel de deux passages clés de la Bible. La façade de la Gloire (en projet) sera consacrée au jugement des pécheurs.

Entrée principale de la façade de la Passion

La Passion du Christ

La façade de la Passion décrit les souffrances et l'exécution de Jésus. Son style est à l'image du sujet. Le Catalan Josep Maria Subirachs a été beaucoup critiqué pour ses sculptures trapues, angulaires et « déshumanisées », mais Gaudí aurait probablement approuvé. Il souhaitait privilégier un style expressionniste qui donnerait un maximum d'impact au récit de la Passion du Christ. Un grand porche soutenu par six colonnes en forme de troncs d'arbres inclinés abrite douze groupes de sculptures disposées sur trois niveaux et lisibles de bas en haut, de gauche à droite, en un « S » inversé. La première scène, au coin en bas à gauche, représente la Cène, repas au cours duquel le Christ (debout) annonce l'imminence de la trahison par Judas. À côté, dans l'arrestation dans le Jardin de Gethsémani, une fibre d'olivier imite la forme de l'oreille du soldat que Pierre trancha. Vient ensuite le baiser de la trahison de Judas. Les nombres du cryptogramme à côté de Jésus totalisent 33 dans toutes les directions. C'est l'âge que la Christ avait atteint lorsqu'il a été crucifié.

Sculpture de chevaliers sur la façade de la Passion

Détail d'une porte en cuivre de la façade de la Passion

La flagellation

Dans la flagellation (entre les portes centrales), Jésus est enchaîné à une colonne au sommet d'une volée de trois marches représentant les trois jours de la Passion. Les reniements de Pierre sont illustrés par un coq qui chante trois fois suivant la prophétie de Jésus. Derrière ce groupe de personnages, le labyrinthe est une métaphore de la solitude du chemin de Jésus vers la Croix.
Le groupe de sculptures en bas à droite se divise en deux parties. La première est l'Ecce Homo (le Christ entravé portant la couronne d'épines). Pilate, dominé par l'aigle romain, est représenté se lavant les mains pour se décharger de la responsabilité de la mort du Christ. Au-dessus, les « Trois Maries » pleurent quand Simon de Cyrène, un passant, se voit obligé par les Romains de porter la croix du Christ.

Le Saint Suaire

La sculpture centrale illustre un épisode absent de la Bible mais ajouté plus tard par la tradition au récit de la Passion : une femme prénommée Véronique tend son foulard qu'elle offre à Jésus pour éponger le sang et la sueur sur son visage.
Vient ensuite le personnage solitaire du centurion à cheval transperçant Jésus de son épée. Au-dessus de lui, trois soldats tirent au sort la tunique de Jésus. La plus grande sculpture montre le Christ sur la Croix. À ses pieds, un crâne fait référence au Golgotha, lieu de la Crucifixion. Au-dessus de lui flotte le voile du temple de Jérusalem. La scène finale relate l'enterrement de Jésus.

La façade dc la Nativité

Achevée avant la mort de Gaudí suivant ses instructions personnelles, la façade de la Nativité (au nord, sur la carrer Marina) est beaucoup plus discrète que la façade de la Passion. Certaines sculptures ont d'ailleurs si peu de relief qu'elles sont difficiles à identifier. À cela s'ajoutent les nombreuses formes naturelles qui viennent compliquer le travail d'interprétation. Le souhait de Gaudí, l'ouvrage devait être entièrement coloré, risque fort de n'être jamais exaucé.

Détail d'une sculpture de la façade de la Nativité

Foi, Espoir et Charité

L'ornementation luxueuse de la façade s'organise autour de trois portails consacrés à l'Espoir (à gauche), la Foi (à droite) et la Charité chrétienne (au centre). Les deux colonnes entre les portails reposent sur une tortue symbolisant la permanence et la stabilité du Christianisme. Par opposition, les deux caméléons à chaque extrémité de la façade représentent les forces du changement. Les quatre anges au sommet des colonnes en appellent aux quatre vents et annoncent l'imminence de la fin du monde.

Détail d'une flèche, façade de la Nativité

Le portail de l'Espoir

Les sculptures les plus basses illustrent la fuite vers l'Égypte (à gauche) et le massacre des Innocents (à droite). Au-dessus de la porte, sainte Anne et saint Joachim, les parents de Marie (et grands-parents de Jésus) veillent sur Joseph et l'Enfant Jésus. Le linteau se compose entre autres d'une scie de bûcheron, d'un marteau, d'une hache, d'une équerre et d'un maillet – évocation du métier de charpentier de Joseph. Plus haut, un groupe triangulaire montre les fiançailles de Marie et de Joseph. Au-dessus du portail, la flèche en forme de rocher allongé fait allusion à la montagne catalane sacrée de Montserrat *(p. 122-123)*. Joseph est assis dans un bateau au pied du rocher. Sa ressemblance avec Gaudí serait un hommage posthume rendu par les maçons qui finirent la façade après la mort du maître.

Le portail de la Foi

Le portail de la Foi illustre des passages des Évangiles et de la théologie chrétienne. Le cœur du Christ est représenté sur le linteau du portail. En bas à gauche, on découvre la Visitation de Marie à Élisabeth. À droite, Jésus brandit un marteau et un burin. Au-dessus de la porte, Jésus est au Temple avec Jean-Baptiste (à gauche) et Zacharie, le père de Jean (à droite). Plus haut, l'Enfant Jésus est présenté au Temple par Simon. En s'élevant, l'ouvrage de pierre forme un pinacle complexe relatant les fondements du catholicisme, notamment une lampe à trois mèches pour la Trinité, des grappes de raisins et des épis de blé pour l'Eucharistie, et une main incrustée d'un œil pour l'omniscience et l'infinie bonté de Dieu.

Le portail de la Charité

Les doubles portes du portail de la Charité central sont séparées par une colonne retraçant la généalogie de Jésus. Les trois mages en bas à gauche sont accompagnés des bergers. La queue d'une étoile émerge de la nativité, entourée d'un chœur d'enfants et de musiciens. L'étoile est surmontée de l'Annonciation et du Couronnement de la Vierge Marie par Jésus, puis d'un pélican assis sur une couronne à côté d'un œuf portant l'anagramme de Jésus.

La somptueuse entrée de la façade de la Nativité

FIB ENTRADA VISITANTES PROFESIONALES

MONTJUÏC

Au sud de la ville, la colline de Montjuïc, qui s'élève jusqu'à une hauteur de 213 m au-dessus du port commercial, offre à Barcelone son plus vaste parc de loisirs. Il a été doté de superbes équipements sportifs depuis les Jeux olympiques de 1992, et ses musées, ses jardins et ses boîtes de nuit en font un lieu animé.

Une colonie celtibère occupa probablement la hauteur avant que les Romains, en y construisant un temple à Jupiter, n'en fissent le Mons Jovis, dont découlerait le nom de Montjuïc. Selon une autre hypothèse, une communauté juive installée au pied de la colline au Moyen Âge lui aurait valu le surnom de Mons Judaïcus. Malgré la construction d'une citadelle en 1640, le site, dépourvu de source naturelle d'eau, ne connut de réel développement qu'au début du XXe siècle avec l'Exposition internationale de 1929. Depuis la plaça d'Espanya, la large avinguda de la Reina María Cristina, bordée des immenses pavillons où se tiennent les foires commerciales, conduit à la Font Màgica, dont les jets d'eau servent en été de support à des spectacles lumineux. Le Palau Nacional, qui abrite une exceptionnelle collection d'art médiéval, domine l'avenue. Pour l'Exposition de 1929, le peintre Utrillo participa à la création du Poble Espanyol, village d'artisans qui réunit des exemples d'architectures régionales de toute l'Espagne.

Statue des jardins du Palau Nacional

MONTJUÏC D'UN COUP D'ŒIL

Bâtiment historique
Castell de Montjuïc 7

Architecture moderne
Estadi Olímpic de Montjuïc 8
Pavelló Mies van der Rohe 4

Musées
Fundació Joan Miró 1
Museu Arqueològic 2
Museu Nacional d'Art de Catalunya 3

Place
Plaça d'Espanya 6

Parc à thème
Poble Espanyol 5

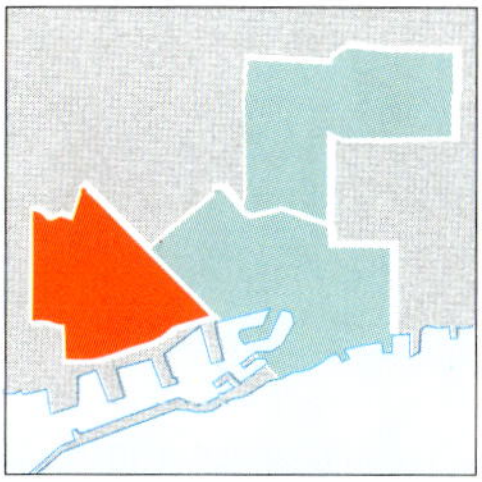

COMMENT Y ALLER ?

Depuis la plaça d'Espanya, desservie par les lignes 1 et 3 du métro, les bus 13 et 50 conduisent aux principaux sites de la colline.

Le funiculaire qui part de la station de métro Paral.lel puis un téléphérique permettent de rejoindre la citadelle. Funiculaire et téléphérique fonctionnent tous les jours de 9 h à 20 h en hiver et de 9 h à 22 h en été.

LÉGENDE

- Plan pas à pas *p. 86-87*
- Station de métro
- Gare du téléphérique
- Gare du funiculaire
- Parc de stationnement

◁ **Jeux d'eau et de lumière à la Font Màgica, sur la principale avenue menant à Montjuïc**

Montjuïc pas à pas

Depuis la plaça d'Espanya, deux tours inspirées du campanile de la cathédrale Saint-Marc de Venise marquent l'entrée du parc de Montjuïc. Les bâtiments les plus intéressants se dressent autour du Palau Nacional, qui abrite la plus belle collection d'art roman d'Europe. Alors que le Poble Espanyol réunit divers exemples d'architectures traditionnelles, Josep Lluís Sert a donné à la fondation Miró un aspect résolument moderne. La colline renferme aussi un parc d'attractions et un théâtre de verdure. Les jardins du parc ont été dessinés par Jean Forestier. La citadelle offre un superbe panorama.

Pavelló Mies van der Rohe
Cette gracieuse statue de Georg Kolbe orne le pavillon, en acier, en verre, en pierre et en onyx, dessiné par un maître du Bauhaus pour l'Exposition de 1929 ❹

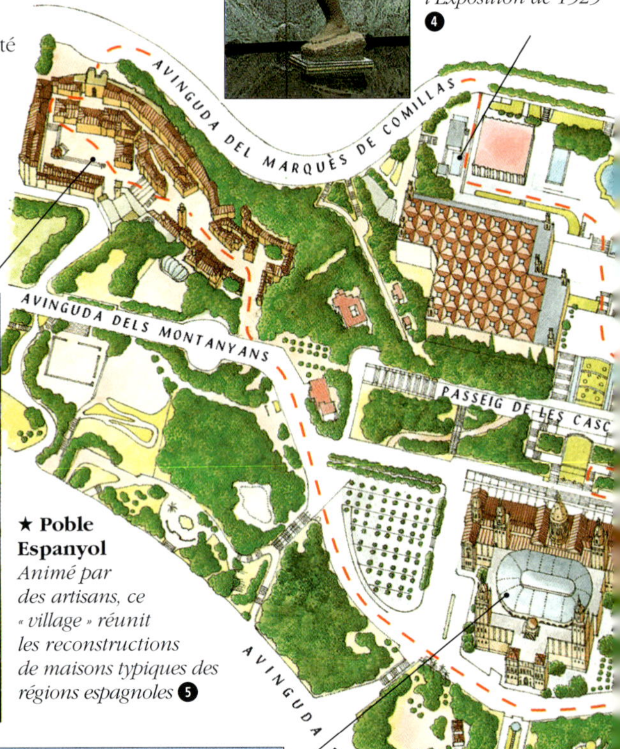

★ Poble Espanyol
Animé par des artisans, ce « village » réunit les reconstructions de maisons typiques des régions espagnoles ❺

★ Museu Nacional d'Art de Catalunya
Construit pour l'Exposition internationale de 1929, il abrite la plus riche collection d'Europe de peintures murales du début du Moyen Âge, qui inspirèrent Joan Miró ❸

À NE PAS MANQUER

★ Poble Espanyol

★ Museu Nacional d'Art de Catalunya

★ Fundació Joan Miró

Des cascades descendent en terrasses entre le Palau Nacional et la Font Màgica conçue par Carles Buigas (1898-1979) pour l'Exposition internationale de 1929. Du jeudi au dimanche en été, et le vendredi et le samedi en hiver, ces jeux d'eau s'illuminent le soir sur un accompagnement musical.

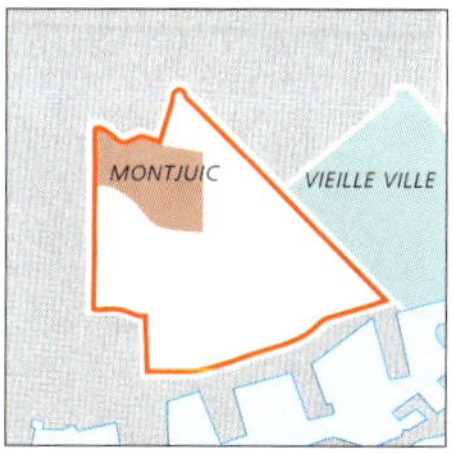

CARTE DE SITUATION
Voir l'atlas des rues, plan 1

Museu Arqueològic
Le Musée archéologique présente des objets laissés par les cultures préhistoriques de Catalogne et des pièces grecques et puniques des Baléares, telle la Dama d'Evissa *(IVe siècle) retrouvée dans une nécropole carthaginoise* ❷

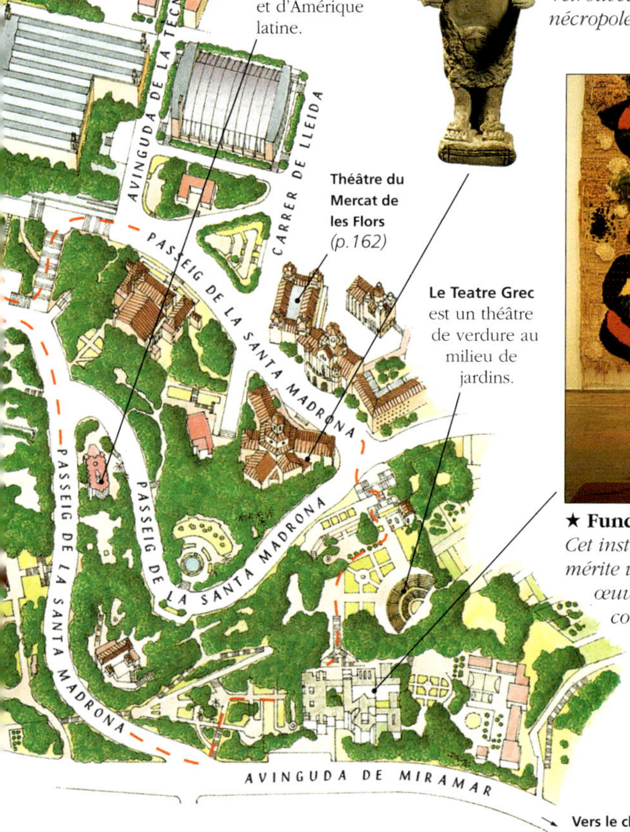

Vers la plaça d'Espanya

Le Museu Etnològic expose des objets d'Océanie, d'Asie, d'Afrique et d'Amérique latine.

Théâtre du Mercat de les Flors *(p. 162)*

Le Teatre Grec est un théâtre de verdure au milieu de jardins.

★ Fundació Joan Miró
Cet institut d'art moderne mérite une visite pour les œuvres de Joan Miró comme cette tapisserie, mais aussi pour le bâtiment dessiné par Josep Lluís Sert ❶

Vers le château et le téléphérique

LÉGENDE

– – – Itinéraire conseillé

0 100 m

***Flamme dans l'espace et femme nue* (1932) par Joan Miró**

Fundació Joan Miró ❶

Parc de Montjuïc. **Plan** *1 B3.* ***Tél.*** *93 443 94 70.* Ⓜ *Espanya puis bus 50 ou 55, ou Paral.lel, puis funiculaire jusqu'à Montjuïc.* *juil.-sept. : mar.-sam. 10h-20h (21h30 jeu.) ; oct.- juin : mar.-sam. 10h-19h (19h30 jeu.), dim. et j.f. 10h-14h30.* *1er janv., 25 et 26 déc.* **www**.bcn.fjmiro.es

Fils d'un orfèvre, Joan Miró (1893-1983) étudia à l'école d'art de la Llotja *(p. 62)*. Il s'installa à Paris en 1920 mais, fidèle à ses racines, il revint en Espagne en 1940 malgré son opposition à Franco. Jusqu'à sa mort, il habita et travailla principalement à Majorque. Admirateur de l'art primitif catalan et du Modernisme de Gaudí *(p. 24-25)*, Miró développa après sa rencontre avec les surréalistes un style poétique où le rêve transcende la réalité. Il fonda en 1971 le centre d'art moderne de la Fundació Joan Miró, et son ami Josep Lluís Sert, conçut à sa demande un superbe édifice. La lumière naturelle crée l'éclairage approprié aux dessins, lithographies, peintures, sculptures et tapisseries donnés par l'artiste, notamment les *Barcelona Series* (lithographies en noir et blanc, 1939-1944). Le musée accueille également d'importantes expositions temporaires.

Museu Arqueològic ❷

Passeig Santa Madrona 39-41. **Plan** *1 B3.* ***Tél.*** *93 424 65 77.* Ⓜ *Espanya, Poble Sec.* *mar.- sam 9h30-13h30 et 15h30- 19h ; dim. et j.f. 9h-14h.* *1er janv., 25 et 26 déc.* *sauf 11 fév., 23 avr.,18 mai,11 et 24 sept.* **www**.mac.es

Installé dans un palais néo-Renaissance de l'Exposition internationale de 1929, le Musée archéologique présente une riche collection allant de la préhistoire à l'époque wisigothique (415-711), ainsi que les découvertes faites dans la ville gréco-romaine d'Empúries *(p. 120)*.

Museu Nacional d'Art de Catalunya ❸

Parc de Montjuïc, Palau Nacional. **Plan** *1 A2. Tél. 93 622 03 60.* Ⓜ *Espanya.* *mar.-sam. 10h-19h ; dim et j.f. 10 h-14h30.* *1er janv., 1er mai, 25 et 26 déc.* *gratuit 1er jeu. du mois* *sur r.-v. au 93 622 03 75.* **www**.mnac.es

Construit pour l'Exposition internationale de 1929, l'austère Palau Nacional abrite depuis 1934 une prestigieuse collection d'art. Elle comprend le plus bel ensemble d'œuvres romanes *(p. 22-23)* du monde, notamment de magnifiques fresques du XIIe siècle. Les peintures issues de Santa Maria de Taüll et de Sant Climent de Taüll *(p. 113)* sont les plus remarquables. La collection d'art gothique présente, entre autres, des œuvres de Jaume Huguet et Lluís Dalmau, artistes espagnols du XVe siècle. Les salles Cambo expose des tableaux baroque et Renaissance de toute l'Europe – El Greco, Velázquez, et Zurbarán. De récents agrandissement ont permis d'accueillir en 2005 la collection complète de tableaux, de sculptures et de mobilier du XXe siècle du Museu d'Art Modern *(p. 63)* ainsi que la collection Thyssen-Bornemisza (Tiepolo, Titien, Canaletto et Velazquez).

***Christ en majesté* (XIIe siècle), Museu Nacional d'Art de Catalunya**

Morning **par Georg Kolbe (1877-1945), Pavelló Mies van der Rohe**

Pavelló Mies van der Rohe ❹

Avinguda del Marquès de Comillas. **Plan** *1 B2.* ***Tél.*** *93 423 40 16.* Ⓜ *Espanya.* 🚌 *50.* ◯ *t.l.j. 10h-20h.* ● *1er janv. et 25 déc.* *excepté pour les mineurs* *mer. et ven. 17h-19h (en anglais).* **www**.miesbcn.com

Les lignes élégantes du pavillon de l'Allemagne de l'Exposition de 1929 n'ont rien perdu de leur modernité. Dessiné par Ludwig Mies van der Rohe (1886-1969), cet édifice, démonté à la fin de l'Exposition, fut reconstruit en 1985 pour célébrer le centenaire de sa naissance. Il abrite la célèbre Chaise de Barcelone de son créateur.

Poble Espanyol ❺

Avinguda del Marquès de Comillas. **Plan** *1 A2.* ***Tél.*** *95 508 63 30.* Ⓜ *Espanya.* ◯ *lun.9h-20h, mar. - jeu. 9h-14h, ven. et sam. 9h-16h, dim. 9h- minuit.* **www**.poble-espanyol.com

Destiné à offrir aux visiteurs de l'Exposition internationale de 1929 une synthèse des styles architecturaux traditionnels des différentes régions d'Espagne, le Village espagnol demeure toujours très populaire aussi bien auprès des touristes étrangers que des Barcelonais.
Le long de rues rayonnant d'une place centrale, 116 maisons présentent les aspects typiques et contrastés des demeures aragonaises, andalouses ou castillanes. Dans leurs ateliers ouverts au public, des artisans produisent verre soufflé, céramique, objets damasquinés ou espadrilles *(espardenyes).* Reconstitution d'une porte de l'enceinte médiévale d'Ávila, les Torres de Ávila qui forment l'entrée monumentale du Poble Espanyol, abritent l'un des bars de nuit les plus en vue de la ville depuis son aménagement par les décorateurs Alfredo Arribas et Javier Mariscal *(p. 19).* Le village renferme également des boutiques, des cafés et un théâtre pour enfants.

La plaça d'Espanya vue de nuit depuis le Palau Nacional

Plaça d'Espanya ❻

Avinguda de la Gran Via de les Corts Catalanes. **Plan** *1 B1.* Ⓜ *Espanya.*

Aménagée sur le site où se dressèrent les gibets de Barcelone, jusqu'à leur transfert à la Ciutadella en 1715, la place d'Espagne est un important carrefour routier orné en son centre d'une fontaine par Josep Maria Jujol, un disciple de Gaudí. Miquel Blay exécuta les sculptures. Font i Carreras édifia les arènes en 1899 en s'inspirant des architectures arabe et médiévale. Aujourd'hui désaffectées, elles accueillent des concerts.
Ramon Raventós construisit pour l'Exposition de 1929 les deux tours en brique. Celles-ci sont copiées sur le campanile de la basilique Saint-Marc de Venise. Hautes de 47 m, elles encadrent l'avinguda de la Reina Maria Cristina qui monte jusqu'aux jeux d'eau de la Font Màgica, créée par Carles Buigas au pied du Palau Nacional.

Castell de Montjuïc ❼

Parc de Montjuïc. **Plan** *1 B5.* ***Tél.*** *93 329 86 13.* Ⓜ *Paral·lel, puis funiculaire et téléphérique.* **Musée** ◯ *nov.-15 mars : mar.-dim. 9h30-17h. ; 16 mars-oct. : mar.-dim. 9h30-20h.* ● *1er janv., ven. saint, 1er mai, 25 et 26 déc.*

L'immense forteresse qui couronne le sommet de la colline de Montjuïc fut édifiée au XVIIIe siècle pour les Bourbons sur les ruines d'un fortin érigé en 1640 et détruit par Philippe V en 1705. Les nationalistes y exécutèrent en 1940 le président de la Généralité de Catalogne : Lluís Companys *(p. 47).* L'édifice abrite aujourd'hui un musée militaire qui présente, entre autres, une belle collection d'armes anciennes ainsi que des plans et des maquettes de châteaux de Catalogne.

Estadi Olímpic de Montjuïc ❽

Passeig Olímpic 17-19. **Plan** *1 A3.* ***Tél.*** *93 426 20 89.* Ⓜ *Espanya, Poble Sec.* 🚌 *50, 51.* ◯ *juin-sept. : t. l. j. 10h-20h ; oct.-mai : t.l.j. 10h-18h.* ◯ *1er janv, 25 déc.*

Le stade olympique fut construit en 1936 pour des jeux qui devaient concurrencer les Olympiades de Berlin mais que la guerre civile empêcha. Remanié en 1992 pour accueillir 70 000 spectateurs, il a conservé la façade néo-classique que lui donna Pere Domènech i Roura. Non loin se trouvent le Palau Sant Jordi, conçu par l'architecte Irata Isozaki, et des piscines dessinées par Ricard Bofill.

Entrée du stade olympique néoclassique remanié en 1992

Autel du XIIIe siècle dédié à la Vierge, Museu Nacional d'Art de Catalunya ▷

EN DEHORS DU CENTRE

Barcelone a connu récemment un développement impétueux qui a entraîné la reconstruction de la gare principale, Sants, et la création du Parc de l'Espanya Industrial et du Parc de Joan Miró, tous deux ornés de sculptures contemporaines. À l'est, près du quartier réhabilité de Poblenou, la capitale catalane possède un nouveau théâtre national. À l'ouest de la ville, des rues pentues conduisent au monastère et au palais royal de Pedralbes. La Torre Bellesguard et le Parc Güell raviront les admirateurs de Gaudí. Au-dessus du parc s'étend la serra de Collserola, la zone boisée la plus proche de Barcelone. Deux funiculaires en escaladent les pentes jusqu'à de magnifiques points de vue de la cité, en particulier depuis le sommet du Tibidabo, où une tour de communication étincelante et l'église néo-gothique du Sagrat Cor voisinent avec un parc d'attractions très apprécié.

Détail du portail du Parc Güell

LES SITES D'UN COUP D'ŒIL

Musées
- Caixa Forum 12
- Cosmocaixa 9
- Museu del Futbol Club Barcelona 3

Bâtiments historiques
- Monestir de Pedralbes 5
- Palau Reial de Pedralbes 4
- Torre Bellesguard 10

Architecture moderne
- Torre de Collserola 6

Parcs
- Parc de l'Espanya Industrial 2
- Parc Güell 7
- Parc de Joan Miró 1
- Parc del Laberint d'Horta 11

Place et quartiers
- Estació del Nord 13
- Plaça de les Glòries Catalanes 14
- Poblenou 15

Parc d'attractions
- Tibidabo 8

LÉGENDE
- Plan pas à pas
- Zone construite
- Gare
- Gare de funiculaire
- Autoroute
- Route principale
- Route secondaire

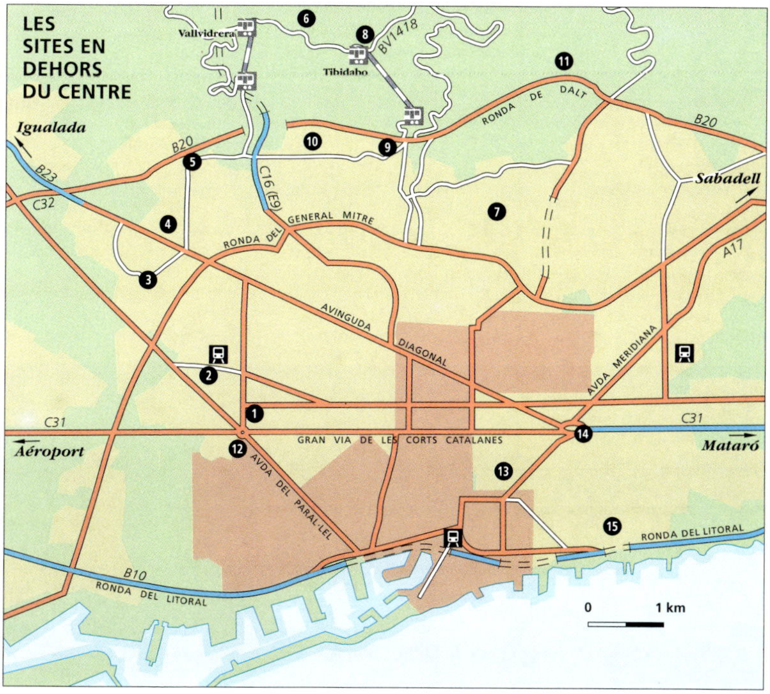

Le Temple Expiatori del Sagrat Cor, de style néo-gothique, domine Barcelone depuis le Tibidabo

Dona i Ocell (1983) par Joan Miró, au Parc de Joan Miró

Parc de Joan Miró ❶

Carrer d'Aragó 1. Ⓜ *Tarragona.*

Ce parc créé dans les années 1980 par les architectes Solanas, Quintana, Galé et Arriola est appelé Parc de l'Escorxador du nom des abattoirs (escorxador) du XIXe siècle dont il occupe l'emplacement.
Il est aménagé sur deux niveaux. Sur le plus bas, des aires de jeu s'intercalent entre des espaces fleuris et boisés. Au pied d'une superbe sculpture polychrome conçue en 1983 par l'artiste catalan Joan Miró *(p. 29)*, la *Dona i Ocell (Femme et Oiseau)*, un plan d'eau occupe le centre du niveau supérieur, entièrement pavé.

Parc de l'Espanya Industrial ❷

Plaça de Joan Peiró. Ⓜ *Sants-Estació.*

Dessiné par l'architecte basque Luis Peña Ganchegui, ce parc porte le nom de l'ancienne usine textile dont il occupe le site de 5 ha. Sa création fait partie d'un des plus ambitieux projets d'urbanisme de ce siècle : ouvrir au cœur de Barcelone de nouveaux espaces de détente en accordant une large place à l'art contemporain. Un lac orné en son centre d'une statue classique de Neptune permet d'y canoter. Des gradins entourent le plan d'eau, dominés d'un côté par dix tours. Support des projecteurs assurant l'éclairage, elles offrent aux promeneurs des plates-formes panoramiques qui permettent de contempler les sculptures du parc, réalisées par six artistes contemporains, notamment le dragon-toboggan d'Andrès Nagel.

Museu del Futbol Club Barcelona ❸

Avda de Arístides Maillol (7, 9).
Tél. *93 496 36 08.* Ⓜ *Maria Cristina, Collblanc.* ◯ *lun-sam.10h-18h30 dim. et j.f. 10h-14h.* ● *1er et 6 janv., 24 août., 25 déc.*

www.fcbarcelona.com

Entrepris en 1954 sur des plans de Francesc Mitjans, Camp Nou est le plus grand stade de football d'Europe et un monument à la gloire du F. C. Barcelona (Barça pour les Barcelonais). Ce club fondé en 1899 compte aujourd'hui plus de 100 000 membres. Depuis un agrandissement en 1982, le stade s'étend sur près de 3 hectares et peut accueillir 100 000 spectateurs. Le musée du club est sans doute le plus populaire de la ville. Il possède une boutique de souvenirs et expose, sur deux étages, les nombreux trophées remportés par l'équipe. On peut également découvrir les peintures et les sculptures exécutées par de célèbres joueurs pour la Blau-grana Biennal, une manifestation organisée en 1985 et 1987, et des œuvres offertes par des artistes catalans. Sous le régime franquiste qui avait interdit le drapeau catalan, les fanions aux couleurs de la Barça, le bleu (blau) et l'écarlate (grana), devinrent l'expression du sentiment nationaliste. Camp Nou comprend également un centre ouvert à d'autres sports et une patinoire.

Tours d'éclairage dominant le lac du Parc de l'Espanya Industrial

Le stade du Camp Nou, siège prestigieux du Futbol Club Barcelona

Palau Reial de Pedralbes ❹

Avda Diagonal 686. *Palau Reial.* **Museu de Ceràmica et Museu de Arts Decoratives *Tél.*** *93 280 50 24. 10h-18h mar.-sam., 10h-15h dim. et j.f. 1er janv., 1er et 20 mai, 24 juin, 25 et 26 déc. gratuit 1er dim. du mois sur r.-v.*

Sur un terrain cédé par le comte Eusebi Güell, la Couronne d'Espagne fit construire à partir de 1919 ce palais où Alphonse XIII résida en 1926. La demeure renferme toujours son trône porté par des lions dorés. Ouvert au public en 1937, l'édifice abrite un musée des Arts décoratifs, où meubles, objets d'art et tapisseries de plusieurs maisons nobles de Barcelone composent de luxueux décors. Un arbre généalogique retrace les cinq siècles de la dynastie des comtes-rois de Catalogne *(p. 38)*.
Un musée de la Céramique occupe également le palais de Pedralbes. Ses collections remarquables comprennent pièces historiques et œuvres d'artistes modernes tels que Miró et Picasso *(p. 80)*.
Les Barcelonais apprécient beaucoup les jardins ornés par une œuvre d'Antoni Gaudí *(p. 72)* : *la Font del Drac*. Derrière le parc passe l'avinguda de Pedralbes, sur laquelle s'ouvre l'entrée de l'ancienne propriété des Güell. Gaudí en dessina le portail en fer forgé et les deux pavillons qui l'encadrent.

***Vierge d'humilité*, Monestir de Santa Maria de Pedralbes**

Monestir de Santa Maria de Pedralbes ❺

Baixada del Monestir, 9. ***Tél.*** *93 203 92 82 Reina Elisenda. mar.-dim. 10h-14h. j.f. sur r.-v. au 93 315 11 11.*

Grâce à son enceinte qui le protège de l'agitation de la vie moderne, le monastère de Pedralbes a gardé l'atmosphère qui sied à une communauté de recluses. Le bon état de conservation de ses cellules, de ses cuisines, de son infirmerie et de son réfectoire renforce cette impression. Les clarisses qui l'occupaient ont cependant emménagé dans un bâtiment adjacent en 1983, date à laquelle le monastère a été ouvert au public.
Le monastère a été fondé en 1326 par Elisenda de Montcada de Piños, quatrième femme de Jacques II d'Aragon. De style gothique catalan, l'église à nef unique renferme le tombeau en albâtre de cette dernière. On peut voir dans un côté de l'église la statue d'Elisenda, revêtue d'habits royaux, de l'autre côté, sa statue porte un habit de religieuse. Le monastère est bâti autour d'un vaste cloître remarquable de trois étages. Il donne accès à plusieurs pièces, un dortoir, un réfectoire, une abbaye, des cellules et la Capella de Sant Miquel, ornée en 1346 par Ferrer Bassa de superbes peintures murales représentant la Passion et des scènes de la Vie de la Vierge. Vous découvrirez au fil de votre visite des œuvres d'art, des objets liturgiques, des poteries, des meubles et des habits sacerdotaux.

Torre de Collserola ❻

Carretera de Vallvidrera al Tibidabo. ***Tél.*** *93 406 93 54. Peu del Funicular, puis Funicular de Vallvidrera et bus 211. mer.-dim. 11h-14h30 et 15h30-19h. 1er et 6 janv., 25 déc.*
www.torredecollserola.com

Érigée pour les Jeux olympiques de 1992 près du sommet du Tibidabo *(p. 88)*, la tour de communication dessinée par l'architecte anglais Norman Foster évoque une aiguille en acier posée sur un pilier en béton. Au treizième et dernier étage se trouvent un observatoire doté d'un puissant télescope et une plate-forme panoramique offrant une vue impressionnante de Barcelone. Le regard porte sur la mer et la serra de Collserola. Un ascenseur vitré met moins de deux minutes pour atteindre le sommet de la tour. Celle-ci est haute de 288 m et perchée sur une colline à 445 m d'altitude. Attention si vous êtes sujet au vertige !

F. C. BARCELONA CONTRE REAL MADRID

F.C. Barcelona

Més que un club (« Plus qu'un club »), telle est la devise du F. C. Barcelona (« Barça »), dont l'équipe, depuis près d'un siècle, est le symbole le plus populaire de la résistance catalane face au gouvernement central. Le club se doit de remporter le championnat et se sent déshonoré lorsqu'il est battu par le Real Madrid. La compétition entre les deux équipes est telle que l'on en oublie parfois le sport. En 1941, sous le régime franquiste, Barça gagna sur son terrain un match mémorable par 3 buts à 0. Le jour de la revanche, une foule très hostile emplissait les gradins du stade de Madrid, et la police et l'arbitre « conseillèrent » aux joueurs catalans d'éviter des troubles. Ils perdirent 11 à 1 !

Real Madrid

Parc Güell ❼

En 1910, l'industriel Eusebio Güell commanda à Gaudí une mini cité-jardin sur une colline surplombant Barcelone. Le projet prévoyait des logements, des installations communes, des aires de loisirs et des structures décoratives. Seules deux villas furent construites. Mais le parc, librement inspiré du Sanctuaire d'Apollon de Delhi, est l'un des espaces publics les plus originaux jamais créés. Gaudí utilisa avec ingéniosité les contours pour créer des arcades et des viaducs en pierre. Le parc offre de nombreux points de vue sur la ville. Les constructions recouvertes de *trencadis* (mosaïques) sont particulièrement remarquables.

★ Hall hypostyle
Au total, 86 colonnes néoclassiques, style étonnamment conventionnel pour Gaudí, soutiennent la place. Au plafond, quatre mosaïques représentent le soleil.

La Colline des Croix
Un chemin serpente jusqu'à cette tour de pierre avec vue panoramique sur la ville, du port aux hauteurs de *Tibidado* et de *Collserola*.

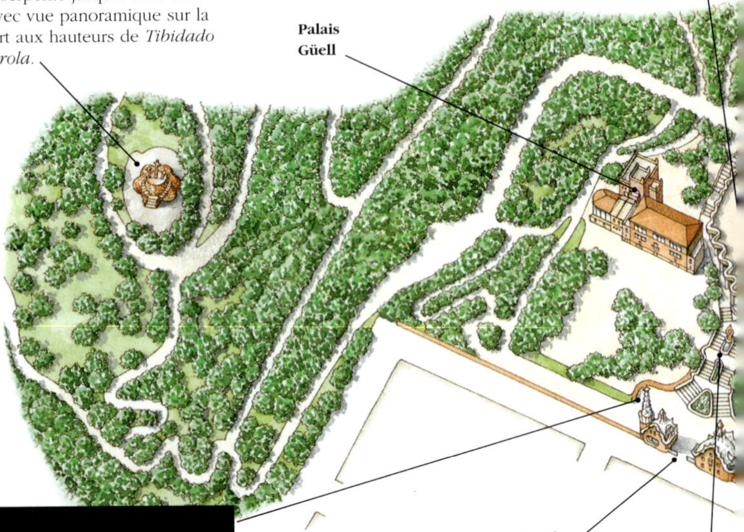

★ Pavillons de garde
Deux pavillons féeriques de plan ovale marquent l'entrée. À l'extérieur, les trencadis *dessinent des motifs complexes. À l'intérieur, les pièces sont irrégulières.*

★ Escalier double
Le dragon polychrome emblématique du parc qui domine un escalier monumental crache un filet d'eau. Au-dessus se dresse un trépied ornemental marron. Au-dessous, une autre fontaine prend les traits d'une tête de serpent.

★ Place
Un banc recouvert de trencadis *serpente autour de cette ancienne place de marché et de spectacles. La vue sur Barcelone y est impressionnante.*

MODE D'EMPLOI

Olot 7, Vallcarca. ***Tél*** *93 285 68 99.* Ⓜ *À 1,3 km de Lesseps. Monter la colline en suivant la route principale.* 🚌 *24.* ◯ *nov.-fév. : 10h-18h ; mars et oct. : 10h-19h; avr. et sept. : 10h-20h ; mai-août : 10h-21h ; t.l.j.* ♿
Casa-Museu Gaudí
Tel *93 219 38 11.* ◯ *mars-avr. et oct. : 10h-18h ; mai-sept. : 10h-20h ; nov.-fév. : 10h-18h ; t.l.j.*
www.*bcn.es/parcsijardins*

La maison Trias est l'une des deux villas de ce qui devait devenir une cité-jardin.

Viaduc supérieur
C'est l'un des trois viaducs qui serpente à l'est du parc.

Le mur d'enceinte suit les contours du parc. Sur la carretera El Carmel, l'entrée se fait par une portion pivotante du mur.

0 40 m

Casa Museu Gaudí
La maison où Gaudí vécut jusqu'à son départ pour la Sagrada Familia, abrite des meubles, notamment des bancs et des placards, dessinés par l'architecte.

À NE PAS MANQUER

★ Pavillons de garde

★ Escalier double

★ Place

Chevaux de bois, Tibidabo

Tibidabo 8

Plaça del Tibidabo 3-4. ***Tél*** *93 211 79 42.* *Avda Tibidabo, puis Tramvia Blau et Funicular; ou Peu del Funicular, puis Funicular et bus 111; ou bus 17, 60, 73; ou Tibi Bus à Plaça Catalunya.* **Parc d'atraccions** *appeler pour confirmer* *oct.-avr. : lun.-ven.* **Temple Expiatori del Sagrat Cor** ***Tél*** *93 417 56 86.* *lun.-ven. 10h-20h, sam. 10h30-19h, dim. 10h30-14h dim.* **www**.tibidabo.es

Le dernier tram circulant à Barcelone permet d'atteindre le sommet du Tibidabo. Haute de 532 m, la colline doit son nom au vaste panorama qu'elle ménage. Il reprend en effet la traduction latine des paroles de Satan : *tibi dabo* (« je te le donnerai ») quand il chercha à corrompre le Christ en lui présentant le monde étalé à ses pieds.
Le Parc d'Atraccions *(p. 163)* qui existe depuis 1908 est extrêmement populaire. Ses anciennes attractions ont conservé un charme désuet, tandis que les nouvelles utilisent les technologies les plus modernes pour offrir des sensations fortes. Le Museu d'Autòmats possède une belle collection de jouets mécaniques, de juke-boxes et de machines à sous.
Enric Sagnier fit preuve de plus de ferveur religieuse que de goût en construisant, entre 1902 et 1911, le Temple Expiatori del Sagrat Cor.
Un ascenseur conduit au pied de l'immense Christ qui domine le sanctuaire.

CosmoCaixa 9

Teodor Roviralta 47-51. ***Tél*** *90 222 30 540.* *Avinguda del Tibidabo.* *mar-dim. 10h-20h.* **www**.fundacio.lacaixa.es

Le nouveau musée des sciences de Barcelone est encore plus passionnant et interactif que son prédécesseur. Le bâtiment moderniste a été complété d'une aile de neuf niveaux, dont six souterrains. Une portion de la forêt inondée d'Amazonie a été recréée dans une serre où vivent poissons, amphibiens, insectes, reptiles, mammifères, oiseaux et végétaux. On y découvre également une Salle de la Matière qui explore la théorie du big bang, un Mur Géologique qui examine différents types de roche, et un planétarium.

Torre Bellesguard 10

Carrer de Bellesguard 16. *Avinguda del Tibidabo.* *au public.*

Bellesguard signifie « beau lieu » ; effectivement, ce site à mi-pente de la serra de Collserola séduisit au Moyen Âge les rois catalans qui y édifièrent un palais d'été en 1408. Martin Ier l'Humain *(p. 55)* l'appréciait particulièrement.
Sant Gervasi, le quartier qui l'entoure, se développa au XIXe siècle grâce à sa desserte par le chemin de fer. En bâtissant la maison actuelle

Cheminée à l'entrée du Parc Güell, aménagé par Gaudí

en 1900, Gaudí utilisa des pans de mur du château qui tombait en ruine. L'aspect crénelé et les fenêtres d'inspiration gothique font clairement référence à son prédécesseur. Une tour caractéristique de la manière du maître du Modernisme domine le toit, où un chemin de ronde court derrière le parapet. Les poissons en mosaïque, près de la porte principale, symbolisent l'ancienne puissance maritime de la Catalogne.

Parc del Laberint d'Horta 11

Germans Desvalls, Passeig Castanyers. ***Tél*** *93 428 39 34.* *Mundet.* *t.l.j. 10h-18h (en hiver) ou 10h-19h (en été).* *(gratuit mer. et dim.).* **www**.bcn.es/parcsijardins

Comme son nom l'indique, le plus ancien parc de la ville, créé au XVIIIe siècle pour Joan Antoni Desvalls, Marquès de Llúpia i d'Alfarràs, s'organise autour d'un dédale de cyprès. C'est un endroit agréable pour échapper à l'agitation urbaine.
Dès l'entrée, les pentes abruptes semi sauvages longent le palais décrépi du marquis, transformé en école de jardinage, véritable condensé de fantaisies baroques aristocratiques. Les temples néoclassiques dédiés à Ariane (qui aida Thésée à sortir du labyrinthe du Minotaure) et de Danaé (mère de Persée) se dressent de part et d'autre d'un vaste *paseo* qui domine le dédale. De là, un escalier monumental conduit à un temple néoclassique. On y trouve aussi un « jardin romantique », un faux cimetière et, dans le bois auquel mène le jardin, la grotte d'un ermite.

CaixaForum 12

Avinguda del Marquès de Comillas 6-8, Montjuïc. ***Tél*** *93 476 86 00.* *Espanya.* *mar.-dim. 10h-20h.* **www**.lacaixa.es/caixaforum

La place de Barcelone dans le monde de l'art contemporain

Le nouveau Théâtre national près de la plaça de les Glòries Catalanes

ne fait que croître, et cette nouvelle salle d'exposition est là pour le prouver. Les 700 œuvres d'artistes espagnols et internationaux de la Fondation « la Caixa » sont installées dans l'Antiga Fàbrica Casaramona. Cette ancienne usine textile moderniste modèle, propre et lumineuse, fut construite en 1911 par Josep Puig i Cadafalch à l'achèvement de la Casa de los Punxes. Elle ferma ses portes en 1920, puis servit d'entrepôt et, après la guerre civile, d'écuries pour la police. La collection est présentée selon un parcours thématique, à l'exception de la *Chambre de Plomb (Chambre de la Douleur)* de Joseph Beuys, exposée en permanence. Des expositions temporaires sont organisées.

Estació del Nord ⓭

Avinguda de Vilanova. **Plan** 6 D1. Ⓜ *Arc de Triomf.*

Complètement remaniée, l'ancienne gare du Nord de Barcelone abrite désormais un centre sportif, un poste de police et une gare routière. Il ne subsiste du bâtiment originel que la majestueuse entrée édifiée en 1915 et la façade, élevée en 1861, qui domine un parc orné de deux élégantes sculptures modernes : *Espiral arbrada (Spirale ramifiée)* et *Cel obert (Ciel ouvert)*. Ces œuvres de Beverley Pepper datent de 1992. En face de la gare, au n° 12 de l'avinguda de Vilanova, se dresse une ancienne centrale électrique, fermée au public, dessinée en 1897 par Pere Falquès. Soigneusement restaurée, elle présente un aspect incontestablement moderniste.

Plaça de les Glòries Catalanes ⓮

Gran Via de les Corts Catalanes. **Plan** 4 F5. Ⓜ *Glòries.*

Barcelone continue de s'étendre vers le nord-est et la prolongation de la Diagonal jusqu'à la mer complète le projet urbanistique d'Ildefons Cerdà lorsqu'il créa Eixample *(p. 67)*. Le quartier où la Diagonal coupe la Gran Via de les Corts Catalanes a connu récemment une réhabilitation. Au nord de la plaça de les Glòries Catalanes, un centre commercial neuf contraste avec le marché aux puces, Encants Vells *(p. 135)*, qui s'étale près de la voie rapide de 8 h à 20 h quatre jours par semaine. Une grande partie du bric-à-brac vendu est simplement posée par terre, et le marchandage est de rigueur. C'est le matin que le marché est le plus actif.

Au sud de la place se dresse le vaste Teatre Nacional de Catalunya, dessiné par Ricard Bofill. À côté, l'Auditori de Barcelona abrite deux salles de concert par Rafael Moneo inaugurées en 1999. Le Museu de la Música *(p. 69)* y emménagera au prochain millénaire.

Sculpture de Beverley Pepper ornant le Parc de l'Estació del Nord

La Rambla del Poblenou est propice à la flânerie

Poblenou ⓯

Rambla del Poblenou. Ⓜ *Poblenou.*

Artistes et photographes ont installé leurs ateliers dans les entrepôts désaffectés de l'ancien cœur industriel de la cité. Le pôle du quartier est la Rambla del Poblenou, une avenue paisible qui s'étend de l'avinguda Diagonal à la mer. Une promenade dans les rues partant de l'avenue permet de découvrir quelques immeubles industriels protégés, témoins de l'époque où Barcelone était surnommée la « Manchester de l'Espagne ». Au bas de la Rambla, le long d'une rue parallèle, la carrer del Ferrocarril, la plaça de Prim évoque une place de village avec ses maisons blanches. Reportez-vous pages 106-107 pour une promenade guidée dans Poblenou.

TROIS ITINÉRAIRES DE PROMENADE

Mémorial Trueta, circuit Poblenou

Barcelone fait le bonheur des promeneurs. Sur chaque plan pas à pas du guide (Vieille Ville, Eixample et Montjuïc), un parcours en pointillés vous fait découvrir les principaux sites du quartier. Vous pouvez aussi vous promener sur La Rambla *(p. 60-61)* et dans le Parc Güell *(p. 96-97)*. Les six pages qui suivent vous feront découvrir trois quartiers moins fréquentés mais très typés.

La première vous conduira dans le Born. Cet ancien quartier mal famé est aujourd'hui un séduisant mélange de vieilles ruelles et de boutiques modernes. Ensuite, vous découvrirez le Gràcia, sorte de « Barcelone village » : fier quartier résidentiel ouvrier de maisons basses, de minuscules échoppes et de places agréables aux soirées animées. Enfin, vous arpenterez le cœur post-industriel de Poblenou, ponctué ici et là de cheminées de briques ayant survécu aux réhabilitations.

Chaque itinéraire privilégie les rues et les places piétonnes, en évitant au maximum la circulation. Le charme de ces promenades est autant de découvrir les monuments que de s'imprégner de l'atmosphère des quartiers, des boutiques originales, des cafés typés et des curiosités architecturales. Toutes trois partent et se terminent à une station de métro. Comme dans toute grande ville, surveillez vos effets personnels et, même si les rues sont sûres à toute heure, soyez prudents à la sortie des bars.

CHOIX D'UN ITINÉRAIRE

Santa Maria del Mar, circuit Born

Les trois itinéraires

Cette carte situe les trois itinéraires par rapport aux trois grands quartiers touristiques de la ville.

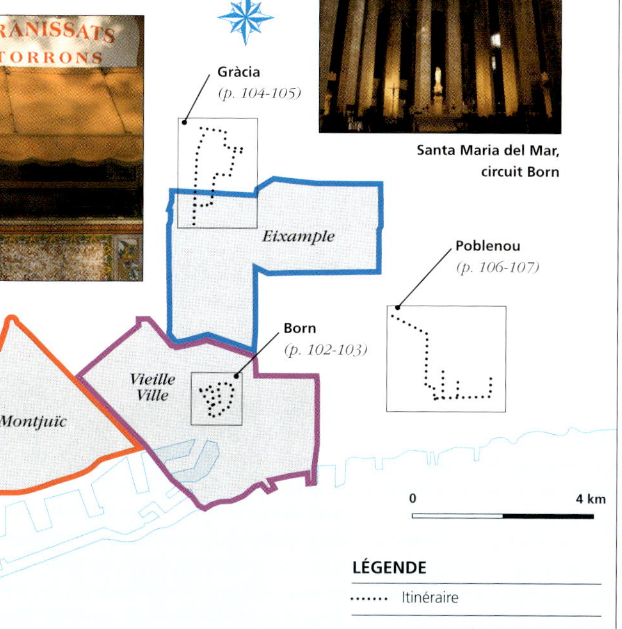

Marchand de bonbons, circuit Poblenou

◁ Plaça del Sol Café, circuit Gràcia

Une heure dans le Born

Situé à l'est du Barrí Gotic et de la Via Laietana, le minuscule quartier d'El Born fait un grand retour après des années d'oubli. Ce quartier du bord de mer fut florissant à partir du XIIIe siècle, début de l'âge d'or du commerce. Les ruelles étroites portent encore le nom de leurs artisans : les chapeliers dans la carrer dels Sombrerers, les miroitiers dans la carrer dels Mirallers et les orfèvres dans la carrer de la Argentaria. Mais malgré son atmosphère médiévale, le Born est un quartier branché.

Le passeig del Born, artère principale du quartier El Born ⑮

Carrer de Montcada

De la station de métro Jaume I, sur la plaça de l'Angel ①, descendez la carrer de la Argenteria et tournez presque immédiatement à gauche au bureau de tabac dans la carrer del Vigatans. Après l'auberge de jeunesse à gauche, une tête est sculptée en relief dans le mur à droite dans l'angle de la carrer dels Mirallers ②. Au bout, la rue tourne à gauche à angle droit dans la carrer de la Carassa. Poursuivez à droite dans la carrer de Barra de Ferro, puis encore à droite dans la carrer de Banys Vells. À la moitié de la rue, sur la gauche, au n° 9, Farcells Caritas ③ est un grand magasin caritatif paroissial. La rue débouche sur un côté de l'église Santa Maria del Mar ④. Tournez à gauche dans la carrer Sombrerers. Sur la gauche, au n° 23, la Casa Gispert ⑤ est réputée pour son café torréfié, ses noix et ses fruits secs. Vous pouvez vous y arrêter si vous avez un petit creux. Au bout, tournez à gauche dans la Placeta de Montcada, qui débouche sur la carrer Montcada *(p. 64)*. Cette rue offre un ensemble harmonieux de demeures gothiques du XIVe siècle revues et corrigées à la Renaissance. La plupart abritent des musées et des galeries. Au n°25, la Casa Cervelló-Guidice ⑥ est la seule à avoir conservé sa façade d'origine. En face, au n° 20 ⑦, l'escalier du patio du Palau Dalamses est richement sculpté. Au n° 22, El Xampanyet ⑧ est le bar à *cava* (vin mousseux catalan) et à *tapas* le plus réputé de la ville. Cinq palais, dont le Museu Picasso ⑨ *(p. 64-65)*, occupent presque tout le côté droit de Montcada. Deux musées lui font face. Au n° 14, dans le Palau Nadal, le Museu Barbier-Mueller ⑩ présente une collection de sculptures, tissus, céramiques et objets rituels précolombiens réunie par le grand collectionneur d'art suisse Josef Mueller

CONSEILS AUX PROMENEURS

Point de départ : *plaça de l'Angel.*
Itinéraire : *1,5 km.*
Comment s'y rendre : *station de métro Jaume I, sur la plaça de l'Angel, ligne 4.*
Où faire une pause : *Café del Born (plaça Comercial) et Origens 99,9% (carrer Vidrieria 6-8), restaurant-boutique de produits catalans. ou rendez-vous carrer de la Argenteria, en particulier à la Xocalateria Xador (au n°61-63), et Taller de Tapas (51).*

Flot de visiteurs du célèbre Museu Picasso ⑨

Café sur la Plaça de Comercial, devant le Mercat del Born ⑯

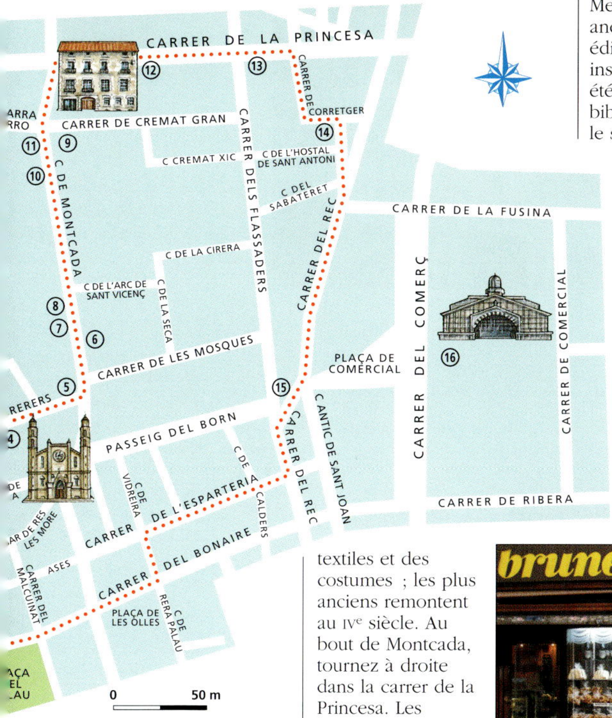

LÉGENDE

• • • Itinéraire

M Station de métro

(1887-1977) aidé de son gendre Jean-Paul Barbier, qui comprit que l'art « primitif » méritait une plus grande place. La cour est dominée par la reproduction d'une tête olmèque géante du Mexique. À côté, dans le Palau del Marquès de Llió (ou Mora) ⑪, le Museu Tèxtil i d'Indumentària expose des textiles et des costumes ; les plus anciens remontent au IVe siècle. Au bout de Montcada, tournez à droite dans la carrer de la Princesa. Les boutiques y sont accueillantes. Citons notamment le chocolatier Brunells au n° 22 ⑫, et le confiseur La Campana, fondé en 1890, réputé pour son turrón et ses confiseries, au n° 36 ⑬. Les gourmands ne manqueront pas d'y faire quelques emplettes.

Passeig del Born

Tournez tout de suite à droite dans une petite rue à angle droit, la carrer del Corretger. À la pâtisserie, tournez à droite dans la carrer Triangle. À l'angle de la carrer de l'Hostal de Sant Antoni (à droite) ⑭, levez la tête pour admirer la frise aux allures de hiéroglyphe de l'arche. La carrer Triangle débouche dans la carrer del Rec, qui vous conduira jusqu'au passeig del Born ⑮. Le quartier doit son nom aux joutes qui se déroulèrent sur cette large avenue du XIIIe au XVIIe siècle. À gauche, le passeig donne sur la Plaça de Comercial, dominée par le Mercat del Born ⑯, les anciennes halles. Ce vieil édifice de fer et de verre inspiré des Halles de Paris a été transformé en bibliothèque. Des fouilles sur le site ont permis aux archéologues d'avoir des informations sur la manière dont la la vie se déroulait au XVIIIe siècle. Poursuivez sur la carrer del Rec et tournez à droite dans la carrer de l'Esparteria, puis à gauche dans la carrer de Vidriera pour rejoindre la plaça de les Olles. Prenez à droite et longez la Plaça del Palau. Une quincaillerie vend des poêles à paella géante, idéales pour les fêtes en famille ou entre amis. Au Café La Bolsa, en face de La Llotja *(p. 62-63)* ⑰, tournez à droite dans la carrer dels Canvis Vells, puis à droite dans la très courte carrer de l'Anisadeta. Vous vous retrouvez sur la charmante Plaça de Santa Maria ⑱, en face de l'église éponyme *(p. 64-65)*. L'intérieur gothique catalan est magnifique et la visite permet une halte reposante. Traversez la place vers la gauche en direction de la carrer de la Argenteria. Les cafés et les restaurants en font la rue la plus animée du quartier. Suivez-la jusqu'à votre point de départ, au métro de la Plaça de l'Angel.

Une heure et demie dans Gràcia

Quand vous franchissez l'avinguda Diagonal vers le nord, vous plongez dans un dédale des rues sinueuses et des petites places aux allures de village. Malgré son rattachement à Barcelone en 1897, Gràcia n'a jamais perdu ni son indépendance ni son identité. Dans la journée, le quartier semble à l'écart de la vie métropolitaine moderne à quelques rues de là. Mais le soir et en août, les boutiques exotiques et l'animation nocturne attirent les foules.

Façade moderniste de la Casa Fuster ③

Passeig de Gràcia

Au départ de la Plaça Joa Carles I ①, le célèbre passeig de Gràcia est une modeste avenue bordée de platanes. Mais très vite, sur la gauche, la Casa Bonaventura Ferrer ②, un immeuble moderniste de Pere Falqués I Urpi, affiche sa façade sculptée de feuilles tourbillonnantes et surmontée d'une couronne de métal. Puis la rue se rétrécit et contourne un autre immeuble moderniste (bien que d'inspiration clairement néo-gothique), la Casa Fuster ③, dernière œuvre de l'architecte Lluis Domènech i Montaner, aujourd'hui transformée en hôtel. Au rez-de-chaussée, l'agréable Café Vienés est ouvert à tous.

Les places de Gràcia

À quelques pas de la Casa Fuster, dans la riche carrer Gran de Gràcia, admirez les vitraux des *miradores* (fenêtres en saillie des étages supérieurs) au-dessus de la *patisseria* La Colmena, au n° 15 ④. Puis revenez à la Casa Fuster et prenez la carrer Gràcia. Tournez à gauche, puis tout de suite à droite dans la carrer Domènech. Au bout, prenez à gauche dans la carrer de Francisco Giner, jusqu'à la plaça de Rius i Taulet ⑤, où la façade bleu ciel du siège du gouvernement local de Gràcia domine un campanile de 33 m de haut. Au mur, une plaque commémore les

CONSEILS AUX PROMENEURS

Point de départ : *plaça Joan Carles I.*
Itinéraire : *2,5 km.*
Comment s'y rendre : *station de métro Diagonal (plaça Joan Carles I), ligne 3, ou train FCG.*
Où faire une pause : *Essayez Mina (cuisine méditerranéenne moderne) sur la plaça Rius i Taulet ; le Café del Sol ou Mirasol sur la plaça del Sol ; Niu Toc (poisson) sur la plaça Revolució de Setembre de 1868 ; ou le Virreina Bar (sandwichs et bière) sur la plaça de la Virreina.*

Spectacle de *castellers* en période de festivités ⑤

Soirée sur la plaça del Sol ⑥

LÉGENDE

••• Itinéraire

M Station de métro

exploits des *castellers* catalans. Ces gymnastes amateurs construisent d'impressionnantes tours humaines les jours de fête dans le quartier. Traversez la place et empruntez la carrer Mariana Pineda. Traversez la travessera de Gràcia, l'une des principales rues commerçantes du quartier, et prenez la carrer Xiquets de Valls, du nom d'une célèbre équipe de *castellers*. Poursuivez jusqu'à la plaça del Sol ⑥, haut lieu de la vie nocturne, surnommée plaça dels Encants. Tournez à gauche dans la carrer Maspons, sur la plaça Revolució de Setembre de 1868 ⑦, qui commémore le coup d'État conduit par le général Prim, qui renversa la dynastie des Bourbons hostiles aux Catalans. Cette révolution instaura dans la foulée le premier gouvernement républicain de l'histoire espagnole. Quittez la place par la carrer de Verdi, une agréable rue commerçante. Sur la droite, le Cinemes Verdi présente souvent des films étrangers en version originale (avis aux cinéphiles !). Prenez à droite dans la carrer de l'Or, qui vous conduira à l'une des places les plus agréables de Gràcia, la plaça Virreina ⑧, où l'église Sant Joan surplombe deux beaux bâtiments : une résidence dotée d'une tour et une maison moderniste de briques rouges dont la façade rouge et crème est ornée de balcons en fer forgé.

Casa Vincens

Quittez la plaça Virreina par la carrer de Astúries et longez la plaça Diamant ⑨. L'abri anti-aérien datant de la guerre civile qui a été découvert ici doit être transformé en musée de la paix. Tournez à droite dans la carrer Torrent l'Olla, puis à gauche dans Santa Agata. Traversez Gran de Gràcia et poursuivez dans la carrer de les Carolines. Au n° 24, la Casa Vincens ⑩ est l'une des premières œuvres d'Antoni Gaudí. Elle appartient à un particulier et ne se visite pas, mais l'extérieur mérite à lui seul le détour. Inexpérimenté à l'époque, Gaudí mit cinq ans (de 1883 à 1888) pour construire cette résidence d'été commandée par un fabricant de briques et de tuiles. L'architecture d'inspiration maure rompait radicalement avec la tradition de l'époque. La profusion des couleurs et des ornements est caractéristique du style de Gaudí. La façade est un damier de carreaux de céramiques verts et blancs ou ornés de soucis. Les ouvrages de ferronnerie dessinent des boucles extravagantes et des créatures fascinantes. Revenez sur vos pas jusqu'à Gran de Gràcia. Ensuite, vous pouvez monter jusqu'à la plaça Lesseps et de là, suivre les panneaux en direction du Parc Güell *(p. 96-97)*, autre œuvre de Gaudí. Sinon, redescendez par la jolie plaça Trilla ⑪ et reprenez le métro à la station Fontana ou revenez à votre point de départ.

Vitraux des *miradores* ④

Intérieur et vitraux de la Casa Vicens ⑩

Deux heures dans le Poblenou

Difficile de croire aujourd'hui que le quartier branché de Poblenou affichait jadis la plus forte concentration de cheminées d'usines de Catalogne. Dans les années 1960, elles ont disparu ou migré vers la périphérie, laissant des bâtiments à l'abandon. Les jeux Olympiques de 1992 créèrent un vaste élan et depuis, les entrepôts de Poblenou se sont transformés en ateliers chic d'artistes et de photographes. L'arrivée d'hôtels, de discothèques et de restaurants créa un mélange fascinant d'archéologie industrielle et de culture contemporaine.

La très controversée Torre Agbar ③

Avinguda Diagonal

Au métro de la plaça de Les Glòries Catalanes ① (quartier récemment réhabilité, *p. 99*), prenez la sortie carrer Badajoz. Vous déboucherez sur l'avinguda Diagonal ②, directement sous la très inattendue et très controversée Torre Agbar ③. Cette tour cylindrique à dôme de 33 étages est décrite par ses détracteurs comme un cigare bleu vertical. Elle a été créée par l'architecte français Jean Nouvel pour la compagnie locale des eaux, Aguas de Barcelona. Descendez Diagonal sur le large *paseo* central flanqué de voies de circulation, de la ligne de tramway qui relie Glòries à Sant Adrià del Besòs, et de pistes cyclables. Après 700 m de marche, tournez à droite dans la rambla del Poblenou ④. La rue principale du quartier descend jusqu'à la mer. Une fois passée la carrer de Pere IV, la rambla se rétrécit et devient plus intéressante. Au milieu se dresse un mémorial dédié au docteur Josep Trueta ⑤. Après avoir sauvé des vies lors des bombardements de la guerre civile, ce chirurgien né à Poblenou en 1897 s'exila Angleterre après la chute de la démocratie en 1939 ; il y vécut 30 ans.

Rambla del Poblenou

Continuez sur la rambla del Poblenou en admirant les immeubles. Au n°51 (à droite) ⑥, un bel édifice couleur saumon de Josep Masdeu de 1914 est orné de motifs floraux modernistes.

Tournez à gauche dans la carrer Joncar, à l'angle d'El Tio Che ⑦, célèbre marchand de glaces et de *turrón* (nougat espagnol) fondé en 1912, et du Casino de l'Aliança de Poblenou ⑧, qui, contrairement à ce que son nom indique, abrite une salle de concert et non une salle de jeux. Puis prenez la première à droite. La carrer Maria Aguilo est une rue commerçante piétonne animée mais à taille humaine. À gauche, au bout d'une

CONSEILS AUX PROMENEURS

Point de départ : *plaça de Les Glories Catalanes.*
Itinéraire : *3,5 km.*
Comment s'y rendre : *station de métro Glories, ligne 1.*
Où faire une pause : *vous trouverez des bars sur la rambla de Poble Nou, et des restaurants sur la carrer Taulat. Goûtez les délicieuses glaces d'El Tio Che.*

Mémorial dédié au Dr Josep Trueta, héros de la guerr

El Tio Che, célèbre marchand de glace et de *turrón* ⑦

petite rue, le marché du quartier, le Mercat de la Unió, est en travaux ⑨. En face, admirez les fenêtres du bel immeuble du 24 plaça de la Unió ; elles sont ornées de festons Art Nouveau en céramiques blanches et vertes. De retour sur Maria Aguilo, sur la droite, au n° 120 ⑩, la boutique de l'artiste Chema Vidal réalise des maquettes de monuments, existants et démolis, du Poblenou.

Traversez la carrer del Taulat et prenez la carrer del Ferrocarril (légèrement vers la gauche) jusqu'à la plaça del Prim ⑪, réputée pour ses ombus (arbres qui poussent généralement en Argentine) noueux et penchés et ses maisons basses blanchies à la chaux. Cette place qui était à l'origine le cœur de Poblenou. semble aujourd'hui un peu désuète et à l'écart de la modernité ambiante. Parmi les pêcheurs et les ouvriers qui vivaient ici, beaucoup étaient des disciples d'Icaria. Ce mouvement utopique qui naquit au milieu du XIXe siècle militait contre le capitalisme et ses effets destructeurs sur les couches les plus pauvres de la société. Ses sympathisants avaient l'ambition de créer un monde de « fraternité universelle ». Revenez sur vos pas et prenez à droite dans la carrer del Taulat. De là, vous pouvez prendre à gauche la carrer de Bilbao jusqu'à la station de métro Poblenou ou poursuivre sur Taulat, une allée de jardins traversant des ensembles résidentiels modernes. Faites un bref détour jusqu'au jardin ⑫ consacré au Mahatma Gandhi, au croisement entre les carrers de Ramon Turró et d'Espronceda. La sculpture de l'apôtre de la non-violence fut réalisée par le prix Nobel de la paix Adolfo Pérez Esquivel. Revenez sur le passeig del Taulat et tournez à gauche dans la carrer de la Selva pour vous rendre sur la plaça Ramon Calsina, au pied de la Torre de les Aigües ⑬, structure industrielle la plus caractéristique du Poblenou. Cette tour cylindrique de brique rouge de 63 m de haut servait de réservoir d'eau de la rivière voisine, le Besos. Près du sommet, un escalier métallique vertigineux conduit à un balcon. Les courageux seront récompensés de leurs efforts car la vue est superbe. De là, remontez la carrer de la Selva jusqu'à la station de métro Selva del Mar, à l'angle de la carrer de Pujades. En chemin, empruntez la carrer de Llull à votre gauche. À l'angle de la carrer de Provençals se dresse la plus haute cheminée de Barcelone ⑭. Cette élégante flèche de 65 m de haut au toit plat faisait jadis partie des défuntes aciéries Macosa. Revenez sur la carrer de la Selva et rendez-vous au métro.

Torre de les Aigües ⑬

Les étranges ombus (arbres argentins) de la plaça del Prim ⑪

LA CATALOGNE

LLEIDA · ANDORRE · GIRONE
PROVINCE DE BARCELONE · TARRAGONE

Les quatre provinces de la Catalogne et la petite principauté de langue catalane d'Andorre offrent aux visiteurs des paysages magnifiques et de nombreux édifices historiques, en particulier dans les Pyrénées. Ces richesses justifient pleinement de s'écarter du littoral pour s'aventurer sur des sentiers moins fréquentés.

Santa Maria, Ripoll

À l'extérieur de Barcelone, la Catalogne se révèle essentiellement rurale, sans grandes villes et avec peu de zones industrielles. Des quatre provinces, toutes nommées d'après leur chef-lieu, celle de Lleida est à la fois la plus vaste et la moins peuplée. Elle possède pour joyaux les églises romanes de la vallée du Boí et le parc national d'Aigüestortes.

À la pointe orientale des Pyrénées, la province de Gérone renferme la vallée de la Cerdagne à la beauté magique et les anciens monastères de Ripoll et de Sant Joan de les Abadesses. Sa capitale se trouve à l'écart de la célèbre côte rocheuse de la Costa Brava et reste trop souvent méconnue.

Dans la province de Barcelone, le littoral au nord de la ville souffre de la voie ferrée qui longe la mer, mais au sud, Sitges est devenue une station balnéaire en vogue. L'arrière-pays abrite le monastère de Montserrat, cœur spirituel de la Catalogne – accroché à flanc de montagne – ainsi que les vignobles du Penedès et le bourg rural de Vic. Tarragone, dans la province la plus méridionale de la Catalogne, a conservé d'imposants vestiges romains. Aux collines vallonnées dont la douceur séduisit les cisterciens des abbayes de Poblet et de Santa Creus succèdent les rizières du delta de l'Èbre. Des kilomètres de plages de sable forment la Costa Daurada.

Arbres fruitiers en fleurs près de Balaguer, dans la province de Lleida

◁ Pêcheur inspectant ses filets à Cadaqués, sur la Costa Brava

À la découverte de la Catalogne

Les Pyrénées occupent une grande partie du nord de la Catalogne et les parcs nationaux d'Aigüestortes et de la Vall d'Aran sont de véritables paradis pour les naturalistes.
La station de Baqueira-Beret permet de pratiquer le ski. Si vous préférez la mer, vous avez le choix entre les criques de la Costa Brava et les longues plages de sable de la Costa Daurada. L'arrière-pays de Tarragone renferme, à l'ouest des vignobles du Penedès, les sobres monastères cisterciens de Poblet et de Santes Creus.

Ferme isolée près de La Seu d'Urgell

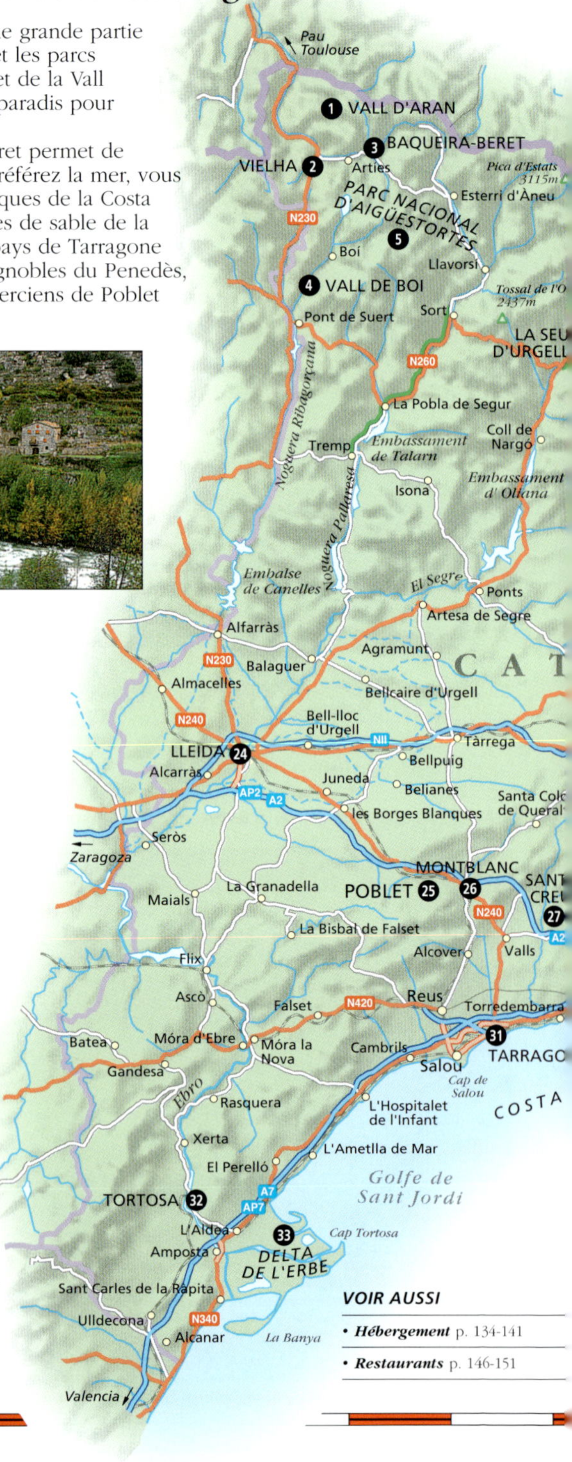

LÉGENDE

- Autoroute
- Autre route
- Route principale
- Route secondaire
- Route pittoresque
- Ligne de ch. de fer principale
- Ligne de ch.de fer secondaire
- Frontière nationale
- Frontière régionale
- Sommet

CIRCULER

Depuis la France, l'autoroute A 7 pénètre en Catalogne à La Jonquera, rejoint Barcelone, puis longe la côte en passant par Tarragone et Valence. D'autres grandes voies rayonnent de Barcelone. L'Espagne est en train de changer la numérotation de ses routes (cartes et panneaux peuvent différer). Des cars desservent la plupart des villes. La principale voie ferrée suit le littoral au sud de Blanes, d'autres lignes relient Vic, Lleida et Tortosa à Barcelone *(voir couverture intérieure)*.

VOIR AUSSI

- ***Hébergement*** p. 134-141
- ***Restaurants*** p. 146-151

Église dominant la mer à Sitges

Vignobles de Gandesa, à l'ouest de Tarragone

LA CATALOGNE D'UN COUP D'ŒIL

Andorra 6
Baqueira-Beret 3
Besalú 12
Blanes 19
Cadaqués 15
Cardona 22
Costa Daurada 30
Delta de l'Ebre 33
Empúries 16
Figueres 14
Gérone 13
Lleida 24
Montblanc 26
Montserrat p.122-123 20
Olot 11
Parc Nacional d'Aigüestortes 5
Peratallada 17
Poblet p. 126-127 25
Puigcerdà 8
Ripoll 9
Santes Creus 27
Sant Joan de les Abadesses 10
La Seu d'Urgell 7
Sitges 29
Solsona 23
Tarragona 31
Tortosa 32
Tossa de Mar 18
Vall d'Aran 1
Vall de Boí 4
Vic 21
Vielha 2
Vilafranca del Penedès 28

La Vall d'Aran au cœur des Pyrénées

PAPILLONS DE LA VALL D'ARAN

L'isolement des hautes vallées des Pyrénées offre un refuge à de très nombreux papillons. Dans la Vall d'Aran, en particulier, plusieurs espèces d'une grande rareté survivent. La meilleure période pour les observer s'étend de mai à juin.

aHespérie de la mauve ***(Pyrgus malvae)***

Échiquier ***(Carterocephalus palœmon)***

Semi-apollon ***(Parnassius mnemosyne)***

Vall d'Aran ❶

Lleida. *Vielha.* *N230 (973 64 01 10).*

Au pied de majestueuses montagnes, forêts et pâturages fleuris composent de magnifiques paysages dans cette vallée de 600 km², paradis des randonneurs. C'est ici que la Garonne prend sa source à Guells del Joeu. Jusqu'en 1924, date de la construction de la route du col de Bonaigua, la Vall d'Aran était très isolée du reste de l'Espagne ; ses habitants continuent d'ailleurs de parler un dialecte proche du gascon. Aujourd'hui encore, la neige rend le col impraticable de novembre à avril. Le Túnel de Vielha permet toutefois un accès relativement aisé (il faut parfois des chaînes) depuis El Pont de Suert. Tournée vers la France, la vallée jouit d'influences océaniques et d'un climat propice à la survie d'espèces rares de papillons et de fleurs sauvages, notamment plusieurs variétés de narcisses. Des villages se sont développés le long de la Garonne (riu Garona), souvent autour d'une église romane comme **Bossòst**, **Salardú**, **Escunhau** et **Arties**, petit centre thermal apprécié des skieurs fréquentant la station voisine de Baqueira-Beret.

Vielha ❷

Lleida. *2 700.* *Carrer Sarriulera 10 (973 64 01 10).* *jeu.* *Festa de Vielha (8 sept.), Festa de Vielha (8 oct.).*

La capitale de la Vall d'Aran, est aujourd'hui une station de sports d'hiver moderne et bien équipée. Elle a conservé son église romane. **Sant Miquel** abrite le Christ de *Mig Aran* (XIIᵉ siècle) qui faisait jadis partie d'une Descente de Croix. Le **Museu de la Vall d'Aran** est consacré à l'histoire et aux traditions de la vallée.

Museu de la Vall d'Aran
Carrer Major 26. ***Tél.*** *973 64 18 15.* *mar.-sam. 10h-13h et 17h-20h, dim. 11h- 14h* *1ᵉʳ janv. 17 juil., 8 sept., 25 déc.*
www.aran.org

Christ de Mig Aran **(XIIᵉ siècle), église Sant Miquel, Vielha**

Baqueira-Beret ❸

Lleida. 100. Baqueira-Beret (973 63 90 00). Romeria de Nostra Senyora de Montgarri (2 Juil).

Baqueira et Beret étaient à l'origine deux petits villages de montagne indépendants mais le développement des sports d'hiver les a conduits à s'unir pour former l'une des stations de ski les plus populaires d'Espagne, fréquentée, en particulier, par la famille royale.
Pour se remettre de leurs efforts sur plus de quarante pistes situées entre 1 520 m et 2 470 m d'altitude, les skieurs disposent de sources thermales, déjà connues à l'époque romaine.

Vall de Boí ❹

Lleida N230. *La Pobla de Segur. El Pont de Suert. Barruera (973 69 40 00).* **www**.vallboi.com

Cette petite vallée en bordure du Parc Nacional d'Aigüestortes renferme de minuscules villages souvent construits autour d'églises offrant de magnifiques exemples d'architecture romane. Édifiées aux XIe et XIIe siècles, elles se distinguent par la hauteur de leurs tours, telle l'**Església de Santa Eulàlia**, à Erill-la-Vall, dont le clocher comporte six étages. Consacrées en 1123, les deux églises de Taüll, **Sant Climent** *(p. 22-23)* et **Santa Maria**, abritent de superbes fresques, copies des peintures murales originelles déposées entre 1919 et 1923 et visibles à Barcelone au Museu Nacional d'Art de Catalunya *(p. 88)*.
L'ascension de l'escalier de la tour de San Climent permet de découvrir un magnifique panorama de la campagne environnante.
D'autres églises de la vallée méritent une visite, notamment celle de **Coll**, aux belles ferronneries, et celles de **Barruera** et de **Durro**.
Petite station thermale et de sports d'hiver, **Caldes de Boí** constitue une bonne base pour explorer le Parc Nacional d'Aigüestortes, dont l'entrée ne se trouve qu'à 5 km.

Le haut clocher de Sant Climent, église de Taüll, dans la Vall de Boí

Parc Nacional d'Aigüestortes ❺

Lleida. La Pobla de Segur. El Pont de Suert, La Pobla de Segur. Barruera (973 69 61 89).

L'unique parc national de Catalogne, d'une superficie de 10 230 ha, protège des paysages parmi les plus beaux des Pyrénées.
Fondé en 1955, il porte officiellement le nom de Parc Nacional d'Aigüestortes i Estany de Sant Maurici car il s'étend du lac *(estany)* Sant Maurici, à l'est, au lieu-dit Aigüestortes. Le site baptisé est nommé « eaux tortueuses » à cause des ruisseaux serpentant dans les prairies.

Depuis le principal village, Espot, situé à la frontière orientale du parc, une route conduit au lac Sant Maurici, que dominent les cimes de la serra dels Encantats (montagne des Ensorcelés). Plusieurs itinéraires de promenade en partent. L'un d'eux suit au nord un chapelet de lacs en direction des pics majestueux d'Agulles d'Amitges. Au sud, dans un cadre spectaculaire, l'Estany Negre est le plus élevé et le plus profond (50 m) des quelque 150 lacs glaciaires que compte le parc. D'innombrables rhododendrons roses et rouges, fleurissent au début de l'été dans les vallées les plus basses. Plus tard dans la saison, les lis sauvages s'épanouissent dans les forêts de sapins, de hêtres et de bouleaux. Les chamois passent l'été sur les pentes les plus escarpées, ne se risquant dans les combes que lorsque la nourriture vient à manquer. Près des plans d'eau, on aperçoit parfois castors et loutres. Des aigles royaux nichent sur les corniches rocheuses, guettant depuis le ciel les grouses et les coqs de bruyère tapis dans les bois. Partout dans le parc, des cascades ajoutent en été au plaisir de la randonnée. En hiver, elles créent pour les amateurs de ski de fond des sculptures de glace.

L'eau court partout dans le Parc Nacional d'Aigüestortes

LES QUATRE BARRES

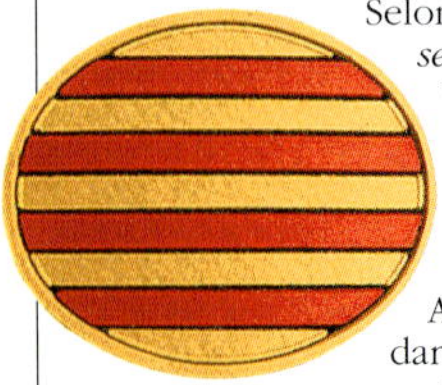

Emblème de la Catalogne

Selon la légende, le blason catalan, la *senyera*, doit son dessin à Wilfed le Velu, le premier comte de Barcelone (p. 42). Celui-ci périt lors d'une bataille contre les Arabes aux côtés de Charles le Chauve, roi de France et petit-fils de Charlemagne. Agonisant, il aurait trempé ses doigts dans son propre sang et, les passant sur son bouclier doré, aurait ainsi donné ses armoiries à la nation dont sa dynastie allait assurer l'indépendance. Ces quatre barres horizontales représentent aujourd'hui les quatre provinces de Barcelone, Gérone, Lleida et Tarragone.

Andorra 6

Principauté d'Andorre. 72 000. Andorra la Vella. *Calle Dr Vilanova, Andorra la Vella (376 82 7117).* **www**.andorra.ad

D'une superficie de 462 km², la principauté d'Andorre, État autonome depuis 1278, devint soumise en 1607 à la souveraineté de l'évêque de La Seu d'Urgell et du comte de Foix (titre imparti depuis au président de la République française). Ces derniers en restent les chefs d'État en titre bien que ce petit pays ait, en 1993, accédé à l'indépendance et organisé ses premières élections démocratiques. La langue officielle de l'Andorre est le catalan, mais on y parle aussi le français et le castillan.. La vente de produits détaxés a longtemps constitué une ressource importante de la principauté, comme en témoignent les magasins et supermarchés de la capitale, **Andorra la Vella**, ou de villes comme Sant Julía de Lòria, Les Escaldes ou El Pas de la Casa. L'Andorre dispose également de superbes itinéraires de randonnée en montagne qui séduiront les marcheurs débutants ainsi que les randoneurs expérimentés. L'un des principaux conduit à l'est aux lacs du **Cercle de Pessons** et permet de découvrir des chapelles romanes telle celle de **Sant Martí** à La Cortinada. Au nord, dans la pittoresque vallée du Sorteny, d'anciennes fermes pyrénéennes abritent de confortables restaurants.

La Seu d'Urgell 7

Lleida. 13 000. *Avenida Valles de Andorra 33 (973 35 15 11). mar. et sam. Festa major (der. sem. d'août).* **www**.laseu.org

Siège d'un puissant évêché au Moyen Âge, La Seu d'Urgell a conservé un beau quartier historique autour de sa **cathédrale** (1116). Elle abrite la statue de Santa Maria d'Urgell. Le **Museu Diocesà** présente une collection d'art religieux, dont un manuscrit enluminé au Xᵉ siècle du *Commentaire de l'Apocalypse* par le moine Beatus de Liébana.

Museu Diocesà
Plaça del Deganat. ***Tél.*** *973 35 32 42. oct.-mai : lun.-ven. 12h-13h ; juin-sept. : lun.-sam. 10h-13h et 16h-19h, dim. 10h-13h. 1ᵉʳ janv., 25 déc. et j.f.*

Relief, cathédrale de La Seu

Puigcerdà 8

Girona. 7 000. *Carrer Querol 1 (972 88 05 42). dim. Festa del Llac (3ᵉ dim. d'août) et Festa del Raser (3ᵉ dim. de juil.).* **www**.puigcerda.com

En catalan, puig signifie « colline », et bien que Puigcerdà ait une faible altitude (1 152 m) au milieu de montagnes s'élevant à près de 3 000 m, elle offre une belle vue de la vallée de la Cerdagne. Arrosée par le riu Segre, elle est bordée par la réserve naturelle de **Cadí-Moixeró** *(p.170)*, à découvrir à pied. Fondée en 1177 par Alphonse II d'Aragon, place forte proche de la frontière et capitale de la plus large vallée pyrénéenne, Puigcerdà a subi de nombreux assauts, et il ne subsiste qu'une tour de ses fortifications. À 6 km à l'intérieur du territoire français, l'enclave espagnole de **Llívia** possède un musée comprenant une pharmacie du XVIIᵉ siècle.

Portail du Monestir de Santa Maria

Ripoll 9

Girona. 11 000. *Plaça del Abat Oliva (972 70 23 51). Sam. Festa major (11-12 mai), La Llana y Casament a Pagès (dim. apr. Festa major).* **www**.elripolles.com

Petite ville industrielle au confluent du Ter et du Freser, Ripoll s'est développée autour du **Monestir de Santa Maria** *(p. 22)*, entrepris vers 880 par Guifré el Pelós (Wilfred le Velu), fondateur de la maison de Barcelone *(p. 42)* Ripoll lui doit son surnom de « berceau de la Catalogne ». Consacré en 1032, le sanctuaire a connu une importante restauration au XIXᵉ siècle. Le décor du portail forme le plus bel ensemble de sculptures romanes d'Espagne. Le cloître possède une aile romane mais fut achevé à l'époque gothique.

Aux environs
Les montagnes à l'ouest abritent l'église romane de **Sant Jaume de Frontanyà** *(p. 22)*.

Le bourg médiéval de Besalú, au bord du riu Fluvià

Sant Joan de les Abadesses ⑩

Girona. 3 800. Plaza Abadia 9 (972 72 05 99). dim. Festa major (2e sem. de sept.). www.santjoandelesabadesses.com

Un beau pont gothique jeté au-dessus du Ter conduit à ce bourg industriel dont le **monastère** constitue le principal intérêt. Wilfred le Velu, premier comte de Barcelone, le fonda vers 885 pour faire de sa fille la première abbesse. Consacrée en 1150, l'église conserve une décoration dépouillée mais abrite une magnifique *Descente de Croix* (v. 1250) en bois sculpté, d'un aspect étonnamment moderne. Brûlé pendant la guerre civile, l'un des larrons dut être remplacé ; la restauration est remarquable. Le musée du monastère présente des retables Renaissance et baroques.

***Descente de Croix*, monastère de Sant Joan de les Abadesses**

Aux environs

Au nord, **Beget**, garde une église romane. **Camprodon** *(p. 23)*, réputé pour ses saucisses, possède également une église romane et de belles maisons anciennes.

Olot ⑪

Girona. 28 000. Carrer del Bisbe Lorenzana 15 (972 26 01 41). lun. Fête-Dieu (mai-juin), Festa del Tura (8 sept.). www.olot.org/turisme

Dans une région d'anciens volcans, cette petite ville de marché subit en 1474 un tremblement de terre qui détruisit son centre médiéval. Elle acquit son renom dans la seconde moitié du XIXe siècle quand des peintres réunis autour de Joaquim Vayreda fondèrent une école paysagiste. On peut admirer de nombreux tableaux de cette école au **Museu Comarcal de la Garrotxa**, installé dans un hospice du XVIIIe siècle. Il possède également des œuvres du sculpteur moderniste Miquel Blay, auteur des jolies demoiselles qui soutiennent le balcon du n° 38, passeig Miquel Blay.

Museu Comarcal de la Garrotxa
Edifici Hospici 8. ***Tél.*** 972 27 91 30.
mer.- sam. 16h-19h ; dim., lun. et j.f. 11h-14h dim.
1er janv., 25 déc.

Besalú ⑫

Girona. 2 000. Plaça de la Llibertat 1 (972 59 12 40). mar. Sant Vicenç (22 janv.), Festa major (dernier weekend de Sept.). www.ajuntamentbesalu.org

Un pont piétonnier fortifié datant du Moyen Âge donne accès à ce bourg médiéval au bord du riu Fluvià. Du monastère bénédictin fondé au Xe siècle mais démoli en 1835, il ne subsiste que l'église romane **Sant Vicenç** *(p. 23)*. Bâtie au XIIe siècle, l'église **Sant Pere** associe éléments romans et gothiques. Le hasard a permis, en 1964, la découverte d'une **mikvah**, bain rituel juif, datant de 1264. Il n'en existe plus que trois de cette période en Europe. L'office du tourisme détient les clés de tous les monuments de la ville. Au sud, les rives du vaste lac de **Banyoles** offrent un cadre idéal à un pique-nique.

Étal de spécialités régionales à Camprodon

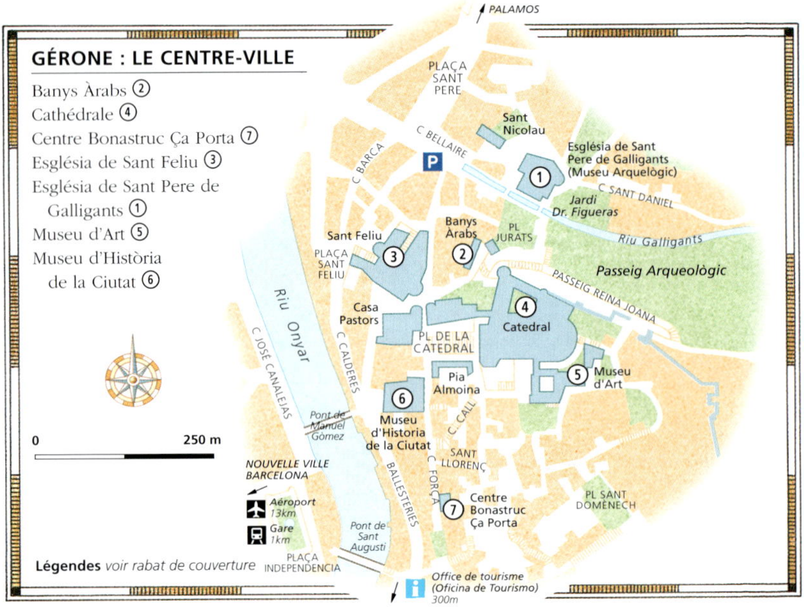

Gérone ⓭

Girona. 75 000. Rambla de la Llibertat 1 (972 22 65 75). mar., sam. El Pedal (2e quinzaine de sept.), Sant Narcis (29 oct.). **www**.ajuntament.gi/turisme

Cette jolie ville tourne son visage le plus souriant du côté du riu Onyar où se mirent des maisons pastel. Ces constructions du XIXe siècle remplacèrent des remparts endommagés par une résistance de sept mois, en 1809, aux assauts de troupes françaises. Derrière, dans le quartier ancien, boutiques et cafés animés bordent la rambla de la Llibertat.

La majeure partie du reste de l'enceinte fortifiée, d'origine romaine, est intacte et a été aménagée en Passeig Arqueològic. Le point de départ de cette agréable promenade se situe du côté nord de la ville près de **Sant Pere de Galligants** (Saint-Pierre-des-Chants-du-Coq) *(p. 23)*, l'église romane qui abrite le Musée archéologique.

Depuis le sanctuaire désaffecté, une rue étroite franchit la muraille par une porte qui incorpore d'énormes blocs de pierre romains. Ils bordaient jadis la via Augusta qui reliait Tarragone à Rome.

L'ancienne collégiale Saint-Félix, l'**Església de Sant Feliu,** reste un lieu de culte très fréquenté. Cette église gothique entreprise au XIVe siècle s'élève sur le site d'une chapelle romane bâtie sur les tombes des saints Félix et Narcisse, patrons de la ville. Huit sarcophages romains et paléochrétiens sont encastrés dans le mur de l'abside près du maître-autel.

Malgré leur nom, les **Banys Àrabs** (bains arabes) voisins, éclairés par une lanterne, datent de la fin du XIIe siècle, près de 300 ans après la reconquête de Gérone sur les Maures.

Maisons peintes de Gérone sur la rive du riu Onyar

Centre Bonastruc Ça Porta

Carrer de la Força 8. ***Tél.*** *972 21 67 61.* *t.l.j. 10h-18h, dim. 10h-15h.* *1er et 6 janv., 25 et 26 déc.*

En partie restauré, l'ancien quartier juif, El Call, se trouve au cœur du dédale de ruelles de la vieille ville. Le Centre Bonastruc Ça Porta illustre l'histoire de la communauté juive, réputée pour son école cabalistique, jusqu'à son expulsion à la fin du XVe siècle.

Cathédrale

Derrière une majestueuse façade typique du baroque catalan, cette église bâtie à l'emplacement d'un sanctuaire roman dont subsiste le cloître possède une nef unique construite en 1426 par Guillem Bofill et couverte de la plus large voûte gothique de la chrétienté. Derrière l'autel, le « trône de Charlemagne » en marbre rappelle par son nom que l'empereur franc conquit Gérone en 785. Un magnifique retable du XIVe siècle en argent incrusté de pierres précieuses et d'émaux orne le chœur. Le musée de la cathédrale présente de nombreuses œuvres d'art superbes, notamment une Vierge du XIIe siècle, un manuscrit enluminé au Xe siècle du *Commentaire de l'Apocalypse* du moine Beatus de Liébana et la célèbre tapisserie *La Création* brodée vers 1100.

Tapisserie *La Création*

Museu d'Art

Pujada de la Catedral 12. ***Tél.*** *972 20 95 36.* *mar.-dim. 10h-19h (10h-18h oct.-fév.), dim. 10h-14h.* *1er et 6 janv., 25 et 26 déc.*

L'ancien palais épiscopal abrite une riche collection d'œuvres d'art exécutées de la période romane au XXe siècle; dont le retable gothique de Sant Miquel de Cruïlles.

Museu del Cinema

Carrer Sèquia 1. ***Tél.*** *972 41 27 77.* *mar.-dim.* *1er et 6 janv., 25 et 26 déc.*

À côté de l'Església de Mercadel, films et souvenirs illustrent l'histoire du cinéma depuis le milieu du XIXe siècle.

Museu d'Història de la Ciutat

Carrer de la Força 27. ***Tél.*** *972 22 22 29.* *mar.-dim.* *1er et 6 janv., 25 et 26 déc.*

Le musée d'Histoire occupe un couvent du XVIIIe siècle où subsistent des niches qui servaient à faire sécher les dépouilles des capucins pour les asseoir dans des fauteuils. La collection comprend des instruments de musique.

Figueres ⓮

Girona. *35 000.* *Plaça del Sol (972 50 31 55).* *jeu.* *Santa Creu (3 mai), Sant Pere (29 juin).* **www**.figueresciutat.com

Figueres est le centre commerçant de la plaine de l'Empordà. Une statue de Narcís Monturiol i Estarriol (1819-1895), qui aurait inventé le sous-marin, s'élève au bas de la rue principale, la Rambla, où le **Museu de Joguets** (musée des Jouets) occupe tout le dernier étage du vieil Hôtel de Paris.

Salvador Dalí est né à Figueres et il transforma en 1974 le théâtre municipal (1850) en un « gigantesque objet surréaliste », le **Teatre-Museu Dalí.** Des œuvres de Dali et de différents artistes catalans excentriques sont exposées.

Aux environs

À 55 km de Figueres, la **Casa-Museu Castell Gala Dalí** présente dans le château médiéval que Dalí acheta à sa femme le mobilier du couple et des peintures et dessins. À l'est de Figueres se trouve le monastère de **Sant Pere de Rodes** *(p. 23).*

***Taxi pluvieux,* dans le jardin du Teatre-Museu Dalí**

Museu del Joguet

C/ Sant Pere 1. ***Tél.*** *972 50 45 85.* *juil.-sept. : t.l.j., oct.-mai : mar.-dim.* **www**.mjc-figueres.net

Teatre-Museu Dalí

Pl Gala-Salvador Dalí 5. ***Tél.*** *972 67 75 00.* *juil.-sept. t. l. j. ; oct.-juin mar.-dim.* *1er janv., 25 déc.* *sur r.v.* **www**.salvador-dali.org

Casa-Museu Castell Gala Dalí

C/ Gala Dalí, Púbol (La Pera). ***Tél.*** *972 48 86 55.* *pour les groupes, sur réservation.*

SALVADOR DALÍ

Salvador Dalí i Domènech naquit à Figueres en 1904 et organisa sa première exposition à l'âge de 15 ans. Après avoir étudié à l'Escuela de Bellas Artes de Madrid, il rejoignit en 1929 le mouvement surréaliste, dont il devint le peintre le plus célèbre. Il écrivit des scénarios avec Luis Buñuel et plusieurs livres développant sa « méthode paranoïa-critique », une technique d'investigation de l'irrationnel par le délire. Elle inspira maintes de ses œuvres hallucinatoires, telle *Symbiose femme-animal.* Si Dalí doit beaucoup de sa popularité à ses excentricités, sa richesse d'inspiration, dont témoigne le musée qu'il créa dans sa ville natale, où il mourut en 1989, en fait néanmoins un des artistes marquants du XXe siècle.

Fresque du plafond de la salle du Palais des vents, Teatre-Museu Dalí

Cadaqués 15

Girona. 2 000. Carrer Cotxe 2 (972 25 83 15). lun. Fiesta major de Verano (1ère semaine. de sept), Santa Esperança (18 déc).

Le petit port de Cadaquès, dominé par l'**Església de Santa Maria**, baroque, fut surnommé dans les années 60, le « Saint-Tropez espagnol ». La présence de Salvador Dalí dans la crique voisine de Port Lligat attirait en effet une foule de visiteurs branchés. De 1930 jusqu'à sa mort, le génie catalan vécut six mois par an dans sa maison de Port Lligat. La maison de l'artiste, considérablement agrandie et transformée, est devenue la **Casa-Museu Salvador Dalí**. Géré par la Fondation Salvador Dalí, le musée donne une vision unique de la vie et du génie du célèbre artiste catalan.

Casa-Museu Salvador Dalí
Port Lligat. ***Tél.*** *972 25 10 15.*
FAX *972 25 10 15. réserv. obligatoire 7 janv.-12 mars*

Empúries 16

*Girona. L'Escala. **Tél.** 972 77 02 08. Pâques, juin-sept. : t.l.j. 10h-20h ; oct.-mai : t.l j. 10h-18h. pour les ruines.*

Au nord de L'Escala, les ruines forment en bord de mer un ensemble imposant. Sur le site de l'actuel village de Sant Martí d'Empúries, qui était alors une île, des Grecs originaires de Marseille fondèrent au VIe siècle av. J.-C. **Palaiàpolis** (la vieille ville). Ils créèrent

Colonne romaine du site archéologique d'Empúries

Falaises de la Costa Brava au sud de Tossa de Mar

peu après sur le littoral une nouvelle colonie qu'ils baptisèrent Emporion (marché). Il en subsiste des vestiges de remparts et d'habitations et plusieurs temples, notamment le temple dédié à Esculape, le dieu guérisseur. Alliée aux Romains dès 218 av. J.-C., Emporion conserva son autonomie pendant que ces derniers conquerraient la péninsule Ibérique. Un musée présente des objets découverts sur le site mais les plus beaux se trouvent au Museu Arqueològic de Barcelone *(p. 88)*.

Peratallada 17

Girona. 150. C/Unió 3, Ajuntament de Forallac, Vulpellac (972 64 55 22). Feria Peratallada (der week-end d'avril), Festa Major (6 et 7 août), marché médiéval (1er week-end d'oct.).

Ce minuscule village est le plus spectaculaire parmi ceux situés à l'intérieur des terres, non loin de la Costa Brava. Avec Pal et Palau Sator, il compose le « Triangle d'Or » des villages médiévaux. Situé au sommet d'une montagne, il offre des vues exceptionnelles de la région. Un labyrinthe de ruelles pavées monte jusqu'à un château et une tour de guet bien conservés, datant du XIe siècle. Les comtes et les rois de Peratallada s'assurèrent une forteresse imprenable en édifiant autour du village un épais rempart qui, aujourd'hui encore, en limite le développement, préservant ainsi son caractère médiéval.

Tossa de Mar 18

Girona. 4 000. Avinguda Pelegrí 25 (972 34 01 08). jeu. Festa de Hivern (22 janv.), Festa de Estiu (29 juin). **www**.infotossa.com

Accessible par une sinueuse route en corniche, l'ancienne cité romaine de Turissa occupe l'un des plus beaux sites de la Costa Brava. Au-dessus des immeubles modernes de la station balnéaire, la **Vila Vella** (vieille ville) a conservé son enceinte médiévale. L'intérieur des remparts renferme une église du XIVe siècle, d'innombrables bars et le **Museu Municipal**, qui présente entre autres des œuvres d'art moderne.

Museu Municipal
Plaça Roig y Soler 1. ***Tél.*** *972 34 07 09. t.l.j. en été ; lun.-mar.-dim. lun. en hiver.*

Blanes 19

Girona. 30 000. Paseo de Catalunya 21 (972 33 03 48). lun. Santa Ana (26 juil); Festa Major Petita (21 août). **www**.blanes.net

Port de pêche et de plaisance, Blanes possède une des plus longues plages de la Costa Brava. Mais son joyau est le **Jardí Botànic Mar i Murtra**, aménagé en 1928 par Karl Faust au sommet d'une falaise. Il offre une vue magnifique et abrite 7 000 espèces de plantes méditerranéennes et tropicales.

Jardí Botànic Mar i Murtra
Pg Karl Faust 10. ***Tél.*** *972 33 08 26. t.l.j. 1er et 6 janv., 24 et 25 déc.*

◁ **Décoration surréaliste de l'un des bâtiments du Teatre-Museu Dalí de Figueres**

La Costa Brava

Depuis Blanes, la Costa Brava (« côte sauvage ») s'étend sur quelque 200 km jusqu'à la frontière française. Criques boisées, plages de sable et stations balnéaires surpeuplées s'y succèdent. Les villes balnéaires les plus fréquentées, Lloret de Mar, Tossa de Mar et Platja d'Aro, se trouvent au sud. Les villes de Sant Feliu de Guíxols et de Palamós restent actives hors de la période d'été. L'arrière-pays recèle de jolis villages médiévaux comme Peralada, Peratallada et Pals. Le tourisme a toutefois mis à mal les activités traditionnelles : pêche et culture de la vigne et de l'olivier.

Cadaqués *a gardé son cachet de village de pêcheurs, surtout en hiver, car il reste difficile d'accès et ne possède que de petites plages de galets.*

Roses et sa plage de sable, la plus longue de la Costa Brava, offrent un cadre idéal à la pratique des sports nautiques.

L'Escala, où des filets sèchent encore au soleil sur le port, est très appréciée des touristes locaux.

L'Estartit *offre un bon point de départ pour les Illes Medes, où des fonds marins protégés font le bonheur des plongeurs.*

Begur ménage un superbe panorama depuis une colline au-dessus de petites criques.

Llafranc possède beaucoup de charme avec ses maisons blanches et sa ,promenade rejoignant le village voisin de Calella.

Palamós est un port commercial doté au sud d'hôtels modernes et au nord de criques et de plages aux eaux limpides.

Platja d'Aro's est une des stations les plus populaires de la côte avec sa longue plage de sable et ses hôtels modernes.

Tossa de Mar ville fortifiée, domine une plage nichée dans une crique.

Lloret de Mar *abrite la plus grosse concentration d'hôtels de la côte, non loin de plages plus calmes comme Santa Cristina.*

Le Monestir de Montserrat ⑳

Moine bénédictin

Le monastère de Montserrat est accroché dans un cadre sublime aux parois abruptes de la « Montagne sciée » culminant à 1 236 m d'altitude. Ce centre religieux représente beaucoup aux yeux des Catalans. Sur le site d'un ermitage du VIIIe siècle, des moines bénédictins fondèrent vers 1030 une abbaye qui prit son indépendance en 1409. Les troupes napoléoniennes en détruisirent la majeure partie en 1811. Reconstruit à partir de 1844, le monastère devint sous le régime franquiste un symbole de la défense de la culture catalane. Il abrite toujours une communauté bénédictine. Sauf en juillet et pendant la période de Noël, la chorale de l'Escolania chante tous les jours dans la basilique le *Virolai* (hymne de Montserrat) à 11 h et le *Salve Regina* à 18 h 45.

Plaça de Santa Maria
À côté de la façade moderne du monastère dessinée par Francesc Folguera subsistent deux ailes du cloître gothique, bâti en 1477.

Le musée présente des tableaux de peintres catalans des XIXe et XXe siècles, des œuvres italiennes et des objets liturgiques rapportés de Terre sainte.

Chemin de croix
Quatorze statues marquent les stations du chemin de croix qui part près de la plaça de l'Abat Oliba

À NE PAS MANQUER

★ Façade de la basilique

★ Vierge noire

Vue de Montserrat
Le monastère comprend des cafés et un hôtel. Un second funiculaire conduit aux sentiers au-dessus du monastère.

★ Façade de la basilique
Agapit et Venanci Vallmitjana sculptèrent le Christ et les apôtres de la façade néo-Renaissance. Celle-ci remplaça en 1900 la façade plateresque de l'église originelle consacrée en 1592.

MODE D'EMPLOI

Montserrat . ***Tél.*** *93 877 77 75. Aeri de Montserrat, puis téléphérique ; Monistrol-Enllaç, puis train à crémaillère. depuis Barcelone.* **Basilique** *oct.-juin :. t.l. j. : 7h 30-19h30 ; juil.-sept. : t.l.j. 7h30-20 h15. lun.-ven. à partir de 9h ; sam. à partir de 7h30 ; dim. et fêtes rel. à partir de 8h.* **Musée** *lun. -ven. 10 h-18 h ; sam., dim. et j. f.. 9 h 30-18 h 30.*
www.abadiamontserrat.net

★ Vierge noire
Protégée par une vitre, la Moreneta domine l'autel. En signe de vénération, les pèlerins baisent le globe qu'elle tient.

Intérieur de la basilique
Des peintures d'artistes catalans et un autel paré d'émaux ornent le sanctuaire entrepris en 1565.

Le chemin de fer à crémaillère suit le tracé de l'ancienne voie de 1880.

Téléphérique de la gare d'Aeri de Montserrat

Parvis
Une porte à droite de la basilique mène à la Vierge noire. Des sculptures par Charles Collet décorent le baptistère (1902).

LA VIERGE DE MONTSERRAT

Selon la légende, saint Luc sculpta cette petite statue en bois et saint Pierre l'apporta en Catalogne en l'an 50. Dissimulée pendant l'époque de la domination maure, elle fut miraculeusement retrouvée dans la Cova Santa (sainte Grotte) proche du monastère. Cependant, selon une datation au carbone 14, elle daterait du XIIe siècle. En 1881, la Vierge noire de Montserrat, ou Moreneta, est devenue la patronne de la Catalogne.

La Moreneta de Montserrat

Vic ㉑

Barcelona. 32 000. C/ Ciutat 4 (93 886 20 91). mar. et sam. Mercat del Ram (sam. avant Pâques), Sant Miquel (5-15 juil.), Música Viva (3 jours à la mi-sept.), Mercat medieval (6 et 8 déc.). www.victurisme.com

Au cœur d'une plaine agricole verdoyante, Vic est particulièrement agréable à visiter le mardi et le samedi, jours de marché, sur la vaste Plaça Major gothique. Les étals regorgent de savoureux saucissons catalans.

Ancienne colonie ibère, la ville prit le nom d'Ausa lorsqu'elle devint une cité romaine ; les vestiges d'un temple sont d'ailleurs visibles. Siège d'un évêché dès le haut Moyen Âge, elle conserve de sa cathédrale romane, entreprise en 1038, la crypte et le clocher appelé El Cloquer. Le reste du sanctuaire fut reconstruit dans le style néoclassique entre 1781 et 1803. Un cycle de peintures murales dans les tons sépia et or par Josep Maria Sert (1876-1945) *(p. 29)* décore l'intérieur. Il a pour thème principal le mystère de la Rédemption.

Attenant à la cathédrale, le **Museu Episcopal de Vic** *(p. 23)* présente une superbe collection d'art roman, notamment de fresques et de sculptures sur bois provenant d'églises rurales de Catalogne. On peut également y admirer plusieurs retables de maîtres gothiques tels que Lluís Borrassà et Jaume Huguet.

Perchée sur une colline, la citadelle de Cardona domine la ville

Museu Episcopal
Plaça Bisbe Oliba, 3. **Tél.** 93 886 93 60. mar.-sam. 1er et 6 janv., 25 et 26 déc.

Cardona ㉒

Barcelona. 6 000. Avinguda Rastrillo (93 869 27 98). dim. Carnaval (fév.) Festa major (2e dim. de sept.).

L'austère château bâti pour les comtes de Cardona au XIIIe siècle et reconstruit au XVIIIe domine cette bourgade industrielle qui a gardé une partie de son enceinte médiévale. Il abrite aujourd'hui un luxueux parador *(p. 132)*. Incluse dans la citadelle, l'**Església de Sant Vicenç** est un beau sanctuaire roman. Le château ménage un large panorama de la ville et de la Montanya de Sal (montagne de Sel), insolite rareté géologique qui se dresse au bord du riu Cardener.

Solsona ㉓

Lleida. 7 000. Carretera de Bassella 1 (973 48 23 10). mar. et ven. Carnaval (fin fév.), Sant Isidro (w.-e. proche du 15 mai), Fête-Dieu (mai-juin), Festa major (du 8 au 11 sept.). www.elsolsonesinvita.com

À l'intérieur de remparts (neuf tours et trois portes sont encore debout), Solsona recèle une cathédrale romano-gothique avec une superbe Vierge en pierre noire. Le **Museu Diocesà i Comarcal** présente des fresques romanes et le **Museu Ganivets** une collection de couteaux.

Museu Diocesà i Comarcal
Plaça del Palau 1. **Tél.** 973 48 21 01. mar.-dim. 1er janv., 25 et 26 déc.

Museu Ganivets
Llobera 14. **Tél.** 973 48 15 69. mar.-dim. 6 janv., 25-26 déc.

Lleida ㉔

Lleida. 112 000. Plaça Ramon Berenguer IV, s/n (973 24 88 40). jeu. et sam. Sant Anastasi (11 mai), Sant Miquel (29 sept.). Miquel (29 sept.). www.lleidatur.es

Capitale de l'unique province de Catalogne sans débouché sur la mer, Lleida s'étend au pied d'une vaste forteresse, **La Suda,** prise aux Maures en 1149.

À l'intérieur de son enceinte s'élève l'ancienne cathédrale, **La Seu Vella,** fondée en 1203. Malgré sa transformation en caserne par Philippe V en 1707, elle offre un bel exemple du passage de l'art roman au gothique.

Devant d'autel du XIIe siècle, Museu Episcopal de Vic

Un ascenseur descend de la Seu Vella à la plaça Sant Joan, centre d'une rue commerçante animée et piétonnière que bordent le Paeria, hôtel de ville du XIIIe siècle maintes fois remanié, et la nouvelle cathédrale entreprise en 1761.

Poblet ㉕

Voir p. 126-127.

Montblanc ㉖

Tarragona. 6 000. *Antigua Iglesia de Sant Francesca (977 86 17 33). mar. et ven. Festa major (8 et 11 sept.).*

À l'intérieur de remparts considérés comme le plus beau spécimen d'architecture militaire de Catalogne, Montblanc a gardé de splendides édifices médiévaux. Le **Museu Comarcal de la Conca de Barberà** présente de l'artisanat local.

Museu Comarcal de la Conca de Barberà
Carrer de Josa 6. ***Tél.*** *977 86 03 49.*
mar.-sam. et j.f.

Santes Creus ㉗

Tarragona. *150.* *Plaça de Sant Bernard 1 (977 63 81 41).* *sam. et dim.* *Santa Llúcia (13 déc.).*

Fondé au milieu du XIe siècle, le **Monestir de Santes Creus** forme, avec les monastères de Vallbona de les Monges et de Poblet *(p. 108-109)*, le « triangle cistercien » de Catalogne. Le **monestir de Santes Creus** fut fondé en 1150 par Ramon Berenguer IV *(p. 42)* lors de la reconquête de la Catalogne. Édifié à partir de 1313, le cloître gothique, au lavabo roman, est particulièrement harmonieux. Le tombeau sculptés de Jacques II de 1291 à 132 qui dirigea la Catalogne est éclairé par une superbe rosace.

Monestir de Santes Creus
Tél. *977 63 83 29.* *mar.-dim.*
1er janv. et 25 déc.
sur r.-v.

Vilafranca del Penedès ㉘

Barcelona. *35 000.*
Carrer Cort 14 (93 892 12 54).
sam. *Fira de mayo (2e sem. de mai), Festa major (fin août).*
www.turismevilafranca.com

Au cœur de la principale région viticole de Catalogne, cette ville de marché animée possède un musée du Vin, le **Museu del Vi** installé dans un ancien palais des rois d'Aragon (XIIe-XIVe siècles). Des *bodegues* proposent de savoureuses dégustations.

À 8 km au nord, **Sant Sadurní d'Anoia** est réputé pour son cava *(p. 32-33)*.

Museu del Vi
Plaça de Jaume I. ***Tel.*** *93 890 05 82.*
mar.-dim. et j.f.

Monestir de Santes Creus dans un écrin de peupliers et de noisetiers

Anxaneta* grimpant au sommet d'une tour de *castellers

TOURS HUMAINES

La province de Tarragone est célèbre pour ses compétitions de *castellers* au cours desquelles les équipes qui s'affrontent tentent de former les plus hautes tours *(castells)* humaines possible. Leur taille dépend du nombre d'hommes qui composent la base. Les équipes portent le même costume, seul le nom de leur ville les distingue. Une fois la tour achevée, un petit garçon, l'*anxaneta* (girouette), a pour tâche de grimper au sommet. Les concours de *castellers* ont lieu dans la province tout au long de l'année à l'occasion de grandes fêtes telles que la Sant Fèlix (30 août), dans la ville viticole de Vilafranca del Penedès, ou la Santa Tecla (23 septembre), la *festa major* de la cité de Tarragone. Des équipes rivales se mesurent à Valls le 24 juin pour la Saint-Jean, mais c'est à la fin de la saison, le 21 octobre, jour de la Sainte-Ursule, qu'elles se surpassent face à des concurrents venus de toute la Catalogne.

Le Monestir de Poblet ㉕

Fondée au milieu du XIIe siècle par Raymond Bérenger IV, l'abbaye Santa Maria de Poblet est le premier et le plus important des monastères formant le « triangle cistercien » *(p. 125)*. Elle contribua à affermir le pouvoir chrétien sur la Catalogne reprise aux Maures et devint un panthéon des dynasties de Catalogne et d'Aragon. Pillée et incendiée en 1835 pendant les guerres carlistes et restaurée à partir de 1930, elle abrite de nouveau depuis 1940 une communauté de moines cisterciens.

Vue d'ensemble
Dans une vallée isolée proche des sources du riu Francolí, l'abbaye, protégée par une enceinte fortifiée, a peu changé depuis le Moyen Âge.

Bibliothèque
Elle occupe l'ancien scriptorium gothique, transformé au XVIIe siècle quand le comte de Cardona fit don de sa bibliothèque.

CHRONOLOGIE

Tombeaux royaux

- **1150** Raymond Bérenger IV fonde le monastère de Poblet
- **1150** Fondation de Santes Creus, 3e abbaye du « triangle cistercien »
- **1175** Fondation du monastère de Vallbona de les Monges
- **1196** Alphonse II est le premier roi inhumé à Poblet
- **1336-1387** Règne de Pierre le Cérémonieux, qui fait de Poblet un panthéon royal
- **XIVe siècle :** achèvement du cloître
- **1479** Enterrement de Jean II d'Aragon
- **1812** Les Français désaffectent Poblet
- **1835** Vente des biens monastiques. Pillage de Poblet
- **1940** Retour des moines
- **1952** Restauration des tombeaux

1100 | 1300 | 1500 | 1700 | 1900

Salle capitulaire
Sa voûte élégante portée par des colonnes élancées domine les pierres tombales de onze abbés morts entre 1393 et 1693.

MODE D'EMPLOI

Sur la N240, 10 km depuis Montblanc. ***Tél.*** *977 87 00 89.* *L'Espluga de Francolí, puis marche ou taxi.* *9h30-13h et 15h30-18h t. l. j.* *1er janv., 25 et 26 déc.* *8h t. l. j., 10h,13h et 16h dim. et j. f.*

★ Retable du maître-autel
Sculpté dans l'albâtre par Damià Froment en 1527, c'est un chef-d'œuvre de la Renaissance catalane.

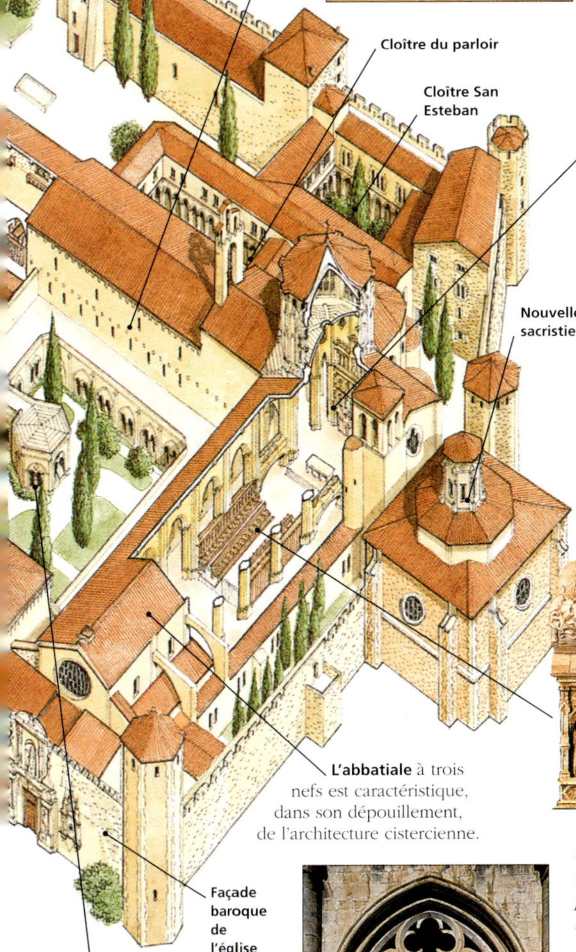

Cloître du parloir

Cloître San Esteban

Nouvelle sacristie

L'abbatiale à trois nefs est caractéristique, dans son dépouillement, de l'architecture cistercienne.

Façade baroque de l'église

★ Panthéon royal
Les tombeaux gothiques restaurés à partir de 1950 par Frederic Marès reposent sur des arcs surbaissés.

★ Cloître
Avec leurs chapiteaux sculptés de motifs en volutes, les galeries du vaste cloître construit aux XIIe et XIIIe siècles marient élégance et simplicité.

À NE PAS MANQUER

- ★ Retable
- ★ Panthéon royal
- ★ Cloître

Front de mer planté de palmiers de Sitges

Sitges 29

Barcelona. 20 000. *C/ Sinia Morera 1 (93 894 50 04).* *jeu. (en été).* *Festa major (22-27 août).*

Très appréciée des Barcelonais mais aussi grande destination du tourisme gay, Sitges ne compte pas moins de neuf plages. Le Passeig Marítim, l'artère principale, est bordé de bars et de restaurants animés, et la ville abrite de nombreuses constructions modernistes nichées parmi les immeubles des années 1970. L'artiste moderniste Santiago Rusiñol *(p. 29)* y séjourna souvent et légua au **Museu Cau Ferrat** son étonnante collection de céramiques, de sculptures, de peintures et de ferronneries ouvragées. Il est situé près de **Sant Bartomeu i Santa Tecla,** une église du XVIIe siècle, grand monument de Sitges.

Museu Cau Ferrat
Carrer Fonollar. ***Tél.*** *93 894 03 64.* mar. -dim. *j. f.*

Costa Daurada 30

Tarragona. *Calafell, Sant Vicenç de Calders, Salou.* *Tarragona (977 23 34 15).* **www**.costadaurada.org

Ses longues plages de sable ont valu au littoral de la province de Tarragone son nom de Côte dorée. Quelques ports sont actifs, notamment **Vilanova i la Geltrú** (plusieurs musées), et **El Vendrell,** où le Museu Pau Casals est dédié au célèbre violoncelliste.

L'un des plus vastes parcs d'attractions à thèmes d'Europe, **Port Aventura,** se trouve au sud de Tarragone. **Salou** et **Cambrils** sont les deux stations balnéaires les plus vivantes. Les autres attirent plutôt une clientèle familiale.

Museu Pau Casals
Avinguda Palfuriana 59-61. ***Tél.*** *977 68 42 76.* *mar. -dim.*

Port Aventura
Autovia Salou-Vila-seca. ***Tél.*** *977 77 90 00.* *mi-mars-6 janv.*

Tarragona 31

Tarragona. *125 000.* *Carrer Fortuny 4 (977 25 07 95).* *mar. et jeu.* *Sant Magí (19 août), Santa Tecla (23 sept.).*

L'ancienne capitale de la province de la Tarraconaise *(p. 41)* est devenue un grand port industriel. La ville a conservé de nombreux vestiges de son passé romain.

La large avenue de la Rambla Nova se termine abruptement au Balcó de Europa. Du haut d'une falaise, il domine la mer et les ruines de l'**Amfiteatre Romà** et de la petite église romane **Santa Maria del Miracle** (XIIe siècle).

Non loin se dresse le *praetorium,* une tour antique transformée en palais au Moyen Âge. Elle abrite le **Museu de la Romanitat.** Celui-ci expose du matériel archéologique romain et médiéval, et donne accès aux fouilles d'un cirque construit au Ier siècle. Attenant au *praetorium,* le **Museu Nacional Arqueològic** possède la plus riche collection d'objets romains de Catalogne. Elle comprend de nombreuses sculptures et de superbes mosaïques, dont le *Médaillon de la Méduse.*

Depuis le Portal del Roser, une promenade archéologique

Vestiges de l'amphithéâtre romain de Tarragone

longe l'ancienne muraille romaine. À l'intérieur de l'enceinte fortifiée s'élève la **cathédrale,** entreprise en 1171 sur un site qu'occupèrent un temple à Jupiter puis une mosquée. Sa construction se poursuivit jusqu'au XIVe siècle, et elle mêle les styles roman et gothique.
Dans le chœur, on peut admirer un retable sculpté dans l'albâtre au début du XVe siècle par Pere Joan. Le cloître présente des voûtes datant du début du gothique *(p. 22-23).* On a mis au jour une vaste nécropole paléochrétienne (IIIe-VIe siècles) à l'ouest de la ville. Un musée présente sur le site les objets découverts lors des fouilles.

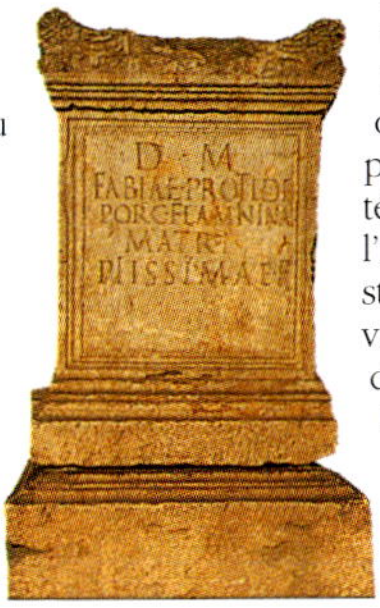

Stèle de la nécropole paléochrétienne

Aux environs
À la sortie de la ville, près de l'autoroute A 7, l'**Aqüeducte de les Ferreres,** vestige d'un aqueduc du IIe siècle, mesure 217 m de long pour une hauteur de 24 m. À 20 km au nord-est de Tarragone, sur la N 340, l'**Arc de Berà,** un arc de triomphe du Ier siècle, enjambait jadis la via Augusta. Reus est une ville de province très animée dans l'intérieur des terres, près de Tarragona. Bien que son aéroport desserve la Costa Daurada, elle est souvent sous-estimée par les voyagistes. On peut toutefois y admirer de beaux exemples d'architecture moderniste, notamment des œuvres de jeunesse d'Antoni Gaudí, l'enfant du pays. L'Institut psychiatrique Pere Mata a été dessiné par Domènech i Montaner avant l'Hospital de la Santa Creu i de Sant Pau *(p. 79),* son chef-d'œuvre.

Museu Nacional Arqueològic de Tarragona
Plaça del Rei 5. ***Tél.*** *977 23 62 09.*
mar.-dim. *gratuit le mar.*
www.mnat.es

Museu de la Romanitat
Plaça del Rei. ***Tél.*** *977 24 19 52.*
mar.-dim.

Tortosa 32

Tarragona. *30 000.* *Plaça del Bimil.lenari (977 51 08 22).* *lun.* *Nostra Senyora de la Cinta (1re semaine de sept.)*
www.tortosa.altanet.org

Les vestiges de son enceinte fortifiée et le château de la Zuda, construit au VIIIe siècle par les Maures et désormais occupé par un parador *(p. 141),* témoignent de l'importance stratégique de Tortosa, ville fondée au point de franchissement de l'Èbre le plus en aval. Malgré de très violents combats pendant la guerre civile *(p. 47),* elle a conservé quelques maisons anciennes près de la cathédrale. Celle-ci remplaça une église romane entreprise en 1158 sur le site d'une mosquée bâtie en 914. La construction du sanctuaire actuel dura de 1347 à 1557, mais il possède un style gothique homogène. Remarquez ses deux chaires sculptées et son gracieux déambulatoire.

Delta de L'Ebre 33

Tarragona. *Aldea.* *Deltebre, Aldea.* *Deltebre (977 48 96 79).*
www.ebre.com/delta

Les alluvions charriées par l'Èbre depuis les montagnes de Cantabrie ont créé à son embouchure une vaste région propice à la culture du riz. Elle offre un habitat privilégié à quelque 300 espèces d'oiseaux qu'une réserve naturelle, le **Parc Natural del Delta de l'Ebre,** protège sur une superficie de 70 km². Un centre d'information se trouve à Deltebre ainsi qu'un **Eco-Museu** dont l'aquarium donne un aperçu de la faune aquatique du delta.
Les villes d'**Amposta** et de **Sant Carles de la Ràpita** constituent de bonnes bases pour partir à la découverte du parc. C'est sa partie littorale, entre la punta del Fangar (au nord) et la punta de la Banya, qui présente le plus d'intérêt. Des promenades en bateau au départ de Riumar et de Deltebre permettent d'approcher les flamants qui viennent se reproduire sur l'Illa de Buda.

Eco-Museu
Carrer Martí Buera 22. ***Tél.*** *977 4896 79.* *t.l.j.*

LA SARDANE

Le cercle formé par les danseurs de sardane lors des *festes,* de réunions spéciales appelées *aplecs* et le samedi et le dimanche à 18 h sur la plaça de Sant Jaume de Barcelone offre un vivant symbole de l'union d'un peuple autour de ses traditions. La danse est rythmée par la musique de la *cobla,* orchestre de onze personnes composé d'un joueur de fifre *(flabiol)* et de tambourin *(tamborí)* et de dix instruments à vent. Tout en se déplaçant latéralement avec les autres, chaque danseur compte ses pas afin de se retrouver pieds joints à des moments déterminés.

Le cercle de danseurs de sardane, un symbole de l'identité catalane

LES BONNES ADRESSES

HÉBERGEMENT 132-141

RESTAURANTS, CAFÉS ET BARS 142-153

FAIRE DES ACHATS À BARCELONE 154-161

SE DISTRAIRE À BARCELONE 162-169

ACTIVITÉS DE PLEIN AIR 170-171

HÉBERGEMENT

La Catalogne offre un large choix d'hébergements, et tous les centres d'information touristique de la communauté autonome tiennent à disposition des visiteurs des listes recensant aussi bien paradors et hôtels privés qu'auberges de campagne et terrains de camping. On peut loger à Barcelone dans un ancien couvent comme dans le plus haut gratte-ciel d'Espagne. Il existe sur la côte des villages de vacances proposant à la fois des appartements indépendants et une vaste gamme de prestations, et l'arrière-pays abonde en maisons d'hôte *(cases de pagès)*. Les pages 134-141 présentent une sélection d'hôtels à tous les prix.

Enseigne d'un cinq-étoiles

Façade de l'Hotel Lloret dans La Rambla de Canaletes à Barcelone

LE CLASSEMENT DES HÔTELS ET LE SERVICE

Tous les établissements d'hébergement de Catalogne possèdent près de l'entrée une plaque qui mentionne leur type et leur classification. Le nombre d'étoiles indique les équipements et les prestations disponibles plutôt que la qualité du service.
Les *hotels* (H) et *hotel-residències* (HR) affichent une à cinq étoiles ; les *motels* (M), les *hostals* (´H) et les *hostal-residències* (´HR) une à trois étoiles et les *pensions* (P) seulement une ou deux étoiles. Le terme *residències* signale des établissements sans restaurant bien que certains servent des petits déjeuners.

LES PRIX

La loi espagnole impose à tous les hôtels d'afficher leurs prix à la réception et dans les chambres. En règle générale, les tarifs augmentent avec le nombre d'étoiles et ne comprennent pas la taxe à la valeur ajoutée (IVA), d'un taux de 7 %. Ils correspondent à la location de la chambre, tandis que le coût des repas est toujours indiqué par personne. On trouve des chambres doubles en *hostal* une-étoile à 18 euros alors qu'une nuitée dans un cinq-étoiles peut s'élever à plus de 150 euros. La région, la période de l'année, le jour de la semaine et les particularités des chambres ont également une influence sur les prix.

LA RÉSERVATION ET L'ARRIVÉE

Réserver, en passant par une agence de voyages ou directement par fax ou par téléphone, permet de bénéficier d'un plus vaste choix et d'éviter d'être pénalisé par une pénurie de logements inattendue. Cette précaution ne s'impose pas hors saison en zone rurale, mais sachez que Barcelone accueille de nombreuses foires commerciales tout au long de l'année. Pensez à préciser tout de suite vos préférences, chambre équipée de lits jumeaux ou d'un grand lit, par exemple, ou donnant sur la rue ou l'arrière. Peu d'établissements exigent des arrhes ou un numéro de carte bancaire, mais votre réservation ne restera valable que jusqu'à une certaine heure précisée par le réceptionniste, généralement 20 h. Appelez si vous craignez un retard. Beaucoup d'hôtels de la côte ferment de l'automne au printemps.
À votre arrivée, il vous faudra présenter une pièce d'identité.

LES PARADORS

Hôtels de trois à cinq étoiles gérés par le gouvernement et installés, pour les plus pittoresques, dans des édifices historiques, les paradors méritent leur excellente réputation. La Catalogne en compte sept, qui se trouvent à Aiguablava, Artíes, Cardona, La Seu d'Urgell, Vic, Vielha et Tortosa. Pour réserver, contactez **Central de Reservas** ou, à Paris, **Intersace International** ou **Club Azur**.

L'intérieur spacieux et confortable du parador de Vic

◁ Marché de Noël devant la cathédrale, Barcelone

Ferme traditionnelle catalane typique

HÉBERGEMENTS RURAUX

Le *Guia residències-casa de pagès*, disponible dans les offices du tourisme, recense les fermes traditionnelles (*masies*) ou maisons de campagne dont les propriétaires louent des chambres (certains servent des repas). On peut réserver directement ou passer par **Turisverd**.

L'**Associació Fondes de Catalunya** regroupe des *cases fonda* : hôtels ruraux sans prétention qui proposent une bonne cuisine régionale. Attention : l'association est fermée durant 15 j. en août (réservez à l'avance).

La **Xarxa d'Albergs de Catalunya** gère un parc d'auberges de jeunesse qui acceptent aussi les adultes et les familles. La **Federació d'Entitats Excursionistes de Catalunya** s'occupe des refuges en montagne.

LES LOCATIONS

La Costa Daurada et la Costa Brava abondent en appartements et villas à louer. Classés de une à quatre étoiles, les *aparthotels* (ou *hotels-apartament*) et les *residències-apartament* proposent des logements dotés d'une cuisine dans des complexes abritant un restaurant et souvent une piscine.

Les villages de vacances *(ciutats de vacances)* tels que Cala Montjoi et le Club-Hotel Giverola sur la Costa Brava fournissent un hébergement en bungalow et l'accès à un vaste éventail d'activités, sportives notamment.

À l'instar des *gîtes de Catalunya*, beaucoup de *cases de pagès* comportent des logements autonomes. Les offices du tourisme de la Generalitat de Catalunya *(p. 142)* et la **Maison de la Catalogne** sauront vous aiguiller.

LES CAMPINGS

Il existe plus de 300 terrains de camping en Catalogne, classés en cinq catégories : de luxe (L) ; une étoile ; deux étoiles ; trois étoiles et à la ferme (M, *càmpings-masia*).Tous sont gardés et dotés des équipements de base (coffre-fort pour déposer des objets de valeur, etc.). La Generalitat diffuse dans les offices du tourisme *(p. 174)* un guide annuel : *Catalunya Campings*. L'**Associació de Càmpings de Barcelona** regroupe les dix campings proches de la capitale, mais elle est fermée les trois premières semaines d'août (réservez à l'avance).

Enseigne de camping

LES VOYAGEURS HANDICAPÉS

Certaines auberges de jeunesse et quelques hôtels ont été adaptés aux handicapés. La **Federació ECOM** et des agences spécialisées peuvent vous aider à organiser votre séjour *(voir aussi p. 175)*.

ADRESSES

PARADORS

Central de Reservas
CalleTél. Requena 3,
28013 Madrid.
Tél. *91 516 66 66.*
Fax *91 516 66 57/ 66 58.*
www.parador.es

Intersace International
11 bis, rue Blanche
75009 Paris
Tél. *0 800 50 37 77*
(n° vert).

Club Azur
4, rue du Faubourg-Montmartre,
75009 Paris.
Tél. *01 53 34 40 14.*
Fax *01 53 34 40 10.*

HÉBERGEMENTS RURAUX

Associació Fondes de Catalunya
Ramón Turró 63-65, 2
08005 Barcelona.
Tél. 902 314 249.
Fax 93 300 16 58.
www.casafonda.com

Federació d'Entitats Excursionistes de Catalunya
La Rambla 41, 1er, 08002
Barcelona.
Tél. *93 412 07 77.*
Fax *93 412 63 53.*
www.feec.org

Turisverd
Plaça Sant Josep Oriol 4,
08002 Barcelona.
Tél. *93 412 69 84.*
www.turisverd.com

Xarxa d'Albergs de Catalunya
Carrer Rocafort 116-122,
08015 Barcelona.
Tél. *93 483 83 41.*
Fax *93 483 83 47.*
www.tujuca.com

LOCATIONS

Maison de la Catalogne
4-6-8, cours du Commerce-,
Saint-André,75006 Paris.
Tél. *01 40 46 84 85.*
Fax *01 40 46 85 78.*

CAMPING

Associació de Càm-pings de Barcelona
Gran Via Corts Catalanes
608, 3a, 08007 Barcelona.
Tél. *93 412 59 55.*
Fax *93 302 13 36.*
www.campingsbcn.com

VOYAGEURS HANDICAPÉS

Federació ECOM
Gran Via de les Corts
Catalanes 562, principal,
2a, 08011 Barcelona.
Tél. 93 451 55 50.
Fax 93 451 69 04.
www.ecom.es

OFFICES DU TOURISME ESPAGNOL

Belgique
Avenue des Arts, 21-22,
1040 Bruxelles
Tél. *(2) 280 19 26.*

France
43, rue Descamps, 75016
Paris **Tél.** *(212) 265 8822.*

Suisse
15, rue Ami-Levrier, 2
1201 Genève
Tél. *(22) 731 11 33.*

Choisir un hôtel

Présentés par quartier ou par ville, dans l'ordre alphabétique pour chaque catégorie de prix, ces hôtels ont été choisis parmi un large éventail de prix pour la qualité de leurs prestations, leur emplacement ou leur caractère. Nous avons sélectionné quelques adresses en Catalogne.

CATÉGORIES DE PRIX
pour une chambre double, petit déjeuner, taxes et service compris.

€ moins de 75 euros
€€ de 75 à 125 euros
€€€ de 125 à 200 euros
€€€€ de 200 à 275 euros
€€€€€ plus de 275 euros.

VIEILLE VILLE

Fontanella €

Via Laietana 71, 2e étage, 08002 ***Tél*** *93 317 59 43* ***Fax*** *93 317 59 43 11 ch.* ***Plan*** *5 B1*

Dans cette *hostal* simple et familiale, tout est fait pour que le visiteur se sente chez lui. Un magnifique ascenseur ancien grince dans le vestibule rempli de bibelots. Les chambres aux imprimés fleuris sont modestes mais accueillantes. Chambres triples et quadruples.

Gat Raval €

Carrer de Joaquín Costa 44, 08001 ***Tél*** *93 481 66 70* ***Fax*** *93 342 66 97 24 ch.* ***Plan*** *2 F1*

Cette *hostal* tendance, assez récente, peinte en vert citron et en blanc brillant, est une excellente adresse bon marché au cœur du quartier branché du Raval. Les immenses photos de Barcelone lui donnent un style. Les chambres sont sobres, mais pimpantes et modernes. Accès Internet. **www.gataccommodation.com**

Hostal d'Avinyó €

Carrer de Avinyo 42, 08002 ***Tél*** *93 318 79 45* ***Fax*** *93 318 68 93 28 ch.* ***Plan*** *5 A3*

En plus d'être très central, cet hôtel est situé dans l'une des rues de la Vieille Ville les plus réputées pour ses boutiques, ses bars et ses restaurants branchés. Les chambres sont simples mais propres. Excellent rapport qualité-prix, surtout en basse saison. **www.hostalavinyo.com**

Hostería Grau €

Carrer de Ramalleres 27, 08001 ***Tél*** *93 301 81 35* ***Fax*** *93 317 68 25 27 ch.* ***Plan*** *Map 2*

Proche du Musée d'Art Contemporain (MACBA) et du Raval, cette adorable petite *hostal* propose des chambres simples décorées de motifs floraux, avec ou sans salle de bains. Location d'appartements pour les familles et les longs séjours. **www.hostalgrau.com**

Peninsular €

Carrer de Sant Pau 34, 08001 ***Tél*** *93 302 31 38* ***Fax*** *93 412 36 99 59 ch.* ***Plan*** *2 F3*

Les chambres de cet ancien couvent des Carmélites situé derrière le Liceu, près de La Rambla sont spartiates, mais bon marché. La cour intérieure lumineuse et arborée et la gentillesse du personnel font tout son charme. Le petit déjeuner est servi dans une salle à manger désuète, haute de plafond. Pas de restaurant.

Pensió 2000 €

Carrer de Sant Pere més Alt, 08003 ***Tél*** *93 310 7466* ***Fax*** *93 319 42 52 7 ch.* ***Plan*** *5 B1*

Cette accueillante petite *hostal* confortable fait face au bâtiment flamboyant et moderniste du Palau de la Música. Les chambres, certaines avec salle de bains commune, donnent sur un grand salon confortable équipé d'une grande télévision. Chambres triples et quadruples. **www.pensio2000.com**

Pensión Francia €

Carrer de Rera Palau 4, 08003 ***Tél*** *93 319 03 76 14 ch.* ***Plan*** *5 B3*

Situé au cœur du quartier des boutiques et des boîtes de nuit branchées du Born, cet hôtel propose des chambres simples mais impeccablement blanchies à la chaux. Toutes ont la télévision, mais certaines font salle de bains commune. Les plus calmes donnent sur l'étroit passeig del Palau. Salon confortable.

España €€

Carrer de Sant Pau 9-11, 08001 ***Tél*** *93 318 17 58* ***Fax*** *93 317 11 34 66 ch.* ***Plan*** *2 F3*

Le grand architecte moderniste Lluis Domènech i Montaner créa cet hôtel et la magnifique fresque des sirènes de la salle à manger. Toutefois, les chambres, confortables, ne sont pas à la hauteur du hall magnifique aux boiseries et à la cheminée somptueuses. **www.hotelespanya.com**

Jardí €€

Plaça Sant Josep Oriol 1, 08002 ***Tél*** *93 301 59 00* ***Fax*** *93 342 57 33 40 ch.* ***Plan*** *5 A2*

Cette *hostal* réputée est située sur une jolie place arborée au cœur du Quartier Gothique. Certaines chambres rénovées donnent sur la place et la belle église gothique Santa María del Pi. D'autres, moins chères, ont moins de charme. Idéal pour les noctambules.

Légende des symboles, *voir rabat de couverture*

Lloret €€

Rambla de Canaletes 125, 08002 ***Tél*** *93 317 33 66* ***Fax*** *93 301 92 83 58 ch.* ***Plan*** *5 A1*

Les chambres de cet hôtel fonctionnel bien situé sur La Rambla, près de la plaça de Catalunya, sont datées. Celles qui ont un balcon sur la rue sont plus agréables, mais aussi plus bruyantes. Le hall est accueillant. **www.hlloret.com**

Mesón de Castilla €€

Carrer de Valdonzella 5, 08001 ***Tél*** *93 318 21 82* ***Fax*** *93 412 40 20 57 ch.* ***Plan*** *2 F1*

Le bâtiment moderniste situé près du Musée d'Art Contemporain (MACBA) dans le quartier bohème du Raval abrite un hôtel confortable mais vieillot. Les chambres sont simples, mais l'atmosphère paisible et les meubles peints à la main ont du charme. Chambres familiales. **www.mesoncastilla.com**

Park Hotel €€

Carrer de Marquès de l'Argentera 11, 08003 ***Tél*** *93 319 60 00* ***Fax*** *93 319 415 19 91 ch.* ***Plan*** *5 C3*

Ce joyau de l'architecture des années 1950 par Antonio Moragas (1951) a été soigneusement préservé par son fils lors de savantes rénovations dans les années 1990. Les chambres sont petites, mais intelligemment meublées et certaines ont un balcon. Abac, le restaurant, est une merveille. **www.parkhotelbarcelona.com**

HCC Montblanc €€€

Via Laietana 61, 08003 ***Tél*** *93 343 55 55* ***Fax*** *93 343 55 58 157 ch.* ***Plan*** *5 B2*

Cet hôtel moderne et épuré propose de grandes chambres contemporaines (avec accès Internet). La rue est animée, mais les chambres sont bien insonorisées. Terrasse avec vue fabuleuse, petite piscine (en été), salle de sport et bon restaurant. **www.hcchotels.es**

Jazz Hotel €€€

Carrer Pelai 3, 08001 ***Tél*** *93 552 96 96* ***Fax*** *93 552 96 97 108 ch.* ***Plan*** *5 A1*

Cet hôtel de verre ultramoderne situé près de la plaça de Catalunya offre des prestations supérieures à celles d'un trois-étoiles standard. Piscine et solarium sur le toit. Les chambres sont insonorisées et décorées avec goût (mobilier et tissus contemporains). **www.hoteljazzbarcelona.com**

Metropol €€€

Carrer Ample 31, 08002 ***Tél*** *93 310 51 00* ***Fax*** *93 319 12 76 71 ch.* ***Plan*** *5 A3*

Ce bel hôtel du XIXe siècle, retiré dans une rue calme du Barri Gòtic, a conservé un charme désuet malgré sa rénovation. Les chambres côté rue, souvent avec balcon, sont claires et modernes. Les autres sont parfois un peu sombres. **www.hesperia-metropol.com**

Montecarlo €€€

La Rambla 124, 08002 ***Tél*** *93 412 04 04* ***Fax*** *93 318 73 23 55 ch.* ***Plan*** *5 A2*

Ce magnifique hôtel de La Rambla, au cœur de Barcelone, occupe un ancien palais du XIXe siècle. Le hall marie somptueusement dorures et marbre. Les chambres sont élégantes et modernes. Le personnel est particulièrement serviable. Offres fantastiques sur le site web. **www.montecarlobcn.com**

Nouvel €€€

Carrer de Santa Anna 18-20, 08002 ***Tél*** *93 301 82 74* ***Fax*** *93 301 83 70 54 ch.* ***Plan*** *5 A1*

Dans une jolie petite rue commerçante près de La Rambla et de la plaça de Catalunya, cet hôtel désuet et bien tenu est décoré et meublé avec goût. Les meilleures chambres ont des balcons aux lignes modernistes. Agréable hall-salon décoré de lustres des années 1920. **www.hotelnouvel.com**

Oriente €€€

La Rambla 45-47, 08002 ***Tél*** *93 302 25 58* ***Fax*** *93 412 38 19 142 ch.* ***Plan*** *2 F1*

Cet ancien monastère franciscain est le décor romantique d'un hôtel récemment rénové. Le cloître aux colonnes dorées est une magnifique salle de bal. Les chambres sont modernes (tissus couleur crème et mobilier sobre). Les plus belles (mais aussi les plus bruyantes) donnent sur La Rambla. **www.husa.es**

San Agustín €€€

Plaça de Sant Agustí 3, 08001 ***Tél*** *93 318 16 58* ***Fax*** *93 317 29 28 75 ch.* ***Plan*** *2 F3*

La façade couleur pêche de l'un des plus vieux hôtels de la ville donne sur une jolie place d'un quartier de galeries et de restaurants. Les chambres sont modernes et sobres. Celles situées sous les toits ont de belles poutres en bois et une vue magnifique sur la place. **www.hotelsa.com**

Colón €€€€

Avinguda de la Catedral 7, 08002 ***Tél*** *93 301 14 04* ***Fax*** *93 317 29 15 145 ch.* ***Plan*** *5 B2*

Cet hôtel traditionnel plutôt formel est idéalement situé en face de la cathédrale gothique. Les meilleures chambres ont une terrasse sur la place, d'où les clients peuvent assister tous les dimanches matins à la *sardana*, danse folklorique catalane. Deux salles de réunion et accès Internet. **www.hotelcolon.es**

Neri €€€€

Carrer de Sant Sever 5, 08002 ***Tél*** *93 304 06 55* ***Fax*** *93 304 03 37 22 ch.* ***Plan*** *5 A2*

Hôtel enchanteur qui allie architecture palatiale du XVIIIe siècle et style contemporain épuré. Chambres lumineuses et élégantes drapées de tissus voluptueux. Magnifique terrasse sur le toit avec vue sur la cathédrale gothique. Le restaurant sert une fabuleuse cuisine méditerranéenne. **www.hotelneri.com**

Arts €€€€€

Carrer de Marina 19-21, 08005 **Tél** *93 221 10 00* **Fax** *93 221 10 70 455 ch.* **Plan** *6 E4*

Ce gratte-ciel dominant le Port Olímpic est l'un des hôtels les plus luxueux et les plus élégants d'Europe. Les immenses chambres offrent une vue spectaculaire et tout le confort moderne. Les plus fortunés préfèrent les étonnantes suites des étages supérieurs. **www.hotelartsbarcelona.com**

Le Méridien €€€€€

La Rambla 111, 08002 **Tél** *93 318 62 00* **Fax** *93 301 77 76 Rooms 212 ch.* **Plan** *5 A1*

Sur La Rambla, cet hôtel très élégant, récemment rénové, accueille souvent les stars de cinéma et les chanteurs d'opéra en visite au Liceu voisin. Les chambres sont joliment meublées et bien équipées pour les voyageurs d'affaires. Faites-vous plaisir avec la suite présidentielle. **www.lemeridien-barcelona.com**

EIXAMPLE

Hostal Ciudad Condal €

Carrer de Mallorca 255, 08008 **Tél** *93 215 10 40* **Fax** *93 487 04 59 15 ch.* **Plan** *3 A4*

Modeste *hostal* située dans un bel édifice moderniste de l'une des plus élégantes rues de l'Eixample. Mini-bar et air conditionné dans toutes les chambres. À l'arrière, les chambres des étages supérieurs sont plus calmes. Pas de petit déjeuner, mais des dizaines de cafés dans le voisinage. **www.hostalciudadcondal.com**

Hotel Paseo de Gracia €

Passeig de Gràcia 102, 08008 **Tél** *93 215 58 24* **Fax** *93 215 37 24 33 ch.* **Plan** *3 B3*

Ce modeste petit hôtel est l'un des rares établissements bon marché de ce quartier huppé. Il est idéalement situé sur l'avenue la plus recherchée de la ville, près du plus beau des immeubles de Gaudí. Les chambres sont simples, mais certaines donnent sur la plaça de Catalunya.

Gran Via €€

Gran Vía de les Corts Catalanes 642, 08010 **Tél** *93 318 19 00* **Fax** *93 318 99 97 53 ch.* **Plan** *3 B5*

Cet hôtel situé au nord de la plaça de Catalunya, dans un immeuble de la fin du XIXe siècle, affiche une grandeur fatiguée. Dans les chambres spacieuses, les planchers sont en bois et le mobilier ancien. La terrasse et le jardin offrent une délicieuse oasis au cœur de la ville. **www.nnhotels.com**

Hostal Palacios €€

Rambla Catalunya 27, 1er étage, 08007 **Tél** *93 301 3079* **Fax** *93 301 3792 11 ch.* **Plan** *3 A3*

Charmante *hostal* située dans un magnifique édifice moderniste. Les immenses portes sculptées et les céramiques d'origine ont été conservées et mariées avec élégance aux tissus et aux salles de bains modernes. Le piano du salon est à la disposition de la clientèle. **www.hostalpalacios.com**

Actual €€€

Carrer Rosselló 238, 08008 **Tél** *93 552 05 50* **Fax** *93 552 05 55 29 ch.* **Plan** *3 B3*

Hôtel moderne et élégant au décor minimaliste et épuré idéalement situé à proximité de La Pedrera de Gaudí et des boutiques huppées du passeig de Gràcia. Comme beaucoup d'hôtels du quartier, il accueille surtout des hommes d'affaires (tarifs intéressants proposés le week-end). **www.hotelactual.com**

Axel €€€

Carrer Aribau 33, 08011 **Tél** *93 323 93 93* **Fax** *93 323 93 94 66 ch.*

Le meilleur hôtel gay de Barcelone est un élégant quatre-étoiles offrant d'excellentes prestations. Les chambres sont épurées et modernes. Le bar du toit est fabuleux et la petite bibliothèque est équipée en bureautique. Piscine, bon restaurant et spectacles de travestis. **www.hotelaxel.com**

Catalunya Plaza €€€

Plaça de Catalunya 7, 08002 **Tél** *93 317 71 71* **Fax** *93 317 78 55 46 ch.* **Plan** *5 A1*

Chaîne hôtelière au cœur de la ville, très appréciée des hommes d'affaires. Les grands salons de ce bâtiment du XIXe siècle sont décorés de fresques alambiquées. Les chambres sont impersonnelles mais agréables, et le personnel est très attentif. **www.hotelcatalunyaplaza.com**

Prestige Paseo de Gracia €€€€

Passeig de Gracia 62, 08007 **Tél** *93 272 41 80* **Fax** *93 272 41 81 45 ch.* **Plan** *3 A4*

Ce luxueux hôtel proche des principaux immeubles Gaudí allie zen et modernisme. Les chambres sont claires, élégantes et équipées du dernier cri, notamment de téléviseurs et de stéréos Bang and Olufsen. Jardin oriental.

Clarís €€€€€

Carrer Pau Claris 150, 08009 **Tél** *93 487 62 62* **Fax** *93 215 79 70 124 ch.* **Plan** *3 B4*

Kilims anciens et élégant mobilier anglais et français décorent l'ancien Palais Vedruna, à proximité du passeig de Gràcia. Les fabuleuses œuvres d'art viennent du monde entier. Piscine et solarium panoramiques sur le toit. Les Smarts de l'hôtel sont à la disposition de la clientèle. **www.derbyhotels.es**

Légende des prix, *voir p. 134* **Légende des symboles,** *voir rabat de couverture*

Condes de Barcelona €€€€€

Passeig de Gràcia 73-75, 08008 ***Tél*** *93 445 00 00* ***Fax*** *93 445 32 32 183 ch.* ***Plan*** *3 A4*

Cet hôtel occupe deux palais modernistes joliment rénovés avec halls en marbre et façades couleur crème. Les chambres sont modernes. Certaines ont un jacuzzi et celles avec terrasse donnent directement sur La Pedrera. **www.condesdebarcelona.com**

Hispanos Siete Suiza €€€€€

Carrer Sicilia 255, 08025 ***Tél*** *93 208 20 51* ***Fax*** *93 208 20 52 19 ch.* ***Plan*** *4 D3*

Aparthotel idéalement situé près de la Sagrada Família. Les 18 deux-pièces et la suite sont très bien décorés. Les recettes vont à la fondation du Dr Melchor Colet pour la recherche contre le cancer. Exposition permanente des voitures anciennes de Colet. **www.barcelona19apartments.com**

Majèstic €€€€€

Passeig de Gràcia 68, 08007 ***Tél*** *93 488 17 17* ***Fax*** *93 488 18 80 303 ch.* ***Plan*** *3 A4*

Grand hôtel néoclassique situé dans une rue huppée (près de la carrer de València). Dans les chambres, les tentures sont somptueuses et les imprimés raffinés. Prestations d'un cinq-étoiles. Les suites sont très luxueuses et la superbe piscine sur le toit a une vue spectaculaire. **www.hotelmajestic.es**

Omm €€€€€

Carrer Rosselló 265, 08008 ***Tél*** *93 445 40 00* ***Fax*** *93 445 40 04 59 ch.* ***Plan*** *3 B3*

De la façade miroitante ultramoderne d'où se détachent les balcons, aux parties communes transparentes et fluides, cet hôtel est le symbole du design épuré de Barcelone. Les chambres minimalistes sont très confortables. Le bar et le club en font l'adresse des *fashionistas*. **www.hotelomm.es**

Ritz €€€€€

Gran Via de les Corts Catalanes 668, 08010 ***Tél*** *93 510 11 30* ***Fax*** *93 318 01 48 122 ch.* ***Plan*** *3 B5*

L'un des grands hôtels les plus élégants de Barcelone a été récemment rénové. Les chambres sont classiques, spacieuses et luxueuses et les immenses salles de bains s'inspirent des thermes romains. Centre de remise en forme et salon de beauté. La famille royale espagnole est cliente. **www.ritzbcn.com**

EN DEHORS DU CENTRE

PEDRALBES : Princesa Sofia Intercontinental €€€€€

Plaça de Pius XII 4, 08028 ***Tél*** *93 508 10 00* ***Fax*** *93 508 10 01 500 ch.*

Vaste hôtel de luxe décoré de marbre, de bois et de bronze. Restaurant, bar et salles de conférences. Piscines intérieures et extérieures, salon de beauté et boutiques. Réductions le week-end et en été. **www.intercontinental.com**

POBLENOU : Hostal Poble Nou €

Carrer Taulat 30, 08005 ***Tél*** *93 221 26 01* ***Fax*** *93 221 26 01 5 ch.*

Cette charmante petite *hostal* située dans une pittoresque maison de ville des années 1930 à Poblenou est proche des meilleures plages de la ville et accessible du centre-ville en métro et en tram. Les chambres avec bains sont simples, mais le petit déjeuner (compris) est servi sur une jolie terrasse. **www.hostalpoblenou.com**

SARRIA-SANT GERVASI : Rekor'd €€€

Carrer de Muntaner 352, 08021 ***Tél*** *93 200 19 53* ***Fax*** *93 414 50 84 15 ch. + 2 appart.*

Petit hôtel moderne pour hommes d'affaires dans la partie haute d'un quartier commerçant. Les chambres sont grandes, décorées de tissus et d'accessoires contemporains et équipées de vélos d'appartement et d'un coin bureau. Excellentes prestations pour voyageurs d'affaires. **www.hotelrekord.com**

VALLVIDRERA : Gran Hotel La Florida €€€€€

Carretera Vallvidrera al Tibidabo 83-93, 08035 ***Tél*** *93 259 30 00* ***Fax*** *93 259 30 01 74 ch.*

Magnifique palais situé dans les collines qui dominent Barcelone, au milieu de jardins somptueux avec vue fantastique sur toute la ville. Les suites sont très bien équipées. Spa et restaurant.
Une navette vous conduira au cœur de la ville en quelques minutes. **www.hotellaflorida.com**

CATALOGNE

ANDORRA LA VELLA : Andorra Park Hotel €€€

Les Canals 24, ***Tél*** *376 87 77 77* ***Fax*** *376 82 09 83 40 ch.*

L'un des hôtels les plus luxueux d'Andorre est un bâtiment moderne perché sur les pentes abruptes d'une colline boisée. Bibliothèque, piscine creusée dans le rocher et proximité d'un grand magasin. **www.andorraparkhotel.com**

ARTIES : Parador Don Gaspar de Portolà €€€

Ctra Bequeira-Beret, 25599 (Lleida) ***Tél*** *973 64 08 01* ***Fax*** *973 64 10 01 57 ch.*

Ce parador moderne, chaleureux et confortable en pierre et en ardoise traditionnelles est situé dans l'un des plus jolis villages du Vall d'Aran, aux charmantes ruelles étroites ponctuées de chapelles médiévales. Bonne adresse pour skier et randonner en montagne. **www.parador.es**

AVINYONET DE PUIGVENTÓS : Mas Pau €€

Carretera de Besalúa Olot, 17742 (Girona) ***Tél*** *972 54 61 54* ***Fax*** *972 54 63 26 20 ch.*

Magnifique maison du XVIe siècle entourée de jardins et de forêts. Les chambres et les suites luxueuses sont principalement situées dans la tour de 25 m de haut, d'où la vue est magnifique. Le restaurant est fantastique. **www.maspau.com**

BANYOLES : Mirallac €€€

Passeig Darder 50, 17820 (Girona) ***Tél*** *972 57 10 45* ***Fax*** *972 58 08 87 27 ch.*

Cet hôtel à l'ancienne surplombe le grand lac de Banyoles. Chambres traditionnelles, immense piscine et activités nautiques. Bon restaurant de spécialités locales. Idéal pour les amateurs de sports.

BEGUR : Aigua Blava €€€

Platja de Fornells, 17255 (Girona) ***Tél*** *972 62 20 58* ***Fax*** *972 62 45 62 86 ch.*

Ce charmant hôtel de style méditerranéen blanchi à la chaux au milieu des pins et des jardins surplombe la baie de Fornells, l'un des plus beaux sites de la Costa Brava. Vue sur la mer. Chambres lumineuses. Dix appartements tout équipés. Fermé de nov. à mi-fév. **www.aiguablava.com**

BEQUEIRA-BERET : Royal Tanau €€€€€

Ctra de Beret, 25598 (Lleida) ***Tél*** *973 64 44 46* ***Fax*** *973 64 43 44 30 ch.*

Ce luxueux hôtel du domaine skiable de Tanau offre de nombreuses prestations, notamment des jacuzzis intérieurs et extérieurs et un spa. En hiver, un télésiège privé conduit les clients directement sur les pistes. Nombreuses activités après-ski. Chambres et suites raffinées et parfaitement équipées. **www.solmelia.com**

BEUDA : Can Felicià €€

Segueró, 17851 (Girona) ***Tél*** *972 59 05 23* ***Fax*** *972 59 05 23 6 ch.*

Ce charmant hôtel rural installé dans une ancienne école est idéal pour les familles. Les chambres aux couleurs vives et fraîches donnent sur un adorable jardin. Petite piscine et belle vue. Le prix comprend un délicieux dîner réservé aux hôtes. **www.canfelicia.com**

BEUDA : Mas Salvanera €€

Mas Salvanera s/n, 17850 (Girona) ***Tél*** *972 59 09 75* ***Fax*** *972 59 08 63 9 ch.*

Cette belle ferme catalane du XVIIe siècle a été joliment transformée en un petit hôtel rural familial. Magnifique jardin et délicieuse table d'hôtes. Possibilités de randonnées, de pêche et d'équitation dans les environs. **www.salvanera.com**

BOLVIR DE CERDANYA : Torre del Remei €€€€

Camí Reial s/n, 17539 (Girona) ***Tél*** *972 14 01 82* ***Fax*** *972 14 04 49 20 ch.*

Cette somptueuse demeure moderniste entourée de magnifiques jardins dans un fantastique décor montagneux est l'un des plus luxueux hôtels de la région. Chambres classiques et gadgets ultramodernes. Nombreuses prestations, dont un spa et un centre de remise en forme. **www.torredelremei.com**

CADAQUÈS : Misty €€

Carretera Nova Port Lligat, 17488 (Girona) ***Tél*** *972 25 89 62* ***Fax*** *972 15 90 90 11 ch.*

Trois maisons et une piscine entourée de jardins arborés composent l'un des hôtels les plus originaux de la Costa Brava. Bonne adresse pour les familles : barbecue, salle de billard et piscine. Snack-bar en haute saison, mais pas de restaurant. Fermé de janv. à mars. **www.hotel-misty.com**

CARDONA : Parador de Cardona €€

Carrer de Castell s/n, 08261 (Barcelona) ***Tél*** *93 869 12 75* ***Fax*** *93 869 16 36 54 ch.*

Ce château médiéval transformé avec luxe et raffinement en surplomb de Cardona est l'un des plus étonnants paradors d'Espagne. La vue sur la région est spectaculaire. Plusieurs chambres sont équipées de lits à baldaquin. Bon restaurant catalan. **www.parador.es**

CASTELLDELFELS : Gran Hotel Rey Don Jaime €€€

Avinguda del Hotel 22, 08860 (Barcelona) ***Tél*** *93 665 13 00* ***Fax*** *93 664 51 51 220 ch.*

Les arcades et les murs de cet immense hôtel de style méditerranéen perché au sommet de la colline sont blanchis à la chaux. Chambres modernes ou plus traditionnelles dans la partie rustique. Excellentes installations sportives. Courts de squash et piscine. Vue magnifique sur la côte. **www.grup-soteras.com**

CASTELLÓ D'EMPURIES : Allioli €€

Urbanització Castell Nou, 17486 (Girona) ***Tél*** *972 25 03 00* ***Fax*** *972 25 03 00 42 ch.*

Cette ferme catalane du XVIIe siècle située tout près de la route Rosas-Figueres propose des chambres (certaines sont familiales) toutes simples. Le dimanche midi, le restaurant (ouvert toute l'année) accueille une clientèle locale. Piscine ouverte en été. Fermé de mi-déc. à mi-fév. **www.hotelallioli.com**

Légende des prix, *voir p. 134* **Légende des symboles,** *voir rabat de couverture*

CÓLL : Casa Peyró €€

Carrer Unic s/n, 25527 (Lleida) ***Tél*** *973 29 70 02 8 ch.*

Délicieuse petite auberge familiale nichée dans un joli village de montagne. Chambres traditionnelles avec salle de bains. Sauna et massages. Pas de restaurant, mais délicieuse table d'hôtes. Demi-pension comprise.

FIGUERES : Hotel Durán €€

Carrer de Lasauca 5, 17600 (Girona) ***Tél*** *972 50 12 50* ***Fax*** *972 50 26 09 60 ch.*

Cet hôtel ocre et rose appartient à la même famille depuis 1855. C'est l'un des meilleurs restaurants de la région. L'accueil est chaleureux. Les chambres sont sobres mais jolies. Plusieurs ont de beaux balcons en fer forgé sur la rue. **www.hotelduran.com**

GIRONA : Pensión Bellmirall €

Carrer de Bellmirall 3, 17004 (Girona) ***Tél*** *972 20 40 09 7 ch.*

Charmant hôtel délabré au cœur de Girona. La bâtisse a conservé ses épais murs de pierre et les chambres ont chacune du mobilier traditionnel et des œuvres d'art originales. Le copieux petit déjeuner est servi dans un joli jardin. Fermé en fév.

GOMBRÉN : Fonda Xesc €

Plaça Roser 1, 17531 (Girona) ***Tél*** *972 73 04 04 14 ch.*

Idéalement situé au cœur d'un village de montagne, cet hôtel à l'ancienne propose des chambres modestes mais impeccables. Le restaurant est réputé pour ses spécialités catalanes, notamment les *embutits* maison, en vente à la boutique. **www.fondaxesc.com**

GRANOLLERS : Fonda Europa €€

Carrer Anselm Clavé 1, 08400 (Barcelona) ***Tél*** *93 870 03 12* ***Fax*** *93 870 79 01 7 ch.*

Ce petit hôtel appartient à la même famille depuis 1714.
Les chambres à l'étage ont été entièrement modernisées et décorées avec simplicité.
Le restaurant sert de délicieuses spécialités traditionnelles.

LA GARRIGA : Gran Hotel Balneario Blancafort €€€€

Carrer Mina, 7, 08530 (Barcelona) ***Tél*** *93 860 56 00* ***Fax*** *93 861 23 90 312 ch.*

Ce bel hôtel du XIXe siècle est situé dans une reposante station thermale près de Barcelone. Il vient d'être largement rénové et propose d'excellentes prestations cinq-étoiles. Décor classique de gravures et de tentures, spa et jardins. **www.balnearioblancafort.com**

LA SEU D'URGELL : Parador de La Seu d'Urgell €€

Carrer Sant Domènec 6, 25700 (Lleida) ***Tél*** *973 25 20 00* ***Fax*** *973 35 23 09 80 ch.*

Du couvent qui occupait le site à proximité de la cathédrale du XIIe siècle, seul demeure le cloître Renaissance, transformé en salon. Ce parador moderne offre de belles prestations, notamment une piscine couverte. Excellentes possibilités de randonnées et de ski à proximité. **www.parador.es**

L'ESCALA : El Roser €

Carrer L'Eglésia 7, 17130 (Girona) ***Tél*** *972 77 02 19* ***Fax*** *972 77 45 29 22 ch.*

Ce charmant hôtel à l'ancienne les pieds dans l'eau est situé dans le centre historique de L'Escala. Les chambres sont impeccables et meublées avec éclat. Le restaurant est l'un des meilleurs de la région. Fermé en nov. **www.elroserhostal.com**

L'ESPLUGA DEL FRANCOLÍ : Hostal del Senglar €

Plaça de Montserrat Canals 1, 43440 (Tarragona) ***Tél*** *977 87 01 21* ***Fax*** *977 87 01 27 38 ch.*

Le mobilier de cet hôtel de trois étages blanchi à la chaux est simple et traditionnel. L'été, de délicieux barbecues sont organisés dans le jardin ombragé. Le restaurant sert de délicieux plats régionaux. Quelques chambres familiales. **www.hostaldesenglar.com**

LLORET DE MAR : Santa Marta €€€€

Platja Santa Cristina, 17310 (Girona) ***Tél*** *972 36 49 04* ***Fax*** *972 36 92 80 78 ch.*

Cet hôtel moderne, bas et blanc, domine une magnifique crique aux confins de la station balnéaire de Lloret de Mar. Les pinèdes et les jardins descendent jusqu'à la mer. Courts de tennis et installations sportives. Fermé de mi-déc. à janv. **www.hstamarta.com**

MONTSENY : Sant Bernat €€€

Finca El Clot, Ctra Sta Ma de Palautordera a Seva, km 20,7, 08460 (Barcelona) ***Tél*** *93 847 30 11 23 ch.*

Les vieux murs en pierre de cette magnifique demeure entourée de vastes jardins, de pelouses et d'un étang se perdent sous la végétation de la Serra de Montseny. Les chambres et les suites sont décorées de gravures traditionnelles et de mobilier rustique. Nombreuses activités de plein air. **www.santbernat.com**

MONTSERRAT Abat Cisneros €€

Plaça del Monestir, 08199 (Barcelona) ***Tél*** *93 877 77 01* ***Fax*** *93 87 77 24 82 ch.*

Cet hôtel fait partie du célèbre monastère de Montserrat. Les jeunes mariés catalans viennent y requérir les bonnes grâces de La Moreneta, la Vierge miraculeuse. Les chambres sont modestes mais assez confortables malgré le décor très dépouillé.

PALS : Lindos Huéspedes €€€

Carretera de Torroella de Montgrí a Pals, km 10, 17256 (Girona) ***Tél*** *972 66 82 03* ***Fax*** *972 66 82 03 6 ch.*

Cet ancien moulin situé près de la jolie cité médiévale de Pals a été transformé en petit hôtel chic et luxueux. Les chambres sont décorées de tissus pastel et de meubles peints en blanc. Les enfants ne sont pas admis. Fermé en janv. et fév. **www.lindoshuespedes.com**

PERAMOLA : Can Boix de Peramola €€

Carrer Afores s/n, 25790 (Lleida) ***Tél*** *973 47 02 66* ***Fax*** *973 47 02 81 41 ch.*

Cet hôtel de montagne traditionnel d'un bon rapport qualité-prix appartient à la même famille depuis dix générations. Chambres et appartements charmants avec vue fantastique. Très pratique pour randonner dans les contreforts des Pyrénées. Fermé de mi-janv. à mi-fév. **www.canboix.com**

REGENCÓS : Hotel del Teatre €€€

Plaça Major s/n, 17214 (Girona) ***Tél*** *972 30 62 70* ***Fax*** *972 30 62 73 7 ch.*

Cet hôtel est situé dans deux demeures du XVIIIe siècle habilement restaurées au cœur d'un village médiéval. Dans les chambres, minimalisme épuré et architecture d'origine se marient avec élégance. Belle piscine à demi ombragée. **www.hoteldelteatre.com**

SA TUNA (BEGUR) : Hotel Sa Tuna €

Platja Sa Tuna, 17255 (Girona) ***Tél*** *972 62 21 98* ***Fax*** *972 62 21 98 5 ch.*

Petit hôtel simple blanchi à la chaux sur l'une des plus jolies criques de la Costa Brava. Les récentes améliorations apportées par le petit-fils du fondateur ont renforcé son charme. Les chambres ont une terrasse surplombant la baie. Le restaurant est réputé. Ouvert d'avr. à sept. uniquement. **www.hostalsatuna.com**

SADURNI D'ANOIA : Sol I Vi €€

Ctra San Sadurni-Vilafranca km 4, Lavern, 08739 (Barcelona) ***Tél*** *938 99 32 04* ***Fax*** *938 99 33 26 25 ch.*

Cet hôtel traditionnel et accueillant au cœur des vignes est idéal pour explorer la région viticole (vin et *cava*) au sud-ouest de Barcelone. Chambres simples et confortables et superbe restaurant catalan traditionnel. **www.solivi.com**

S'AGARÓ : Hostal de la Gavina €€€€€

Plaça de la Rosaleda, 17248 (Girona) ***Tél*** *972 32 11 00* ***Fax*** *972 32 15 73 74 ch.*

Cette élégante maison de plage méditerranéenne est entourée de jardins magnifiques et d'une piscine d'eau de mer. Les chambres sont décorées de soieries et d'antiquités. Spa luxueux et bon restaurant. Fermé de mi-oct. à Pâques. **www.lagavina.com**

SANT PERE DE RIBES : Els Sumidors €€

Carretera de Vilafranca km 2,4, 18810 (Barcelona) ***Tél*** *93 896 20 61* ***Fax*** *93 896 20 61 9 ch.*

Accrochée à flanc de colline avec vue sur la région viticole de Penèdes, cette maison rustique du XVIIIe siècle cultive l'ambiance et le charme, mais sans luxe. Elle est à moitié perdue dans la végétation, loin des soirées frénétiques de Sitges, sa voisine. **www.sumidors.com**

SANTA CRISTINA D'ARO : Mas Torrellas €€

Carretera Santa Cristina-Platja d'Aro, 17246 (Girona) ***Tél*** *972 83 75 26* ***Fax*** *972 83 75 27 17 ch.*

Séduisant hôtel du XVIIIe siècle aux murs de pierre et aux jardins fleuris. La chambre la plus confortable est située dans la tour jaune, plus récente. Piscine et courts de tennis. Possibilité de faire de l'équitation. Excellent restaurant. Fermé d'oct. à mars.

SANTA PAU : Cal Sastre €€

Carrer de les Cases Noves, 1, 17811 (Girona) ***Tél*** *972 68 01 32* ***Fax*** *972 68 04 81 11 ch.*

Cette maison rurale du XVIIIe siècle a été transformée avec goût en un confortable hôtel niché dans les remparts de la cité médiévale de Santa Pau, au cœur d'un jardin ombragé. Excellentes possibilités de randonnée et d'observation des volcans dans la région. **www.calsastre.com**

SITGES : Capri €€

Avinguda de Sofia 13-15, 08870 (Barcelona) ***Tél*** *93 811 02 67* ***Fax*** *93 894 51 88 26 ch.*

Cet hôtel bâti aux alentours de 1900 marie charme désuet et prestations haut de gamme, notamment un spa et une piscine extérieure entourée de jardins, le tout à 50 m de la plage et du centre. Suites de luxe. **www.grup-carbonell.com**

SITGES : Romàntic €€

Carrer Sant Isidre 33, 08870 (Barcelona) ***Tél*** *93 894 83 75* ***Fax*** *93 894 81 67 58 ch.*

Cette adresse de Sitges est à la hauteur de sa réputation. Les chambres sont simples, mais joliment décorées d'antiquités et de peintures. Le jardin joliment ombragé aux fontaines crépitantes est le cadre idéal pour un petit déjeuner ou un cocktail. **www.hotelromantic.com**

SOLDEU (ANDORRA) : Sport Hotel Village €€€

Ctra General s/n, ***Tél*** *376 87 05 00* ***Fax*** *376 87 05 33 148 ch.*

Voici l'hôtel le mieux équipé de Soldeu, station de sports d'hiver réputée. Les chambres sont confortables. Beaucoup donnent sur les pistes. Équipements quatre-étoiles avec piscine et jacuzzi. Et surtout, le télésiège est au pied de l'hôtel. **www.sporthotels.ad**

Légende des prix, *voir p. 134* **Légende des symboles,** *voir rabat de couverture*

TARRAGONA : Lauria €€

Rambla Nova 20, 43004 (Tarragona) ***Tél*** *977 23 67 12* ***Fax*** *977 23 67 00 72 ch.*

Hôtel moderne et fonctionnel dans le centre-ville, près de la mer. Entrée élégante sous un escalier de pierre à balustrade. La décoration est datée, mais les chambres sont spacieuses et les prestations de qualité : piscine et services pour les hommes d'affaires. **www.hlauria.es**

TARRAGONA : Imperial Tarraco €€€

Passeig Les Palmeres s/n, 43003 (Tarragona) ***Tél*** *977 23 30 40* ***Fax*** *977 21 65 66 170 ch.*

Ce grand hôtel moderne avec vue, situé sur le Balconi del Mediterrani, est la meilleure adresse de la ville. Il présente aussi l'avantage d'être proche du centre historique. Les chambres et les suites sont raffinées. Certaines ont une grande terrasse. **www.husa.es**

TAVÉRNOLES : El Banús €

El Banús, 08519 (Barcelona) ***Tél*** *93 812 20 91* ***Fax*** *93 888 70 12 12 ch.*

Cette petite ferme est la propriété de la famille Banús. Deux annexes équipées de cuisine sont disponibles pour . les week-ends et les longs séjours. Le week-end, comptez 230 euros pour 4 personnes, et 260 euros pour 6. Fermé de nov. à mars. **www.elbanus.com**

TAVERTET : El Jufré €

Tavertet, 08511 (Barcelona) ***Tél*** *93 856 51 67* ***Fax*** *93 856 51 67 8 ch.*

Cette ancienne ferme avec vue panoramique sur les montagnes appartient à la même famille depuis plus de 800 ans. Les chambres chaleureuses et confortables ont été aménagées dans les anciens quartiers des animaux. Idéal pour randonner et explorer Osona. Le prix comprend le petit déjeuner et le dîner.

TORRENT : Mas de Torrent €€€€€

Afueras, 17123 (Girona) ***Tél*** *972 30 32 92* ***Fax*** *972 30 32 93 39 ch.*

Demeure du XVIIIe siècle superbement transformée. Le bâtiment principal abrite dix magnifiques chambres et d'élégants bungalows sont dispersés dans les vastes jardins. Suites de luxe avec piscine privée. **www.mastorrent.com**

TORTOSA : Parador Castillo de la Zuda €€

Castillo de la Zuda, 43500 (Tarragona) ***Tél*** *977 44 44 50* ***Fax*** *977 44 44 58 72 ch.*

Château maure médiéval perché au sommet de la colline avec vue sur la ville et la vallée du Riu Ebre. Bon restaurant avec terrasse ouvert le soir. Piscine, uniquement en été, et autres prestations haut de gamme. **www.parador.es**

TOSSA DE MAR : Diana €€

Plaça d'Espanya 6, 17320 (Girona) ***Tél*** *972 34 11 16* ***Fax*** *972 34 18 86 21 ch.*

La terrasse de ce délicieux hôtel installé dans une belle demeure moderniste offre une belle vue sur le château. Les chambres sont modestes, mais certaines ont un balcon privé. Le hall, raffiné, est truffé de détails originaux et abrite un salon confortable. **www.diana-hotel.com**

TREDÒS : Hotel de Tredòs €€

Carretera a Baqueira-Beret km 177.5, 25598 (Lleida) ***Tél*** *973 64 40 14* ***Fax*** *973 64 43 00 45 ch.*

Les skieurs et les randonneurs apprécient cet hôtel du Val d'Aran construit en pierre et en ardoise dans le style local. Belles chambres avec poutres apparentes. Cheminée en hiver et piscine en forme de cœur en été. Fermé en oct., nov., mai et juin. **www.hoteldetredos.com**

VIC : Parador de Turismo de Vic €€

Paratge Bac de Sau, 08500 (Barcelona) ***Tél*** *93 812 23 23* ***Fax*** *93 812 23 68 36 ch.*

Ce confortable parador en pierre situé à 14 km de Vic a été récemment rénové. Vue magnifique sur le réservoir de Sau. C'est un havre de paix au milieu des pinèdes et des formations rocheuses spectaculaires. Court de tennis et piscine extérieure pour l'été. **www.parador.es**

VIELHA (VIELLA) : Parador Valle de Arán €€

Carretera de túnel, 25530 (Lleida) ***Tél*** *973 64 01 00* ***Fax*** *973 64 11 00 118 ch.*

Ce parador moderne a un salon circulaire panoramique vitré d'où la vue sur les montagnes est fantastique. Formidable spa et bon restaurant. Chambres spacieuses et bien aménagées. **www.parador.es**

VILADRAU : Hostal de la Glòria €€

Carrer Torreventosa 12, 17406 (Girona) ***Tél*** *938 84 90 34* ***Fax*** *938 84 94 65 22 ch.*

Hôtel familial dans une maison catalane traditionnelle dominant la Serra de Montseny. Bon restaurant catalan et piscine extérieure entourée de jardins. Location de bicyclettes et promenades à cheval. **www.hostaldelagloria.com**

VILANOVA I LA GELTRÚ : César €€€

Carrer Isaac Peral 8, 08800 (Barcelona) ***Tél*** *93 815 11 25* ***Fax*** *93 815 67 19 30 ch.*

Cette merveilleuse demeure de la fin du XVIIIe siècle proche de la plage de Ribes Roges appartient à deux sœurs soucieuses des moindres détails. Délicieux jardins avec piscine (couverte en hiver) et restaurant réputé. **www.hotelcesar.net**

RESTAURANTS, CAFÉS ET BARS

Il existe à Barcelone une multitude d'établissements de restauration. Très variés, ils vont du bar à *tapas*, où l'on picore dans une large palette d'amuse-gueule, jusqu'à des tables gastronomiques où il faut se plier au choix du chef. Fiers de leur cuisine régionale, les Catalans exigent des mets de qualité préparés avec des ingrédients frais, y compris dans les restaurants bon marché où les employés de bureau déjeunent à midi. Le repas de famille du dimanche reste une tradition, et beaucoup d'auberges de campagne sont bondées ce jour-là. Les pages 146 à 153 proposent une sélection de cafés et de restaurants. Les pages 30-31 et 144-145 présentent quelques spécialités culinaires catalanes.

Enseigne en céramique d'un restaurant

Les bars à vin, ou *bodegues*, ne servent pas toujours des en-cas

RESTAURANTS ET BARS

Barcelone et la Catalogne possèdent certains des meilleurs restaurants d'Espagne, mais les *tapas* disponibles dans les bars et les cafés constituent la manière la plus rapide et la plus économique de manger dehors. Cependant, des établissements tels que les pubs d'influence anglo-saxonne n'en servent pas. Certains des bars à vin appelés *bodegues* servent leurs consommations sans amuse-gueule.
Bars i restaurants, hostals et *fondes* proposent une cuisine familiale bon marché. Les *xiringintos* sont des gargotes de bord de mer qui n'ouvrent que pendant la saison d'été. Beaucoup de restaurants ferment un jour par semaine, certains jours fériés et en août. Les rubriques des pages 146-151 indiquent les jours et périodes de fermeture des établissements sélectionnés.

HEURES DE REPAS

À l'instar des autres Espagnols, les Catalans prennent deux petits déjeuners. Le premier (*el esmozar*), à la maison, peut se limiter à un *cafè*, parfois *ambllet* (au lait).
Le second, souvent au bar, entre 10 et 11 h, comprendra classiquement une part d'omelette aux pommes de terre (*truita de patates*) ou un sandwich (*entrepà*) avec un café, une bière ou du jus de fruits.

En semaine, beaucoup d'employés commencent leur pause déjeuner, vers 13 h, par une bière ou un *aperitivo* accompagné de *tapas*.
À 14 h, ceux qui ont pu rentrer chez eux sont arrivés pour prendre en famille le principal repas de la journée : *el dinar*.
Les cafés, les salons de thé et les *pastisseries* s'emplissent vers 17 h 30 à l'occasion d'*el berenar*, une collation de sandwichs, de viennoiseries ou de gâteaux servis avec du thé, du café ou du jus de fruits.
Des éventaires vendent aussi des en-cas tels que les beignets appelés *xurros*.
À partir de 19 h, les *tapas* arrosées d'un verre de xérès, de vin ou de bière permettent de tenir jusqu'au repas du soir, *el sopar*, qui commence en général vers 21 h, bien qu'en été, familles et groupes d'amis ne passent souvent à table qu'à 23 h. De nombreux visiteurs ont du mal à s'adapter à ces horaires tardifs et certains restaurants débutent leur service plus tôt. Le déjeuner donne lieu le week-end à de bruyantes et chaleureuses réunions de famille.

Décoration d'un bar de Barcelone

ÉTIQUETTE

Les Catalans aiment s'habiller pour sortir, surtout le soir et malgré la décontraction qui règne en bord de mer, mieux vaut éviter d'aller dîner en short.

Repas au Port Olímpic, un lieu animé toute l'année

Sur la terrasse d'une cafeteria de Cadaqués, sur la Costa Brava

LIRE LA CARTE

La *carta* offre le choix, pour ouvrir un repas, entre des *sopes* (soupes), des *entremesos* (hors-d'œuvre), des *ensaladas* (salades), des *oud i truites* (œufs et omelettes) et des *verdures i llegums* (légumes). Le plat principal (*plato principal*) sera sélectionné parmi une liste de *peix i marisc* (poissons et coquillages) ou de *carns i aus* (viandes et volailles). Une ardoise ou une feuille volante ajoutée au menu indiquent les spécialités du jour. Les plats de riz comme la paella peuvent faire fonction d'entrée, généralement suivis d'une viande, mais aussi être commandés après une salade ou une part de *fuet* ou de *secallona*, saucisses sèches. En dehors des fruits, l'éventail de *postres* (desserts) est souvent réduit : *crema catalana* (une crème brûlée), *flam* (crème caramel) et *natillas* (crème aux œufs). Beaucoup d'établissements proposent aussi des options économiques. Les *plats combinats* ne sont disponibles que dans les moins chers. Ils se composent d'une viande ou d'un poisson accompagné de légumes et, généralement de frites. Le *menú del dia* à prix fixe comporte presque toujours trois plats. Quelques restaurants gastronomiques proposent un *menú de degustació* permettant de goûter à six ou sept spécialités du chef.
Les végétariens n'auront guère le choix, même les salades et les plats d'œufs et de légumes contiennent souvent des morceaux de charcuterie ou de poisson. Tous les restaurants servent sur demande des portions réduites aux enfants.

Las Torres de Ávila *(p. 163)*, un bar branché de Barcelone

VINS

Excellent en apéritif, le xérès *fino*, c'est-à-dire sec et léger, accompagne bien les *tapas*, les coquillages et la majorité des entrées. L'*oloroso* a plus de corps et fait un bon digestif. À table, les vins du Penedès et de Terra Alta *(p. 32)* font partie des plus appréciés en Catalogne. Le *cava (p. 32)* accompagne le déjeuner dominical.

TABAC

Très peu de restaurants possèdent des aires ou des tables interdites aux fumeurs. Dans les plus chic, il est au contraire de bon ton d'offrir un cigare avec le café.

PRIX ET MODE DE PAIEMENT

Comme en France, il revient plus cher de commander à la carte que de prendre le *menú del dia*, en particulier si votre choix se porte sur des mets onéreux tels que les fruits de mer ou le jambon *ibérico*.
Méfiez-vous des poissons coûteux comme la sole et l'espadon : s'ils sont proposés à bas prix, ils ont probablement été surgelés. Le montant précis de certains plats à base de produits de la mer tels que loup, gambas ou langouste reste fixé en fonction du poids. Les prix des menus n'incluent pas généralement la TVA.
Le service et les 7 % de TVA augmenteront *el compte* (l'addition). En guise de pourboire, les Catalans laissent rarement plus de 5 % du total de la note.
La forme la plus répandue de règlement reste l'argent liquide, bien que beaucoup de restaurants acceptent les chèques de voyage émis en euros et les principales cartes bancaires. N'espérez toutefois pas pouvoir vous en servir dans des endroits comme les bars à *tapas*, les *bodegues* ou les *hostals* de village.

VOYAGEURS HANDICAPÉS

Avant de vous déplacer, prenez la précaution de téléphoner pour savoir si les voies d'accès et les toilettes sont adaptées à vos besoins.

Restaurant Set Portes *(p. 127)*, Port Vell, Barcelona

Glossaire de plats typiques

Olives

Les Catalans apprécient avant tout des mets simples dont la préparation respecte la saveur d'ingrédients d'une grande fraîcheur, ce qu'ils appellent la *cuina de mercat*. Pour préparer cette « cuisine de marché », c'est le marché La Boqueria *(p. 155)* qui offre à Barcelone le meilleur choix. Sur les étals, les poissons étincellent, l'éventail des viandes proposées est très vaste, et chaque saison a ses produits de choix – oignons *calçots* au printemps et champignons en automne.

TAPES (TAPAS)

À Barcelone, on fait moins la tournée des bars pour boire que pour goûter aux spécialités proposées sur tous les comptoirs.
Anxoves : anchois.
Escopinyes : coques.
Bunyols de bacallà : beignets de morue.
Calamars a la romana : rondelles de calmar frites.
Pa amb tomàquet : pain frotté d'ail et de tomate et parfumé à l'huile d'olive.
Panadons d'espinacs : bouchées aux épinards.
Patatas bravas : pommes de terre à la sauce tomate.
Pernil : jambon de pays.
Pescaditos : petits poissons frits.
Popets : jeunes poulpes.
Truita : omelette.
Truita de patates : omelette traditionnelle aux pommes de terre et à l'oignon.

Pa amb tomàquet **(pain à la tomate), ici avec du jambon**

ENTRANTS (ENTRÉES)

Les hors-d'œuvre sont très variés ; certains figurent comme plats principaux.
Amanida catalana : salade mixte catalane *(p. 26)*.
Arròs negre : riz noir *(p. 26)*, c'est également un plat principal.

Éventaire de La Boqueria, l'immense marché couvert de La Rambla

Cargols a la llauna : escargots en sauce épicée.
Empedrat : salade de morue et de haricots blancs.
Escalivada : aubergines et poivrons grillés ou rôtis et aspergés d'huile d'olive.
Espinacs a la catalana : épinards, ou blettes *(bledes)* aux pignons, aux raisins secs et aux anchois.
Esqueixada : salade à base de morue *(p. 27)*.
Faves a la catalana : ragoût de fèves au boudin noir, à l'oignon et à l'ail.
Fideus : pâtes le plus souvent servies en accompagnement.
Garotes : oursins frais mangés avec du pain et de l'ail ou des oignons de printemps.
Musclos : moules.
Ous remenats amb camasecs : œufs brouillés aux champignons de forêt.
Pa de fetge : pâté de foie.
Sardines escabetxades : sardines à l'escabèche
Xató : salade de morue et de thon en sauce *romesco* *(p. 26)*.

SOPES (SOUPES)

Caldereta de llagosta : soupe à la langouste.
Escudella i carn d'olla : bouillon du pot-au-feu traditionnel, la viande et les légumes (*carn i olla*) formant le plat principal.
Gaspatxo : soupe froide accompagnée de légumes crus.
Sopa de farigola : soupe au thym.
Sopa de bolets : soupe aux champignons.

PLATS PRINCIPAUX

Une viande ou un poisson peut être *a la brasa* (au feu de bois) ; *bullit* (bouilli) ; *cremat* (croustillant ou caramélisé) ; *estofat* (à l'étouffée) ; *facit* (farci) ; *al forn* (au four) ; *a la graella* ou *a la planxa* (au gril) ; *a la pedra* (cuit sur une pierre chaude).

PEIX I MARISCOS (POISSONS ET CRUSTACÉS)

Allipebre d'anguiles : ragoût d'anguilles épicé.
Anfós al forn : mérou farci cuit au four.
Calamars farcits : calmars farcis au porc, à la tomate et aux oignons.
Cassola de peix : casserole de poisson.
Congre amb pèsols : congre aux petits pois.
Escamarlans bullits : grosses crevettes au court-bouillon.
Gambas à la planxa : gambas grillées.
Graellada de peix : grillade de fruit de mer.
Llagosta a la brasa : langouste au feu de bois.
Llagostins amb maionesa : langoustines et mayonnaise.
Llobarro al forn a rodanxes : darnes de loup au four.
Lluç a la planxa : colin grillé.
Molls a la brasa : rougets au feu de bois.
Orada a la sal : dorade cuite dans une croûte de sel enlevée avant de servir.
Paella valenciana : paella au poulet et aux fruits de mer.
Rap a l'all cremat : baudroie à l'ail croustillant.
Romesco de peix : produits de la mer accompagnés de la célèbre sauce *romesco* *(p. 26)*. Un concours oppose chaque année à Tarragone les maîtres du *romesco*.

Sarsuela : poissons, fruits de mer et épices en cocotte.
Sèpia amb pèsols : seiche aux petits pois.
Suquet de peix : le principal ragoût de poissons catalan mêle diverses espèces qui mijotent avec des tomates, des poivrons, des pommes de terre et des amandes.
Verats a la brasa : maquereaux au feu de bois.

CARN (VIANDE)

Ànec amb naps : canard aux navets, de préférence des navets « noirs » de l'Empordà. La recette existe aussi avec des poires (*ànec amb peres*).
Boles de picolat : boulettes à la sauce tomate. Avec de la seiche (*sèpia*), un classique *mar i muntanya (p. 26)*.
Botifarra amb mongetes : boudin aux haricots (p. 27).
Bou a l'adoba : bœuf en daube.
Costelles a la brasa amb allioli : côtelettes de mouton au feu de bois et aïoli.
Costelles de cabrit rostides : côtelettes de chevreau rôties.
Cuixa de xai al forn : gigot d'agneau.
Estofat de bou : ragoût de bœuf où entrent des saucisses et parfois un peu de chocolat.
Estofat de quaresma : solide bouillon de légumes.
Freginat : foie de veau aux oignons.
Fricandó : veau braisé aux champignons sauvages.
Llom de porc : côtelettes de porc.
Oca amb peres : oie aux poires ; un repas de fête villageoise.
Niu : copieux plat de viande et de poisson de Palafrugell, sur la Costa Brava ; pigeon, seiche, pieds de porc, œufs, laitance et aïoli.
Peus de porc a la llauna : pieds de porc en sauce épicée.
Pollastre amb samfaina : poulet et *samfaina* (p. 26).
Pota i tripa : pieds et tripes de mouton.
Tripa a la catalana : tripes au vin, à la tomate, à l'oignon, aux pignons et aux amandes.
Xai amb pèsols : agneau aux petits pois.

Marché aux fromages et au miel de la plaça del Pi de Barcelone *(p.155)*

CAÇA (GIBIER)

La chasse ne dure que d'octobre à février, mais certains gibiers (le lapin est considéré comme tel) restent disponibles toute l'année.
Becada amb coc : bécasse en croûte.
Civet de llebre : civet de lièvre.
Conill a la brasa amb allioli : lapin au feu de bois et aïoli.
Conill amb cargols : lapin aux escargots.
Conill amb xocolata : lapin au vin vieux, à l'ail, au foie, aux amandes et au chocolat.
Estofat de porc senglar amb bolets : ragoût de sanglier aux champignons.
Guatlles amb salsa de magrana : caille en sauce à la grenade.
Perdiu : perdrix.
Perdius amb farcellets de col : perdrix et bouchées au chou.

Quelques légumes très employés

VERDURES (LÉGUMES)

Albergínies : aubergines.
Bledes : blettes.
Bolets : champignons.
Calçots : oignons de printemps grillés au feu de bois et trempés dans une sauce piquante à la tomate. Une spécialité de la région de Tarragone.
Carbassó arrebossat : courgettes panées.
Carxofes : artichauts.
Julivert : persil.
Mongetes tendres i patates : haricots verts et pommes de terre.
Pastanagues : carottes.
Pebrots : poivrons rouges.

POSTRES (DESSERTS)

Malgré le succès de la *pastisseria* auprès des Catalans, le choix de desserts est en général décevant dans les restaurants et se limite parfois aux glaces et aux fruits : pomme *(poma)*, pêche *(préssec)*, banane *(plàtan)*, orange *(taronja)*, raisin *(raïm)*.
Crema catalana : crème brûlée au caramel *(p. 27)*.
Figues amb aniset : figues à l'anis.
Flam : crème caramel.
Formatge : fromage. Il existe peu de fromages locaux.
Gelat : crème glacée.
Meli Mató : fromage de chèvre frais avec du miel.
Menjar blanc : entremets au lait d'amande.
Peres amb vi negre : poires au vin rouge.
Postre de músic : mélange de fruits secs jadis offert aux musiciens itinérants.
Recuit : lait caillé de brebis ou de vache.

***Mei i mató* : fromage frais de chèvre et miel**

Choisir un restaurant

Ces restaurants ont été choisis pour leur rapport qualité-prix, la qualité de leur cuisine et leur emplacement. Ils sont présentés par quartier et par ordre alphabétique dans chaque catégorie de prix pour Barcelone et ses environs, et par ordre alphabétique pour le reste de la Catalogne.

CATÉGORIES DE PRIX
Par personne pour un dîner avec entrée, plat et dessert, une demi-bouteille de vin de la maison, taxes et service compris.

€ moins de 20 euros
€€ de 20 à 35 euros
€€€ de 35 à 50 euros
€€€€ plus de 50 euros.

VIEILLE VILLE

Bar Pinotxo — €

Mercat de la Boqueria (La Rambla 89), 08002 ***Tél*** *93 317 17 31* — ***Plan*** *5 A1*

Dans le plus célèbre des bars de la Boqueria, les bouteilles de *cava* sont gardées au frais dans des seaux métalliques. Cuisine du marché voisin.
Fermé dim. et le soir après 20h.

Can Culleretes — €

C/Quintana 5, 08002 ***Tél*** *93 317 30 22* — ***Plan*** *5 A2*

Le plus vieux restaurant de Barcelone a ouvert ses portes en 1786. Les fresques et céramiques originales et les nombreuses salles, coins et recoins témoignent de son histoire. Service efficace et plats bon marché et copieux. Goûtez l'oie aux pommes ou le canard aux pruneaux. Fermé dim. soir, lun. et en juil.

Dim Sum House — €

C/Bergara 7, 08007 ***Tél*** *93 270 12 93* — ***Plan*** *5 A1*

Loin du traditionnel restaurant chinois kitsch, ce restaurant propre et moderne propose des menus d'un bon rapport qualité-prix et un bon choix de *dim sum*. Goûtez les crevettes, les boulettes et le pain farci *chashao*. Fermé dim.

Elisabets — €

C/Elisabets 2, 08001 ***Tél*** *93 317 58 26* — ***Plan*** *2 F2*

Institution locale accueillante et animée idéale pour un déjeuner copieux ou les *tapas* du vendredi soir. Cuisine catalane traditionnelle. Au bar, sandwichs et boissons à toute heure et bon choix de bières.
Fermé trois semaines en août.

Mosquito — €

C/Carders 46, 08003 ***Tél*** *93 268 75 69* — ***Plan*** *5 C2*

Bar décontracté où se croisent Catalans et expatriés. Musique actuelle, service amical, petits prix et grand choix de plats asiatiques : brochetes de poulet tikka, nouilles de Singapour et raviolis *gyoza*, agréable alternative aux traditionnelles *tapas*. Fermé lun.

Organic — €

C/Junta de Comerç 11, 08001 ***Tél*** *93 301 09 02* — ***Plan*** *2 F3*

Spacieux et propre, ce restaurant végétarien à l'éclairage tamisé propose un menu original de plats asiatiques, de lasagnes et de ragoûts. Buffet de crudités à volonté. Bon rapport qualité-prix. Le pain aux noix maison est un must. Musique live. Petite boutique de produits biologiques.

El Salón — €€

C/Hostal d'en Sol 6-8, 08002 ***Tél*** *93 315 21 59* — ***Plan*** *5 B3*

Intérieur baroque, fauteuils en velours et lustres somptueux pour cet établissement aux allures de boudoir du XVIIIe siècle. Le menu change constamment. Ingrédients divins et plats, souvent français et catalans, inventifs.
Fermé dim. et deux semaines en août.

Els Quatre Gats — €€

C/Montsió 3 bis, 08002 ***Tél*** *93 302 41 40* — ***Plan*** *5 A1*

Cette institution emblématique de Barcelone fut la première à exposer les œuvres de Picasso.
Au mur, les peintures sont des originaux du début du XXe siècle.
Bonne cuisine méditerranéenne.

Euskal Etxea — €€

Placeta Montcada 1-3, 08003 ***Tél*** *93 310 21 85* — ***Plan*** *5 B3*

Le siège de l'Institut Culturel Basque est l'une des meilleures adresses de la ville pour ses *pintxos* (petits pains ronds basques garnis de toutes sortes). Plats exceptionnels.
Fermé dim. soir et en août.

Légende des symboles, *voir rabat de couverture*

Mam i Teca
€€

C/Lluna 4, 08001 ***Tél*** *93 441 33 35* — ***Plan*** *2 F2*

Minuscule bar couleur tournesol bercé de jazz, de blues et de rock.
Superbes *tapas* de fromages locaux, saucisses bio, jambon et fèves.
Excellente carte des vins et beau choix de whiskys écossais. Fermé mar.

Pla de la Garsa
€€

C/Assaonadors 13, 08003 ***Tél*** *93 315 24 13* — ***Plan*** *5 B2*

Situé dans les étables d'un palais du XVIIe siècle, ce joli restaurant à plusieurs niveaux est propice aux soirées romantiques. Atmosphère chaleureuse, excellent rapport qualité-prix à midi et 40 variétés de fromages.
Bon choix de vins rouges.

Taller de Tapas
€€

C/Argenteria 51, 08003 ***Tél*** *93 268 85 59* — ***Plan*** *5 B2*

La brique et l'acier apportent à cet établissement une touche urbaine contemporaine. Le service est efficace et chaleureux et les *tapas* sont d'une grande fraîcheur. Goûtez aussi les plats régionaux tels que les crevettes Palamos de la Costa Brava.

7 Portes
€€€

Passeig Isabel II, 14, 08003 ***Tél*** *93 319 30 33* — ***Plan*** *5 B3*

Cette vieille institution barcelonaise de 1836 a accueilli des figures historiques, de Winston Churchill à Che Guevara. Il est réputé pour ses marbres et ses lambris, mais surtout pour son grand choix de *paellas* ; la carte en propose 10 différentes !

Agua
€€€

Passeig Marítim de la Barceloneta 30, 08003 ***Tél*** *93 225 12 72* — ***Plan*** *6 D4*

Élégant restaurant de bord de mer avec baies vitrées, belle terrasse et sculptures marines abstraites. Excellentes *tapas*, poissons et plats de riz. Spécialités : moules à la vapeur, pommes de terre butan, homard norvégien en gratin.

Biblioteca
€€€

C/Junta de Comerç 28, 08001 ***Tél*** *93 412 62 21* — ***Plan*** *2 F3*

Élégant restaurant couleur crème décoré de céramiques modernistes. Cuisine ouverte et librairie culinaire. Cuisine haut de gamme, ingrédients de saison, saveurs et textures onctueuses. Spécialités : riz au pigeon et boudin noir, et spaghetti noires aux *calçots* (oignons catalans) et œuf poché. Le service laisse parfois à désirer.

Café de l'Academia
€€€

C/Lledó 1, 08002 ***Tél*** *93 319 82 53* — ***Plan*** *5 B3*

Ce restaurant intimiste aux murs de briques est éclairé aux chandelles. La jolie terrasse donne sur l'adorable plaça Sant, au cœur du Barri Gòti. Superbes plats catalans, belles salades, pâtes maison et excellents desserts
Fermé sam. et dim.

Cal Pep
€€€

Plaça de les Olles 8, 08003 ***Tél*** *93 310 79 61* — ***Plan*** *5 B3*

Probablement le meilleur bar de la ville pour le poisson frais et les fruits de mer. Excellent choix de *tapas*.
Le long bar étroit est vite bondé. Mieux vaut arriver tôt pour espérer s'asseoir à l'une des cinq tables.
Fermé dim. et lun. midi.

Can Majó
€€€

C/Almirall Aixada 23, 08003 ***Tel*** *93 221 54 55* — ***Plan*** *5 B5*

C'est l'une des meilleures adresses pour la *paella*, surtout en été sur la terrasse avec vue sur la mer. Si vous choisissez les coquillages, les prix s'envolent, mais leur fraîcheur, leur qualité et la perfection de la cuisson justifient ces tarifs.
Fermé dim. soir et lun.

Comerç 24
€€€

C/Comerç 24, 08003 ***Tél*** *93 319 21 02* — ***Plan*** *5 C3*

Ce bar à *tapas* design aux murs gris fusain ponctués de couleurs primaires sert les *tapas* les plus inventives de la ville. Un « Festival » de *tapas* est proposé à partir de six personnes. Goûtez l'*arròs a banda* (*paella* sans morceaux) ou la *tortilla de patatas* (omelette de pommes de terre). Réservation nécessaire. Fermé dim. et lun.

Taxidermista
€€€

Plaça Reial 8, 08002 ***Tél*** *93 412 45 36* — ***Plan*** *5 A3*

Couleurs douces et plafonds hauts donnent à ce restaurant un avantage sur ses nombreux concurrents de la plaza Reial. Cuisine inventive du pourtour méditerranéen, notamment *babaganush*, tartes aux sardines et confit de canard.
Fermé lun.

Carballeira
€€€€

C/Reina Cristina 3, 08003 ***Tél*** *93 310 10 06* — ***Plan*** *5 B3*

Le premier restaurant galicien de fruits de mer de Barcelone est réputé pour ses poissons et ses fruits de mer grillés en toute simplicité, la perfection de ses *paellas* et sa spécialité, le poulpe tendre à la galicienne parfumé au paprika.
Fermé dim. soir et lun.

Hofmann €€€€

C/Argenteria 74-78, 08003 ***Tél*** *93 319 58 89* ***Plan*** *5 B2*

Cette table de grande qualité dans un décor sophistiqué a récemment reçu sa première étoile au Michelin. Le personnel est aux petits soins et les plats du jour sont toujours une réussite. Mel Gibson, Kevin Costner, John Travolta et Cindy Crawford sont passés par là. École de cuisine. Fermé sam. et dim.

EIXAMPLE

Crêperie Bretonne €

C/Balmes 274, 08006 ***Tél*** *93 217 30 48* ***Plan*** *3 A1*

Cette crêperie kitsch plus que trentenaire propose 250 sortes de crêpes sucrées et salées garnies de tous les fromages français. Goûtez les infusions. Fermé lun.

Cata 1.81 €€

C/València 181, 08011 ***Tél*** *93 323 68 18* ***Plan*** *3 A4*

Ce long bar à *tapas* d'un blanc aveuglant fut l'un des pionniers des *tapas* post-modernistes, revisitant avec panache des classiques tels que la salade russe. Excellente carte de vins, dont beaucoup sont servis au verre. Idéal pour découvrir les merveilles de la Nouvelle Cuisine catalane. Fermé t.l.j. à midi et dim.

Madrid-Barcelona €€

C/Aragó 282, 08007 ***Tél*** *93 215 70 27* ***Plan*** *3 A4*

Cet élégant restaurant aux balustrades en fer forgé et aux boiseries polies est moins cher qu'il n'y paraît. On se bouscule pour déguster les *pescaditos fritos* (poissons frits) façon Málaga et autres *tapas*. La file d'attente s'étire souvent jusque dans la rue.

Thai Lounge €€

C/València 205, 08007 ***Tél*** *93 454 90 32* ***Plan*** *3 A4*

Ce restaurant thaï décoré de bouddhas et de mobilier en teck a réussi là où les autres ont échoué. Ici, les saveurs de l'Asie sont intactes. La spécialité est le curry. Grand choix de plats moins connus. Le menu du soir à 24 euros est très intéressant.

Cinc Sentits €€€

C/Aribau 58, 08011 ***Tél*** *93 323 94 90* ***Plan*** *2 F1*

Ce restaurant accueillant mais minimaliste propose un service impeccable et une carte à la fois inattendue et accessible. Les produits méticuleusement sélectionnés sont préparés avec goût et créativité. On recommande l'*Omasake*, le menu du chef. Les enfants ne sont les bienvenus qu'en semaine, à midi.

Shibui €€€

C/Comte d'Urgell 272-274, 08036 ***Tél*** *93 321 90 04* ***Plan*** *2 E1*

Excellent bar à sushi. Décor élégant en bois blond, murs en carton japonais et personnel soigné et attentif. La salle à manger du sous-sol dispose de tatamis et de parois mobiles idéales pour organiser des soirées entre amis. Unu bonne adresse.

Alkimia €€€€

C/Indústria 79, 08025 ***Tél*** *93 207 61 15* ***Plan*** *3 C2*

Ce petit restaurant design est l'une des étoiles montantes de la gastronomie catalane. Il dépoussière les plats traditionnels en utilisant des techniques nouvelles et des saveurs venues d'ailleurs. Spécialités : riz crémeux aux écrevisses et aux piments *nyora*, queue de bœuf rôtie, et essence de mandarine avec mousse à l'*horchata* (amande).

Casa Calvet €€€€

C/Casp 48, 08010 ***Tél*** *93 412 40 12* ***Plan*** *3 B5*

Ce magnifique restaurant était la maison et le bureau d'un riche marchand de textile, conçus par Gaudí. Les salons confortables, les tables formelles et le service vieille école rappellent une époque ancienne, mais la cuisine est moderne et exécutée avec panache. Fermé dim.

El Prinicipal del Tragaluz €€€€

C/Provença 286-288, 08008 ***Tél*** *93 272 08 45* ***Plan*** *3 A3*

Le plus élégant des restaurants de Tragaluz. Intérieur soigné dans les tons crème, baies vitrées et terrasse romantique et fleurie. Parfait pour les grandes occasions. Noix de Saint-Jacques, foie gras, truffes, langouste et autres produits de luxe. Le service manque parfois de chaleur. Musique live de juin à août.

Moo €€€€

C/Rosselló 265, 08008 ***Tél*** *93 445 40 00* ***Plan*** *3 A3*

La cuisine inspirée des frères Roca, qui président aux destinées de cette nouvelle table, collectionne les compliments. Le menu et les vins forment une alliance magique : crevettes de la baie de Dublin à la rose et à la réglisse, bar au thym citronné, et desserts inspirés.

Légende des prix, *voir p. 146.* **Légende des symboles,** *voir rabat de couverture*

EN DEHORS DU CENTRE

GRÀCIA : Chido One €
C/Torrijos 30, 08012 ***Tél*** *93 285 03 35* ***Plan*** *3 C2*

Tapissé du sol au plafond d'objets et de trophées de la Fête des Morts mexicaine et de boîtes rétro de chili *jalapeño*, ce restaurant branché sert une excellente cuisine régionale : bols fumants de posole, *enchiladas* nappés de sauce chili, tacos et margaritas fatales. Musique live une fois par semaine.

GRÀCIA : Envalira €€
Plaça del Sol 13, 08012 ***Tél*** *93 218 58 13* ***Plan*** *3 B1*

Restaurant de quartier sur la très animée plaça del Sol. Ambiance bruyante, gaie et décontractée. L'atmosphère manque d'intimité, mais les plats de riz sont simples et copieux. Fermé dim. soir et lun.

GRÀCIA : La Rosa del Desierto €€
Plaça Narcís Oller 7, 08006 ***Tél*** *93 237 45 90* ***Plan*** *3 A2*

Le premier restaurant marocain de Barcelone reste pour beaucoup le meilleur. Le couscous ou les tagines, ou encore les viandes, les soupes et les salades sont servis dans une atmosphère chaleureuse. Goûtez aussi les infusions arabes. Fermé dim. soir.

GRÀCIA : Botafumeiro €€€€
C/Gran de Gràcia 81, 08012 ***Tél*** *93 218 42 30* ***Plan*** *3 A2*

Restaurant de poissons légendaire où les poissons et les crustacés s'empilent sur des bancs de glace dès l'entrée. La discrétion et le luxe attirent ici les personnalités de passage en ville, de Woody Allen à Madonna. Goûtez le tendre *pulpo Gallego* (poulpe galicien). Réservation indispensable.

GRÀCIA : Ot €€€€
C/Torres 25, 08012 ***Tél*** *93 284 77 52* ***Plan*** *3 B2*

Ce petit restaurant intimiste aux couleurs de coucher de soleil a fait une entrée remarquée sur la scène culinaire. L'unique menu-dégustation – sanglier fumé aux pommes de terre violettes et à la crème à l'ail sauvage ou thon au gratin de raisin – change chaque jour en fonction des produits du Mercat de la Llibertat.

GRÀCIA : Roig Robí €€€€
C/de Sèneca 20, 08006 ***Tél*** *93 218 92 22* ***Plan*** *3 A2*

Ce petit restaurant catalan intimiste et authentique est une référence. Bon choix de plats de *bacalao* (morue salée) et de plats typiques à base de fèves et d'artichauts. Jolie cour intérieure pour les soirées d'été. Fermé sam. midi et dim.

HORTA : Can Travi Nou €€€
C/Jorge Manrique, 08035 ***Tél*** *93 428 03 01*

Rares sont ceux qui s'aventurent si loin du centre pour dîner. Pourtant, cette ferme du XIXe siècle au charme d'antan mérite le détour. Les terrasses sont magnifiques. Au menu, viandes rôties, plats de riz et poisson frais. Fermé dim. soir.

POBLENOU : Els Pescadors €€€
Plaça Prim 1, 08005 ***Tél*** *93 225 20 18*

Ce restaurant aux multiples espaces – terrasse, salle à manger et cafétéria – porte le nom des pêcheurs qui le fréquentaient. Excellents plats du jour – moules extra-fraîches et autres délices de la mer. Goûtez les *anxoves* (anchois). Fermé dim. et lundi midi.

SANT GERVASI : La Balsa €€€
C/Infanta Isabel 4, 08060 ***Tél*** *93 211 50 48*

Cette excellente table est le rendez-vous du tout-Barcelone – sportifs, artistes, acteurs et hommes politiques. Le service est discret, le décor de bon goût, et les terrasses et les spécialités basques, catalanes et méditerranéennes sont parmi les meilleures de la ville.

TIBIDABO : El Asador de Aranda €€€
Avinguda del Tibidabo 31, 08022 ***Tél*** *93 417 01 15*

Perché au sommet d'une colline, cet établissement est le paradis des amateurs de viande : rôtis de porc et d'agneau fondants, côtelettes et steaks moelleux, et *burgos morcillas* (boudin noir). Vins rouges de La Ribera.

TIBIDABO : L'Orangerie €€€€
Carretera de Vallvidrera 83-93, 08035 ***Tél*** *93 259 30 00*

Perché sur la montagne qui domine Barcelone et la mer, à 30 minutes de voiture de la ville, ce magnifique restaurant avec vue vous accueille pour le thé et les gâteaux dans l'après-midi, le brunch jazzy du dimanche ou un repas gastronomique. Musique live certains jours.

CATALOGNE

ALTAFULLA : Faristol €€

C/Sant Martí 5 (Tarragona), 43893 ***Tél*** *977 65 00 77*

Le couple anglo-catalan qui vous accueille dans cette charmante ferme du XVIIe siècle pour une escapade romantique loin de la ville propose une cuisine catalane traditionnelle. Chambres disponibles. Musique les vendredi et samedi soirs. D'oct. à mai, ouvert uniquement du ven. au dim.

ANDORRA LA VELLA : Borda Estevet €€€

Carretera de la Comella 2, ***Tél*** *376 86 40 26*

Cet ancien manoir sert encore à faire sécher le tabac récolté dans les environs. Atmosphère désuète. Grand choix de spécialités d'Andorre, de Catalogne et de France. Les viandes sont exceptionnelles, en particulier les *carns a la llosa* servies sur une ardoise crépitante.

ARENYS DE MAR : Hispania €€€

C/Real 54, Carretera NII, 08350 ***Tél*** *93 791 04 57*

Célèbre bistro souvent primé pour la qualité de sa cuisine. On vient de loin pour son *suquet de peix* (ragoût de poisson) et sa *crema catalana* maison (crème brûlée caramélisée). Fermé dim. soir, mardi, à Pâques et en oct.

BERGA : Sala €€€

Passeig de la Pau 27, 08600 ***Tél*** *93 821 11 85*

Table réputée pour ses copieux plats d'hiver, notamment les champignons frais des forêts voisines. Berga est une région à champignons et à gibier. Cuisine très inventive. Menu dégustation. Fermé dim. soir et lun.

BOLVIR DE CERDANYA : Torre del Remei €€€€

Camí Reial (Girona), 17539 ***Tél*** *972 14 01 82*

L'un des meilleurs hôtels-restaurants de la région est installé dans un palais d'été au milieu d'un décor verdoyant. Le chef met en valeur les produits régionaux : joue de veau fondante aux baies aigres-douces ou coquilles saint-jacques sauce Priorat.

CAMBRILS : Can Bosch €€€

Rambla Jaume I, 19, 43850 ***Tél*** *977 36 00 19*

Ce restaurant très réputé sert des poissons, des fruits de mer et des plats de riz magnifiques. L'*arroz negro* (riz à l'encre de seiche) est à la hauteur de sa réputation. Excellente carte des vins. Fermé dim. soir, lun. et une semaine en juin.

FIGUERES : Hotel Empordà €€€€

Hotel Empordà, Carretera NII, 17600 ***Tél*** *972 50 05 62*

Ce restaurant légendaire, fondé en 1961, a beaucoup contribué à hisser la Catalogne au rang d'étape gastronomique. On vient ici pour goûter à l'héritage du chef Jaime Subiró, notamment certains classiques tels que le *mar y muntaña* (mer et montagne).

GIRONA : El Celler de Can Roca €€€€

Carretera Taialá 40, 17007 ***Tél*** *972 22 21 57*

Fusion des Nouvelles Cuisines catalane et française. Un must si vous êtes gastronome. Les frères Roca créent des plats inventifs et brillants avec une terrifiante rapidité. Fermé dim., lun., les deux premières semaines de juillet et à Noël.

GRATALLOPS : Cellers de Gratallops €€€

Piró 32 (Priorat), 43737 ***Tél*** *977 83 90 36*

Cet élégant restaurant villageois est la propriété de la *bodega* du Clos l'Obac, l'un des pionniers du nouveau vignoble de Priorat. Au programme : toute la gamme des vins du cru, des huiles d'olive locales et un excellent menu aux accents marocains. Bonne adresse lors d'une excursion dans le vignoble.

LA SEU D'URGELL : El Castell €€€€

Carretera N260 km 229 (Lleida), 25700 ***Tél*** *973 35 07 04*

Situé au pied du château, dans un décor fantastique, cet hôtel-restaurant idyllique propose une excellente cuisine catalane moderne et de superbes vins. Beaucoup de plats à base de champignons sauvages des Pyrénées et de viandes de la région. Un menu différent est servi en terrasse.

LLEIDA : Lo Punt del Gourmet €€

C/ Salmerón 10, 25004 ***Tel*** *973 23 45 10*

L'ancien Forn del Nastasi propose une excellente cuisine régionale. Poivrons rouges et aubergines (*escalivada*) grillés, escargots *a la llauna* (au four) et spécialités : la *xatonada* » (haricots, cèpes et morue) et l'*esqueixada* (morue et civelles). Fermé dim. soir et lun.

Légende des symboles, *voir rabat de couverture*

LLORET DE MAR : El Trull €€

Ronda Europa 1, Cala Canyelles, 17310 ***Tél*** *972 36 49 28*

Si vos pas vous guident jusqu'aux rives défigurées de Lloret de Mar, rendez-vous dans ce charmant restaurant rustique. Bonne langouste grillée, poisson frais, *fideus* (nouilles catalanes), *paella* et grand choix de vins et de mousseux. Musique live en été.

MANRESA : Sibar €€€

C/Carrasco i Formiguera 18 (Barcelona), 08242 ***Tél*** *93 874 81 71*

Cet établissement moderne a une cafétéria au rez-de-chaussée et un élégant restaurant au sous-sol. Le *chuleton* (T-bone steak pour deux personnes minimum) est incomparable, tout comme l'omelette aux pommes de terre. Excellents vins régionaux.

MARTINET : Boix €€

Carretera N260 km 204,5 (Lleida), 25724 ***Tél*** *973 51 50 50*

Ce célèbre restaurant catalan sur les rives du Riu Segre sert des gigots d'agneau rôtis si tendres qu'on pourrait les manger à la cuiller. Le vin local léger et succulent des Costers del Segre les accompagne merveilleusement. Fermé dim. soir et lun.

MONT-RAS : La Cuina de Can Pipes €€€€

Barri Canyelles (Girona), 17253 ***Tél*** *972 30 66 77*

Cette élégante ferme du XVIIIe siècle sert d'excellents plats régionaux. Coquilles Saint-Jacques au gratin d'algues, caviar de saumon sur un lit de poivrons rouges rôtis, mini calamars et pieds de cochon veloutés, et turbot et riz aux champignons sauvages. Desserts divins ; plus de 200 crus. Réservation recommandée.

PERALADA : Castell de Peralada €€€€

Hotel Castell de Peralada, C/Sant Joan (Girona), 17491 ***Tél*** *972 53 81 25*

Cuisine traditionnelle accompagnée de vin en provenance des *bodegas* du château médiéval qui sert de décor. Le restaurant est situé à l'intérieur d'un casino. Les moins de 18 ans ne sont pas admis, sauf en juillet et août, lorsqu'un buffet est servi en terrasse.

ROSES : El Bulli €€€€

Cala Montjoi, Ap 30 (Girona), 17480 ***Tél*** *972 15 04 57*

Critiques et gourmets s'accordent tous pour dire que cette table située sur l'un des plus beaux rivages d'Espagne est la meilleure non seulement d'Espagne, mais aussi du monde. Ferran Adrià est aussi l'un des chefs les plus novateurs. Réservation indispensable. Fermé d'oct. à mars.

SANT CELONI : El Racó de Can Fabes €€€€

C/ de Sant Joan 6 (Barcelona), 08470 ***Tél*** *93 867 28 51*

Santi Santamaría est l'un des chefs emblématiques de la gastronomie espagnole. Son restaurant, installé dans sa maison natale, est une merveille. La carte de saison est un délice : crème de fenouil au crabe, ris de veau et purée, et canard sauvage à la graine de cacao. Réservation indispensable.

SANT POL DE MAR : Sant Pau €€€€

C/Nou 10 (Barcelona), 08395 ***Tél*** *93 760 06 62*

Ce magnifique restaurant à une heure de train de Barcelone exploite les richesses de la terre et de la mer dans des plats formidables à base de délicates fleurs de courgette, d'*espardenyes* (concombres de mer) et de sanglier. Seuls l'apéritif et le café sont servis en terrasse. Fermé lun.

SITGES : El Velero €€

Passeig de la Ribera 38 (Barcelona), 08870 ***Tél*** *93 894 20 51*

Restaurant du bord de mer aux créations imaginatives. La sole est servie sur un lit de champignons sauvages avec une onctueuse sauce au crabe, la langouste est nappée de crème de pois chiche, et les *navajas* (couteaux) sont d'une fraîcheur irréprochable. Fermé du 22 déc. au 22 janv.

TARRAGONA : El Merlot €€€

C/Cavallers 6, 43003 ***Tél*** *977 22 06 52*

Situé dans la vieille ville, ce restaurant propose des plats méditerranéens classiques. Gibier en saison, poisson frais et magnifiques desserts maison. Spécialités : salade de fleurs à la vinaigrette aux graines et aux pommes, tartare au foie gras et glace à l'anis. Bons vins.

VALLS : Masia Bou €€

Carretera Lleida km 21.5 (Tarragona), 43800 ***Tél*** *977 60 04 27*

La spécialité de la maison est le *calçot* (croisement de petits oignons blancs et de poireaux, grillé aux sarments de vigne et servi avec une succulente sauce aux amandes, aux noisettes et au poivron rouge) que l'on avale en basculant la tête en arrière. Folklorique et très traditionnel.

VIC : Floriac €€

Carretera Manresa-Vic N141 km 39.5, Collsuspina (Barcelona), ***Tél*** *93 743 02 25*

Cette *masia* (ferme) du XVIe siècle sert d'immenses assiettes régionales, d'excellents gibiers en saison et de délicieux desserts maison. Goûtez aussi le gratin de morue à l'*allioli* (mayonnaise à l'ail). Fermé deux semaines en fév. et deux semaines en juil.

Cafés et bars

Voici une sélection des cafés et des bars, traditionnels ou branchés, les plus typiques de Barcelone. Les cafés proposent généralement quelques alcools, et les bars servent aussi du café, ce qui devrait satisfaire à peu près toutes les envies.

CATEGORIES DE PRIX
Par personne pour un dîner avec entrée, plat et dessert, une demi-bouteille de vin de la maison, taxes et service compris.

€ moins de 20 euros
€€ de 20 à 35 euros
€€€ de 35 à 50 euros
€€€€ plus de 50 euros.

VIEILLE VILLE

Barcelona Rouge — €
C/Poeta Cabanyes 21, 08004 ***Tél*** *93 442 49 85* — ***Plan*** *2 D3*

Ce bar d'habitués est peu connu. Pour entrer, il faut sonner à une petite porte. Le long couloir tapissé de velours et gardé par des anges débouche sur un vaste espace ouvert où une clientèle branchée sirote des cocktails dans des canapés. Fermé dim. et lun.

Boadas — €
C/dels Tallers 1, 08001 ***Tél*** *93 318 88 26* — ***Plan*** *2 F1*

Sophia Loren et d'autres aimaient venir ici, comme en témoigne le mur de photos en noir et blanc. Les barmen en livrée préparent les meilleurs martinis de la ville pour une clientèle de Catalans et de touristes huppés. Fermé dim.

Bodega La Palma — €
C/Palma de Sant Just 7, 08002 ***Tél*** *93 315 06 56* — ***Plan*** *5 B3*

Bodega (cave) rustique au cœur de la vieille ville. Selon la tradition, le vin coule de vieux tonneaux dans des pichets en céramique. Bonnes *tapas*. Fermé dim., à Pâques et en août.

Caelum — €
C/de la Palla 8, 08002 ***Tél*** *93 302 69 93* — ***Plan*** *5 A2*

Cet élégant salon de thé intimiste à l'éclairage tamisé est situé dans les anciens thermes féminins du Quartier Juif (El Call). Thés, infusions et *capuccinos* accompagnés de confiseries typiques : *yemas* (jaunes d'œuf au sucre), *roscoes* (biscuits en forme d'anneau) et truffes au chocolat. Fermé lun. matin.

El Bosc de les Fades — €
Passatge de la Banca 72, 08002 ***Tél*** *93 317 26 49* — ***Plan*** *5 A3*

Troncs d'arbre, guirlandes scintillantes et cascades donnent à ce lieu original un air féérique. C'est le rendez-vous des piliers de bar. Détendez-vous et goûtez les cocktails, le vin, la bière et les délicieuses préparations à base de café.

El Café que pone Muebles Navarro — €
C/Riera Alta 4-6, 08001 ***Tél*** *93 442 39 66* — ***Plan*** *2 E2*

Cet espace tout en longueur est le temple de la récupération et le rendez-vous de la bohème locale. Aucun objet n'est en double et la salle est un bric-à-brac de canapés, de fauteuils bulles et de tables basses en formica. Idéal en groupes. En-cas inventifs. Fermé lun.

El Xampanyet — €
C/Montcada 22, 08003 ***Tél*** *93 319 70 03* — ***Plan*** *5 B3*

Ce minuscule bar décoré de carreaux de céramiques est réputé pour son cava, ses *montaditos* (petits sandwichs) et ses *tapas*. Le bar est vite bondé et les places assises sont chères, mais un séjour à Barcelone ne serait complet sans une visite ici. Fermé dim. soir, lun. et en août.

Escribà — €
La Rambla 83, 08002 ***Tél*** *93 301 60 27* — ***Plan*** *5 A3*

Situé dans un curieux bâtiment moderniste polychrome du côté sud du marché de La Boqueria, ce célèbre café est une institution locale. Ambiance idéale pour se remettre d'une matinée au marché.

Ginger — €
C/Palma de Sant Just 1, 08002 ***Tél*** *93 310 53 09* — ***Plan*** *5 B3*

Ici, l'espace à plusieurs niveaux a dicté la formule : bar à vins d'un côté, bar à cocktails de l'autre et fauteuils moelleux entre les deux. Ajoutez à cela un éclairage tamisé, un jazz mélodieux et des *tapas* délicieuses, et vous comprendrez qu'on y passe facilement toute une soirée.

Légende des symboles, *voir rabat de couverture*

La Granja €

C/Banys Nous 4, 08002 ***Tél*** *93 302 69 75* ***Plan*** *5 A2*

Lieu très bohème, surnommé La Vaca Lechera (la vache laitière) pour son décor de laiterie, et délicieusement suranné avec ses murs couleur crème et ses photographies jaunies. Spécialité : le chocolat chaud crémeux et épais, idéal pour les journées d'hiver.

Luz de Gas - Port Vell €

Moll del Dipòsit s/n, 08039 ***Tél*** *93 484 23 26* ***Plan*** *5 B4*

L'été, ce bateau à deux ponts est certainement l'une des adresses les plus recherchées de Barcelone. Amarré à la lisière du port de Port Vell, à côté d'autres yachts de luxe, c'est un endroit fabuleux pour observer les gens devant un *cava* (champagne catalan) glacé et des *tapas*.

Marsella €

C/Sant Pau 65, 08001 ***Tél*** *93 442 72 63* ***Plan*** *2 E3*

L'un des plus vieux bars du Barrio Chino, la partie basse et jadis mal famée du Raval, n'a rien perdu de son authenticité. Les lustres poussiéreux et les bouteilles anciennes créent une atmosphère conviviale. Spécialité : la fée verte (l'absinthe). Ni repas, ni *tapas*.

Sandwich & Friends €

Passeig del Born 27, 08003 ***Tél*** *93 310 07 86* ***Plan*** *5 B3*

La fresque géante de *Friends* (la série américaine) est l'œuvre du célèbre graphiste catalan Jordi Labanda, et les sandwichs ont été inventés par la clientèle. Vous pouvez toujours demander une combinaison spéciale si vous ne trouvez pas votre bonheur parmi la myriade de garnitures.

Textil Café €

C/Montcada 12, 08003 ***Tél*** *93 268 25 98* ***Plan*** *5 B3*

Ce confortable café donne sur la cour ombragée de l'un des nombreux palais de Montcada. Bon choix de pâtisseries, quiches, salades et sandwichs maison. Idéal pour un déjeuner léger. Le service est parfois lent. Musique live une fois par semaine et DJ le dimanche. Fermé lun.

Va de Vi €

C/Banys Vells 16, 08003 ***Tél*** *93 319 29 00* ***Plan*** *5 B2*

Arcades en pierre, sols en ardoise et tables en bois martelé composent une atmosphère. Ce lieu possède, en plus une cave de plus de 4 000 bouteilles de vin, *cava* et liqueur Charcuteries et fromages espagnols. Idéal pour dîner après le spectacle. Ouvert t.l.j. à partir de 18h.

EIXAMPLE

Cacao Sampaka €

C/Consell de Cent 292, 08007 ***Tél*** *93 272 08 33* ***Plan*** *3 A4*

L'empire du chocolat d'Albert Adrià (frère du grand chef Ferran Adrià) est une étape obligée pour les amateurs. Les chocolats sont réalisés à partir de graines de cacao de différentes régions d'Amérique du Sud, de décoctions de fleurs, de fruits ou d'épices, ou encore de saveurs plus bizarres telles que l'anchois et les olives noires *(voir p. 156)*.

Laie Librería Café €

C/Pau Claris 85, 08010 ***Tél*** *93 302 73 10* ***Plan*** *3 B3*

Cet élégant café-librairie tout proche de la plaça de Catalunya est l'endroit rêvé pour réfléchir à vos achats devant une tasse de bon café. Jolie terrasse intérieure, repas légers le soir et musique live. Jazz les mardis soirs de février. Fermé dim.

EN DEHORS DU CENTRE

GRÀCIA Café del Sol €

Plaça del Sol 16, 08012 ***Tél*** *93 415 56 63* ***Plan*** *3 B1*

L'un des plus célèbres cafés de Gràcia était jadis tenu par Señor Ramón, pianiste passionné. Il mourut il y a quelques années, mais son piano est toujours là, muet, et la stéréo diffuse un mélange éclectique de rock, de punk, de reggae et de blues. Bon choix de *tapas*.

GRÀCIA Mirabé €

C/Manuel Arnús 2, 08035 ***Tél*** *93 418 56 67*

Bar élégant au pied du téléphérique pour Tibidabo. Baies vitrées avec vue fantastique sur la ville et jardins en terrasses idylliques au printemps et en été. Ni repas, ni *tapas*.

FAIRE DES ACHATS À BARCELONE

Ville sophistiquée et élégante, Barcelonepossède plusieurs quartiers distincts où l'on peut faire des achats. Le passeig de Gràcia regroupe les boutiques de design et les grands couturiers, le Barri Gòtic, plus populaire accueille magasins d'antiquités et boutiques d'artisanat ; El Born réjouit les fans de mode et El Raval ceux qui aiment les marchés et les boutiques de musées. Tous les quartiers abritent des marchés alimentaires, extrêmement appétissants (44 en tout). La ville compte aussi des marchés aux puces, comme ceux d'els Encants et de Sant Cugat. Une bonne façn de découvrir les nombreuses boutiques de Barcelone est d'emprunter un taxi ou les transports en commun – ces deux modes de transports sont à fois fiables et bon marché.

Devanture moderniste

Le chocolat devient un art dans la boutique Escribà

NOURRITURE ET BOISSONS

Dans une ville où les vitrines des pâtisseries offrent partout des spectacles alléchants, **Escribà** atteint des sommets avec ses sculptures en chocolat. Autre magasin d'alimentation plein de caractère : **Colmado Quílez** dans l'Eixample. Cette merveilleuse épicerie ancienne propose un large choix de charcuteries, de fromages, de conserves, de vins et d'alcools espagnols.

GRANDS MAGASINS ET GALERIES MARCHANDES

La plus puissante chaîne de grands magasins d'Espagne, **El Corte Inglés**, possède plusieurs succursales en périphérie de la ville, mais la plus importante domine la plaça de Catalunya, où elle constitue un des principaux pôles commerçants de Barcelone. Sous un même toit, on trouve tout ce que l'on peut désirer, y compris des services comme la duplication de clés. Les hypermarchés sont très bien approvisionnés, mais peu accessibles sans voiture car ils sont situés loin du centre, au sud, le long de la Gran Via vers l'aéroport, au nord, dans l'avinguda Meridiana.
De construction récente pour la plupart, les galeries marchandes connaissent un immense succès. Les deux **Bulevard Rosa** renferment des centaines de boutiques de mode. Ils bordent le passeig de Gràcia et l'avinguda Diagonal, où s'ouvre aussi **L'Illa.**

MODE

Dans le quartier d'Eixample, aux alentours du passeig de Gràcia, les boutiques de grands couturiers internationaux voisinent avec celles de stylistes espagnols tels qu'**Adolfo Domínguez**, qui propose une ligne moderne, mais sobre. Pour des articles de mode dégriffés, essayez **Contribuciones. Armand Basi** vend des tenues de loisir et de sport de qualité, et **Calzados E Solé**, dans la vieille ville, des chaussures et des bottes faites main.

BOUTIQUES SPÉCIALISÉES

Barcelone compte de nombreuses boutiques d'artisanat comme **La Caixa de Fang**, où vous trouverez un large choix de céramiques espagnoles, en particulier de beaux carreaux et des marmites traditionnelles catalanes. **L'Estanc** est pour les fumeurs un paradis où les meilleurs havanes les attendent.
À **La Manual Alpargatera**, les espadrilles de toutes les couleurs sont fabriquées sur place et à la main.
La plus vieille boutique de la ville, **Cereria Subirà** *(p. 54-55)*, vend des bougies de toutes les formes imaginables.

Boutique de mode masculine d'Adolfo Domínguez

DESIGN, ART ET ANTIQUITÉS

Si vous aimez les créations actuelles, ou cherchez simplement un cadeau, essayez **Vinçon**, sur le passeig de Gràcia. Vous y trouverez tout ce qu'il faut pour embellir une maison, y compris de superbes meubles et tissus. Installé dans un immeuble dessiné par Domènech i Montaner, **BD-Ediciones de Diseño** possède l'atmosphère d'une galerie d'art. À côté de mobilier inspiré des dessins de Gaudí et de Charles Rennie Mackintosh, vous y découvrirez de splendides réalisations contemporaines. La plupart des galeries d'art privées de Barcelone bordent la carrer Consell de Cent dans Eixample, tandis que le Barri Gòtic recèle de petits magasins d'antiquités, notamment dans la carrer de la Palla et la carrer del Pi. L'**Arca de l'Avia** vend de beaux meubles, des poupées anciennes, des soieries et des dentelles.

Présentation de meubles dépouillée chez Vinçon

Éventaires du marché de La Boqueria

LIVRES ET JOURNAUX

La plupart des kiosques du centre-ville diffusent des journaux français, mais c'est à la Fnac de **L'Illa** et chez **Crisol**, qui vend aussi livres, cassettes vidéo et CD , que vous trouverez le plus vaste éventail de quotidiens et de magazines étrangers.

MARCHÉS

Une visite à **La Boqueria**, l'immense marché couvert de La Rambla, s'impose. Tous les jeudis, un marché aux antiquités se tient plaça Nova. Le dimanche, monnaies et timbres s'installent plaça Reial, et un marché aux artisans a lieu près de la Sagrada Família. Des étals vendent fromage, miel et douceurs sur la plaça del Pi les premiers et troisièmes vendredis et samedis et dimanches du mois. Le marché aux puces, **Encants Vells** *(p. 99)*, a lieu le lundi, le mercredi, le vendredi et le samedi. au nord de la Plaça de les Glories Catalanes.

Adresses

NOURITURE ET BOISSONS

Colmado Quílez
Rambla de Catalunya 63.
Plan 3 A4.
Tél. 93 215 23 56.

Escribà Pastisseries
La Rambla 83.
Plan 2 F4.
Tél. *93 301 60 27.*
Gran Via de les Corts Catalanes 546.
Plan 2 E1.
Tél. *93 454 75 35.*

GRANDS MAGASINS ET GALERIES MARCHANDES

Bulevard Rosa
Passeig de Gràcia 55.
Plan 3 A4.
Tél. *93 378 91 91.*

El Corte Inglés
Avinguda Diagonal 617-619.
Tél. *93 366 71 00.*

L'Illa
Avinguda Diagonal 545-557.
Tél. *93 444 00 00.*

MODE

Adolfo Domínguez
P de Gràcia 89. **Plan** 3 A3.
Tél. *93 215 13 39.*

Armand Basi
Passeig de Gràcia 49.
Plan 3 A3.
Tél. *93 215 14 21.*

Calzados E Solé
Carrer Ample 7. **Plan** 5 A3.
Tél. *93 301 69 84*

Contribuciones
Riera de Sant Miquel 30.
Plan 3 A2.
Tél. *93 218 71 40.*

BOUTIQUES SPÉCIALISÉES

La Caixa de Fang
C/ Freneria 1. **Plan** 5 B2.
Tél. *93 315 17 04.*

Cereria Subirà
Bajada Llibreteria 7.
Plan 5 B2. **Tél.** *93 315 26 06.*

L'Estanc
Via Laietana 4. **Plan** 5 B3.
Tél. *93 310 10 34.*

La Manual Alpargatera
C/ d'Avinyó 7. **Plan** 5 A3.
Tél. *93 301 01 72.*

DESIGN, ART ET ANTIQUITÉS

L'Arca de l'Avia
Carrer dels Banys Nous 20.
Plan 5 A2.
Tél. *93 302 15 98.*

BD-Ediciones de Diseño
Carrer de Mallorca 291.
Plan 3 B4.
Tél. *93 458 69 09.*

Vinçon
P de Gràcia 96. **Plan** 3 B3.
Tél. *93 215 60 50.*

LIVRES ET JOURNAUX

Crisol
Rambla de Catalunya 81.
Plan 3 A4.
Tél. *93 215 27 20.*

MARCHÉS

La Boqueria
La Rambla 101. **Plan** 5 A2.

Encants Vells
C/ Dos de Maig, P de les Glòries. **Plan** 4 F5.

Que manger et que boire ?

Les Barcelonais sont fiers à juste titre de leur héritage culinaire. La région produit des fruits et des légumes excellents, des viandes savoureuses et un choix étonnant de fromages. La mer offre chaque jour du poisson et des fruits de mer frais, et les vignobles de Penedès et de Priorat donnent l'un des meilleurs crus du monde. Barcelone est moins connue pour ses confiseurs, ses chocolatiers et ses pâtisseries, qui viennent pourtant compléter une gastronomie riche et complexe que le monde va très vite lui envier.

CHARCUTIERS, FROMAGERS ET TRAITEURS

Pour goûter quelques-uns des délices catalans, voire en emporter dans vos bagages, vous n'aurez que l'embarras du choix. Barcelone compte en effet de nombreux marchés alimentaires et d'excellents magasins d'alimentation. Nous vous conseillons de commencer par La Boqueria, le célèbre marché de la ville, sur La Rambla. Mais si vous craignez la bousculade et préférez faire vos achats dans le calme, rendez-vous dans l'une des nombreuses excellentes épiceries de la ville.

Origins 99,9 %, dans El Born, vend exclusivement des produits catalans – petites olives brunes en bocaux, sel parfumé à la truffe de Sant Joan, huiles et vinaigres, conserves maison et charcuterie artisanale. Se promener dans les rayons est déjà une invitation à la gourmandise ! À deux pas de là, **La Botifarrería de Santa María** est un maître de la charcuterie artisanale. Ses délicieuses saucisses maison ont des parfums aussi variés que fascinants – porc et seiche, bœuf et betterave, agneau et champignons sauvages. Toute la boutique dégage une appétissante odeur de charcuterie. **Casa Gispert** est recommandé si vous aimez les fruits secs et les noix. On y trouve aussi un délicieux café torréfié maison. La fabuleuse **Formatgeria La Seu** est le seul fromager d'Espagne à ne vendre que des fromages espagnols et catalans de petits producteurs – fromages de chèvre crémeux catalans, manchegos (six mois d'affinage) ou encore San Simóns en forme de bonnet d'âne fumés au bois de hêtre. On vous proposera de déguster trois fromages accompagnés d'un verre de vin pour seulement 2,50 euros.

La propriétaire, Katherine McLaughlin, commercialise également un petit choix d'olives artisanales, extrêmement savoureuses.

Colmado Quílez est une vieille épicerie fascinante où l'on trouve de tout – safran, jambon, choucroute et conserves espagnoles (certaines possèdent des emballages colorés magnifiques). Toujours dans l'Eixample, **Mantequeria Ravell** est une excellent épicerie de luxe. Elle ne vend pas uniquement des produits espagnols mais propose aussi beaucoup de produits italiens et français. Vous y trouverez toujours la meilleure qualité (à un prix assez élevé) : sel rose de l'Himalaya et *guindilla* (piments basques), entres autres. Le restaurant du premier étage est cher mais les plats qui sont servis sont sublimes.

L'**Herboristeria del Rei** n'est pas une épicerie, mais on y trouve un choix formidable de plantes médicinales, de thés et de miels.

L'herboristerie fut créée en 1823 et la reine Elisabeth II décida d'en faire le fournisseur officiel de la cour. La fontaine en marbre ornée du buste de Linné, célèbre naturaliste suédois, servait à stocker les sangsues.

CHOCOLATIERS ET CONFISEURS

Chocolatiers et pâtissiers tape-à-l'œil prolifèrent dans l'Eixample. Seul **Xocoa** essaime dans toute la ville, notamment dans El Born et dans le Barri Gòtic. Ses emballages rétro et ses formes originales et amusantes (CD ou clés géantes) en font le chocolatier le plus branché de la ville. **Escribà Pastisseries** est plus extravagant. Il sculpte des gâteaux somptueux, des pâtisseries et des reproductions de célébrités grandeur nature en chocolat (aussi bons à déguster que beaux à regarder). Le plus fin chocolatier reste toutefois **Enric Rovira**. Il est situé un peu à l'écart, mais faites le détour pour admirer les étonnantes copies en chocolat des pavés *rajoles* de Gaudí et les coffrets créés par des artistes catalans réputés. Chez **Cacao Sampaka**, la boutique d'Albert Adrià (le frère de Ferran Adrià, le célébrissime restaurateur), les chocolats sont aux anchois, aux olives noires et au bleu ou, plus classiques, aux herbes, aux épices et aux fleurs.

Pour des confiseries espagnoles plus traditionnelles, essayez **Antiga Casa Mauri** pour ses épaisses barres de *turrón* (nougat catalan) et **Caelum** pour ses *yemas* (jaunes d'œuf au sucre) et ses *mazapans* (pâtes d'amande) confectionnés au couvent. Pour les nostalgiques, **Jauja**, le plus ancien confiseur du pays, vend des bonbons traditionnels aux couleurs éclatantes.

Papabubble est une magnifique boutique de bois et de marbre où l'on assiste parfois à la fabrication des bonbons.

BOULANGERS ET PÂTISSIERS

Presque chaque rue de la ville a sa *panadería*, généralement ouverte sans interruption et fréquentée le matin tôt et vers 17 h, à la sortie des écoles.

Cusachs est l'une des meilleures. Depuis 1963, elle confectionne les traditionnels *coques* – gâteaux catalans, sucrés ou salés, qui se mangent le 23 juin, veille de la Saint Jean (voir *p. 35*), date du solstice d'été.
Sur la major de Sarriá, **Foix de Sarrià** est réputée pour ses excellentes pâtisseries. N'hésitez pas à goûter ses spécialités : « gâteau royal », *sachertorte panellets* (gâteaux ronds à la pâte d'amandes), *pasta de té* (biscuits aux fruits) et *saras* (biscuit de Savoie nappé de crème au beurre et d'amandes).
Si vous êtes amateur de pain, sachez que les meilleurs pains de la ville sont confectionnés chez **Bopan**, près de la rambla de Catalunya. Cet élégant et agréable café revisite de nombreux types de pain – classiques ou exotiques.

VINS ET CIGARES

Lavinia est le plus grand marchand de vins d'Espagne. Il possède plusieurs filiales à Madrid et a ouvert plus récemment une boutique à Paris. Le choix est immense, les amateurs de vins trouveront des milliers de marques du monde entier, mais ils feront de meilleures affaires dans la vieille ville. Dans El Born, **Vila Viniteca** propose un formidable choix de vins espagnols et catalans. Vous y trouverez un très honnête vin de table à 3 euros mais aussi des bouteilles de priorat et de rioja, pouvant atteindre 300 euros. Bien sûr, il serait sacrilège de quitter Barcelone sans rapporter dans vos bagages une bouteille de *cava*, le mousseux catalan unanimement apprécié dans le pays. Il existe de nombreux producteurs de *cava* **Xampany** est le spécialiste des *cavas* issus de petites exploitations de la région viticole de Penedès. Les amateurs de cigares et les fumeurs de pipe apprécieront le beau choix de havanes du légendaire **Gimeno**.

ADRESSES

CHARCUTIERS, FROMAGERS ET TRAITEURS

La Botifarrería de Santa María
Carrer Santa María 4.
Tél *93 319 97 84.*

Casa Gispert
C/Sombrerers 23, Born.
Plan 5 B3.
Tél *93 319 75 35.*

Colmado Quílez
Rambla de Catalunya 63, Eixample.
Plan 3 A3.
Tél *93 215 23 56.*

Formatgeria La Seu
C/Dagueria 16, Barri Gòtic.
Tél *93 412 65 48.*

Herboristeria del Rei
C/ del Vidre 1, Barri Gòtic.
Tél *93 318 05 12.*

Mantequeria Ravell
C/Arago 313.
Plan 3 A4.
Tél *93 457 51 14.*

Origins 99.9%
C/Vidrieria 6-8, Born.
Tél *93 310 75 31.*

CHOCOLATIERS ET CONFISEURS

Antiga Casa Mauri
C/Flassanders 32.
Plan 5 C2.
Tél *93 310 04 58.*

Cacao Sampaka
C/Consell de Cent 292, Eixample.
Plan 3 A4.
Tél *93 272 08 33.*

Caelum
C/Palla 8, Barri Gòtic.
Plan 5 A2.
Tél *93 301 69 93.*
Marina Square, 6 Raffles Boulevard.
Tél *67 33 11 11.*

Enric Rovira
Avinguda Jose Tarradellas 113, Eixample.
Tél *93 419 25 47.*

Escribà Pastisseries
La Rambla 83, Barri Gòtic.
Plan 5 A1.
Tél *93 301 60 27.*

Jauja
C/Santa Anna 27, Barri Gòtic.
Plan 5 A1.
Tél *93 318 13 45.*

Papabubble
C/Ample 28, Barri Gòtic.
Plan 5 A3.
Tél *93 268 86 25.*

Xocoa
C/Vidreria 4, Born.
Plan 5 B2.
Tél *93 319 63 71.*
C/Princesa 10, Born.
Tél *93 319 66 40.*
C/Petritxol 11-13.
Tél *93 301 11 97.*

BOULANGERS ET PÂTISSIERS

Bopan
Rambla de Catalunya, 119.
Plan 3 A3.
Tél *93 237 35 23.*

Cusachs
Bailén, 223.
Plan 3 C2.
Tél *93 213 77 29.*

Foix de Sarriá
Major de Sarriá, 57.
Tél *93 203 07 14.*
Fax *93 280 65 56.*

VINS ET CIGARES

Gimeno
La Rambla 100.
Plan 5 A1.
Tél *93 318 49 47.*

Lavinia
Av. Diagonal 605, Eixample.
Plan 3 A2.
Tél *93 363 44 45.*

Vila Viniteca
C/Agullers 7-9, Born.
Plan 5 B3.
Tél *93 310 19 56.*

Xampany
C/Valencia 200.
Plan 3 A4.
Tél *93 453 93 38.*

Vêtements et accessoires

Les rues de Barcelone sont pleines de boutiques de vêtements. La ville n'a rien à envier à Paris, Londres ou New York. Les stylistes catalans comme Antonio Miró et Custo, les chaînes de magasin haut de gamme telles que Mango et Zara, et les milliers de boutiques originales font de la mode espagnole l'une des plus dynamiques au monde.

BIJOUX, SACS ET ACCESSOIRES

Les sacs, bijoux, chapeaux et autres babioles sont indispensables aux véritables passionnées de mode. Ces dernières, après avoir arpenté la ville et visité les musées trouveront leur bonheur dans les innombrables cavernes d'Ali Baba de Barcelone. La minuscule boutique **New Born** vend de somptueux bijoux en émail faits main aux motifs de fleurs et de papillons arc-en-ciel. La styliste allemande Alexandra Steinforth crée également des robes du soir uniques pour des occasions spéciales (vous êtes sûre de ne pas retrouver la robe de vos rêves sur le dos d'une aure femme !) **Rafa Teja Atelier** confectionne d'exquises vestes brodées, des écharpes en patchwork, des sacs à main et des foulards en soie peints à la main dans des tissus, des textures et des coloris somptueux.

Emportez un peu de la vie barcelonaise en repartant avec un sac **Demano**. Les modèles Demano sont en vente dans toute la ville, notamment chez **Vinçon** *(p. 154)* et **Casas**. Ces sacs originaux sont une création des stylistes Marcela Manrique, Liliana Andrade et Eleonora Parachini, qui ont choisi, en collaboration avec la Mairie, de recycler les banderoles publicitaires en PVC servant à annoncer les nombreux événements culturels de la ville.

0,925 est installé dans les anciennes étables du Palau Cerbello (XIIIe siècle), dont fait partie le célèbre Museu Picasso. Cette boutique branchée vend des bijoux originaux faits main en argent, en or, en titane et en palladium créés par une vingtaine de stylistes espagnols et catalans.

Hipòtesi propose lui aussi des pièces uniques. Depuis 17 ans, il présente environ 650 stylistes différents sur catalogue et vend essentiellement des bijoux, des foulards et des sacs dans des matières aussi variées que boutons, fermetures éclairs et perles, mais aussi or blanc, bois et platine. On peut aussi y admirer le talent des meilleurs élèves de l'École d'Art Massana.

CRÉATEURS ESPAGNOLS ET INTERNATIONAUX

Les stylistes indépendants **Giménez & Zuazo** proposent aux femmes raffinées des chemises, des robes et des pantalons réellement uniques et une collection couture abordable. El Born est rempli de boutiques de stylistes. Pour les hommes, **Black Jack** a choisi entre autres Dolce & Gabbana, Bikkembergs et Vivienne Westwood.

L'avenida Diagonal et le passeig de Gràcia restent toutefois le paradis de la mode, avec les boutiques **Chanel**, **Carolina Herrera**, **Gucci** et **Hermès**, ainsi que **Loewe** pour la maroquinerie de luxe et **Pelleteria La Sibèria** pour le prêt-à-porter, le daim, le cuir et la fourrure.

OCCASION ET VINTAGE

La minuscule carrer Baixa d'El Raval est l'équivalent local de Carnaby Street à Londres, avec ses puces du samedi (attention ! les horaires sont variables) et ses nombreuses boutiques fabuleuses. La boutique vintage **Lailo** vend de tout – costumes du Liceu, robes vintage et maillots de bains 1950. En face, **Mies & Felj**, spécialiste de la mode post-1960 et 1970, vend aussi des rideaux aux couleurs vives, des vestes en cuir fourrées et des robes chinoises. Les fans de mode y trouveront leur bonheur.

GRANDES ENSEIGNES ET MODE SPORT

Les enseignes espagnoles **Zara** et **Mango** sont omniprésentes. Toutes deux ont ancré leur navire amiral sur le passeig de Gràcia. On y trouve d'excellents basiques, tenues de travail et robes de soirées tendance, ainsi qu'un bon rayon hommes. Plus haut de gamme, **Massimo Dutti** et **Adolfo Domínguez** proposent des coupes plus classiques. Pour une mode plus personnelle, le mieux est d'arpenter les petites boutiques indépendantes d'El Born et du Barri Gòtic. Dans la Vieille Ville, la carrer d'Avinyo, qui inspira le jeune Picasso, attire aujourd'hui une clientèle jeune et branchée, séduite par son ambiance de marché, ses boutiques indépendantes et ses enseignes sportives incontournables – Adidas, Puma et Nike. **Overales & Bluyines** fut l'un des premiers temples de la mode d'El Born et reste l'une des meilleures adresses pour les marques de toutes sortes. Pour la mode urbaine décontractée, rendez-vous chez **Desigual**. **Doshaburi** propose le plus grand choix de Levis vintage d'Espagne ainsi que des marques japonaises plus originales. **Custo**, le plus célèbre des stylistes barcelonais, possède dans la vieille ville deux magasins remplis de piles de tee-shirts aux couleurs vives, de manteaux et de chemises. Enfin, les fans de football trouveront tous les produits dérivés du célèbre et talentueux FC Barcelone – écharpes, chaussures et ballons – à la **Botiga del Barca**, l'une des boutiques officielles du club.

CHAPEAUX ET CHAUSSURES

Les chaussures en cuir à motifs aux semelles décoratives de la célèbre marque majorquine **Camper** sont vendues environ 25 % moins cher à Barcelone que partout ailleurs en Espagne. Profitez de votre séjour pour faire des emplettes. **La Manual Apargatera** est une autre marque culte, surtout chez les danseurs de *sardana* (danse folklorique catalane). Les célébrités y viennent également pour acheter des espadrilles et de superbes et originaux chapeaux de paille faits main. Les boutiques **Casas Sabaters** proposent les meilleures marques de chaussures espagnoles ainsi que des soldes de dernière minute et des fins de série. **Le Shoe** est véritablement le temple des talons aiguilles très chic et hors de prix ; les élégantes y trouvent un grand choix de chaussures Manolo Blahniks, Jimmy Choos et Miu Miu. Pour faire des affaires, rendez-vous à deux pas, au **I12** pour des Marc Jacobs, des Emma Hoes et des Sonia Rykiel de la saison dernière à prix plancher. Le chapelier **Sombrereria Obach** propose tous les classiques – bérets basques, stetsons et panamas.

ADRESSES

BIJOUX, SACS ET ACCESSOIRES

0,925
C/ Montcada 25,
Born.
Plan 5 B3.
Tél *93 319 43 18.*

Demano
Pallars 94, 7, 1a.
Plan 6 E2.
Tél *93 300 4807.*

Hipòtesi
Rambla de Catalunya 105,
Eixample.
Plan 3 A3.
Tél *93 215 02 98.*

New Born
C/Princesa 24,
Born.
Plan 5 B2.
Tél *93 511 31 25.*

Rafa Teja Atelier
C/Sta. Maria 18,
Born.
Tél *93 310 27 85.*
Fax *93 289 28 05.*

CRÉATEURS ESPAGNOLS ET INTERNATIONAUX

Black Jazz
C/Rec 28.
Plan 5 C3.
Tél *93 310 42 36.*

Carolina Herrera
Passeig de Gràcia 87,
Eixample.
Plan 3 A2–A5.
Tél *93 272 15 84.*

Chanel
Passeig de Gràcia,
Eixample.
Plan 3 A2–A5.
Tél *93 488 29 23.*

Giménez & Zuazo
C/Elisabets 20,
El Raval.
Plan 2 F2.
Tél *93 412 33 81.*

Gucci
Avenida Diagonal 415,
Eixample.
Plan 3 A2.
Tél *93 416 06 20.*

Hermès
Passeig de Gràcia 33.
Plan 3 A2-A5.
Tél *93 272 15 27.*

Loewe
Passeig de Gràcia.
Plan 3 A2–A5.
Tél *93 216 04 00.*

Pelleteria La Sibèria
Rambla de Catalunya 15,
Eixample.
Plan 3 A3.
Tél *93 317 05 83.*

OCCASION ET VINTAGE

Lailo
C/Riera Baixa 20,
El Raval.
Plan 2 F2.
Tél *93 441 37 49.*

Mies & Felj
C/Riera Baixa 4,
El Raval.
Plan 2 F2.
Tél *93 442 07 55.*

GRANDES ENSEIGNES ET MODE SPORT

Adolfo Dominguez
Passeg de Gràcia 89,
Eixample.
Plan 3 A2-A5.
Tél *93 215 13 39.*

Botiga del Barca
Maremàgnum
(Moll d'Espanya).
Plan 5 A4.
Tél *93 225 80 45.*

Custo
Plaça de les Olles 7.
Plan 5 B3.
Tél *93 268 78 93.*

Desigual
C/Argenteria 65,
Born.
Plan 5 B2.
Tél *93 310 30 15.*

Doshaburi
C/Lledó 4-6,
Barri Gòtic.
Plan 2 F2.
Tél *93 319 96 29.*
www.doshaburi.com

Mango
Passeig de Gràcia.
Plan 3 A2–A5.
Tél *93 215 75 30.*

Massimo Dutti
C/Argenteria 65,
Born.
Plan 5 B2.
Tél *93 310 30 15.*

Overales & Bluyines
Rec 65,
Born.
Plan 5 C3.
Tél *93 319 29 76.*

Zara
Passeig de Gràcia 16,
Eixample.
Plan 3 A2-A5.
Tél *93 318 76 75.*

CHAPEAUX ET CHAUSSURES

Camper
Plaça Àngels con
C/Elizabets,
El Raval.
Plan 2 F2.
Tél *93 342 41 41.*

Casas Sabaters
C/Portaferrissa 25.
Plan 5 A2.
Tél *93 302 11 32.*

I12
C/Laforja 105,
Gràcia.
Plan 3 A1.
Tél *93 414 55 13.*

La Manual Apargatera
C/D'Avinyó 7,
Barri Gòtic.
Plan 5 A3.
Tél *93 301 01 72.*

Le Shoe
C/Viñas 6,
Eixample.
Tél *93 241 10 22.*

Sombrereria Obach
Carrer del Call 2,
Barri Gòtic.
Plan 5 A2.
Tél *93 318 40 94.*

Spécialités

L'un des plaisirs de Barcelone est d'arpenter les ruelles de la Vieille Ville ou d'explorer les larges avenues de l'Eixample. Ces deux quartiers offrent un choix formidable de boutiques d'artisanat traditionnel. Artisanat qui, ailleurs, a souvent été remplacé par des copies industrielles. L'incroyable diversité des boutiques est étonnante et même si vous n'achetez rien, prenez le temps de regarder, ne serait-ce que pour le plaisir des yeux.

ART ET ANTIQUITÉS

Les amateurs d'antiquités et les collectionneurs seront gâtés. Le **Bulevard del Antiquaris**, sorte de centre commercial d'antiquités, abrite plus de 70 échoppes regorgeant de vestiges du passé : pièces anciennes, statues d'albâtre, tambours en métal, lustres Régence et vaste bric-à-brac. Les boutiques somptueuses de la carrer del Calle, dans l'ancien quartier juif du Barri Gòtic, sont aussi un rendez-vous des collectionneurs : **L'Arca de l'Àvia** – dentelles et tissus anciens, poupées anciennes et beaux meubles ; **Heritage** – bijoux en pierres semi-précieuses, soies et textiles anciens et étoles de vison ; et **Gemma Povo** – ouvrages décoratifs en fer. Dirigez-vous vers la carrer de la Palla, les magasins d'**Artur Ramon** (toutes portent son nom) proposent verreries et céramiques des XVIIIe et XIXe siècles et tableaux remontant au XIVe siècle. **Tandem** offre un choix magnifique de vieux globes fauves.
La galerie d'art la plus ancienne et la plus prestigieuse de Barcelone est la **Sala Parés**, qui expose de grands artistes catalans d'hier et d'aujourd'hui. Pour décorer vos murs sans vous ruiner, la **Boutique Galería Picasso** vend lithographies, posters et cartes postales des grands maîtres espagnols Miró, Picasso et Dalí. Plus contemporaine, **Metrònom** est une vitrine d'expositions multimédia et d'interprétations artistiques de la vie du XXIe siècle (spectacles, vidéo et installations).

LIVRES, MUSIQUE, DVD ET PAPETERIE

À Barcelone, on peut dénicher des gadgets fascinants et des cadeaux uniques que leur destinataire chérira à jamais. **Papirvm** est une papeterie à l'ancienne remplie de magnifiques stylos à plume, de bloc-notes en cuir imprimés William Morris et même de plumes et de carnets de commande rétro de la Boqueria. **Altaïr** est probablement la meilleure librairie de voyage d'Espagne. Elle propose un choix prodigieux de cartes, de guides de voyage et de beaux livres pour tous ceux qui vivent et se nourrissent de voyages. Si vous cherchez des livres en français, rendez-vous à **Casa del Llibre**, la plus grande libraire étrangère de la ville.
Le succès de Sonár *(p. 163)*, le festival annuel de musique électronique de Barcelone, a fait de la ville le rendez-vous des collectionneurs de musique. Rendez-vous chez **Cable Records** et dans El Raval en général pour trouver les derniers tubes des discothèques et les vieux vinyles, et chez **Herrera Guitars** pour acheter une bonne guitare espagnole classique.

CADEAUX ET BIBELOTS ORIGINAUX

El Born et le Barri Gòtic regorgent de trésors à la fois délicieux et étonnants. **Brasil Style** vend toutes sortes d'objets originaux pour la maison, dont d'amusants poulets en céramique et de magnifiques sets de table faits main. **Natural** est idéal pour des cadeaux chic et pas chers : chaussettes à motifs bonbons, chaussons en duvet, bloc-notes chinois et autres gadgets orientaux. **La Condoneria** (le temple du préservatif) propose des modèles de toutes sortes, de toutes formes, tailles, couleurs et parfums. Le magnifique **Cereria Subirà** est le plus ancien magasin de la ville (1761). Aujourd'hui, il vend un choix phénoménal de bougies décoratives et votives de toutes formes et de toutes tailles ; certaines sont spectaculaires. **El Rei de la Màgica** (1881) s'adresse aux magiciens en herbe. Non loin de là, **Arlequí Màscares** crée des masques folkloriques en papier mâché peints à la main, notamment des masques de la Commedia dell'arte, des masques de carnaval, des *gigantes* catalans (masques grotesques géants des fêtes locales), et des masques de tragédie grecque et du théâtre Nô.

LINGERIE ET PARFUMS

La chaîne française Sephora propose un grand choix de parfums et de cosmétiques de marque, souvent moins chers qu'à l'aéroport. Pour une parfaite harmonie aromatique, essayez les parfums de Ricardo Ramos : Agua de Barcelona N° 7 *para elle* (pour elle), N° 21 *para el* (pour lui) et N° 69 unisexe de **R Que R Rec**. Regia, l'un des meilleurs parfumeurs de la ville, propose un grand choix de créateurs classiques ou locaux et les dernières tendances de la parfumerie mondiale.
Le Boudoir est aménagé comme un nid d'amour du XVIIIe siècle avec lit en cuivre, miroirs dorés, tentures en velours et poèmes d'amour inscrits sur les murs. C'est aussi la boutique la plus sexy de Barcelone pour la lingerie en dentelle et en soie, la lingerie de nuit, les mules et les menottes en peluche, ainsi que de délicats accessoires érotiques. Pour des sous-vêtements plus

conventionnels, la chaîne espagnole **Women's Secret** crée des sous-vêtements raffinés et de très bonne qualité – ensembles couleur bonbon, maillots de bain et pyjamas tendance.

DÉCORATION D'INTÉRIEUR

Pile 43 est plus un café-bar qu'une boutique, mais on y trouve aussi bien des cendriers que des fauteuils en cuir usés. **Ici et Là** vend des pièces uniques pour toute la maison et des classiques de créateurs à prix imbattable. Les boutiques **Dom**, en revanche, sont plus tendance : sofas gonflables couleurs fluo, rideaux de perles métalliques et poubelles « PUSH ». Les fans de gadgets aimeront **Vinçon**, La Mecque du design barcelonais installée dans un grand et bel appartement 1900. On y trouve de tout – cocottes Le Creuset, gobelets basques *chiquito* à bord droit, chaises Sacco en soie et futons. Les clients qui ont des goûts plus classiques et les amateurs de chintz préfèreront **Coses de Casa.**
La boutique commercialise des couvertures en patchwork faites main, des imprimés boutons de rose et des motifs floraux style Laura Ashley.

ADRESSES

ARTS ET ANTIQUITÉS

L'Arca de L'Avia
C/Banys Nous 20,
Barri Gòtic.
Plan 5 A2.
Tél *93 302 15 98.*

Artur Ramon
Col.leccionisme C/Palla 23,
Barri Gòtic.
Plan 5 A2.
Tél *93 302 59 70.*

Artur Ramon Antiquari
C/Palla 25,
Barri Gòtic.
Plan 5 A2.
Tél *93 302 59 70.*

Artur Ramon Mestres Antics
C/Palla 10,
Barri Gòtic.
Plan 5 A2.
Tél *93 301 16 48.*
www.altair.es

Boutique Galería Picasso
C/Barra de Ferro 7.
Tél *93 268 44 50.*

Bulevard dels Antiquaris
Passeig de Gràcia.
Plan 3 A2-A5.
Tél *93 310 30 15/ 93 215 44 99.*

Gemma Povo
C/Banys Nous 5,
Barri Gòtic.
Plan 5 A2.
Tél *93 301 34 76.*

Heritage
C/Banys Nous 14,
Barri Gòtic.
Plan 5 A2.
Tel *93 317 85 15.*

Metrònom
C/Fusina 9, Born.
Plan 5 C2.
Tél *93 268 42 98.*

Sala Parés
C/Petritxol 5,
Barri Gòtic.
Plan 5 A2.
Tél *93 318 70 08.*

Tandem
C/Banys Nous 19,
Barri Gòtic.
Plan 5 A2.
Tél *93 317 44 91.*

LIVRES, MUSIQUE, DVD ET PAPETERIE

Altaïr
Gran Via 616,
Eixample.
Tél *93 342 71 71.*
Fax *93 342 71 78.*

Cable Records
C/Joaquín Costa 46,
El Raval.
Plan 2 F2.
Tél *93 317 20 59.*

Casa del Llibre
Passeig de Gràcia.
Plan 3 A2-A5.
Tél *93 272 34 80.*

Herrera Guitars
C/Marlet 6,
Barri Gòtic.
Tél *93 302 66 66.*
www.herreraguitars.com

Papirvm
C/Baixada de la Llibreteria 2,
Barri Gòtic.
Plan 5 A2.
Tél *93 310 52 42.*
www.papirum-bcn.com

CADEAUX ET BIBELOTS ORIGINAUX

Arlequí Màscares
C/ Princesa 7.
Plan 5 B2.
Tél *93 268 27 52.*
www.arlequimask.com

Brasil Style
Pl. Comercial 3,
Born.
Plan 5 C3.
Tél *93 268 86 30.*
Fax *93 268 86 31.*
www.brasilstyle.com

Cereria Subirà
Baixada Llibreteria 7.
Plan 5 A2.
Tél *93 315 26 06.*

La Condonería
Placa Sant Josep Oriol 7,
Barri Gòtic.
Plan 2 F2.
Tél *93 302 77 21.*

Natural
C/Argenteria 78,
Born.
Plan 5 B2.
Tél *93 268 25 25.*

El Rei de la Màgica
Carrer de la Princessa 11.
Plan 5 B2.
Tél *93 319 73 93.*

LINGERIE ET PARFUMS

Le Boudoir
C/Canuda 21.
Plan 5 A1.
Tél *93 302 52 81.*
www.leboudoir.net

R Que R Rec
C/Rec 75,
Born.
Plan 5 C3.
Tél *651 616 962.*

Regia
Passeig de Gracia 39.
Plan 3 A2-A5.
Tél *93 216 01 21.*

Women's Secret
C/Portaferrissa 7,
Barri Gòtic.
Plan 5 A2.
Tél *93 318 13 66.*

DÉCORATION

Coses de Casa
Plaça Sant Josep Oriol 5,
Barri Gòtic.
Plan 2 F2.
Tél *93 315 26 06.*

Dom
Passeig de Gràcia 76,
Eixample.
Plan 3 A2-A5.
Tél *93 487 11 81.*

Ici et Là
Plaça de Santa María del Mar 2.
Tél *93 268 11 67.*

Pilé 43
C/Agla 43.
Tél *93 301 30 54.*

Vinçon
Passeig de Gràcia 96.
Plan 3 A2-A5.
Tél *93 215 60 50.*

SE DISTRAIRE À BARCELONE

La vitalité de Barcelone se manifeste aussi par la richesse de sa programmation de spectacles vivants. De l'opéra du Liceu à l'étonnant Palau de la Música Catalana, en passant par les petitts théâtres indépendants qui jouent d'obscures comédies en catalan ou des drames en espagnol, les amateurs de spectacles n'ont que l'embarras du choix. Mais les visiteurs peuvent aussi se divertir en arpentant les rues et places piétonnes. Statues vivantes de La Rambla , concerts de musique classique ou de jazz, spectacles de danse (salsa, tango) s'offrent aux promeneurs curieux. De plus, de nombreux festivals musicaux et artistiques de qualité se déroulent tout au long de l'année. Ils attirent des spectateurs de toute l'Europe, voire d'autres continents.

Musicien de rue, Barri Gòtic

Le superbe intérieur du Palau de la Música Catalana

MAGAZINES DE SPECTACLES

Mis en vente le jeudi, *Guía del Ocio* est le guide le plus complet des spectacles et des films présentés à Barcelone chaque semaine. Le vendredi, *El País* et *La Vanguardia* ont un supplément divertissements.

SAISONS ET BILLETS

La saison de théâtre et de danse des salles les plus importantes dure de septembre à juin. En été, la ville organise le Festival del Grec *(p. 35)*, festival international de musique, de théâtre et de danse qui se tient en plein air dans des lieux tels que le Teatre Grec de Montjuïc et la plaça del Rei dans le Barri Gòtic. En septembre, la Festa de La Mercè *(p. 36)* donne lieu à des concerts variés. Vous pouvez acheter vos places directement à la billetterie de la salle de spectacle. Mais sachez que les succursales de la Caixa de Catalunya, les caisses d'épargne de La Caixa et les automates Sevi Caixi *(p. 146)* vendent aussi des billets pour de nombreux théâtres. Pour le Festival del Grec, adressez vous aux offices du tourisme.

FILM ET THÉÂTRE

Le **Mercat de les Flors** *(p. 165)* présente des pièces de qualité, classiques et modernes, en catalan. Autre salle importante, le nouveau **Teatre Nacional de Catalunya** *(p. 99)* se trouve près de l'Auditori de Barcelona. Les représentations de danse classique ont lieu au **Liceu**, mais il existe plusieurs compagnies de danse contemporaine qui donnent régulièrement des représentations au Mercat de les Flors de Montjuïc.

MUSIQUE

Le **Palau de la Música Catalana** *(p. 62)*, moderniste, est une des plus belles salles de concert du monde. D'une esthétique très différente, l'**Auditori de Barcelona** *(p. 167)*, siège de l'Orquestra Simfònica de Barcelona inauguré en 1999, possède deux auditoriums et accueille aussi de la musique de chambre. L'incendie du **Liceu** en 1994 a porté un rude coup à la vie culturelle de la capitale catalane. Heureusement, la ville, soucieuse de préserver l'excellente réputation de l'opéra, dégagea rapidement les crédits nécessaires aux travaux. La restauration de l'édifice s'est achevée en 1999 et le Liceu a repris sa place au grand soulagement des amateurs d'opéra.

ROCK, JAZZ ET SALSA

Des vedettes comme David Byrne et Paul McCartney ont joué au **Razzmatazz** *(p. 167)*. Des concerts en plein air ont lieu partout en ville en été. Les amateurs de jazz essaieront le **Harlem Jazz** Club *(p. 95)* et le

Spectacle de travestis dans l'un des nombreux clubs de Barcelone

Auditorium du Teatre Nacional de Catalunya

Jamboree *(p. 167)*, et ceux qui préfèrent la salsa, iront faire un tour à l'**Antilla Barcelona**.

VIE NOCTURNE

Les cafés au décor high-tech ouverts à Barcelone ces quinze dernières années, tels que les **Torres de Ávila**, du Poble Espanyol *(p. 89)*, et le **Mirablau**, qui offre une vue panoramique de la ville, sont devenus de véritables attractions touristiques. Des musiciens animent l'**Otto Zutz** et l'**Apolo**, moins chic mais tout aussi distrayants. Le paso doble règne en maître à **La Paloma**, salle de bal datant de 1904.

La vieille ville a deux bars réputés, **Boadas**, pour ses cocktails et **El Xampanyet** pour ses tapas *(p. 152)*. El Bosc de les Fades est le café du musée de Cives. Il est décoré avec beaucoup d'imagination et évoque un repaire de fées.

FESTIVALS

L'été est la saison des festivals. Lors du **Festival del Sonar**, les jeunes Européens composent une musique contemporaine grâce aux nouvelles technologies. En juin et juillet, le **Classica als Parcs** offre un divertissement plus classique.

PARC DE LOISIRS

En été, l'immense parc d'attractions du sommet du **Tibidabo** *(p. 98)* ne ferme qu'au petit matin le week-end. Prenez le tramway, le funiculaire ou le téléphérique pour vous y rendre.

SPORTS

L'équipe sportive la plus populaire est indéniablement le **F. C. Barcelona**, doté, avec Camp Nou *(p. 95)*, du plus grand stade de football d'Europe, mais Barcelone possède également une excellente équipe de basket-ball.

Jour de match au stade Camp Nou

ADRESSES

FILM ET THÉÂTRE

Liceu
La Rambla 51–59.
Plan 2 F3.
Tél. *93 485 99 00.*

Teatre Nacional de Catalunya
Plaça de les Arts 1.
Plan 4 F5.
Tél. *93 306 57 00.*

MUSIQUE

Auditori de Barcelona
Carrer de Lepant 150.
Plan 6 E1.
Tél. *93 247 93 00.*

Antilla Barcelona
Carrer de Aragó 141–143.
Tél. *93 451 45 64.*

Palau de la Música Catalana
Carrer de Sant Francesc de Paula 2. **Plan** 5 B1.
Tél. *90 244 28 82.*

VIE NOCTURNE

Apolo
Carrer Nou de la Rambla 113. **Plan** 2 E3.
Tél. *93 441 40 01.*

Boadas
Carrer dels Tallers 1.
Plan 5 A1.
Tél. *93 318 88 26.*

El Bosc de les Fades
Pasatge de la Banca.
Tél. *93 317 26 49.*

Mirablau
Plaça Doctor Andreu.
Tél. *93 418 58 79.*

Otto Zutz
Carrer de Lincoln 15.
Plan 3 A1.
Tél. *93 238 07 22.*

La Paloma
Carrer del Tigre 27.
Plan 2 F1.
Tél. *93 301 68 97.*

Torres de Ávila
Poble Espanyol, Avinguda del Marqués de Comillas.
Plan 1 A1.
Tél. *93 424 93 09.*

El Xampanyet
Carrer Montcada 22.
Plan 5 B2.
Tél. *93 319 70 03.*

FESTIVALS

Classics als Parcs
Information Parcs i Jardins
Tél. *93 413 24 00.*
www.bcn.es/parcsijardins

Festival del Sónar
Palau de la Virreina.
Tél. *90 288 89 02.*
www.sonar.es

Tickets
Tél. *90 210 12 12.*
www.telentrada.com

Tel Entrada
www.telentrada.com

Barcelona Metropolitan
www.barcelona-metropolitan

PARC DE LOISIRS

Tibidabo
Tél. *93 211 79 42.*

SPORTS

FC Barcelona
Camp Nou, Avinguda Aristides Maillol.
Tél. *93 496 36 00.*

Cinéma et théâtre

Barcelone s'est dotée de grands multiplexes et de salles plus intimistes proposant un grand choix de films pour tous les goûts. La ville accueille désormais plusieurs festivals de cinéma. Le théâtre, en revanche, est une vieille tradition et Barcelone offre l'une des scènes les plus avant-gardistes d'Espagne. La barrière de la langue ne doit pas vous empêcher d'aller voir un spectacle. Si vous n'êtes pas puriste, vous pourrez aussi assister à l'un des nombreux dîners-spectacles qui se donnent dans la ville.

CINÉMA

Ces dernières années, des réalisateurs tels qu'Alejandro Amenàbar *(Les Autres)*, l'écrivain et réalisatrice catalane Isabel Coixet *(Ma Vie Sans Toi)* et, bien sûr, le trublion du cinéma espagnol Pedro Almodóvar *(Femmes au bord de la crise de nerfs, Tout sur ma mère, Talons aiguilles, Kika, Parle avec elle, La mauvaise éducation)* ont relancé le cinéma espagnol. Aujourd'hui, Barcelone accueille des festivals de film indépendant. L'événement annuel majeur est le **Festival international du film de Sitges**, qui se déroule en décembre.

La plupart des cinémas de Barcelone diffusent les films en espagnol ou en catalan, mais aussi de plus en plus de films en VO. Il ne s'agit pas seulement des grosses productions hollywoodiennes mais aussi de films plus intimistes ou d'art et d'essai. Depuis son inauguration en 1995 dans le cadre du projet de restauration d'El Raval, le **Centre de Cultura Contemporània (CCCB)** est le point de convergence de la Barcelone moderne et culturelle. Ses expositions, ses conférences et ses projections, d'une grande qualité, le placent au carrefour de la culture contemporaine.

Icària Yelmo Cineplex, le plus grand multiplexe de la ville, est bâti autour d'un centre commercial avec fast-foods au rez-de-chaussée et boutiques au premier étage. Les films sont présentés en VO. Avec ses 1 832 places et l'un des plus grands écrans d'Europe (plus de 200 m²), **Urgel** est le plus grand cinéma de Barcelone. Entre El Raval et Eixample, le **Renoir Floridablanca,** cinéma, relativement récent, programme des films européens et internationaux (sous-titrés en espagnol ou en catalan). Dans Gràcia, **Verdi's I** et **II** affichent des productions indépendantes et une belle sélection de films étrangers. Ils organisent également des petits festivals thématiques intéressants qui permettent de découvrir notamment les courts-métrages de jeunes talents locaux. En été, le **Castell de Montjuïc** et la **Picina Bernat Picornell**, la piscine olympique de Montjuïc, organisent des projections en plein air, qui rencontrent un franc succès auprès de la population locale comme des visiteurs.

La **Filmoteca de la Generalitat de Catalunya** (cinémathèque du gouvernement catalan) propose un excellent programme, très éclectique qui se déroule sur deux ou trois semaines. On y voit ausi bien d'obscurs et parfois ingrats films d'Europe de l'Est que des succès commerciaux comme la comédie musicale *Moulin Rouge* de Baz Luhrmann. Les deux salles du **Méliès** présentent des films d'art et d'essai, des classiques d'Hollywood, des films d'horreur en noir et blanc et des rétrospectives sur Fellini ou Hitchcock. **Alexis** est un ancien théâtre transformé en petit cinéma d'art et d'essai sur la rambla de Catalunya. À l'affiche, les nouveaux films indépendants du monde entier en VO. C'est l'adresse préférée des cinéphiles.

De plus en plus de « bars-cinémas » proposent, pour le prix d'une bière, de voir un film sur un petit écran, assis sur une chaise d'écolier. **Void** n'est peut-être pas le plus confortable, mais c'est le rendez-vous des cinéphiles. L'affiche est généralement assez obscure. L'**IMAX Port Vell** garantit aux enfants le traditionnel frisson en 3D grâce à des films qui relatent une expédition dans l'Everest ou une spectaculaire plongée au milieu de pieuvres un peu inquiétantes.

Sachez que les tarifs sont réduits le lundi soir et en matinée le week-end. Plusieurs cinémas proposent des séances nocturnes et matinales.

THÉÂTRE ET DANSE

Il serait dommage que vous laissiez la barrière de la langue vous empêcher de découvrir la très novatrice et vivifiante scène barcelonaise. Les troupes de théâtre **Els Comdiants** et **La Cubana**, en particulier, conjuguent avec talent le théâtre, la musique, le mime et le folklore méditerranéen. Au minuscule **Llantiol Teatre** d'El Raval, l'affiche change chaque semaine : spectacles alternatifs, comédies, magie et autres impromptus destinés à un public mêlé d'expatriés – de plus en plus nombreux – et de Barcelonais, amateurs de théâtre. À l'autre bout de la ville, L'**Antic Teatre** abrite un centre culturel, un bar avec une terrasse sur le toit mal entretenue mais agréable lors des longues et chaudes soirées d'été et un petit restaurant végétarien.

Plusieurs sociétés de production alternatives telles que la compagnie argentine 4D Òptic y sont installée. Si vous êtes amateur de spectacles et de musique d'avant-garde, rendez-vous sans hésiter au **Mercat de les Flors**. L'ancien marché aux fleurs de Montjuïc accueille aussi quelques festivals. Citons notamment du film asiatique qui se déroule en automne.

La Rambla et Parallel

regroupent les grands théâtres de la ville. Le gigantesque **Teatre Tivoli** présente de beaux spectacles de danse et des récitals de stars catalanes, espagnoles et internationales. Sur La Rambla, le **Teatre Poliorama** privilégie les comédies musicales. Il propose plus occasionnellement des opéras et des spectacles de flamenco contemporain. Les vrais amoureux du théâtre doivent se rendre au **Teatre Nacional de Catalunya (TNC)**. Cet imposant édifice à colonnes de l'architecte catalan Ricardo Bofill met à l'affiche des metteurs en scène espagnols et catalans de talent. Le **Teatre Apolo** joue la carte des grandes comédies musicales telles que *We Will Rock You* de Queen et *Mama Mia* du groupe culte des années soixante-dix, ABBA.

La danse moderne est très appréciée et très bien représentée, notamment dans les grands théâtres de la ville. Le **Teatre Victòria**, sur l'avinguda del Paral.lel et le Liceu *(p. 166)* propose une programmation plus classique.

Si vous souhaitez voir du flamenco *(p. 167)* lors de votre séjour à Barcelone, sachez qu'il se donne des interprétations assez authentiques de cette danse sensuelle andalouse. Si vous avez la possibilité de voir le chanteur catalan de flamenco Mayte Martín, n'hésitez pas à réserver une place.

Certains établissements, notamment **El Tablao de Carmen** *(p. 167)*, proposent de bons dîners-spectacles pour les non puristes. Si vous êtes à la recherche d'événements moins touristiques et plus authentiques, rendez-vous au **Soniquete**, un bar du Barri Gòtic. Ici, il n'y a pas de programme, ce sont les clients qui font le spectacle. Il suffit d'attendre et de voir ce qui va se passer (nous conseillons aux timides de s'abstenir).

Salsa, mérengué et autres danses caribéennes sont à l'honneur dans différents clubs accueillants des grands noms de New York, Porto Rico et Cuba. Rejoignez-les (et participez aux cours de danses gratuits) à l'**Antilla BCN Latin Club** ou au **Buenavista Salsa Club** dans l'Eixample.

ADRESSES

CINÉMA

Alexis
Rambla de Catalunya 90.
Plan 3 A3.
Tél *93 215 05 06.*

CCCB
C/Montalegre 5.
Plan 2 F2.
Tél *93 306 41 00.*
www.cccb.org

Festival Internacional de Cinema de Catalunya
Sitges.
Tél *93 419 36 35.*
www.sitges.com/cinema

Filmoteca de la Generalitat de Catalunya
Avda Sarrià 31-33, Eixample.
Tél *93 410 75 90.*

Icària Yelmo Cineplex
C/Salvador Espriu 61, vila Olímpica.
Plan 6 E4.
Tél *93 221 75 85.*
www.yelmocineplex.es

IMAX Port Vell
Moll d'Espanya, Port Vell.
Plan 5 A4.
Tél *93 225 11 11.*

Méliès
C/Villarroel 102, Eixample.
Plan 2 E1.
Tél *93 451 00 51.*

Renoir Floridablanca
C/Floridablanca 135, Eixample.
Plan 1 C1.
Tél *93 228 93 93.*
www.cinesrenoir.es

Urgel
Comte d'Urgell 29.
Plan 2 E1.
Tél *90 242 42 43.*

Verdi I
C/Verdi 32, Gràcia.
Plan 3 B1.
Tél *93 238 79 90.*
www.cines-verdi.com

Verdi II
C/Torrijos 49, Gràcia.
Plan 3 C2.
Tél *93 238 79 90.*

Void
C/Ferlandina 51.
Plan 2 E1.
Tél *93 443 42 03.*
www.void-bcn.com

THÉÂTRE ET DANSE

L'Antic Teatre
C/Verdaguer i Callís 12, La Ribera.
Plan 5 A1.
Tél *93 315 23 54.*

Antilla BCN Latin Club
C/Aragó 141, Eixample.
Plan 3 A4.
Tél *93 451 45 64.*
www.antillasalsa.com

Buenavista Salsa Club
C/Roselló 217, Eixample.
Plan 3 A3.
Tél *93 237 65 28.*
www.salsabuenavista.com

Gran Teatre del Liceu (Opera House)
La Rambla 51-59.
Plan 5 A1.
Tél *93 485 99 00.*
www.liceubarcelona.com

Llantiol
C/Riereta 7, El Raval.
Plan 2 E2.
Tél *93 329 90 09.*

Los Tarantos
Plaça Reial 17.
Plan 5 A3.
Tél *93 318 30 67.*

Mercat de les Flors
C/de Lleida 59.
Plan 1 B2.
Tél *93 426 18 75.*

Soniquete
C/Milans 5, Barri Gòtic.
Plan 5 A3.

Teatre Apolo
Av del Paral.lel 57.
Plan 1 B1.
Tél *93 441 90 07.*

Teatre Nacional de Catalunya (TNC)
Plaça de les Arts 1.
Tél *93 306 57 06.*

Teatre Poliorama
La Rambla 115, Barri Gòtic.
Plan 5 A1.
Tél *93 317 75 99.*
www.teatrepoliorama.com

Teatre Tívoli
C/Casp 10-12, Eixample.
Plan 3 B5.
Tél *93 412 20 63.*

Teatre Victòria
Av del Paral.lel 67-69.
Plan 1 B1.
Tél *93 443 29 29.*

Musique

Peu de villes au monde peuvent prétendre rivaliser avec l'éclectisme de la scène musicale barcelonaise, où se côtoient de fantastiques salles de spectacles qui accueillent de grands noms de la musique – notamment le Palau de la Música Catalana et L'Auditori de Barcelona – et de petits clubs de jazz qui attirent des musiciens moins connus. Il faut aussi évoquer les temples interlopes de la musique électronique expérimentale et les clubs de flamenco poussiéreux et ténébreux où les gitans se retrouvent pour des soirées improvisées.

OPÉRA ET MUSIQUE CLASSIQUE

Les Catalans vouent à l'opéra et à la musique classique une vénération quasi-religieuse. Au XXe siècle, la région vit naître de grands artistes, notamment le violoncelliste Pablo Casals et les chanteurs lyriques José Carreras et Montserrat Caballé. La grande chanteuse interpréta avec brio *Barcelona* en duo avec Freddy Mercury.
Inauguré en 1847, le **Grand Teatre del Liceu** est l'un des opéras les plus spectaculaires au monde. Depuis plus de 150 ans, il domine la vie artistique catalane en dépit des bombardements et des incendies – le troisième et dernier remontant à 1994 – qu'il a du essuyer. La dernière réhabilitation lui a permis de retrouver toute sa splendeur. Malgré ces multiples revers de fortune, le Liceu a accueilli les plus grands artistes mondiaux – Puccini, Tchaïkovsky, les ballets russes de Diaghilev et les compositeurs catalans Pedrell, Vives et Enric Granados.
Le **Palau de la Música Catalana** est un autre joyau de l'architecture barcelonaise. Cette sublime fantaisie du maître du modernisme Lluís Domènech i Montaner accueille un public fidèle et des artistes enthousiastes. Le Palau est très réputé pour ses festivals de jazz et de guitare et reçoit régulièrement des orchestres symphoniques nationaux et internationaux. Le Grand Teatre del Liceu et Palau de la Música Catalana organisent des visites guidées pendant la journée (réservation à l'avance nécessaire), mais seul un spectacle permet de savourer pleinement l'atmosphère de ces salles exceptionnelles.
Construit pour répondre à la demande croissante de places et pour attirer toujours plus de musiciens internationaux, L'**Auditori de Barcelona** occupe une place importante dans la vie artistique catalane. Conçu à l'origine pour des concerts classiques et des récitals orchestraux, il a aussi accueilli des géants du jazz, de la pop et du rock. Les églises et les cathédrales de la ville organisent régulièrement des concerts de chant choral. Surveillez les programmes et les affiches : l'Iglesia Santa Maria del Pi, la grande cathédrale de la plaça del Pi, et l'Iglesia Santa Maria del Mar (surtout pendant la période de Noël) sont particulièrement actives.

MUSIQUE LIVE : ROCK, JAZZ ET BLUES

Les clubs, les pubs, les stades et les salles de concert de Barcelone ne valent peut-être pas ceux qui ont hissé Londres au rang de capitale mondiale de la musique live, mais ils se défendent bien compte tenu de la taille de la ville. On peut y voir des stars telles que Kylie Minogue et Madonna, et des prodiges du jazz contemporain tels que le Brad Mehldau Quartet, des groupes de hip-hop, de rap, de world music, de country et de rock.
En 2004, deux des salles de jazz emblématiques de la ville – La Boîte et La Cova del Drac – ont fermé leurs portes à la grande stupéfaction et au désespoir du public. Le vide qu'elles laissent reste à combler. Mais Barcelone compte de nombreuses petites salles. **Jamboree**, une cave de la plaça Reial, accueille un certain nombre de poids lourds du jazz ainsi que des formations plus expérimentales et des solistes tels que le saxophoniste Billy McHenry. Le **Jazz Si Club** est une salle plus obscure mais très appréciée des amateurs. Il ouvre sa programmation aux étudiants de l'école de musique voisine.
Les concerts sont généralement gratuits, ou très bon marché. Le **Harlem Jazz Club** est petit, bondé et enfumé, mais c'est l'un des plus vieux clubs de jazz alternatif. Il accueille des groupes de jazz moins connus mais néanmoins talentueux. **Little Italy** fait le bonheur de ceux qui aiment dîner en écoutant jouer des musiciens. Le restaurant **Nao Colón** se transforme lui aussi en salle de spectacle une fois le service terminé. Le programme est éclectique : bossa nova, soul et funk. La salle de jazz la plus formelle de Barcelone est toutefois le **Teatre Lliure** (théâtre « libre ») de Montjuïc. À l'affiche : maîtres du jazz contemporains, orchestres modernes et grooves expérimentaux accueillant toutes sortes de musiciens, d'Eric Mingus au Sun Ra Arkestra de Marshall Allen. Les amateurs de jazz sont comblés.
L'une des deux grandes salles pop et rock est le **Bikini**, version barcelonaise du Studio 54 – inauguré en 1953, soit un an avant l'icône new-yorkaise. Ce vétéran, ouvert à partir de minuit, continue d' accueillir de grands noms. L'autre lieu, le **Razzmatazz**, est probablement la plus importante salle de concert de la ville. Il accueille les groupes indépendants dans la lignée de Blur et Pulp, la version 2004 des Beastie Boys ou les rappers gallois Goldie Looking Chain. Les soirées se poursuivent jusqu'à l'aube chez ses voisins le Razz Club

regroupent les grands théâtres de la ville. Le gigantesque **Teatre Tivoli** présente de beaux spectacles de danse et des récitals de stars catalanes, espagnoles et internationales. Sur La Rambla, le **Teatre Poliorama** privilégie les comédies musicales. Il propose plus occasionnellement des opéras et des spectacles de flamenco contemporain. Les vrais amoureux du théâtre doivent se rendre au **Teatre Nacional de Catalunya (TNC)**. Cet imposant édifice à colonnes de l'architecte catalan Ricardo Bofill met à l'affiche des metteurs en scène espagnols et catalans de talent. Le **Teatre Apolo** joue la carte des grandes comédies musicales telles que *We Will Rock You* de Queen et *Mama Mia* du groupe culte des années soixante-dix, ABBA.

La danse moderne est très appréciée et très bien représentée, notamment dans les grands théâtres de la ville. Le **Teatre Victòria**, sur l'avinguda del Paral.lel et le Liceu *(p. 166)* propose une programmation plus classique.

Si vous souhaitez voir du flamenco *(p. 167)* lors de votre séjour à Barcelone, sachez qu'il se donne des interprétations assez authentiques de cette danse sensuelle andalouse. Si vous avez la possibilité de voir le chanteur catalan de flamenco Mayte Martín, n'hésitez pas à réserver une place.

Certains établissements, notamment **El Tablao de Carmen** *(p. 167)*, proposent de bons dîners-spectacles pour les non puristes. Si vous êtes à la recherche d'événements moins touristiques et plus authentiques, rendez-vous au **Soniquete**, un bar du Barri Gòtic. Ici, il n'y a pas de programme, ce sont les clients qui font le spectacle. Il suffit d'attendre et de voir ce qui va se passer (nous conseillons aux timides de s'abstenir).

Salsa, mérengué et autres danses caribéennes sont à l'honneur dans différents clubs accueillants des grands noms de New York, Porto Rico et Cuba. Rejoignez-les (et participez aux cours de danses gratuits) à l'**Antilla BCN Latin Club** ou au **Buenavista Salsa Club** dans l'Eixample.

ADRESSES

CINÉMA

Alexis
Rambla de Catalunya 90.
Plan 3 A3.
Tél *93 215 05 06.*

CCCB
C/Montalegre 5.
Plan 2 F2.
Tél *93 306 41 00.*
www.cccb.org

Festival Internacional de Cinema de Catalunya
Sitges.
Tél *93 419 36 35.*
www.sitges.com/cinema

Filmoteca de la Generalitat de Catalunya
Avda Sarrià 31-33, Eixample.
Tél *93 410 75 90.*

Icària Yelmo Cineplex
C/Salvador Espriu 61, vila Olímpica.
Plan 6 E4.
Tél *93 221 75 85.*
www.yelmocineplex.es

IMAX Port Vell
Moll d'Espanya, Port Vell.
Plan 5 A4.
Tél *93 225 11 11.*

Méliès
C/Villarroel 102, Eixample.
Plan 2 E1.
Tél *93 451 00 51.*

Renoir Floridablanca
C/Floridablanca 135, Eixample.
Plan 1 C1.
Tél *93 228 93 93.*
www.cinesrenoir.es

Urgel
Comte d'Urgell 29.
Plan 2 E1.
Tél *90 242 42 43.*

Verdi I
C/Verdi 32, Gràcia.
Plan 3 B1.
Tél *93 238 79 90.*
www.cines-verdi.com

Verdi II
C/Torrijos 49, Gràcia.
Plan 3 C2.
Tél *93 238 79 90.*

Void
C/Ferlandina 51.
Plan 2 E1.
Tél *93 443 42 03.*
www.void-bcn.com

THÉÂTRE ET DANSE

L'Antic Teatre
C/Verdaguer i Callís 12, La Ribera.
Plan 5 A1.
Tél *93 315 23 54.*

Antilla BCN Latin Club
C/Aragó 141, Eixample.
Plan 3 A4.
Tél *93 451 45 64.*
www.antillasalsa.com

Buenavista Salsa Club
C/Roselló 217, Eixample.
Plan 3 A3.
Tél *93 237 65 28.*
www.salsabuenavista.com

Gran Teatre del Liceu (Opera House)
La Rambla 51-59.
Plan 5 A1.
Tél *93 485 99 00.*
www.liceubarcelona.com

Llantiol
C/Riereta 7, El Raval.
Plan 2 E2.
Tél *93 329 90 09.*

Los Tarantos
Plaça Reial 17.
Plan 5 A3.
Tél *93 318 30 67.*

Mercat de les Flors
C/de Lleida 59.
Plan 1 B2.
Tél *93 426 18 75.*

Soniquete
C/Milans 5, Barri Gòtic.
Plan 5 A3.

Teatre Apolo
Av del Paral.lel 57.
Plan 1 B1.
Tél *93 441 90 07.*

Teatre Nacional de Catalunya (TNC)
Plaça de les Arts 1.
Tél *93 306 57 06.*

Teatre Poliorama
La Rambla 115, Barri Gòtic.
Plan 5 A1.
Tél *93 317 75 99.*
www.teatrepoliorama.com

Teatre Tívoli
C/Casp 10-12, Eixample.
Plan 3 B5.
Tél *93 412 20 63.*

Teatre Victòria
Av del Paral.lel 67-69.
Plan 1 B1.
Tél *93 443 29 29.*

Musique

Peu de villes au monde peuvent prétendre rivaliser avec l'éclectisme de la scène musicale barcelonaise, où se côtoient de fantastiques salles de spectacles qui accueillent de grands noms de la musique – notamment le Palau de la Música Catalana et L'Auditori de Barcelona – et de petits clubs de jazz qui attirent des musiciens moins connus. Il faut aussi évoquer les temples interlopes de la musique électronique expérimentale et les clubs de flamenco poussiéreux et ténébreux où les gitans se retrouvent pour des soirées improvisées.

OPÉRA ET MUSIQUE CLASSIQUE

Les Catalans vouent à l'opéra et à la musique classique une vénération quasi-religieuse. Au XXe siècle, la région vit naître de grands artistes, notamment le violoncelliste Pablo Casals et les chanteurs lyriques José Carreras et Montserrat Caballé. La grande chanteuse interpréta avec brio *Barcelona* en duo avec Freddy Mercury.

Inauguré en 1847, le **Grand Teatre del Liceu** est l'un des opéras les plus spectaculaires au monde. Depuis plus de 150 ans, il domine la vie artistique catalane en dépit des bombardements et des incendies – le troisième et dernier remontant à 1994 – qu'il a du essuyer. La dernière réhabilitation lui a permis de retrouver toute sa splendeur. Malgré ces multiples revers de fortune, le Liceu a accueilli les plus grands artistes mondiaux – Puccini, Tchaïkovsky, les ballets russes de Diaghilev et les compositeurs catalans Pedrell, Vives et Enric Granados.

Le **Palau de la Música Catalana** est un autre joyau de l'architecture barcelonaise. Cette sublime fantaisie du maître du modernisme Lluís Domènech i Montaner accueille un public fidèle et des artistes enthousiastes. Le Palau est très réputé pour ses festivals de jazz et de guitare et reçoit régulièrement des orchestres symphoniques nationaux et internationaux. Le Grand Teatre del Liceu et Palau de la Música Catalana organisent des visites guidées pendant la journée (réservation à l'avance nécessaire), mais seul un spectacle permet de savourer pleinement l'atmosphère de ces salles exceptionnelles.

Construit pour répondre à la demande croissante de places et pour attirer toujours plus de musiciens internationaux, L'**Auditori de Barcelona** occupe une place importante dans la vie artistique catalane. Conçu à l'origine pour des concerts classiques et des récitals orchestraux, il a aussi accueilli des géants du jazz, de la pop et du rock. Les églises et les cathédrales de la ville organisent régulièrement des concerts de chant choral. Surveillez les programmes et les affiches : l'Iglesia Santa Maria del Pi, la grande cathédrale de la plaça del Pi, et l'Iglesia Santa Maria del Mar (surtout pendant la période de Noël) sont particulièrement actives.

MUSIQUE LIVE : ROCK, JAZZ ET BLUES

Les clubs, les pubs, les stades et les salles de concert de Barcelone ne valent peut-être pas ceux qui ont hissé Londres au rang de capitale mondiale de la musique live, mais ils se défendent bien compte tenu de la taille de la ville. On peut y voir des stars telles que Kylie Minogue et Madonna, et des prodiges du jazz contemporain tels que le Brad Mehldau Quartet, des groupes de hip-hop, de rap, de world music, de country et de rock.

En 2004, deux des salles de jazz emblématiques de la ville – La Boîte et La Cova del Drac – ont fermé leurs portes à la grande stupéfaction et au désespoir du public. Le vide qu'elles laissent reste à combler. Mais Barcelone compte de nombreuses petites salles. **Jamboree**, une cave de la plaça Reial, accueille un certain nombre de poids lourds du jazz ainsi que des formations plus expérimentales et des solistes tels que le saxophoniste Billy McHenry. Le **Jazz Si Club** est une salle plus obscure mais très appréciée des amateurs. Il ouvre sa programmation aux étudiants de l'école de musique voisine.

Les concerts sont généralement gratuits, ou très bon marché. Le **Harlem Jazz Club** est petit, bondé et enfumé, mais c'est l'un des plus vieux clubs de jazz alternatif. Il accueille des groupes de jazz moins connus mais néanmoins talentueux.

Little Italy fait le bonheur de ceux qui aiment dîner en écoutant jouer des musiciens. Le restaurant **Nao Colón** se transforme lui aussi en salle de spectacle une fois le service terminé. Le programme est éclectique : bossa nova, soul et funk. La salle de jazz la plus formelle de Barcelone est toutefois le **Teatre Lliure** (théâtre « libre ») de Montjuïc. À l'affiche : maîtres du jazz contemporains, orchestres modernes et grooves expérimentaux accueillant toutes sortes de musiciens, d'Eric Mingus au Sun Ra Arkestra de Marshall Allen. Les amateurs de jazz sont comblés.

L'une des deux grandes salles pop et rock est le **Bikini**, version barcelonaise du Studio 54 – inauguré en 1953, soit un an avant l'icône new-yorkaise. Ce vétéran, ouvert à partir de minuit, continue d' accueillir de grands noms. L'autre lieu, le **Razzmatazz**, est probablement la plus importante salle de concert de la ville. Il accueille les groupes indépendants dans la lignée de Blur et Pulp, la version 2004 des Beastie Boys ou les rappers gallois Goldie Looking Chain. Les soirées se poursuivent jusqu'à l'aube chez ses voisins le Razz Club

et le Loft. Ce club branché organise également plusieurs concerts de rock et de jazz par semaine.
Si vous êtes à la recherche d'une ambiance plus raffinée, rendez-vous dans la magnifique salle de bal **Luz de Gas**. Elle est tout à fait désuète avec ses tables éclairées, ses lustres ; à l'affiche, des artistes qui ont fait les beaux jours des années 1970 et 1980. Ce n'est pas vraiment un cabaret mais cela s'en approche.
El Cangrejo est un cabaret travesti avec drag queens, imitations de Sara Montiel (le sex-symbol espagnol) et échanges impertinents avec le public. Si vous êtes nostalgiques de la chanson française, et aimez les soirées discrètes, rendez-vous au **Bar Pastis**. Ce minuscule bar décoré de bouteilles poussiéreuses et d'affiches jaunies de comédies musicales françaises programme presque tous les soirs de la semaine des chansons d'amour françaises.

FLAMENCO

Créé à l'origine par les gitans d'Andalousie qui y décrivaient leurs souffrances et la difficulté de vivre, le flamenco a depuis fait des émules à Barcelone et dans toute l'Espagne. L'un des meilleurs endroits pour voir un spectacle de flamenco est **El Tablao de Carmen**. Cet élégant restaurant dans le Poble Espanyol sert de savoureux plats andalous et catalans. Il porte le nom de Carmen Amaya, célèbre danseuse qui se produisit pour le roi Alphonse XIII en 1929 à l'endroit précis où il se trouve. Plusieurs formules de dîner-spectacle sont proposées.
Si vous souhaitez une ambiance moins formelle, **Los Tarantos**, sur la plaça Reial, propose du flamenco et de la musique latine tous les soirs de la semaine.
Et si vous voulez vous essayer à cette danse passionnée et sensuelle, rendez-vous à **La Paloma** *(p. 168-169)*. Cette magnifique salle de bal, très populaire date de la fin du XIXe siècle. N'hésitez pas à vous lancer. La clientèle rajeunit après minuit.

ADRESSES

OPERA ET MUSIQUE CLASSIQUE

L'Auditori de Barcelona
C/de Lepant 150, Eixample.
Plan 4 E1.
Tél *93 247 93 00.*
www.auditori.org

Gran Teatre del Liceu
La Rambla 51-59, Barri Gòtic.
Plan 5 A1.
Tél *93 485 99 13.*
www.liceubarcelona.com

Palau de la Música Catalana
C/Sant Francesc de Paula 2, La Ribera.
Plan 5 B1.
Tél *93 295 72 00.*
www.palaumusica.org

MUSIQUE LIVE : ROCK, JAZZ ET BLUES

Bar Pastis
C/Santa Mònica 4, El Raval. **Plan** 2 F4.
Tél *93 318 79 80.*

Bikini
Deu I Mata 105, Les Corts.
Tél *93 322 08 00.*
www.bikinibcn.com

El Cangrejo
C/Montserrat 9, El Raval.
Plan 2 F4.
Tél *93 301 29 78.*

Harlem Jazz Club
C/Comtessa de Sobradiel 8, Barri Gòtic.
Tél *93 310 07 55.*

Jamboree
Plaça Reial 17, Barri Gòtic.
Plan 5 A3.
Tél *93 301 75 64.*
www.masimas.com

Jazz Sí Club
C/Requesens 2, El Raval.
Tél *93 329 00 20.*
www.tallerdemusics.com

Little Italy
C/Rec 30, Born.
Plan 5 C3.
Tél *93 319 79 73.*

Luz de Gas
C/Muntaner 246, Eixample.
Plan 2 F1.
Tél *93 209 77 11.*
www.luzdegas.com

Nao Colón
Av. Marquès de l'Argentera 19, Born.
Plan 5 B3.
Tél *93 268 76 33.*

Razzmatazz
C/Pamplona 88, Poblenou.
Plan 4 F5.
Tél *93 272 09 10.*
www.theloftclub.com

Teatre Lliure
Tél *93 228 97 48.*
www.teatrelliure.com

FLAMENCO

El Tablao de Carmen
Arcs, 9. Poble Espanyol.
Plan 1 B1.
Tél *933 25 68 95.*
www.tablaodecarmen.com

Los Tarantos
Plaça Reial 17.
Plan 5 A3.
Tél *933 18 30 67.*

SALLES DE CONCERT

L'Auditori
C/Lepant 150.
Tél *93 247 93 00.*
www.auditori.com

Espai Lliure
Plaça Margarida Xirgu 1, Montjuïc.
Tél *93 228 97 47.*

Sala Fabià Puigserver
Passeig Santa Madrona 40-46, Montjuïc.
Plan 1 B3.
Tél *93 228 97 47.*

Vie nocturne

Si New York est la ville qui ne dort jamais, Barcelone est celle qui ne se couche jamais, même en semaine. Chaque *barrio* (quartier) cultive sa propre ambiance. Il y en a pour tous les goûts – dancings vieillots, clubs de jazz et boîtes de nuit techno. Le style de la clientèle est lui aussi très varié.

VIE NOCTURNE

En été, quand les *chiringuitos* (bars de plage) refont leur apparition, les plages deviennent des temples de la fête. De la platja de Sant Sebastià, à Barceloneta, à Bogatell (quelques kilomètres après l'Hotel Arts), les gens dansent pieds nus dans le sable au rythme des platines des infatigables DJ barcelonais. Au nord de Diagonal, les terrasses les plus élégantes de la ville se métamorphosent en lieux de rencontre. Le Barri Gòtic, déjà très animé toute l'année, devient pendant l'été une boîte de nuit à ciel ouvert. Si vous avez envie de faire la fête avec les Barcelonais, sachez que la démolition des ruelles les plus insalubres d'El Raval a rendu le quartier beaucoup plus sûr et fréquentable. El Raval n'a cependant rien perdu de son ambiance interlope : les noctambules continuent d'y boire et d'y danser dans ses bars de poche une bonne partie de la nuit. Gràcia est aussi un quartier animé la nuit ; l'ambiance y est bohème étudiante. Si vous cherchez une scène alternative, Poble Soc possède le seul bon club de *drum and bass* de la ville, le **Plataforma**. La ville attire une scène gay conviviale et dynamique, surtout dans l'Eixample Esquerra, surnommé Eixample Gay, où l'on trouve de nombreux bars, discothèques, saunas et cabarets gays.

BARRI GÒTIC

La plaça Reial est le grand rendez-vous des touristes, et à ce titre elle concentre artistes de rue et concerts improvisés. À deux pas, au **Café Royal**, la jeunesse dorée barcelonaise sirote des cocktails dans de vieux canapés en cuir et danse au rythme du funk, de la soul et de l'acid jazz.
Les vrais fans de techno préféreront l'ambiance assourdissante du **Moog**. L'intérieur industriel donne au lieu des airs de club new-yorkais du milieu des années 1990. De même, la sono de pointe vous garantit que vous en aurez plein les oreilles pendant toute la nuit.
À l'opposé, le club **New York**, récemment rénové, préfère désormais des musiques plus commerciales. L'ambiance est aussi plus disco.

EL RAVAL

Depuis quelque temps, les clubs branchés se multiplient à Barcelone. La nuit barcelonaise bouillonne littéralement. Pour être sûr de ne pas vous tromper, essayez l'original plutôt que les copies. Le **Club Salsitas** est un espace très décontracté décoré d'ananas blancs et de palmiers géants. Après plusieurs années de succès, il a encore fière allure et le DJ résident Toni Bass continue de faire vibrer les foules tous les jeudis, vendredis et samedis. Au **Milk**, son minuscule voisin, ceux qui sont fatigués de danser peuvent se reposer dans un espace tranquille style années 1970. Pour un voyage dans le temps, rendez-vous sous les dorures de **La Paloma**, somptueuse salle de bal de 1904 qui continue de séduire avec ses danses de salon – cha-cha-cha, tango, salsa et valse – et son orchestre de cuivres. Après minuit, les DJ et la house prennent le relais pour une clientèle plus jeune.

PORT VELL ET PORT OLÌMPIC

Fêtes de plage mises à part, le quartier continue de séduire les noctambules. Port Olìmpic est une succession de bars et de bateaux. **Maremàgnum** abrite quelques *salsatecas* et un pub sur le toit. Le dernier-né du quartier, le **Sugar Club**, apporte une touche de sophistication, voire de mondanité, au quartier. Devant l'Hotel Arts, le très chic et très branché **C.D.L.C.** continue d'attirer en nombre les célébrités du quartier qui veulent faire la fête.

EIXAMPLE

Le **City Hall**, l'une des discothèques préférées de la ville, est un espace multiple avec terrasse où vous pouvez choisir votre musique en fonction de votre humeur. À chaque jour correspond un thème différent : disco le samedi soir et décontracté le dimanche. Le **Buda Barcelona** est le temple des paillettes et du glamour. C'est le repaire des mannequins. En fin de soirée, certaines y dansent parfois seins nus sur le bar (avis aux amateurs !). Si vous préférez un glamour plus discret, sachez que l'ancien cinéma l'**Astoria** offre les meilleures projections de la ville. Enfin, **L'Arquer** est le seul bar au monde à oser marier cours de tir à l'arc et rasades de vodka géantes.

POBLE SEC

Les soirées les plus alternatives se passent dans le « village sec » (qui n'a de sec que le nom). Les bars sont bondés et la musique branchée. L'**Apolo** est une salle à l'ancienne comme La Paloma, mais elle attire des DJ et des musiciens indépendants. Vous y entendrez de tout, des gypsies de Marseille au légendaire DJ funk Keb Darge.
Plus loin dans le village, **Mau Mau** est un club et un centre culturel alternatifs qui suit de

près tout ce qui se fait de nouveau – DJ locaux, musiciens japonais tels que le groupe culte Cinema Dub Monks, cinéma alternatif et installations multimédias. S'il y a du nouveau, c'est au Mau Mau. Pour les amateurs de hardcore et de rock garage, **Plataforma** est le seul club sérieux de *drum and bass*. Les DJ viennent de loin pour se produire dans cet immense entrepôt en béton.

GRÀCIA ET TIBIDABO

Minuscule et toujours bondé, le **Mond Bar** et son DJ résident Mr. Stream font le bonheur des trentenaires qui viennent de partout pour écouter de la soul et du R & B des années 1970. Le **Danzatoria** est très au-dessus du lot : salons de détente, plusieurs pistes de danse, bars à vodka et terrasses. Les prix sont à la hauteur.

À L'EXTÉRIEUR

Les discothèques géantes sont situées loin du centre-ville afin de permettre à ceux qui n'ont pas envie de faire la fête (même si on se demande parfois si ce type de personne existe à Barcelone !) de dormir. Dans le Poble Espanyol, la fête se prolonge jusqu'à l'aube. Élégante et épurée, la **Discothèque** possède toute la panoplie des grands clubs – éclairages, stroboscopes et DJ internationaux. L'été, à **La Terrazza** – qui doit son nom à son immense terrasse, particulièrement agréable lors des nuits chaudes estivales – les soirées prennent des allures de rave à la belle étoile. Non loin de là, sur la plaça Espanya, le **Space** a été inauguré en 2004 dans l'esprit fêtard et complètement déjanté d'Ibiza. Malgré toute votre force de persuasion, il vous sera impossible d'y entrer si vous n'avez pas un look glamour. Et souvenez-vous, moins vous serez vêtu, mieux cela sera (c'est encore plus vrai pour les femmes !). Encore plus loin, le **Pacha** est la plus célèbre discothèque au monde. Ce que l'on ne sait pas, c'est qu'elle est née à Barcelone, où les soirées font toujours sensation. Le **Liquid** est la seule discothèque de la ville qui comporte une piscine. Le seul inconvénient est que, si vous voulez quitter la soirée avant la fin, il est très difficile de trouver un taxi pour regagner le centre-ville.

ADRESSES

BARRI GÒTIC

Café Royale
C/Nou de Zurbano 3,
Barri Gòtic.
Tél *93 412 14 33.*

Moog
C/Arc del Teatre 3,
El Raval.
Plan 2 F4.
Tél *93 301 72 82.*
www.masimas.com

New York
C/Escudellers 5,
Barri Gòtic.
Plan 5 A3.
Tél *93 318 87 30.*

EL RAVAL

Club Salsitas
C/Nou de la Rambla 22.
Plan 2 D4.
Tél *93 318 08 40.*
www.salsitas.
grupo salsitas.com

Milk
C/Nou de la Rambla 24,
El Raval.
Plan 2 D4.
Tél *93 301 02 67.*

La Paloma
C/Tigre 27,
El Raval.
Plan 2 E1.
Tél *93 301 68 97.*
www.lapaloma-bcn.com

PORT VELL ET PORT OLÌMPIC

C.D.L.C.
Passeig Marítim 32,
Port Olìmpic.
Plan 6 E4.
Tél *93 224 04 70.*
www.cdlcbarcelona.com

Sugar Club
Moll de Barcelona s/n,
Port Vell.
Tél *93 508 83 25.*

EIXAMPLE

Astoria
C/Paris 193,
Eixample.
Tél *93 414 63 62.*
www.costaeste.com

L'Arquer
Gran Via de les Corts
Catalanes 454,
Eixample.
Plan 1 A1.
Tél *93 423 99 08.*

Buda Barcelona
C/Pau Claris 92,
Eixample.
Plan 3 B3.
Tél *93 318 42 52.*
www.budabarcelona.com

City Hall
Rambla Catalunya 2–4,
Eixample.
Plan 3 A3.
Tél *93 317 21 77.*
www.ottozutz.com

POBLE SEC

Apolo
C/Nou de la Rambla 113,
Poble Sec.
Plan 2 D4.
Tél *93 441 40 01.*
www.salaapolo.com

Mau Mau
C/Fontrodona 33,
Poble Sec.
Plan 2 D3.
Tél *60 686 06 17.*
www.
maumauunderground.com

Plataforma
C/Nou de la Rambla 145,
Poble Sec.
Plan 2 D4.
Tél *93 329 00 29.*

GRÀCIA ET TIBIDABO

Danzatoria
Av Tibidabo 61,
Tibidabo.
Tél *93 211 62 61.*
www.danzatoria.
gruposalsitas.com

Mond Bar
Plaza del Sol 21, Gràcia.
Plan 3 B1.

À L'EXTÉRIEUR

Discothèque/
La Terrazza
Poble Espanyol, Avda
Marquès de Comillas.
Plan 1 B1.
Tél *93 423 12 85*
www.nightsungroup.com

Liquid
Complex Esportiu
Hospitalet Nord,
C/Manuel Azaña.
Tél *65 009 14 79.*
www.liquidbcn.com

Pacha
Avda. Gregorio
Marañon 17.
Tél *93 334 32 33.*
www.clubpachabcn.com

Space
C/Tarragona 141-147.
Tél *93 426 84 44.*

Activités de plein air

Qu'il s'agisse de profiter des équipements disponibles en ville ou de partir à la découverte d'une nature sauvage, la Catalogne se prête à des loisirs d'extérieur très variés. Elle possède à la fois côtes et montagnes. Les plaisirs aquatiques de l'été vont de la plongée sous-marine au rafting, tandis qu'en hiver les amateurs de ski peuvent dévaler les pentes dans les stations proches de Barcelone.

EN VILLE

Barcelone abrite environ trente piscines municipales, dont, à Montjuïc, les **Piscines Bernat Picornell,** où se déroulèrent les épreuves de natation des Jeux olympiques de 1992. Le stade d'athlétisme voisin **Estadi Olímpic** accueille souvent des concerts, à l'instar du **Palau Sant Jordi,** destiné aux sports d'intérieur et qui fait partie du même complexe. Les joueurs de tennis disposent de nombreux courts. Le **Centre Municipal de Tennis Vall d'Hebron** s'occupe aussi des jeunes débutants. Siège d'une école de hockey sur glace, la patinoire la **Pista de Gel del F. C. Barcelona** loue des patins. Il existe deux terrains de golf aisément accessibles depuis Barcelone : **Golf Sant Cugat** et **Golf El Prat.** Plusieurs centres équestres permettent de pratiquer l'équitation, dont l'**Escola Hípica** de Sant Cugat, qui propose des sorties dans les collines de Collserola. **Un Cotxe Menys** organise des visites à bicyclette de Barcelone.

ACTIVITÉS AÉRIENNES

Plusieurs petits terrains d'aviation offrent en Catalogne la possibilité de louer un avion ou de sauter en parachute. L'**Aeroclub de Sabadell** et l'aéroport à La Selva font partie des aéro-clubs réputés. **Free Evolució** s'est spécialisé dans des activités (pour des petits groupes de 10-12 pers. max.) comme le parapente, le saut à l'élastique et la montgolfière.

Vautour fauve

OBSERVATION DES OISEAUX

La faune ailée de Catalogne ravit les ornithologues amateurs, en particulier ceux du nord de l'Europe, qui peuvent surprendre huppes, guêpiers et grives dorées. La région renferme deux vastes zones de marécages où transitent des migrateurs tels que les flamants : le **Delta de l'Ebre** *(p. 129)*, au sud de Tarragone (bureau à Deltebre), et les **Aiguamolls de l'Empordà,** autour de Sant Pere Pescador dans le golfe des Roses. Leurs centres d'accueil fournissent jumelles et visites guidées.

Parapente au-dessus de la Vall d'Aran dans les Pyrénées orientales

Les Pyrénées abritent des rapaces tels que l'aigle royal, l'aigle de Bonelli et le circaète jean-le-blanc. Les charognards comptent le vautour fauve, le gypaète barbu et le percnoptère d'Égypte. Le **Parc Natural del Cadí-Moixeró** *(p. 114)* protège des contreforts montagneux où vivent notamment des chocards à bec jaune, des faucons pèlerins et des pics noirs. Il possède un centre d'accueil à Bagà.

Pêche à la truite dans un splendide paysage de montagne

CHASSE ET PÊCHE

La pêche en mer est gratuite mais la pêche en rivière impose d'avoir un permis. Il peut en général être obtenu auprès des offices du tourisme. Deux cours d'eaux, la Noguera Pallaresa et le Segre, sont particulièrement réputés pour la truite. La saison dure de la mi-mars à la fin août. Celle de la chasse commence généralement en octobre et finit en mars. Pour obtenir un permis, il faut s'adresser à **Patrimonio natural** à Barcelone ou à l'association de chasse locale. Il existe aussi des agences de voyages spécialisées dans les expéditions de chasse et de pêche.

RANDONNÉE

Toutes les réserves naturelles fournissent des cartes et des suggestions de randonnées. Près de Barcelone, les collines de Collserola et les châtaigneraies de Montseny se prêtent bien à la marche. Des sentiers de grande randonnée *(Gran Recorrido)* traversent la

Rafting sur le riu Noguera Pallaresa

Catalogne, en particulier dans les Pyrénées, où il existe des refuges en altitude et où le **Parc Nacional d'Aigüestortes** *(p. 113)* protège des sites magnifiques. Le **Centre Excursionista de Catalunya** *(p. 133)* se tient à la disposition des visiteurs en quête de renseignements. Ceux-ci trouveront dans la carrer de Petritxol du Barri Gòtic la librairie de Barcelone la plus riche en cartes et guides : la **Llibreria Quera.** Plus encore à l'étranger qu'en terrain connu, il est important de prévenir quelqu'un de l'endroit où l'on se rend et du moment auquel on compte revenir.

SPORTS AQUATIQUES

Environ 40 ports de plaisance offrent sur les 580 km de côtes de la Catalogne un vaste choix de sports nautiques. On peut même apprendre la voile au cœur de Barcelone au **Centre Municipal de Vela Port Olímpic.** Les fonds rocheux de la Costa Brava sont très appréciés des plongeurs sous-marins, en particulier ceux autour des Illes Medes *(p. 121)*, protégées et accessibles depuis la station balnéaire de L'Estartit. Il existe des écoles de plongée autour de Cadaqués et de Cap Begur, notamment à Calella de Palafrugell, point de départ pour les Illes Ullastres. La ville de Sort, sur le riu Noguera Pallaresa, attire de nombreux adeptes d'activités telles que le rafting, le canoë et la plongée en cours d'eau souterrain.
Les réservations peuvent être prises auprès de **Yetiemotions** et de **Espot Esquí Parc.**

SPORTS D'HIVER

Les Pyrénées catalanes renferment quelque vingt domaines skiables et des stations de sports d'hiver situées à moins de trois heures de voiture de Barcelone.
La Molina convient bien aux débutants, tandis que Baqueira-Beret *(p. 113)* se flatte d'accueillir la famille royale.
Proche de quinze stations françaises, espagnoles et andorranes, Puigcerdà *(p. 114)* constitue un bon lieu de séjour pour le ski de fond comme de piste.
L'**Associació Catalana d'Estacions d'Esquí i Activitats de Muntanya (ACEM)** fournit tous renseignements sur les stations. **Teletiempo** permet de connaître les conditions météorologiques. Il existe une piste de ski sèche aux Piscines Bernat Picornell de Montjuïc.

Sur les pentes de l'une des nombreuses stations de ski proches de Barcelone

ADRESSES

Aeroclub de Sabadell
Tél. 93 710 19 52.

Aiguamolls de l'Empordà
Tél. 972 45 42 22.

ACEM (Associació Catalana d'Estacions d'Esquí i Activitats de Muntanya)
Tél. 93 416 01 94.

Centre Excursionista de Catalunya
Tél. 93 315 23 11.

Centre Municipal de Tennis Vall d'Hebron
Tél. 93 427 65 00.

Centre Municipal de Vela Port Olímpic
Tél. 93 225 79 40.

Un Cotxe Menys
Tél. 93 268 21 05.

Delta de l'Ebre
Tél. 977 48 96 79.

Escola Hípica
Tél. 93 589 89 89.

Espot Esquí Parc
Tél. 97 362 4058.

Estadi Olímpic/ Palau Sant Jordi
Tél. 93 426 20 89.

Free Evolució
Tél. 93 454 91 41.

Golf El Prat
Tél. 93 728 1000.

Golf Sant Cugat
Tél. 93 674 39 08.

Llibreria Quera
Tél. 93 318 07 43.

Parc Nacional d'Aigüestortes
Tél. 973 62 40 36.

Parc Natural del Cadí-Moixeró
Tél. 93 824 41 51.

Patrimonio Natural
Tél. 93 567 42 00.

Piscines Bernat Picornell
Tél. 93 423 40 41.

Pista de Gel del FC Barcelona
Tél. 93 496 36 30.

Teletiempo
Tél. 807 17 03 08 (Barcelone) ; 807 17 03 65 (Espagne).

Yetiemotions
Tél. 97 362 22 01 (bureau) ; ou 63 082 75 36.

RENSEIGNEMENTS PRATIQUES

BARCELONE MODE D'EMPLOI 174-181
ALLER ET CIRCULER EN CATALOGNE 182-187

BARCELONE MODE D'EMPLOI

La Catalogne possède une excellente infrastructure touristique, et il existe dans toutes les localités de quelque importance un bureau d'information en mesure d'aiguiller les visiteurs vers un hébergement, des restaurants ou des activités. Les plus grands diffusent de multiples brochures en plusieurs langues. De nombreux commerces ferment en août, le principal mois de vacances en Espagne et celui où départs et arrivées provoquent, comme en France, le plus de bouchons. N'oubliez pas que les fêtes locales *(festes)*, qui peuvent avoir lieu à tout moment de l'année, entraînent aussi de nombreuses fermetures et que la Catalogne vit au ralenti entre 14 h et 16 h, le temps de savourer sans se presser son déjeuner.

Enseigne d'un office du tourisme

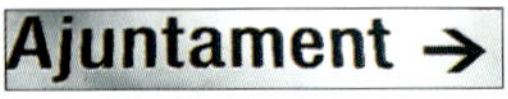

« Hôtel de ville »

« Fermé »

LANGUE

Malgré leur attachement à leur propre langue, qu'ils n'hésitent pas à utiliser entre eux devant un étranger qui ne la comprend pas, tous les Catalans parlent aussi le castillan (*castellano*), ce que nous appelons couramment l'espagnol. Panneaux et documents officiels sont rédigés dans les deux langues. Les prospectus destinés aux touristes, en particulier à Barcelone, comportent souvent aussi des traductions en anglais et en français.

Interdiction de stationner

US ET COUTUMES

Ne soyez pas surpris d'entendre des Catalans dire bonjour ou au revoir à des étrangers dans des lieux publics. Les Catalans abordent aisément des gens qu'ils ne connaissent pas. En revanche, s'asseoir à la table de quelqu'un sans y être invité ne fait pas partie des usages.

VISAS ET PASSEPORTS

Les ressortissants de l'Union européenne n'ont besoin pour entrer et séjourner en Espagne, sans limitation de durée, que d'une carte d'identité en cours de validité ou d'un passeport périmé depuis moins de cinq ans.

Aucun visa n'est requis pour les citoyens originaires d'Europe, d'Autriche, de Finlande, d'Islande, du Liechtenstein, de Norvège, de Suisse, des U.S.A. ou du Canada séjournant en tout jusqu'à 90 jours dans une période continue de 180 jours. S'ils veulent dépasser cette durée, ils peuvent s'adresser sur place à l'*Oficina d'Estrangers de Barcelona*, qui leur demandera de fournir la preuve qu'ils ont un emploi ou les fonds suffisants pour subvenir à leurs besoins.

PRODUITS DÉTAXÉS

Les personnes résidant dans un pays extérieur à l'Union européenne peuvent obtenir le remboursement de la taxe à la valeur ajoutée (IVA) sur des articles ayant une valeur individuelle de plus de 90 euros et qui ont été acquis dans des magasins indiquant « détaxe pour touristes ». Cette remise ne s'applique pas à la nourriture, aux boissons, au tabac, aux voitures, aux motocyclettes et aux médicaments. Le vendeur doit vous remettre au moment de l'achat un *formulari* à faire tamponner dans les six mois à la douane.

INFORMATION TOURISTIQUE

Turisme de Barcelona dirige les trois principaux *oficines de turisme* de la capitale catalane. Les visiteurs peuvent y obtenir auprès d'un personnel polyglotte de nombreux renseignements. Un quatrième office du tourisme situé dans le passeig de Gràcia dépend de **Turisme de Catalunya,** un service de la Généralité, et fournit des informations sur le reste de la région. Les autres localités importantes possèdent aussi des offices du tourisme qui diffusent, entre autres, les brochures de l'administration de la province *(patronat)*.
Pour les visiteurs souhaitant préparer leur voyage, il existe des offices du tourisme espagnols à Paris, Bruxelles, Genève et Toronto.
En été à Barcelone, des jeunes gens travaillant en équipe de deux. Ils sont surnommés les Vestes rouges et informent les visiteurs dans les rues du Barri Gòtic, sur La Rambla et dans le passeig de Gràcia.

Turisme de Catalunya à Barcelone

HEURES D'OUVERTURE

La plupart des musées et monuments sont fermés le lundi. Ils ouvrent les autres jours de 10 h à 14 h et, souvent, de 16 h ou 17 h à 20 h. L'entrée des musées est souvent gratuite le dimanche. Quand elles ne sont pas ouvertes seulement pour les offices religieux, les églises

◁ Bateaux dans le Port Olímpic de Barcelone avec la colline de Montjuïc en arrière-plan

Les étudiants bénéficient de nombreuses réductions

suivent en général ces horaires. Dans les petites localités, églises, châteaux et autres bâtiments historiques restent fréquemment verrouillés, mais les visiteurs peuvent demander la clé *(la clau)* à un gardien installé dans une maison voisine, ou à l'hôtel de ville (*ajuntament*).

AMÉNAGEMENTS POUR LES HANDICAPÉS

L'association catalane pour les handicapés, la Federació ECOM *(p. 133)*, fournit des listes d'hôtels et des conseils pour toute la région. La confédération nationale espagnole, la COCEMFE, dirige une agence, **Servi-COCEMFE,** qui publie des guides sur les équipements adaptés aux handicapés disponibles en Espagne et qui peut aider au cas par cas à organiser des vacances. Adressez-vous à ces deux organismes pour préparer votre voyage. Dans chaque ville, les bureaux d'information touristique et les services sociaux permettent aussi de se renseigner sur les équipements disponibles localement. Il existe en outre des agences de voyages ibériques spécialisées dans les vacances pour handicapés : **Viajes 2000** et la plus récente **Rompiendo Barreras.**

Sigle attribué par la COCEMFE

HEURE LOCALE

L'Espagne a, comme la France ou la Belgique, une heure d'avance sur l'heure GMT (Greenwich Meridian Time) en hiver (*hivern*) et deux en été (*estiu*). La journée commence par la *matinada* (aube), puis le matin (*el matí*) dure jusqu'au déjeuner, que les Catalans prennent vers 14 h. *Migdia* (midi) s'étend de 13 h à 16 h. La *tarda* est l'après-midi, *el vespre* le soir et la nuit se dit la *nit*. Cette dernière est un moment où les Catalans montrent une activité débordante !

FACILITÉS POUR ÉTUDIANTS

La carte d'étudiant internationale donne droit à diverses réductions, en particulier dans les transports publics et dans les musées. Vous pouvez vous renseigner en France auprès du Centre régional des œuvres universitaires et scolaires (CROUS) dont vous dépendez et, à Barcelone, auprès de **Viatgeteca.**

L'agence **Unlimited Youth Student Travel** organise des voyages pour étudiants.

ÉLECTRICITÉ

Le courant est en Espagne de 220 volts sauf dans quelques vieux immeubles toujours alimentés en 125 volts. Dans les deux cas, les prises doivent avoir des broches rondes.

ADRESSES

CONSULATS

Belgique
Carrer de la Diputació 303,
08009 Barcelona.
Tél. *93 467 70 80.*

Canada
Passeig de Gràcia 77,
08034 Barcelona.
Tél. *93 204 27 00.*

France
Ronda de la Universitat, 22 B,
08007 Barcelona.
Tél. *93 270 30 00.*

Suisse
Gran Vía Carles III, 94,
08028 Barcelona.
Tel *93 330 92 11.*

OFFICES DU TOURISME

Turisme de Barcelona
Plaça de Catalunya 17, subterrani,
08002 Barcelona.
Tél. *807 11 72 22.*
Ajuntament, Plaça Sant Jaume 1,
08002 Barcelona.
Tél. *010.*
Estació Sants, Pl Països Catalans,
08014 Barcelona.
Tél. *807 11 72 22.*

Turisme de Catalunya
Palau Robert, Pg de Gràcia 107,
08008 Barcelona.
Tél. *93 238 40 00*

VOYAGEURS HANDICAPÉS

Servi-COCEMFE
Calle Eugenio Salazar 2,
28002 Madrid.
Tél. *91 413 80 01.*

Viajes 2000
Paseo de la Castellana 228-230,
28046 Madrid.
Tél. *91 323 25 23.*

ÉTUDIANTS

Unlimited Youth Student Travel & Viatgeteca
Carrer Rocafort 116-122,
08015 Barcelona.
Tél. *93 483 83 81.*

Santé et sécurité

La Catalogne rurale reste relativement sûre, mais Barcelone, comme toute grande ville touristique, est victime de la petite délinquance. Ne laissez aucun objet visible dans les voitures et conservez argent, cartes bancaires et documents dans une poche intérieure ou une ceinture portefeuille. Si vous perdez vos papiers d'identité, contactez votre consulat *(p. 175)*. En cas de petit problème de santé, il y a toujours une *farmàcia* de garde où le pharmacien a le droit de prescrire.

EN CAS D'URGENCE

Partout en Espagne, un même numéro, le 112, permet de joindre tous les services d'urgence. Selon la nature de son problème, on demande ensuite la police (*policia*), une ambulance (*ambulància*) ou les pompiers (*bombers*). On peut aussi utiliser les numéros locaux *(voir ci-contre)* qui restent en vigueur. Hors de Barcelone, c'est souvent la Croix-Rouge (*Creu Roja*) qui assure en cas d'accident le transport jusqu'aux services d'urgences (*urgències*) de l'hôpital de garde.

Panneau de la Croix-Rouge

Service d'urgences

SOINS MÉDICAUX

Si vous êtes ressortissant de l'Union européenne, vous bénéficiez de la sécurité sociale espagnole à condition de vous munir avant le départ de la carte européenne (cette carte de la taille d'une carte de paiement a remplacé le formulaire E 111), disponible en France auprès des caisses d'assurance maladie. Une notice précisant vos droits l'accompagne. Vous ne serez toutefois pas couvert à 100 %, et une assurance médicale souscrite avant le départ et prévoyant la prise en charge directe des frais et d'un éventuel rapatriement vous offrira une meilleure protection.
À Barcelone, les bureaux d'information touristique, votre hôtel ou votre consulat pourront vous fournir l'adresse de médecins ou de dentistes parlant le français ou, à défaut, l'anglais.
En cas de problème de santé sans gravité, le plus simple consiste à consulter d'abord un pharmacien (*farmacèutico*). Tous sont habilités à prescrire et beaucoup parlent le français ou l'anglais. Une croix verte signale les officines.
Un panneau dans la vitrine indique les pharmacies qui sont de garde la nuit ou le week-end.

SÉCURITÉ DES PERSONNES

En Catalogne comme partout, quelques précautions s'imposent en voyage.
Gardez en particulier les lanières de vos sacs, appareils photo ou caméras passées en bandoulière plutôt que simplement à l'épaule.
Méfiez-vous des pickpockets lorsque vous êtes dans la foule et soyez attentifs quand vous retirez de l'argent à un automate. Barcelone est une ville assez sûre mais évitez cependant de vous promener la nuit dans le Barri Xines, plutôt mal famé.

En Espagne, les pharmaciens ont le droit de prescrire

POLICE

En Espagne, trois corps de police maintiennent l'ordre. Le premier est la *guàrdia civil,* dont les membres portent un uniforme vert olive et interviennent surtout aux frontières, dans les aéroports et en zone rurale ; le deuxième est la *policia nacional,* vêtue de bleu, qui s'occupe du contrôle de l'immigration et de la grande délinquance en ville, et le troisième, la *guàrdia*

Policia nacional

Mosso d'esquadra

Guàrdia urbana

urbana, elle aussi en bleu, surveille la circulation urbaine et inflige les amendes. Mais en Catalogne, un corps de police spécifiquement catalan, le *mossos d'esquadra,* remplace la *guàrdia civil* et la *policia nacional.* Les touristes ont en général affaire à la *guàrdia urbana* qui met en place pendant la saison haute un service multilingue afin de traiter les petits délits. Les policiers sont dans une caravane près de la pLaça Reial. Des formulaires pour porter plainte sont disponibles en plusieurs langues dans les postes de police de la vieille ville.

Modèle actuel de voiture de la *guàrdia urbana*

Voiture de patrouille de la *policia nacional*

Camion de pompiers portant le numéro de Barcelone

L'AIDE JURIDIQUE

Certaines assurances couvrent les frais juridiques, s'il y a litige après un accident par exemple. En cas d'arrestation, vous avez le droit d'appeler votre consulat *(p. 174)*, qui doit pouvoir vous fournir une liste d'avocats parlant le français. Le *Col.legi d'Advocats* (barreau) peut aussi vous recommander un défenseur. Si vous avez besoin d'un interprète, appelez votre consulat ou consultez les pages jaunes de l'annuaire (*pàgines grogues*) aux rubriques *traductors* ou *intèrprets*. Seuls les *traductors oficials* ou *jurats* peuvent traduire les documents légaux ou officiels.

SÉCURITÉ DES BIENS

Une assurance vacances vous protégera financièrement si on vous dérobe ou si vous égarez des objets précieux. En outre, vous pouvez utiliser le coffre de l'hôtel. Pertes et vols doivent être déclarés auprès de la *guàrdia urbana* à la *comissaria* locale. Il vous faudra un exemplaire du procès-verbal (*denúncia*) pour obtenir un remboursement. Certaines assurances exigent que la démarche soit effectuée dans les 24 h. S'il s'agit de papiers d'identité, adressez-vous à votre consulat.

TOILETTES PUBLIQUES

Les toilettes publiques restent rares en Catalogne et le seul recours consiste souvent à utiliser *els serveis* ou *el wàter* (en catalan), ou *los servicios* ou *los aseos* (en espagnol) d'un café, d'un grand magasin ou d'un hôtel. Dans les stations-service, il faut parfois réclamer la clé (*la clau*). Mieux vaut garder du papier hygiénique en permanence avec soi car il n'est pas toujours disponible.

Ambulance marquée du numéro d'urgence de Barcelone, le 061

DANGERS EN PLEIN AIR

Des incendies de forêt ravagent régulièrement la Catalogne en été, époque de la sécheresse. Ne jetez donc pas de mégots dans la forêt. En promenade, un panneau marqué *vedat de caça* signale une réserve de chasse réglementée. Un *camí particular* est une voie privée.

ADRESSES

SERVICES D'URGENCES

Police *(Policia)*

Pompiers *(Bombers)*

Ambulance *(Ambulància)*
Tél. *112 (numéro national).*

Police *(numéros locaux)*
Tél. *091 – Policia Nacional*
092 – Guàrdia Urbana (Barcelone, Lleida, Gérone, Tarragone).
Tél. *93 344 13 00 – Guàrdia Urbana (La Rambla, Barcelone.)*

Pompiers *(numéros locaux)*
Tél. *080 (Barcelone), 085 (Lleida, Gérone, Tarragone).*

Ambulance *(numéros locaux)*
Tél. *061 (Barcelone), 112, (numéro national) partout ailleurs.*

Banques et monnaie

L'Espagne n'impose pas de limite aux sommes d'argent qui peuvent être introduites dans le pays, mais il faut effectuer une déclaration pour exporter plus de 6 000 euros. Les Eurochèques sont largement acceptés et les banques, qui offrent en général les meilleurs taux, ainsi que les bureaux de change et certains magasins et hôtels, changent les chèques de voyage. Le plus simple consiste néanmoins à tirer de l'argent avec une carte bancaire aux nombreux distributeurs de billets.

Distributeur automatique de la ServiCaixa (24 h/24)

HORAIRES DES BANQUES

Les banques ouvrent normalement en Catalogne de 8 h à 14 h du lundi au vendredi et, parfois, le samedi jusqu'à 13 h. En août, la plupart ferment complètement le week-end. Certaines grandes agences du centre de Barcelone commencent à assurer des permanences plus étendues en semaine, mais le phénomène reste limité.

CHANGE

La majorité des banques ont un bureau de change *(canvi/cambio ou moneda estrangera/extranjera)*. Une pièce d'identité est nécessaire pour toute transaction.

Les principales cartes bancaires permettent de retirer au guichet une somme allant jusqu'à 300 euros. Certaines banques françaises comme la **Société générale** et le **Crédit Lyonnais** ont des succursales à Barcelone.

Les bureaux de change, nombreux dans les quartiers touristiques, sont signalés par des panneaux « *Canvi/ Cambio* », ou « Change ». Ils ont des horaires d'ouverture plus pratiques mais prélèvent toujours des commissions plus élevées.

Les caisses d'épargne *(caixes d'estalvi/cajas de ahorro)* changent aussi les devises. Elles ouvrent de 8 h 30 à 14 h en semaine, plus de 16 h 30 à 19 h 45 le jeudi.

CHÈQUES ET CARTES

Toutes les banques permettent d'acquérir des chèques de voyage, ceux d'American Express et de Travelex étant les plus répandus. La société American Express ne prélève pas de commission sur ses chèques échangés dans ses bureaux. Conservez votre reçu à part pour obtenir le remboursement de chèques volés ou perdus.

Les banques demandent un délai de 24 heures pour des chèques au-dessus de 3 000 euros. Pour tout paiement de chèques de voyage supérieurs à 600 euros, le certificat d'achat vous sera demandé.

Celles-ci autorisent également les retraits en liquide avec les cartes bancaires, en particulier les cartes **Visa, Mastercard, American Express** et **Diners Club.** Comme en France, il suffit de taper votre code confidentiel.

Attention ! De plus en plus de distributeurs sont hors service la nuit, en particulier dans la vieille ville.

Dans les magasins, on vous demandera toujours une pièce d'identité pour un paiement par carte. Comme il est plus sûr de laisser vos papiers à l'hôtel, ayez toujours sur vous un autre document original, tel que votre permis de conduire. Certains petits bars et restaurants n'acceptent pas les cartes.

DISTRIBUTEURS DE BILLETS

Très répandus, ils acceptent presque tous les cartes Visa et Mastercard, ainsi que celles portant les logos Cirrus et Maestro. Ils permettent de débiter son compte, à condition de détenir une carte valable à l'étranger.

Au moment de taper le code confidentiel, les instructions s'affichent en catalan, en espagnol, en anglais, en français et en allemand.

Les distributeurs Servi Caixa permettent aussi d'acheter des billets pour les différents spectacles de la ville.

EURO

Douze pays ont remplacé leur monnaie nationale par une monnaie unique européenne, l'euro. Il s'agit de l'Allemagne, de l'Autriche, de la Belgique, de l'Espagne, de la Finlande, de la France, de la Grèce, de l'Irlande, du Luxembourg, des Pays-Bas,

ADRESSES

BANQUES FRANÇAISES

Crédit Lyonnais
Passeig de Gràcia 103, 08008 Barcelona. **Tél.** *93 402 62 00.*

Société générale
Plaça de Catalunya 20, 08002 Barcelona. **Tél.** *93 304 74 00.*

CARTES ET CHÈQUES DE VOYAGE PERDUS

American Express
La Rambla 74, 08001 Barcelona.
Tél. *93 342 73 10.*

Diners Club
Tél. *901 10 10 11.*

MasterCard (Access)
Tél. *900 97 12 31 (appel gratuit).*

Travelex
Tél. *900 94 89 71 (appel gratuit).*

VISA
Tél. *900 99 12 16 (appel gratuit).*

du Portugal et de l'Italie.

Les autres États membres de l'Union européenne, le Royaume-Uni, le Danemark et la Suède, ont choisi pour l'instant pas de ne pas faire partie de la zone euro. Ces pays peuvent revenir sur leur décision. Les pièces et les billets ont été mis en circulation le 1er janvier 2002. En Espagne, une période de transition a permis d'utiliser les pesetas et les euros simultanément. La peseta a définitivement disparu au second semestre 2002. Vous pouvez changer vos devises aux distributeurs automatiques de certaines banques, notamment à l'aéroport. Mais nous vous conseillons d'emporter avant votre départ quelques euros en liquide ; ils vous seront utiles à votre arrivée pour régler des menues dépenses.

Billets de banque

Les billets en euros existent en 7 coupures. Leur taille et leur couleur est différente selon leur valeur. Le billet de 5 € (de couleur grise) est le plus petit, le billet de 10 € est rouge, le billet de 20 € est bleu, le billet de 50 € est orange, le billet de 100 € est vert, le billet de 200 € est brun-jaune et celui de 500 € est violet.

5 euros

10 euros

20 euros

50 euros

100 euros

200 euros

500 euros

2 euros

1 euro

50 cents

20 cents

10 cents

Pièces

Il existe 8 pièces en euros : 1 euro et 2 euros ; 50 cents, 20 cents, 10 cents, 5 cents, 2 cents et 1 cent. Les pièces de 1 et de 2 euros sont dorées et argentées. Les pièces de 50, 20 et 10 cents sont dorées. Les pièces de 5, 2 et 1 cents sont couleur bronze.

5 cents

2 cents

1 cent

Communications et médias

Timbre-poste standard

Telefónica, l'entreprise de télécommunication espagnole, gère un réseau performant. Nombreux, les publiphones fonctionnent à pièces ou à cartes et acceptent souvent les deux.
La poste, ou Correos, possède un logo en forme de couronne rouge ou blanche sur fond jaune. Les bureaux permettent d'envoyer courriers en recommandé et des télégrammes, mais pas de téléphoner. Ils vendent également des timbres, à l'instar des débits de tabac *(estancs)*.

UTILISER UN PUBLIPHONE À PIÈCES ET À CARTE

1 Décrochez et attendez la tonalité et l'affichage du message : *Inserte monedas o tarjeta*.

2 Insérez des pièces *(monedas)* ou une carte *(tarjeta)*.

3 Composez le numéro sans précipitation. Mieux vaut faire une petite pause entre chaque chiffre.

4 L'écran affiche le numéro que vous composez et l'argent ou les unités qu'il vous reste. Il indique le moment de rajouter des pièces.

5 Raccrocher fait ressortir la carte ou tomber les pièces qui n'ont pas été utilisées.

Carte de téléphone espagnole

Logo de Telefónica

TÉLÉPHONER

Vous trouverez des publiphones dans les cabines publiques *(cabines)* et dans les bars. Tous acceptent des pièces, mais les cartes vendues par les marchands de journaux et les bureaux de tabac *(estancs)* se révèlent plus pratiques. Certains publiphones disposent d'un système d'affichage des instructions en plusieurs langues.

Les bureaux appelés *locutoris* permettent de payer après avoir passé ses appels sans se soucier de prévoir de la monnaie. Les moins chers sont ceux gérés par Telefónica. Les autres sont souvent installés dans des magasins. Une communication effectuée depuis un *locutori* ou une *cabina* revient 35 % plus cher que depuis un domicile. Le service France Direct proposé par France Télécom permet de régler directement avec sa facture les appels passés depuis n'importe quel poste à touches, celui d'un ami par exemple. Téléphoner depuis une chambre d'hôtel donne lieu à un important surcoût.

Il n'existe plus d'indicatifs régionaux en Espagne depuis

OBTENIR LE BON NUMÉRO

- Il faut composer le numéro complet même à l'intérieur d'une ville. Les premiers chiffres indiquent la province : 93 pour Barcelone, 973, 972 et 977 pour Lleida, Gérone et Tarragone.
- Pour appeler à l'étranger, faites le 00, l'indicatif national, puis le numéro de votre correspondant (sans le premier 0 de l'indicatif régional ou, en France, du numéro).
- Les indicatifs nationaux sont le 33 pour la France, le 32 pour la Belgique, le 1 pour le Canada et le 41 pour la Suisse.
- Pour obtenir une opératrice ou les renseignements, composez le 11818.
- Le numéro des renseignements internationaux est 1008 pour l'Union européenne et 1005 pour le reste du monde.
- Pour téléphoner en PCV, faites le 900 99 00 suivi de l'indicatif du pays pour l'U. E., du 15 pour le Canada ou du 41 pour la Suisse. Les numéros des autres pays se trouvent au début de l'annuaire, à la rubrique Comunicaciones internacionales.
- Signalez un dérangement au 1002.
- Horloge parlante au 093, météo au 906 36 53 08, service du réveil au 096.

1998. Il faut donc composer le numéro complet, y compris le 9 du début. Pour appeler depuis la France, tapez d'abord 00 pour obtenir l'international puis 34, l'indicatif de l'Espagne.

SERVICES POSTAUX

La poste *(Correos)* est lente et malgré la possibilité d'envoyer un courrier en *urgente* (express) ou en *certificado* (recommandé), les entreprises privées de messagerie assurent un service plus fiable et plus rapide. Les principaux *Correos* ouvrent de 8 h 30 à 20 h 30 du lundi au vendredi et de 9 h à 19 h le samedi. Ceux des banlieues ou des villages ferment souvent dès 14 h en semaine et à 13 h le samedi. Il existe trois gammes de tarifs postaux en fonction de la destination : l'Espagne, l'Europe et le reste du monde. Les paquets sont pesés et affranchis dans les bureaux de poste. Il faut bien les fermer avec de la ficelle. Les lettres en poste restante doivent porter la mention *Lista de Correos* et le nom de la ville. Vous les récupérerez, avec une pièce d'identité, à la poste centrale.

Certains *locutoris*, hôtels et commerces proposent un service de télécopie.

Boîte aux lettres

ADRESSES

Les adresses catalanes commencent par le nom de la voie, suivi du numéro de l'immeuble puis, si besoin, celui de l'étage et d'une lettre désignant l'appartement. Carrer est souvent abrégé en C/ ; « C/Mir 7, 5e-A » correspond donc à l'appartement A du 5e étage du n° 7 de la carrer Mir. Les niveaux de beaucoup d'immeubles restent divisés en *baixos* (rez-de-chaussée), *entresol, principal,* puis 1er étage, 2e, etc. Les deux premiers chiffres du code postal indiquent la province.

Quotidiens catalans

Magazines catalans

LA TÉLÉVISION ET LA RADIO

Les Catalans ont le choix entre une chaîne dans leur langue dépendant du gouvernement régional, les deux chaînes du service public espagnol, TVE1 et TVE2, une chaîne indépendante catalane culturelle, Canal 33, et trois chaînes indépendantes de diffusion nationale : Tele-5, Antena 3 et Canal Plus. Televsion BTV Barcelone diffuse régulièrement des informations en langue étrangère.

La plupart des films étrangers programmés sur le petit écran sont doublés. Le sigle V. O. signale dans les magazines les films diffusés en *versión original.* Les hôtels offrent souvent la possibilité de capter des chaînes diffusées par satellite telles que CNN, Eurosport et Cinemanía. Les principales stations de radio comprennent Catalunya Ràdio, COM Ràdio et la Ràdio Nacional de España. Ràdio 2 diffuse de la musique classique. Ser est une station généraliste privée espagnole. Radio France internationale couvre toute l'Espagne.

JOURNAUX ET MAGAZINES

Beaucoup de kiosques du centre de Barcelone vendent des quotidiens et des périodiques étrangers. Des journaux du matin tels que *Le Figaro* et *Libération* sont disponibles le même jour qu'en France, *France-Soir* et *Le Monde* arrivent, comme en province, le lendemain.

Les principaux quotidiens en langue catalane sont *Avui* et *El Periódico*. Ce dernier publie aussi une édition en espagnol. *La Vanguardia* paraît à Barcelone mais en espagnol. Les autres journaux de diffusion nationale les plus lus comprennent, par ordre décroissant, *El País*, *El Mundo* et *ABC*. *El Mundo* possède davantage de chroniques et s'adresse à une clientèle plus jeune que les deux autres, qui offrent une présentation plus approfondie de l'actualité internationale.

Écrit en espagnol, le meilleur magazine de programmes de Barcelone, *Guía del Ocio*, présente aussi des restaurants. La Chambre française de commerce et d'industrie édite *Perspectives*.

Marchand de journaux de La Rambla à Barcelone

ALLER ET CIRCULER EN CATALOGNE

La Catalogne possède trois aéroports internationaux où atterrissent des avions de tous les continents. Celui de Barcelone, El Prat, accueille principalement des vols réguliers, tandis que beaucoup de charters se posent à Gérone et à Reus. À Barcelone, un boulevard périphérique *(ronda)* facilite la circulation automobile et un tunnel permet d'atteindre directement le cœur de la ville. Voies ferrées et autoroutes à péage rayonnent de la capitale vers les villes importantes de la région. Une grande partie de la Catalogne rurale montagneuse, est seulement accessible en voiture ou en autobus.

Compagnie aérienne espagnole

Boutique duty free de l'aéroport El Prat de Barcelone

ARRIVER EN AVION

Beaucoup de grandes compagnies aériennes internationales desservent l'aéroport El Prat de Barcelone. La compagnie espagnole **Iberia** assure des vols réguliers depuis Montréal *via* Madrid et des liaisons sans escales quotidiennes avec toutes les capitales d'Europe occidentale, excepté pour les pays de l'Est. Ses seuls vols directs vers l'Europe de l'Est atterrissent à Moscou.

Air France propose des navettes quotidiennes depuis Paris et des liaisons régulières depuis des villes de province comme Lille et Nice.

Brussels Airlines et **Swiss** assurent des liaisons quotidiennes au départ, respectivement, de Bruxelles et de Genève.

Les vols charters des voyagistes organisant des séjours sur le littoral se posent en général sur l'un des deux autres aéroports internationaux de la Catalogne : celui de Gérone, proche de la Costa Brava, et celui de Reus pour la Costa Daurada.

Panneau du service de navettes entre Barcelone et Madrid

Outre Iberia et ses filiales **Aviaco** et **Air Nostrum**, trois compagnies proposent des vols intérieurs à destination des autres grandes villes espagnoles : **Air Europa, Pan-Air** et **Spanair**. Iberia a également mis en place entre Barcelone et Madrid le Pont Aeri (Puente Aéreo), un service de navettes qui offre un décollage tous les quarts d'heure en période de pointe. Les passagers peuvent acheter leur billet à un distributeur automatique jusqu'à 15 min avant le départ. Le trajet dure 50 min. Les autres compagnies assurent des liaisons moins fréquentes entre les deux villes mais à des prix en général moins élevés.

Les principales sociétés internationales de location de voitures *(p. 187)* possèdent des comptoirs aux trois terminaux d'El Prat. Il est également possible d'obtenir directement un véhicule à l'aéroport de Gérone. À Reus, ils doivent venir de Tarragone, la capitale provinciale.

ADRESSES

RENSEIGNEMENTS DES AÉROPORTS

Barcelone El Prat
Tél. 93 298 38 38.

Gérone
Tél. 972 18 66 00.

Reus
Tél. 977 77 98 32.

IBERIA, AVIACO AIR NOSTRUM

Vols internationaux et intérieurs
Tél. 902 400 500 (Espagne).

Belgique
Tél. (02) 548 94 90.

Canada
Tél. (800) 772 4642.

France
Tél. 0 802 075 075.

AUTRES COMPANIES AÉRIENNES

Air Europa
Tél. 902 401 501 (Espagne).
www.air-europa.com

Air France
Tél. 901 11 22 66 (Espagne).
Tél. 0 802 802 802 (France).

Pan-Air
Tél. 91 329 23 01 (Espagne).

Brussels Airlines
Tél. 902 901 492 (Espagne).
Tél. 0 802 802 802 (France).
www.brussels-airlines.com

Spanair
Tél. 902 13 14 15 (Espagne).
www.spanair.com

Swiss
Tél. 901 116 712 (Espagne).
Tél. 0848 85 2000 (Suisse).
www.swiss.com

CROISIÈRES ET FERRIES

Costa Croisières
Tél. 93 487 56 85 (Espagne).
Tél. 01 47 42 83 19 (France).
www.costacruceros.es

Festival Croisières
Tél. 91 417 48 30 (Espagne).
Tél. 01 47 42 67 67 (France).

Grimaldi Group
Tél. 90 240 12 00 (Espagne).
www.grimaldi.it

LIAISONS AVEC LES ÎLES BALÉARES

Buquebus
Tél. 902 414 242 (Espagne).

Trasmediterránea
Tél. 902 45 46 45 (Espagne).
Tél. 01 40 82 63 63 (France).

AÉROPORT EL PRAT DE BARCELONE

L'aéroport de Barcelone, actuellement en travaux, se trouve à 12 km du centre. Les vols internationaux atterrissent au terminal A et les avions des compagnies étrangères décollent de ce même terminal. Les terminaux B et C servent au départ des appareils espagnols et à l'arrivée des vols depuis l'Union européenne. L'Aerobus (toutes les 12 min) et des trains (toutes les 30 min) rejoignent la plaça de Catalunya. Le trajet prend 15 minutes et coûte environ 20 euros.

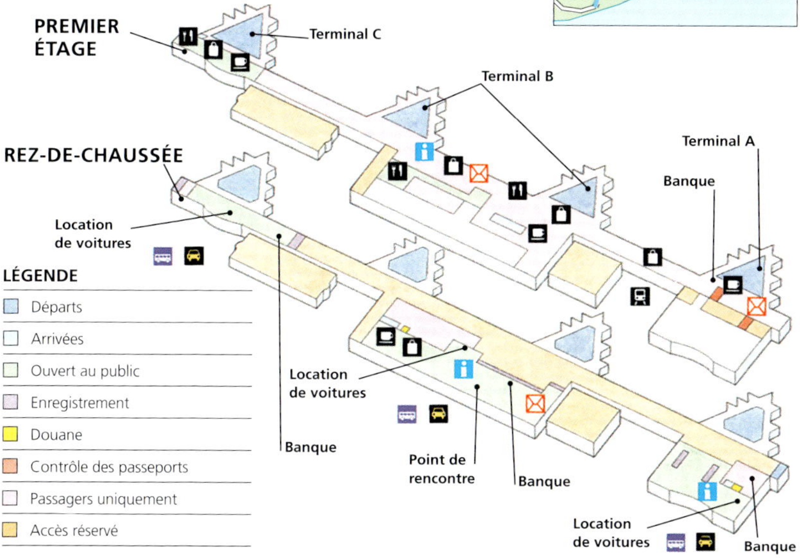

Quelques compagnies locales proposent des tarifs intéressants, mais mieux vaut lire avec attention les clauses indiquées en petits caractères.

TARIFS

Les prix des vols à destination de Barcelone et du littoral catalan varient selon la période de l'année et la demande. C'est en été qu'ils sont en général le plus élevés sur les lignes régulières, mais de nombreux vols charters organisés en cette saison permettent parfois de faire de bonnes affaires. Les options les plus avantageuses en hiver sont souvent des forfaits, des week-ends à Barcelone notamment, incluant les nuits d'hôtel. Mieux vaut réserver sa place longtemps à l'avance à Noël et à Pâques.

L'avion reste un moyen onéreux de circuler entre Barcelone et les autres cités d'Espagne.

CROISIÈRES ET FERRIES

Il n'existe plus de ferries circulant entre des ports français et Barcelone mais ceux du **Groupe Grimaldi** assurent depuis 1998 des liaisons régulières entre Gênes et la capitale catalane. Les croisières connaissent de plus en plus de succès, et plusieurs sociétés telles que **Costa Croisières** et **Festival Croisières** proposent des itinéraires comprenant une escale à Barcelone.

REJOINDRE LES ÎLES BALÉARES

Barcelone constitue le principal point de départ à destination de l'archipel des Baléares depuis la péninsule Ibérique. Iberia, Air Europa et Spanair assurent des vols réguliers et **Buquebus** des liaisons maritimes en hydrofoil qui durent trois heures. Il faut compter huit heures pour une traversée dans les ferries de **Trasmediteránea.** Mieux vaut réserver, surtout en été.

Ferry de Trasmediterránea à destination des îles Baléares

En train et en métro

Logos du métro et de FGC

Deux sociétés de chemins de fer opèrent en Catalogne. **RENFE** *(Red Nacional de Ferrocarriles Españoles)* est nationale et assure les liaisons interurbaines, dont celles par trains express TALGO, ainsi que des dessertes de banlieue *(rodalies)* à Barcelone. **FGC** *(Ferrocarrils de la Generalitat de Catalunya)* dépend du gouvernement catalan et gère des trains de banlieue et certains services spéciaux dans les provinces de la région. Barcelone possède un bon réseau de métro.

Escalier roulant conduisant à un quai *(andana)* de la gare de Sants à Barcelone

ARRIVER EN TRAIN

Il existe des liaisons ferroviaires directes pour Barcelone au départ de plusieurs villes européennes, dont Paris, Montpellier, Genève, Zurich et Milan. Voyager de nuit en couchette ou en wagon-lit rend la longueur du trajet plus supportable. Pour les trajets avec correspondance, les changements ont souvent lieu dans les gares frontalières : Port-Bou/Cerbère, sur le littoral, et Latour-de-Carol dans les Pyrénées.

La majorité des trains en provenance de l'étranger arrivent à Barcelone dans les trois grandes gares du centre : Sants, Estació de França et Passeig de Gràcia.

Des trains rapides et fréquents circulent entre les autres villes d'Espagne et la capitale catalane. Au départ de Madrid, Séville, Málaga, La Corogne (A Coruña) et Vigo, le service **Auto-Express** permet de voyager avec sa voiture sans avoir à conduire.

DÉCOUVRIR LA CATALOGNE EN TRAIN

La compagnie nationale RENFE propose trois types de trains régionaux en Catalogne. Les *Catalunya Exprés* relient les grandes villes en marquant peu d'arrêts entre elles. Les trains dits *Regional* et *Delta* sont plus lents car ils desservent plus de localités. Depuis la gare de Sants à Barcelone, Euromed rejoint à grande vitesse Tarragone puis continue au sud vers Castelló, Valence et Alicante. Il existe aussi des trains de banlieue *(rodalies)*. FGC, la société de chemins de fer de la Généralité de Catalogne, gère un réseau de trains de banlieue à l'intérieur et autour de Barcelone. Elle assure aussi certains services spéciaux tels que l'unique train à crémaillère d'Espagne, entre Ribes de Freser *(voir dernière couverture intérieure)* et Núria, dans les Pyrénées, et les téléphériques et funiculaires du monastère de Montserrat *(p. 122-123)* et de Vallvidera. C'est aussi sous sa responsabilité que roulent plusieurs trains historiques, à vapeur ou électriques, qui ont une vocation principalement touristique.

Logo des chemins de fer espagnols

ADRESSES

TRANSPORTS PUBLICS

Renseignements
Tél. *010.*

Renseignements RENFE et réservations avec carte bancaire
Tél. *902 24 02 02 (national).*
Tél. *902 24 34 02 (international).*
www.renfe.es

Secretaria General de Juventud
Punt de Información Juvanil
Carrer de Calàbria, 147.
Tél. *93 483 83 83.*

Renseignements FGC
Tél. *93 205 15 15.*

Renseignements TMB
Tél. *93 298 70 00 or 012.*

ACHETER UN BILLET DE TRAIN

Les billets pour les trains *llarg recorregut* (longues distances), notamment les express TALGO et les trains assurant des liaisons internationales, peuvent être achetés à une *taquilla* (guichet) d'une des gares RENFE, auprès d'une agence de voyages qui prélèvera une petite commission ou par téléphone en indiquant son numéro de carte bancaire (il faut réserver au moins 24 h à l'avance).

Les guichets permettent aussi de prendre des places sur les trains locaux et régionaux, même dans les grandes gares équipées de distributeurs automatiques. Un aller simple se dit *anada*, un aller et retour *anada i tornada*.

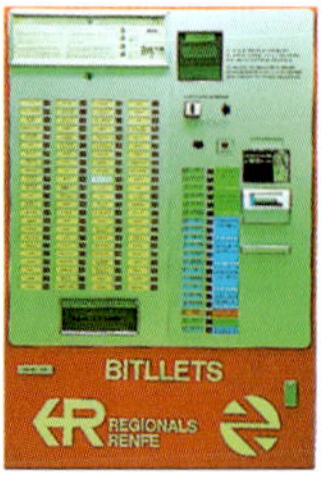

Distributeur de billets pour les *regionals*

Distributeur de billets pour les *rodalies*

Portillons automatiques dans une station de métro de Barcelone

TARIFS ET RÉDUCTIONS

Les prix des billets de chemin de fer dépendent en Espagne de la rapidité et de la qualité du service. Ils sont ainsi plus élevés sur les trains express TALGO que sur les dessertes locales ou régionales.

RENFE offre une remise générale de 10 % certains jours creux, les « jours bleus » *(dies blaus)* qui apparaissent en bleu sur les horaires. D'autres réductions concernent les enfants, les personnes de plus de 60 ans et les groupes à partir de dix personnes.
Il existe aussi des abonnements sur les liaisons locales, régionales et longues distances.

La carte Inter Rail permet une libre circulation de 22 jours ou d'un mois dans 29 pays d'Europe regroupés en zones. Son prix dépend du nombre de zones choisies et de l'âge du passager (plus ou moins de 26 ans). Le pass Eurodomino offre une libre circulation dans un pays pendant trois, cinq ou dix jours au choix dans une période d'un mois. Là aussi, il existe deux gammes de prix selon que le passager a plus ou moins de 26 ans. Ces forfaits peuvent être achetés à Barcelone dans les gares de Sants et de l'Estació de França. Il faut fournir une pièce d'identité. Le **Punt de Información Juvanil** accueille les jeunes de moins de 26 ans de toutes nationalités. Il accorde une réduction qui peut s'élever à 40 % sur des trajets entre l'Espagne et l'Europe.

LE MÉTRO DE BARCELONE

Le métro fonctionne de 5 h à minuit du lundi au jeudi, de 5 h à 2 h le vendredi, le samedi et la veille d'un jour férié, de 6 h à minuit le dimanche et de 6 h à 23 h les jours fériés tombant en semaine. Il existe cinq lignes distinguées chacune par un nombre et une couleur. Des panneaux sur les quais indiquent la dernière station de la ligne dans la direction où se dirigent les rames.

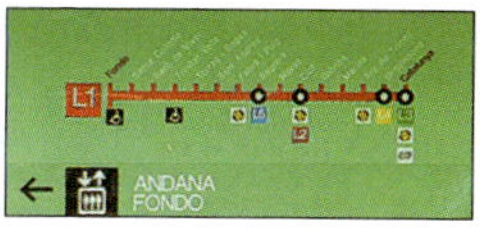

Plan d'une ligne de métro indiquant les correspondances

Dans les rues, des panneaux portant la lettre M se détachant en rouge sur un losange blanc signalent les stations. La présence du logo de RENFE ou de FGC signale une correspondance avec le réseau ferroviaire national ou catalan. Des billets spéciaux permettent d'effectuer des trajets avec une correspondance entre le métro et certains trains FGC.

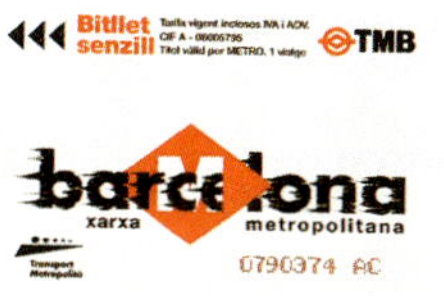

Ticket de la régie des transports publics ne permettant qu'un trajet

BILLETS ET FORFAITS À BARCELONE

La dernière couverture intérieure de ce guide, où se trouve le plan du métro de Barcelone, décrit les cartes spécialement destinées aux touristes de passage par la régie des transports urbains de la ville : TMB *(Transports Metropolitans Urbans)*. Il existe une gamme de billets et de forfaits convenant à toutes les durées de séjour.
Le *T-dia* et le *T-mes* accordent la libre circulation, respectivement pendant un jour et un mois. Le *T-1* permet dix trajets individuels en métro, en bus et en train FGC. Le *T-10* permet également dix trajets sur ces modes de transport, mais ils peuvent être combinés.
Le *T-50/30* permet d'effectuer cinquante trajets en métro et en train FGC sur une période de trente jours.

UTILISER UN DISTRIBUTEUR DE BILLETS

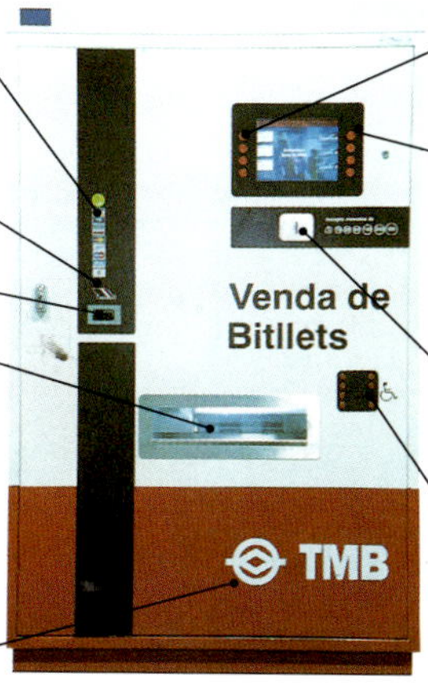

Liste des cartes bancaires acceptées

1 Choisissez la langue : catalan/espagnol, anglais, français.

2 Choisissez le billet : *senzill* (1 trajet), *T-2* (10 trajets), *T-50/30* (50 trajets en 30 jours), et la quantité désirée.

3a Glissez des pièces (les pièces acceptées sont indiquées).

3b Insérez une carte bancaire.

3c Insérez un ou des billets.

4 Prenez votre billet et votre monnaie s'il y a lieu.

Logo de Transports Metropolitans Urbans (TMB).

Boutons de choix de langue et de billet accessibles au fauteuil roulant.

Circuler en voiture et en bus

Panneau routier de Barcelone

Des grandes voies embouteillées menant à Barcelone jusqu'aux petites routes de montagne quasi désertes où des dizaines de kilomètres séparent les stations-service, les conditions de circulation varient terriblement en Catalogne. Le trafic reste généralement fluide sur les autoroutes à péage *(autopistes)*, mais il faut savoir prendre son temps sur les routes très fréquentées du littoral. Si vous ne disposez pas d'une voiture, les visites organisées offrent un moyen pratique de découvrir des lieux isolés.

Canvi de sentit **(bretelle de sortie) à gauche à 300 m**

ARRIVER EN VOITURE

En provenance de France, la principale voie d'accès à la Catalogne et à Barcelone est l'autoroute à péage A 7, qui prolonge l'A 9 à partir du poste frontière du Perthus. Attention, comme sur toutes les *autopistes* espagnoles, la vitesse y est limitée à 120 km/h. Si rien ne vous presse, la route du littoral, qui passe par Port-Bou, et celles qui traversent les Pyrénées par la Vall d'Aran, Andorre et Puigcerdà, ont beaucoup plus de charme.

Logo d'une compagnie de location de voitures espagnole

LOUER UNE VOITURE

Il faut avoir plus de 21 ans et posséder un permis valide (et international pour les étrangers n'appartenant pas à l'Union européenne) pour pouvoir louer un véhicule.

Quelques grandes compagnies internationales comme **Hertz, Avis** et **Europcar,** ainsi que la société espagnole National ATESA, ont des agents dans toute la Catalogne. Elles possèdent aussi des comptoirs dans les trois principaux aéroports de la région *(p. 182)*. Ceux des aéroports de Gérone et de Reus ont toutefois des horaires d'ouverture irréguliers.

PRENDRE SA VOITURE

Vérifiez avant votre départ les risques que couvre votre assurance. Beaucoup de polices incluent en effet aujourd'hui la prise en charge des frais de dépannage ou de rapatriement en cas de problème à l'étranger.

Le conducteur doit pouvoir présenter carte grise, carte verte et permis de conduire. Un permis international est obligatoire pour les personnes n'appartenant pas à l'Union européenne. On peut se le procurer auprès d'un automobile-club.

Le véhicule doit porter à l'arrière un autocollant indiquant son pays d'immatriculation. Il faut avoir à bord un triangle de détresse, des ampoules de rechange et une trousse de premier secours sous peine d'amende (à régler immédiatement).

CONDUIRE EN CATALOGNE

Sauf indication contraire, les véhicules venant de droite ont priorité. Les limitations de vitesse pour les voitures sans remorque sont de :

- 120 km/h sur les *autopistes* (autoroutes à péage) ;
- 120 km/h sur les *autovies* (autoroutes gratuites) ;
- 90 km/h sur les *carreteres* nacionals (routes nationales) et les *carreteres comarcals* (routes secondaires) ;
- 50 ou 60 km/h en agglomération.

Payable immédiatement, l'amende pour excès de vitesse peut atteindre 450 euros.

Le taux maximal d'alcool dans le sang autorisé est de 0,25 mg par litre d'air expiré.

Limitation de vitesse

Les tests deviennent de plus en plus répandus. Toutes les stations-service vendent *benzina* (essence), *gas oil* et *benzina sense plom* (sans plomb), mais les plus petites n'acceptent pas toujours les cartes bancaires.

AUTOPISTES

Au *peatge* des autoroutes payantes, il faut prendre les files indiquées *manual* pour payer à un employé. Les machines de l'*automàtic* acceptent cartes bancaires et pièces. Le *Tél.etac* ne

Station-service d'une chaîne implantée dans tout le pays

concerne que des abonnés. Il existe sur les *autopistes* des téléphones d'urgence tous les 2 km et des stations-service tous les 40 km.

TAXIS

Les taxis de Barcelone arborent une carrosserie noire et jaune et allument une lanterne verte pour signaler qu'ils sont libres. Leurs tarifs augmentent après 22 h et le week-end, mais le forfait de base, affiché par le taximètre quand le chauffeur l'enclenche, reste identique. Les trajets vers ou depuis l'aéroport et le chargement de bagages entraînent des suppléments. La société **Radio Taxis** possède des véhicules adaptés aux handicapés (il faut les réserver la veille) et des monospaces à sept places. Si vous prenez un taxi sans compteur, dans un village par exemple, mettez-vous d'accord sur le montant de la course avant le départ.

Taxi barcelonais

STATIONNER

Attention à la fourrière dans le centre de Barcelone. Évitez en particulier les bords de trottoir peints en jaune et les sorties de véhicules *(gual)*. Certaines rues gardent un système de stationnement alterné, des panneaux « 1-15 » et « 16-30 » indiquant de quel côté se garer selon la période du mois.

Même sur le domaine public, il faut payer pour stationner, du lundi au vendredi, entre 9 h et 14 h et entre 16 h et 20 h, le samedi toute la journée. N'oubliez pas de mettre votre ticket (valable au maximum deux heures) en évidence. Dans les parkings souterrains, les mots *« llibre »* ou *« complet »* vous indiqueront s'il reste des places disponibles ou pas.

Gare routière de Granollers, dans la province de Barcelone

AUTOCARS

Autocares Julià, la plus importante compagnie espagnole de liaisons interurbaines en autocar, est un agent d'**Eurolines** dont les véhicules en provenance de tous pays arrivent à la gare routière de Sants. Le terminus des bus venant des villes espagnoles se trouve à l'Estació del Nord. **Julià Tours** et **Pullmantur** proposent des visites guidées de Barcelone. **Turisme de Catalunya** *(p. 175)*, à Barcelone, et les offices du tourisme locaux vous indiqueront les voyages organisés disponibles.

BARCELONE EN BUS

Le *Bus Turístic* permet de découvrir la ville. Il suit d'avril à février deux itinéraires à partir de la plaça de Catalunya. Acheté à bord, le ticket permet de les emprunter tous les deux et de descendre et de remonter à sa guise. On ne peut prendre dans les bus urbains, rouge et blanc, que des tickets pour un trajet unique. Les forfaits valables sur différents modes de transports publics tels que les *T-1* et *T-2* *(p. 185)* doivent être achetés dans les stations de métro. Le *Nitbus* circule la nuit de 22 h à 5 h et le *TombBus* dessert les grandes rues commerçantes entre la plaça de Catalunya et la plaça Pius XII. L'*Aerobus* assure des navettes entre la plaça de Catalunya et l'aéroport.

Arrêt de bus à Barcelone

ADRESSES

LOCATION DE VOITURES

National ATESA
Tél. *93 298 34 33 (aéroport de Barcelone).*
Tél. *902 100 101 (appel gratuit en Espagne).*

Avis
Tél. *93 298 36 00 (aéroport de Barcelone).*

Europcar
Tél. *90 210 50 55 (aéroport de Barcelone).* ***Tél.*** *902 10 50 30*

Hertz
Tél. *93 298 36 38 (aéroport de Barcelone).* ***Tél.*** *902 402 405*

AUTOCARS

Autocares Julià
Tél. *90 240 00 80.*

Eurolines
Tél. *020 7730 8235 (Paris).*
Tél. *90 240 50 40 (Barcelone).*

Julià Tours
Tél. *93 317 64 54.*

Pullmantur
Tél. *93 317 12 97.*

GARES ROUTIÈRES

Estació del Nord
Carrer d'Alí Bei 80.
Tél. *90 226 06 06.*
www.barcelonanord.com

Estació de Sants
Plaça del Països Catalans.
Tél. *90 226 06 06.*

TAXIS

Radio Taxis
Tél. *93 433 10 20/357 77 55.*
Tél. *93 300 11 00.*
Tél. *93 420 80 88 (taxis pour handicapés).*

ATLAS DES RUES DE BARCELONE

La carte ci-dessous précise la zone couverte par les plans de l'atlas des rues de Barcelone. Toutes les références cartographiques données dans les articles décrivant les sites, monuments, boutiques et salles de spectacle de la capitale catalane renvoient à ces plans. Ils vous permettront également de situer les hôtels *(p. 134-141)*, les restaurants *(p. 146-151)* ainsi que les cafés et bars *(p. 152-153)* que nous avons sélectionnés. La liste des symboles utilisés dans les plans figure ci-dessous.

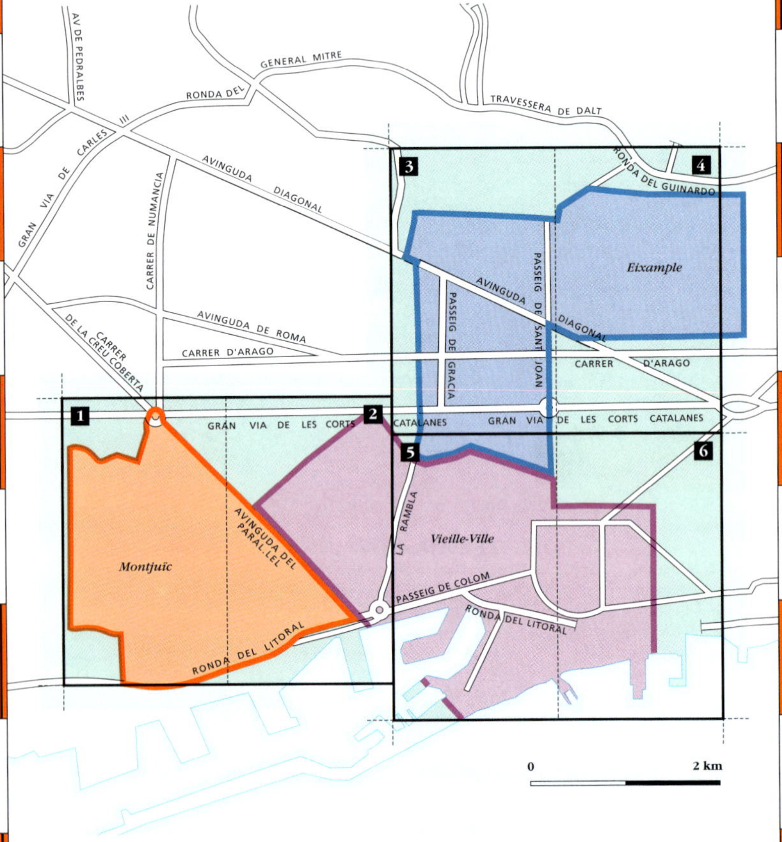

LÉGENDE DE L'ATLAS DES RUES

- Site exceptionnel
- Site intéressant
- Autre édifice
- Gare du réseau national
- Gare du réseau local (FGC)
- Station de métro
- Arrêt d'autobus important
- Gare routière
- Embarcadère des *golondrinas*
- Téléphérique
- Gare de funiculaire
- Station de tramway
- Station de taxis
- Parc de stationnement
- Information touristique
- Hôpital de garde
- Poste de police
- Église
- Bureau de poste
- Voie ferrée
- Rue piétonnière

ÉCHELLE DES PLANS

0 — 250 m

Index des rues

A

Abaixadors, Carrer dels 5B3
Abdó Terradas, Carrer d' 3B2
Agullers, Carrer dels 5B3
Agustí Duran i Sanpere, Carrer d' 2F2
Alaba, Carrer d' 6F1
Alba, Carrer de l' 3C2
Albareda, Carrer d' 2E4
Alcalde de Móstoles, Carrer de l' 4E1
Alcanar, Carrer d' 5C5
Aldana, Carrer d' 2E3
Alí Bei, Passatge d' 6F1
Alí Bei, Carrer d' 5C1 & 6D1–6E1
Alió, Passatge d' 4D3
Allada, Carrer de l' 5C2
Almirall Aixada, Carrer de l' 5B5
Almirall Cervera, Carrer de l' 5B5
Almogàvers, Carrer dels 6D2
Alzina, Carrer d' 3C1
Amadeu Vives, Carrer d' 5B1
Amargòs, Carrer de N' 5B1
Ample, Carrer 5A3
Amposta, Carrer d' 1A1
Andrea Dòria, Carrer d' 5C4
Àngel, Plaça de l' 5B2
Àngels, Carrer dels 2F2
Àngel Baixeras, Carrer d' 5A3
Anníbal, Carrer d' 1C3
Antic de Sant Joan, Carrer 5C3
Antiga de Mataró, Carretera 6E2
Antóni López, Plaça d' 5B3
Antóni Maura, Plaça d' 5B2
Aragó, Carrer d' 3A4
Arai, Carrer de N' 5A3
Arc de Sant Agustí, Carrer de l' 2F3
Arc del Teatre, Carrer de l' 2F4
Arcs, Carrer dels 5A2
Argenter, Carrer de l' 5B1
Argenteria, Carrer de l' 5B2
Argentona, Carrer d' 4D1
Aribau, Carrer d' 2F1
Armada, Plaça de l' 2D5
Arolas, Carrer d'en 5A2
Arq.Sert, Carrer de l' 6F2
Assaonadors, Carrer dels 5B2
Astúries, Carrer d' 3B1
Ataülf, Carrer d' 5A3
Atlantida, Carrer de l' 5B5
Aulèstia i Pijoan, Carrer d' 3A1
Aurora, Carrer de l' 2E2
Ausiàs Marc, Carrer d' 5B1
Avinyó, Carrer d' 5A3

B

Badia, Carrer de 3B1
Bailèn, Carrer de 3C2
Baix, Carrer de 1C2
Balboa, Carrer de 5C4
Balears, Moll de les 5A5
Balmes, Carrer de 3A1–3A5
Baluard, Carrer del 5C4
Banyoles, Carrer de 3C2
Banys Nous , Carrer de 5A2
Banys Vells, Carrer de 5B2
Barceloneta, Moll de la 5B4
Barceloneta, Plaça de la 5B4
Barceloneta, Platja de la 6D5
Basea, Carrer de 5B3
Beates, Carrer de les 5B2
Benet Mercadé, Carrer de 3A1
Berenguer, Passatge de 4D3
Berga, Carrer de 3A1
Bergara, Carrer de 5A1
Bergnes de las Casas, Carrer 4E2
Bertrellans, Carrer de 5A1
Bisbe, Carrer del 5B2
Bisbe Laguarda, Carrer del 2E2
Blai, Carrer de 2D3
Blanqueria, Carrer de la 5C2
Blasco de Garay, Carrer de 2D3
Blesa, Carrer de 2D4
Bòbila, Carrer de 1C2
Bocabella, Passatge de 4D5
Bofill, Passatge de 4E4
Bogatell, Avinguda del 6E2
Bolívia, Carrer de 6F1
Boltres, Carrer d'En 5A3
Bonavista, Carrer de 3B2
Boné, Passatge de 4E1
Bonsuccés, Carrer del 5A1
Boquer, Carrer d'En 5B2
Boqueria, Carrer de la 5A2
Boqueria, Plaça de la 5A2
Bordeta, Carretera de la 1A1
Boria, Carrer de la 5B2
Bosch, Carrer de 3A2
Bot, Carrer d'En 5A2
Botella, Carrer d'En 2E2
Boters, Carrer dels 5A2
Bou de Sant Pere, Carrer del 5B1
Bous les Arenes, Plaça 1B1
Bretón de los Herros, Carrer de 3A1
Bruc, Carrer del 3B3
Brugada, Plaça de 5C5
Bruniquer, Carrer de 3C1
Buenaventura Muñoz, Carrer de 6D2

C

Ca l'Alegre de Dalt, Carrer de 4D1
Cabanes, Carrer de 2E4
Cadena, Passatge de la 5C4
Calàbria, Carrer de 2D1
Call, Carrer del 5A2
Camprodon, Carrer de 3C3
Camps Elisis, Passatge dels 3B4
Canadell, Passatge de 4F3
Canó, Carrer del 3B2
Canuda, Carrer de la 5A1
Canvis Nous, Carrer dels 5B3
Capellans, Carrer dels 5A2
Carabassa, Carrer d'En 5A3
Cardenal Casañas, Carrer del 5A2
Carders, Carrer dels 5C2
Carles Buïgas, Plaça de 1B2
Carlos Ibáñez, Plaça de 2D4
Carme, Carrer del 2E2
Carrera, Carrer de 2E4
Carretes, Carrer de les 2E2
Carsi, Passatge de 4F3
Cartagena, Carrer de 4F1
Casanova, Carrer de 2E1
Cascades, Passeig de les 1A2
Cascades, Plaça de les 1B2
Casp, Carrer de 3B5
Castell, Avinguda del 1B4
Castella, Plaça de 2F1
Castillejos, Carrer de los 4F1
Catalunya, Plaça de 5A1
Catalunya, Rambla de 3A3
Catedral, Avinguda de la 5A2
Cendra, Carrer de la 2E2
Centelles, Passatge de 4F3
Cera, Carrer de la 2E2
Chopin, Carrer de 1A1
Cid, Carrer del 2F4
Cigne, Carrer de 3A1
Circumval.lació, Passeig de 5C3–6D4
Cirera, Carrer de la 5B2
Ciudad Real, Carrer de 3C2
Ciutat, Carrer de la 5A2
Clip, Passatge de 4E2
Còdols, Carrer dels 5A3
Colom, Passeig de 5A4
Colomines, Carrer de 5B2
Comerç, Carrer del 5C3
Comercial, Carrer de 5C2
Comercial, Plaça de 5C3
Comtal, Carrer de 5A1
Comte d'Urgell, Carrer del 2E1
Comte Borrell, Carrer del 2D1
Comte de Salvatierra, Carrer del 3A2
Comtes, Carrer dels 5B2
Concepció, Passatge de la 3A3
Concòrdia, Carrer de la 1C2
Congost, Carrer del 3C1
Conradí, Passatge 4D3
Consell de Cent, Carrer del 3A4
Consolat de Mar, Carrer del 5B2
Copons, Carrer d'En 5B2
Corders, Carrer dels 5B2
Còrsega, Carrer de 3A3
Cortines, Carrer d'En 5C2
Corts Catalanes, Gran Via de les 1A1
Cremat, Gran Carrer de 5B2
Creu dels Molers, Carrer de la 1C3–2D3
Cucurulla, Carrer de 5A2

D

Dàlia, Carrer de la 1A1
Dante, Plaça de 1C4
Diagonal, Avinguda de 3A2–3C4 & 4D4–4F5
Diluvi, Carrer del 3B2
Diputació, Carrer de la 3A5
Doctor Aiguader, Carrer del 5B4
Doctor Joaquim Pou, Carrer del 2F2
Doctor Pons i Freixas, Plaça del 6D4
Doctor Rizal, Carrer del 3A2
Doctor Trueta, Carrer del 6E3
Domènech, Carrer de 3B2
Domingo, Passatge de 3A4
Don Carles, Carrer de 6D4
Drassana, Carrer de la 5B5
Drassanes, Avinguda de les 2F3
Duc de la Victòria, Carrer del 5A1
Duc de Medinaceli, Plaça del 5A3
Duran i Bas, Carrer de 5A1

E

Egipcíaques, Carrer de les 2F2
Elisabets, Carrer d' 2F2
Elkano, Carrer d' 2D3
Enamorats, Carrer dels 4E4
Encarnació, Carrer de l' 4D1
Entença, Carrer d' 1C1
Erasme de Janer, Carrer d' 2E2
Escorial, Carrer de l' 4D2
Escudellers, Carrer dels 5A3
Escudellers, Passatge dels 5A3
Escudellers Blancs, Carrer dels 5A2
Escuder, Carrer d' 5B4
Espalter, Carrer d' 2F3
Espanya, Moll d' 5A4
Espanya, Plaça d' 1B1
Esparteria, Carrer de l' 5B3
Espaseria, Carrer de l' 5B3
Est, Carrer de l' 2F3
Estadi, Avinguda de l' 1A2
Estruc, Carrer d' 5B1
Exposició, Passeig de l' 1C3

F

Far, Camí del 1B5
Farell, Carrer del 1A1
Ferlandina, Carrer de 2E1
Ferran, Carrer de 5A2
Ferrer de Blanes, Carrer de 3B2
Flassaders, Carrer dels 5C2
Floridablanca, Carrer de 1C1
Flors, Carrer de les 2E3
Fonollar, Carrer del 5B2
Font, Carrer de la 2D4
Font, Passatge de 4E4
Font, Plaça de la 5C4
Font Florida, Carrer de la 1A1
Font Honrada, Carrer de la 1C2
Font-Trobada, Cami de la 2D4
Fontanella, Carrer de 5A1
Fontrodona, Carrer d'En 2D3
Franca Xica, Carrer de la 1C2
Francesc Cambó, Avinguda de 5B2
Francesc d'Aranda, Carrer de 6E2
Francisco Giner, Carrer de 3B2
Fraternitat, Carrer de la 3B2
Frederic Mompou, Carrer de 6F3
Freixures, Carrer de les 5B2
Fusina, Carrer de la 5C2
Fusta, Moll de la 5A4
Fusteria, Carrer de la 5B3

G

Gaiolà, Passatge de **4D4**
Gal·la Placídia, Plaça de **3A1**
Gaudí, Avinguda de **4E3**
Gaudí, Plaça de **4E3**
Gegants, Carrer dels **5A2**
Gelí, Carrer de **5C5**
General Álvarez de Castro, Carrer del **5B2**
General Bassos, Passatge de **6F3**
General Castaños, Carrer de **5B3**
Gessamí, Carrer del **1A1**
Gignàs, Carrer d'En **5A3**
Gimbernat, Carrer dels **1B1**
Ginebra, Carrer de **5B4**
Giralt el Pellisser, Carrer d'En **5B2**
Girona, Carrer de **3C3**
Glòries Catalanes, Plaça de les **4F5**
Gombau, Carrer de **5B2**
Goya, Carrer de **3A2**
Goya, Plaça de **2F1**
Gràcia, Carrer de **3B2**
Gràcia, Passeig de **3A2–3A5**
Gràcia, Travessera de **3A2**
Gran de Gràcia, Carrer **3A2**
Granada del Penedès, Carrer de la **3A2**
Grases, Carrer de **1C2**
Grassot, Carrer d'En **4D2**
Gravina, Carrer de **2F1**
Gregal, Moll de **6F5**
Guàrdia, Carrer de **2F3**
Guàrdia Urbana, C de la **1B2**
Guatila, Carrer de la **1A1**
Guifré, Carrer de **2F2**
Guilleries, Carrer de les **3B1**
Guinardó, Ronda del **4E1**
Guítert, Carrer de **5C5**

H

Havana, Carrer de l' **5C5**
Hipòlit Lázaro, Carrer d' **4D2**
Hispanitat, Plaça de la **4E4**
Hort de Sant Pau, Carrer de l' **2E3**
Hortes, Carrer de les **2D3**
Hospital, Carrer de l' **2E2**

I

Icària, Avinguda d' **6E3**
Igualada, Carrer d' **3C2**
Indústria, Carrer de la **3C2**
Isabel II, Passatge d' **5B3**
Iscle Soler, Carrer d' **4D3**

J

Jaén, Carrer de **3B1**
Jaume Giralt, Carrer de **5C2**
Jaume Fabra, Carrer de **1C2**
Jaume I, Carrer de **5A2**
Jesús, Carrer de **3B2**
Joan Blanques, Carrer de **3C2**
Joan Casas, Passatge de **4F5**
Joan d'Austria, Carrer de **6E1**
Joan de Borbó, P de **5B4**
Joanic, Plaça d'En **3C1**
Joaquim Blume, Carrer de **1B2**
Joaquim Pou, Carrer de **5B2**
Joaquim Renart, Passeig de **6D2**
Joaquim Ruyra, Carrer de **4D2**
Joaquín Costa, Carrer de **2F2**
Jonqueres, Carrer de les **5B1**
Josep Anselm Clavé, Carrer de **5A3**
Josep Carner, Passeig de **2E5**
Josep Ciurana, Carrer de **4F1**
Jovellanos, Carrer de **5A1**
Judici, Carrer del **5B5**
Julià, Carrer de **1C3**
Julià, Passatge de **1C3**
Julià Portet, Carrer de **5B1**
Julian Romea, Carrer **3A2**
Junta del Comerç, Carrer de **2F3**

L

Laforja, Carrer de **3A1**
Laietana, Via **5B1**
Lancaster, Carrer de **2F3**
Legalitat, Carrer de la **4D1**
Leiva, Carrer de **1B1**
Lepant, Carrer de **4E1**
Lincoln, Carrer de **3A1**
Llançà, Carrer de **1B1**
Llàstics, Carrer d'En **5C2**
Llavalloll, Passatge de **4D2**
Lleialtat, Carrer de la **2E3**
Lleida, Carrer de **1B2**
Lleó, Carrer del **2F2**
Lleona, Carrer de la **5A2**
Llibertat, Carrer de la **3B2**
Llibertat, Plaça de la **3A1**
Llibreteria, Carrer de la **5A2**
Llorens i Barba, Carrer de **4F1**
Lluís Companys, Passeig de **5C2**
Lluís Millet, Plaça de **5B1**
Llull, Carrer de **6D2**
Lluna, Carrer de la **2F2**
Louis Braille, Carrer de **5A3**
Luis Antúnez, Carrer de **3A2**

M

Madrozo, Carrer dels **3A1**
Magalhäes, Carrer de **1C3**
Magdalenes, Carrer de les **5B1**
Maiol, Passatge de **4E4**
Malcuinat, Carrer del **5B3**
Mallorca, Carrer de **3A4**
Manresa, Carrer de **5B3**
Manso, Carrer de **2D2**
Manuel Ribé, Platja de **5A2**
Manufactures, Passatge de les **5B1**
Maquinista, Carrer de la **5B4**
Mar, Carrer del **5B5**
Mar, Rambla de **5A4**
Mare de Déu del Remei, Carrer de la **1C2**
Mare de Déu dels Desemparats, Carrer de la **3B2**
Margarit, Carrer de **1C3**
Maria, Carrer de **3B2**
Marià Cubí, Carrer de **3A1**
Marina, Carrer de la **4E2–4E5 & 6E1–6E4**
Marina, Moll de la **6E5**
Marina, Passatge de la **4E1**
Mariner, Passatge de **4D3**
Mar i Terra, Passatge **2E4**
Marítim de Nova Icária, Passeig **6E4**
Marítim del Port Olímpic, Passeig **6E4**
Marquès de Barberà, Carrer del **2F3**
Marquès de Campo Sagrado, Carrer del **2D2**
Marquès de Comillas, Avinguda del **1A1**
Marquès de l'Argentera, Avinguda del **5B3**
Marquès de la Foronda, Plaça del **1B2**
Marquesa, Carrer de la **5C3**
Martí, Carrer de **4D1**
Martínez de la Rosa, Carrer de **3B2**
Martras, Passatge de **1C3**
Mas Casanovas, Carrer del **4F1**
Massanet, Carrer de **5B2**
Massens, Carrer de **3C1**
Mata, Carrer de **2E4**
Mateu, Carrer de **3B1**
Meer, Carrer de **5B5**
Méndez Núñez, Carrer de **5C1**
Méndez Vigo, Passatge de **3B4**
Mercader, Passatge de **3A3**
Mercaders, Carrer dels **5B2**
Mercè, Carrer de la **5A3**
Meridiana, Avinguda **6D2**
Mestrança, Carrer de la **5B5**
Metges, Carrer dels **5C2**
Mèxic, Carrer de **1B1**
Migdia, Passeig del **1A4**
Milà i Fontanals, Carrer de **3C3**
Milans, Carrer de **5A3**
Milton, Carrer de **3A1**
Minerva, Carrer de **3A2**
Minici Natal, Passeig de **1A3**
Mirador, Plaça del **1C5**
Mirallers, Carrer dels **5B3**
Miramar, Avinguda de **1B3**
Miramar, Carretera de **2D5**
Miramar, Passeig de **2D4**
Mistral, Avinguda de **1C1**
Moianés, Carrer del **1A1**
Moles, Carrer de les **5B1**
Molí, Camí del **1A5**
Molí Antic, Camí del **1A5**
Mònec, Carrer d'En **5C1**
Monistrol, Carrer de **3C2**
Montalegre, Carrer de **2F2**
Montanyans, Avinguda dels **1A2**
Montcada, Carrer de **5B3**
Montjuïc, Camí de **1C5**
Montjuïc, Parc de **1C3**
Montjuïc, Passeig de **2D4**
Montmany, Carrer de **3C1**
Montseny, Carrer del **3B1**
Montserrat, Passatge de **2F4**
Montsió, Carrer de **5A1**
Morabos, Carrer dels **1A1**
Moscou, Carrer de **6D4**
Mosques, Carrer de les **5B3**
Mossèn Jacint Verdaguer, Plaça de **3C3**
Mozart, Carrer de **3B2**
Muntaner, Carrer de **2F1**
Murillo, Carrer de **2D3**

N

Nacional, Passeig **5B5**
Nàpols, Carrer de **4D2–4D5 & 6D1–6D2**
Narcis Oller, Plaça de **3A2**
Navas, Plaça de las **1C2**
Neptú, Carrer de **3A2**
Niça, Carrer de **4F1**
Nogués, Passatge de **4E2**
Nord, Carrer del **1A1**
Notariat, Carrer del **2F2**
Nou de la Rambla, Carrer **2D4**
Nou Sant Francesc, Carrer **5A3**
Nova, Plaça **5A2**

O

Obradors, Carrer dels **5A3**
Ocata, Carrer d' **5C3**
Olímpic, Passeig **1A4**
Olivera, Carrer de l' **1C2**
Olles, Plaça de les **5B3**
Om, Carrer de l' **2E3**
Or, Carrer de l' **3B1**
Oreneta, Carrer d' **3A1**
Ortigosa, Carrer de **5B1**

P

Pablo Neruda, Plaça de **4E4**
Padilla, Carrer de **4F1**
Pagès, Passatge de **4D5**
Palau, Carrer del **5A3**
Palaudàries, Carrer de **2E4**
Palla, Carrer de la **5A2**
Pallars, Carrer de **6E2**
Palma, Carrer de la **1C3**
Palma de Sant Just, Carrer de la **5B3**
Paloma, Carrer de la **2E1**
Pamplona, Carrer de **4F5 & 6F1–6F3**
Paral·lel, Avinguda del **1B1–1C2 & 2D2–2F5**
Parc, Carrer del **5A3**
Pare Eusebi Millan, Plaça del **1A2**
Pare Laínez, Carrer del **4D2**
Parlament, Carrer del **2D2**
Parlament, Passatge del **2D2**
Patriarca, Passatge del **5A1**
Pau, Passatge de la **5A3**
Pau Claris, Carrer de **3B3**
Pedreres, Carrer de les **1C2**
Pedró, Plaça del **2E2**
Pelai, Carrer de **2F1**
Penedès, Carrer del **3B2**
Pere Costa, Carrer de **4F1**
Pere IV, Carrer de **6E2**
Pere Serafí, Carrer del **3B1**
Perill, Carrer del **3B2**
Perla, Carrer de la **3B1**
Permanyer, Passatge de **3B5**
Pescadors, Carrer dels **5B5**
Pescadors, Moll dels **5A5**
Petons, Carrer dels **5C2**
Petritxol, Carrer de **5A2**
Peu de la Creu, Carrer del **2F2**
Pi i Margall, Carrer de **4D1**
Pi, Carrer del **5A2**
Pi, Plaça del **5A2**
Picasso, Passeig de **5C3**
Pintor Fortuny, Carrer del **2F2**
Piquer, Carrer de **2D3**
Pizarro, Carrer de **5C4**
Plata, Carrer de la **5A3**
Poeta Boscà, Plaça del **5B4**
Poeta Cabanyes, Carrer del **2D3**
Polvorí, Camí del **1A1**
Pompeu Gener, Plaça de **5C4**

Portaferrissa, Carrer de la 5A2
Portal de l'Angel, Avinguda del 5A1
Portal de la Pau, Plaça del 2F4
Portal de Santa Madrona, Carrer del 2F4
Portal Nou, Carrer del 5C2
Prat, Rambla del 3A1
Princep d'Astúries, Avinguda del 3A1
Princep de Viana, Carrer del 2E2
Princesa, Carrer de la 5B2
Progrés, Carrer del 3B2
Provença, Carrer de 3A3
Providència, Carrer de la 4D1
Prunera, Passatge de 1C2
Puig i Xoriguer, Carrer de 2E4
Puigmartí, Carrer de 3B2
Pujades, Carrer de 6F2
Pujades, Passeig de 6D2
Purissima Concepció, Carrer de la 1C3

Q

Quevedo, Carrer de 3C2

R

Rabí Rubén, Carrer del 1A1
Radas, Carrer de 1C3
Rambla, La 5A1
Ramis, Carrer de 3C2
Ramon Turró, Carrer de 6E3
Ramon y Cajal, Carrer de 3B2
Raspall, Plaça del 3B2
Ratés, Passatge de 6F1
Rauric, Carrer d'En 5A2
Rec, Carrer del 5C3
Rec Comtal, Carrer del 5C2
Rector Oliveras, Passatge del 3B4
Regàs, Carrer de 3A1
Regomir, Carrer del 5A3
Reial, Plaça 5A3
Reig i Bonet, Carrer de 4D1
Reina Amàlia, Carrer de la 2E2
Reina Cristina, Carrer de la 5B3
Reina Maria Cristina, Avinguda de la 1B2
Rellotge, Moll del 5B5
Revolució de Setembre de 1868, Plaça de la 3B1
Ribera, Carrer de la 5C3
Ribes, Carrer de 4E5 & 6D1
Ricart, Carrer de 1C2
Riera Alta, Carrer de la 2E2
Riera Baixa, Carrer de la 2F2
Riera de Sant Miquel, Carrer de la 3A2
Riereta, Carrer de la 2E2
Ripoll, Carrer de 5B2
Rius i Taulet, Avinguda de 1B2
Rius i Taulet, Plaça de 3B2
Robador, Carrer d'En 2F3
Robí, Carrer del 3B1
Roca, Carrer d'En 5A2
Rocafort, Carrer de 2D1
Roger de Flor, Carrer de 4D2–4D5 & 6D1–6D2
Roger de Flor, Passatge de 4D3
Roger de Llúria, Carrer de 3B3
Roig, Carrer d'En 2F2
Romans, Carrer de 4D1
Ros de Olano, Carrer de 3B1
Rosa, Carrer de la 5A3
Rosa Sensat, Carrer de 6F3
Rosalía de Castro, Carrer de 4F2
Roser, Carrer del 2D3
Rosselló, Carrer del 3A3
Rull, Carrer d'En 5A3

S

Sadurní, Carrer de 2F3
Sagrada Família, Plaça de la 4D3
Sagristans, Carrer dels 5B2
Salamanca, Carrer de 5C5
Salvà, Carrer de 2D3
Salvador, Carrer del 2E2
Salvador Espriu, Carrer de 6E4
Sancho de Ávila, Carrer de 6E1
Sant Agustí, Carrer de 3B3
Sant Agustí, Plaça de 2F3
Sant Agustí Vell, Plaça de 5C2
Sant Antoni, Ronda del 2E2
Sant Antoni Abat, Carrer de 2E2
Sant Antoni Maria Claret, Carrer de 4D2
Sant Benet, Passatge de 5C1
Sant Bertran, Carrer de 2E4
Sant Carles, Carrer de 5B4
Sant Climent, Carrer de 2E2
Sant Cristòfol, Carrer de 3A1
Sant Domènec, Carrer de 3B2
Sant Domènec del Call, Carrer de 5A2
Sant Elm, Carrer de 5B5
Sant Erasme, Carrer de 2E2
Sant Ferriol, Carrer de 1A1
Sant Francesc de Paula, Carrer de 5B1
Sant Fructuós, Carrer de 1A1
Sant Gabriel, Carrer de 3A1
Sant Germà, Carrer de 1A1
Sant Gil, Carrer de 2E2
Sant Honorat, Carrer de 5B2
Sant Isidre, Carrer de 1C3
Sant Jaume, Plaça de 5A2
Sant Jeroni, Carrer de 2F3
Sant Joan, Passeig de 3C2–3C5 & 5C1
Sant Joaquim, Carrer de 3B2
Sant Josep Oriol, Carrer de 2F3
Sant Lluís, Carrer de 3C1
Sant Marc, Carrer de 3A1
Sant Martí, Carrer de 2E3
Sant Miquel, Baixada de 5A2
Sant Miquel, Carrer de 5B5
Sant Oleguer, Carrer de 2F3
Sant Pacià, Carrer de 2E3
Sant Pau, Carrer de 2E3
Sant Pau, Ronda de 2E2
Sant Paulí de Nola, Carrer de 1A1
Sant Pere, Passatge de 4E1
Sant Pere, Plaça de 5C1
Sant Pere, Ronda de 5A1
Sant Pere d'Abanto, Carrer de 1A1
Sant Pere Martir, Carrer de 3B2
Sant Pere Mes Alt, Carrer de 5B1
Sant Pere Mes Baix, Carrer de 5B2
Sant Pere Mitja, Carrer de 5B1
Sant Rafael, Carrer de 2F3
Sant Ramon, Carrer de 2F3
Sant Roc, Carrer de 1A1
Sant Sebastià, Platja de 5B5
Sant Sever, Carrer de 5A2
Sant Vincenç, Carrer de 2E2
Santa Anna, Carrer de 5A1
Santa Carolina, Carrer de 4F2
Santa Dorotea, Carrer de 1A1
Santa Elena, Carrer de 2E3
Santa Eugènia, Carrer de 3A1
Santa Eulàlia, Carrer de 3C2
Santa Madrona, Carrer de 2E3
Santa Madrona, Passeig de 1B3
Santa Magdalena, Carrer de 3B1
Santa Mònica, Carrer de 2F4
Santa Rosa, Carrer de 3B1
Santa Tecla, Carrer de 3B3
Santa Teresa, Carrer de 3B3
Saragossa, Carrer de 3A1
Sardana, Plaça de la 2D4
Sardenya, Carrer de 4E2–4E5 & 6E1–6E2
Seca, Carrer de la 5B3
Secretari Coloma, Carrer del 4D1
Sedata, Jardí de la 4D2
Segons Jocs Mediterranis, Carrer dels 1B2
Seneca, Carrer de 3A2
Sepúlveda, Carrer de 1C1
Serra, Carrer d'En 5A3
Sert, Passatge de 5C1
Sevilla, Carrer de 5B5
Sicília, Carrer de 4D2–4D5 & 6D1
Sidé, Carrer de 5B2
Sils, Carrer de 5A3
Simó, Passatge de 4E3
Simó Oller, Carrer de 5A3
Siracusa, Carrer de 3B2
Sitges, Carrer de les 5A1
Sol, Carrer del 3B1
Sol, Plaça del (Gràcia) 3B1
Sol, Plaça del (Montjuïc) 1B3
Sombrerers, Carrer dels 5B3
Sòria, Carrer de 5C5
Sortidor, Plaça del 2D3
Sota Muralla, Pas de 5B3
Sots-tinent Navarro, Carrer del 5B2

T

Tallers, Carrer dels 2F1
Tamarit, Carrer de 1C2
Tànger, Carrer de 6F1
Tantarantana, Carrer d'En 5C2
Tàpies, Carrer de les 2E3
Tapineria, Carrer de la 5B2
Tapioles, Carrer de 2D3
Tarròs, Carrer d'En 5B2
Tasso, Passatge de 4D5
Taxdirt, Carrer de 4E1
Templaris, Carrer dels 5A3
Terol, Carrer de 3B1
Tigre, Carrer del 2E1
Til·lers, Passeig dels 5C2
Topazi, Carrer del 3B1
Tordera, Carrer de 3B2
Torrent de les Flors, Carrer del 3C1
Torrent de l'Olla, Carrer del 3B3
Torrent d'en Vidalet, Carrer del 3C2
Torres, Carrer de 3B2
Torres, Passatge de les 4E3
Torres i Amat, Carrer de 2F1
Torrevella, Carrer de 6D4
Torrijos, Carrer de 3C2
Trafalgar, Carrer de 5C1
Tragí, Carrer de 5B2
Traginers, Plaça dels 5B3
Trelawny, Carrer de 6D4
Tres Pins, Carrer dels 1B4
Tres Senyores, Carrer de les 3C1
Unió, Carrer de la 2F3
Univers, Plaça de l' 1B1
Universitat, Plaça de la 2F1
Universitat, Ronda de la 2F1
Utset, Passatge d' 4E4

V

València, Carrer de 3A4
Valldonzella, Carrer de 2F1
Vallfogona, Carrer de 3B1
Vallhonrat, Carrer de 1C2
Ventalló, Carrer de 4D2
Venus, Carrer de 3B2
Verdaguer i Callís, Carrer de 5B1
Verdi, Carrer de 3B1
Vermell, Carrer 5C2
Verntallat, Carrer de 3C1
Viada, Carrer de 3C1
Vicenç Martorell, Plaça de 5A1
Victòria, Carrer de la 5C1
Vigatans, Carrer del 5B2
Vila de Madrid, Plaça de la 5A1
Vila i Vilà, Carrer de 2E3
Viladecols, Baixada de 5B2
Viladomat, Carrer de 2D1
Vilafranca, Carrer de 3C1
Vilamarí, Carrer de 1C1
Vilanova, Avinguda de 6D1
Vilaret, Passatge de 4F3
Villarroel, Carrer de 2E1
Villena, Carrer de 6D3
Vinaròs, Carrer de 5C5
Vinyassa, Passatge de la 6F2
Vinyeta, Passatge de la 2D4
Virtut, Carrer de la 3B1
Vistalegre, Carrer de 2E2
Voluntaris Olímpics, Plaça dels 6E4

W

Wellington, Carrer de 6D3

X

Xaloc, Moll de 6F5
Xiquets de Valls, Carrer dels 3B2
Xuclà, Carrer d'En 5A1

Z

Zamora, Carrer de 6F1

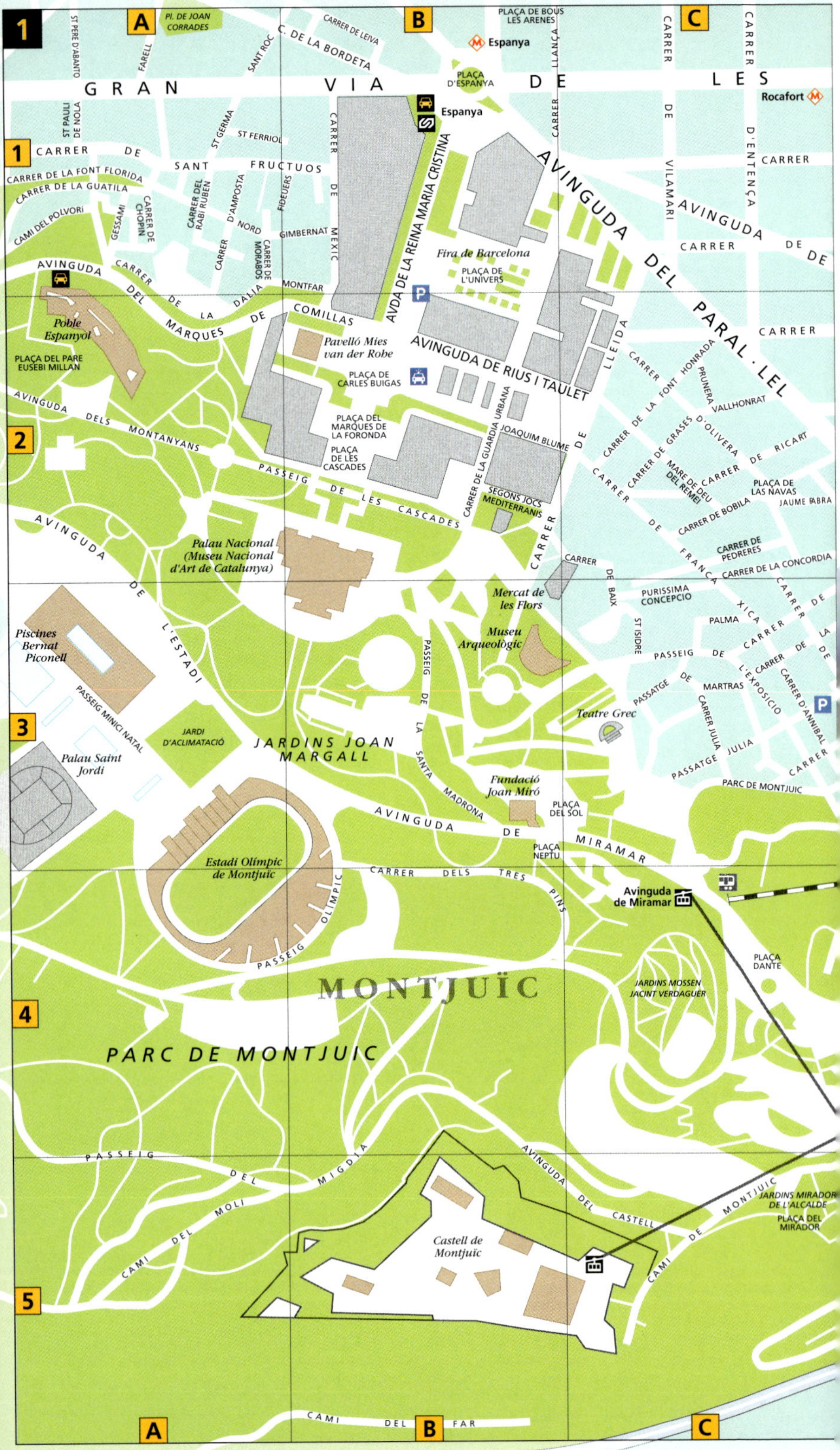
1
A
B
C
Pl. DE JOAN CORRADES
PLAÇA DE BOUS LES ARENES
Espanya
PLAÇA D'ESPANYA
GRAN VIA DE LES
Rocafort
CARRER DE LEIVA
C. DE LA BORDETA
SANT ROC
ST PERE D'ABANTO
FARELL
ST PAULI DE NOLA
ST GERMA
ST FERRIOL
CARRER DE SANT FRUCTUOS
CARRER DE LA FONT FLORIDA
CARRER DE LA GUATLLA
CAMI DEL POLVORI
GESSAMI
CARRER DE CHOPIN
CARRER DEL RABI RUBEN
D'AMPOSTA
NORD
FIDEUERS
GIMBERNAT
CARRER DE MORABOS
CARRER DE MEXIC
MONTFAR
AVDA DE LA REINA MARIA CRISTINA
Fira de Barcelona
PLAÇA DE L'UNIVERS
AVINGUDA DEL PARAL·LEL
CARRER DE VILAMARI
CARRER D'ENTENÇA
LLANÇA
CARRER
AVINGUDA DE
AVINGUDA DEL MARQUES DE COMILLAS
CARRER DE LA DALIA
Poble Espanyol
PLAÇA DEL PARE EUSEBI MILLAN
Pavelló Mies van der Robe
PLAÇA DE CARLES BUIGAS
AVINGUDA DE RIUS I TAULET
LLEIDA
CARRER DE LA FONT HONRADA
PRUNERA
VALLHONRAT
AVINGUDA DELS MONTANYANS
PLAÇA DEL MARQUES DE LA FORONDA
PLAÇA DE LES CASCADES
CARRER DE LA GUARDIA URBANA
JOAQUIM BLUME
CARRER DE GRASES
D'OLIVERA
CARRER DE RICART
MARE DE DEU DEL REMEI
PLAÇA DE LAS NAVAS
JAUME FABRA
PASSEIG DE LES CASCADES
SEGONS JOCS MEDITERRANIS
CARRER DE BOBILA
CARRER DE FRANÇA XICA
CARRER DE PEDRERES
CARRER DE LA CONCORDIA
Palau Nacional (Museu Nacional d'Art de Catalunya)
AVINGUDA DE L'ESTADI
CARRER DE BAIX
PURISSIMA CONCEPCIO
Mercat de les Flors
Museu Arqueològic
ST ISIDRE
PALMA
Piscines Bernat Piconell
PASSEIG DE LA SANTA MADRONA
PASSEIG DE MARTRAS
PASSATGE DE MARTRAS
CARRER DE L'EXPOSICIO
CARRER D'ANNIBAL
CARRER DE LA
Teatre Grec
CARRER JULIA
PASSATGE JULIA
PASSEIG MINICI NATAL
JARDI D'ACLIMATACIÓ
JARDINS JOAN MARGALL
Palau Saint Jordi
PARC DE MONTJUIC
Fundació Joan Miró
PLAÇA DEL SOL
AVINGUDA DE MIRAMAR
PLAÇA NEPTU
Estadi Olímpic de Montjuïc
CARRER DELS TRES PINS
Avinguda de Miramar
PASSEIG OLIMPIC
PLAÇA DANTE
MONTJUÏC
JARDINS MOSSEN JACINT VERDAGUER
PARC DE MONTJUIC
PASSEIG DEL MIGDIA
AVINGUDA DEL CASTELL
CAMI DEL MOLI
JARDINS MIRADOR DE L'ALCALDE
PLAÇA DEL MIRADOR
CAMI DE MONTJUIC
Castell de Montjuïc
CAMI DEL FAR
2
3
4
5

D
E
F
2
1
2
3
4
5
5
5
CORTS CATALANES
Urgell
Universitat
PLAÇA DE LA UNIVERSITAT
Universitat
UNIVERSITAT
CARRER D'ARIBAU
PLAÇA DE CASTELLA
CARRER DE SEPULVEDA
PLAÇA DE GOYA
TORRES I AMAT
CARRER GRAVINA
CARRER DELS TALLERS
JARDINS TORRES CLAVE
CARRER DE ROCAFORT
CARRER DE CALABRIA
CARRER DE VILADOMAT
CARRER DEL COMTE D'URGELL
CARRER DE VILLARROEL
CARRER DE CASANOVA
CARRER DE MUNTANER
FLORIDABLANCA
CARRER DE VALLDONZELLA
CARRER DEL TIGRE
COAST
CARRER DE LA PALOMA
Casa de la Caritat
Museu d'Art Contemporani
MONTALEGRE
MISTRAL
PASSATGE SANT ANTONI ABAD
DE TAMARIT
Mercat de Sant Antoni
RONDA DE SANT ANTONI
CARRER SANT ERASME
CARRER DE SANT GIL
CARRER DE SANT VICENÇ
CARRER DE LA LLUNA
CARRER DE FERLANDINA
JOAQUIN COSTA
AGUSTI DURAN I SANPERE
CARRER DELS ANGELS
CARRER D'ELISABETS
GUIFRE
CARRER DE MANSO
PRINCEP DE VIANA
CARRER DE CENDRA
BISBE LAGUARDA
D'ERASME DE JANER
CARRER DE LA RIERA ALTA
CARRER DE SANT ANTONI ABAT
CARRER DE PEU DE LA CREU
DR JOAQUIM DOU
NOTARIAT
PLAÇA DEL PEDRO
CARRER DEL CARME
Antic Hospital de la Santa Creu
RONDA DE SANT PAU
CARRER DEL PARLAMENT
Poble Sec
PASSATGE PARLAMENT
SALVADOR
ST CLIMENT
BOTELLA
CARRER DE LA CERA
VISTALEGRE
RIERA BAIXA
CARRER DE ROIG
EGIPCIAQUES
CARRER DE L'HOSPITAL
FLORISTES DE LA RAMBLA
Mercat de Sant Josep
RADAS
CREU DELS MOLERS
MARQUES DE CAMPO SAGRADO
CARRER DE L'AURORA
CARRER DE SANT RAFAEL
PLAÇA SANT AGUSTI
Liceu
AVINGUDA DEL PARAL·LEL
MURILLO
CARRER BLASCO DE GARAY
MARGARIT
CARRER DE BORRELL
D'ALDANA
LA LLEIALTAT
SANT PACIA
SANT MARTI
RAMBLA DEL RAVAL
SADURNI
CARRER D'EN ROBADOR
JUNTA DEL COMERÇ
ARC DE SANT AGUSTI
PLAÇA DEL SORTIDOR
CARRER DE LA REINA AMALIA
CARRER DE LES CARRETES
SANTA ELENA
RIERETA
ST JOSEP ORIOL
ESPALTER
Gran Teatre del Liceu
CARRER DE MAGALHAES
CARRER D'ELKANO
TAPIOLES
CABANYES
POETA
BLAI
SALVA
CARRER LES FLORS
Monestir de Sant Pau del Camp
JARDINS DELS HORTS DE SAN PAU
HORT DE SANT PAU
SANT PAU
SANT OLEGUER
SANT RAMON
MARQUES DE BARBERA
CARRER DE LA UNIO
ROSER
FONTRODONA
CARRER DE LES TAPIES
CARRER NOU DE LA RAMBLA
Palau Güell
LANCASTER
LA RAMBLA
MONTJUIC
HORTES
CARRER D'EN
Paral·lel
SANTA MADRONA
CARRER DE L'OM
AVINGUDA DE LES DRASSANES
CARRER DE L'EST
GUARDIA
CARRER DE L'ARC DEL TEATRE
SANT BERTRAN
CARRER DE BLESA
CARRER DE LAFONT
CABANES
VILA I VILA
MONTSERRAT
SANTA MONICA
Drassanes
Museu de Cera
PASSATGE GURUGU
PASSEIG DE MIRAMAR
CAMI DE LA FONT TROBADA
CARRER DE MATA
CARRER DEL CID
CARRER DEL PORTAL DE SANTA MADRONA
BANCA
PASSATGE DE LA VINYETA
CARRER DE MONTJUIC
PIQUER
PALAUDARIES
CARRER D'ALBAREDA
Reiales Drassanes
Museu Maritim
PASSATGE MARI TERRA
CARRER DE PUIG I XORIGUER
PLAÇA DE CARLOS IBAÑEZ
CARRER DE CARRERA
PLAÇA DEL PORTAL DE LA PAU
Monument a Colom
PLAÇA DE LA SARDANA
JARDINS DE MIRAMAR
PLAÇA DE L'ARMADA
PASSATGE DE LES BATERIAS
PASSEIG DE JOSEP CARNER
JARDINS MOSSEN COSTA I LLOBERA
CARRER DE MIRAMAR
RONDA DEL LITORAL
Torre Jaume I
World Trade Center

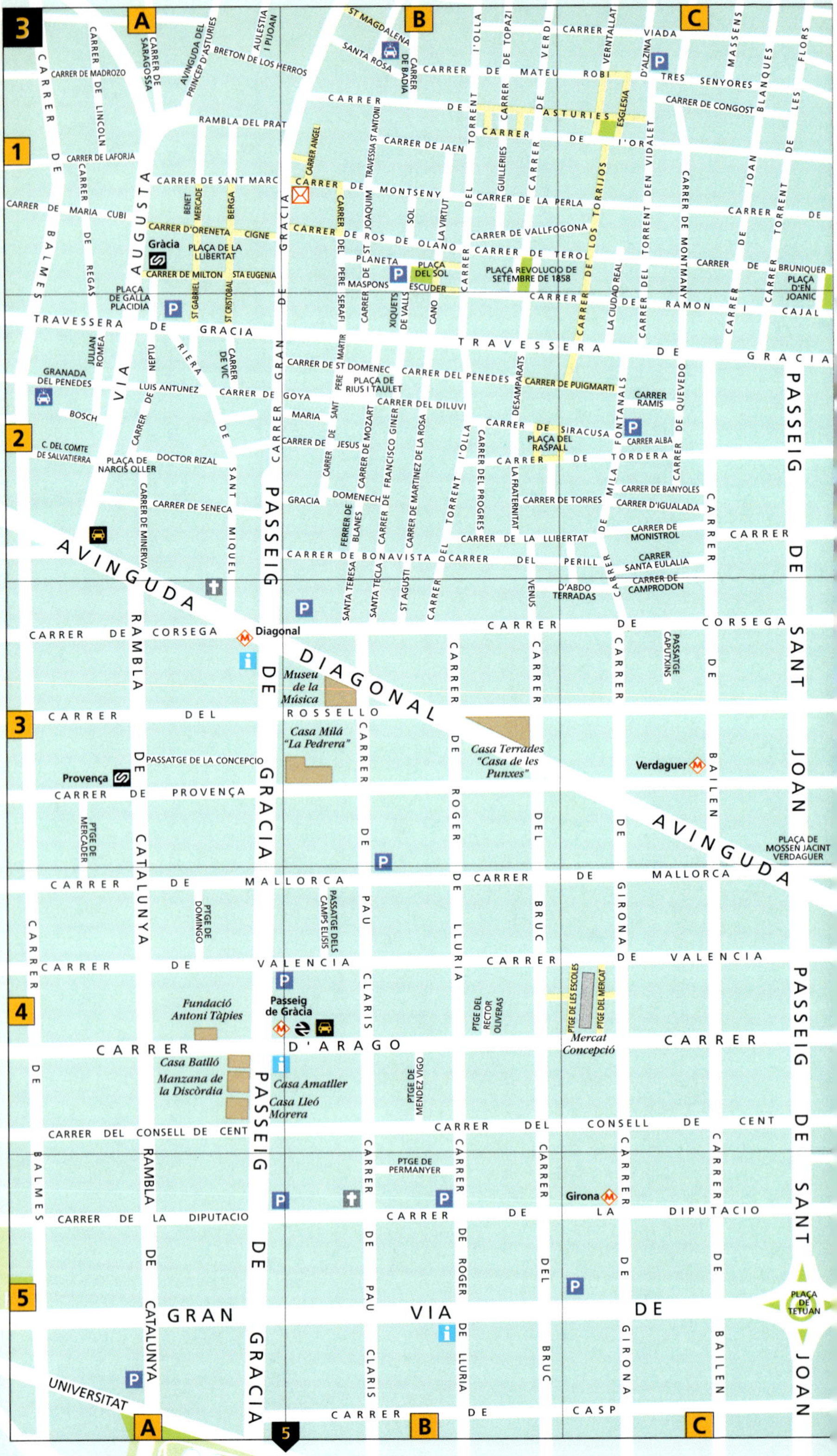

3
A
B
C
1
2
3
4
5
Gràcia
Plaça de la Llibertat
Carrer de Milton
Sta Eugenia
Carrer d'Oreneta
Cigne
Carrer de Sant Marc
Rambla del Prat
Carrer de Madrozo
Carrer de Lincoln
Carrer de Laforja
Carrer de Maria Cubi
Carrer de Balmes
Via Augusta
Plaça de Galla Placidia
Travessera de Gracia
Carrer de Saragossa
Avinguda del Princep d'Asturies
Breton de los Herros
Aulestia i Pijoan
St Magdalena
Santa Rosa
Carrer de Badia
Carrer de Mateu
Carrer de Asturies
Carrer de Jaen
Carrer de Montseny
Carrer de Ros de Olano
Planeta
Maspons
Escuder
Plaça del Sol
Carrer de Terol
Carrer de Vallfogona
Carrer de la Perla
Plaça Revolucio de Setembre de 1858
Carrer de Ramon i Cajal
Carrer de los Torrijos
Carrer de l'Or
Carrer Robi
Carrer Verntallat
Viada
Tres Senyores
Carrer de Congost
Massens
Blanques
Les Flors
Esglesia
Carrer de Montmany
Torrent den Vidalet
Plaça d'en Joanic
Bruniquer
Granada del Penedes
Julian Romea
Luis Antunez
Riera de St Miquel
Carrer de Goya
Carrer de St Domenec
Plaça de Rius i Taulet
Carrer del Penedes
Carrer del Diluvi
Carrer de Puigmarti
Carrer de Siracusa
Plaça del Raspall
Carrer de Tordera
Carrer Ramis
Carrer Alba
Carrer de Quevedo
Carrer de Banyoles
Carrer d'Igualada
Carrer de Monistrol
Carrer Santa Eulalia
Carrer de Camprodon
Carrer de Torres
Carrer de la Llibertat
Carrer del Perill
Carrer de Bonavista
Carrer de Mozart
Carrer de Francisco Giner
Carrer de Martinez de la Rosa
Carrer del Progres
La Fraternitat
Domenech
Ferrer de Blanes
Santa Teresa
Santa Tecla
St Agusti
D'Abdo Terradas
C. del Comte de Salvatierra
Plaça de Narcis Oller
Doctor Rizal
Carrer de Seneca
Carrer de Minerva
Bosch
Avinguda Diagonal
Diagonal
Carrer de Corsega
Museu de la Música
Carrer del Rosello
Casa Milá "La Pedrera"
Casa Terrades "Casa de les Punxes"
Passatge de la Concepcio
Provença
Carrer de Provença
Rambla de Catalunya
Passeig de Gracia
Passeig de Sant Joan
Verdaguer
Plaça de Mossen Jacint Verdaguer
Passatge Caputxins
Carrer de Mallorca
Carrer de Valencia
Ptge de Domingo
Passatge dels Camps Elisis
Carrer de Pau Claris
Carrer de Roger de Lluria
Carrer del Bruc
Carrer de Girona
Carrer de Bailen
Ptge de Mercader
Fundació Antoni Tàpies
Passeig de Gràcia
Carrer d'Arago
Casa Batlló
Manzana de la Discòrdia
Casa Amatller
Casa Lleó Morera
Ptge de Mendez Vigo
Ptge del Rector Oliveras
Ptge de les Escoles
Ptge del Mercat
Mercat Concepció
Carrer del Consell de Cent
Ptge de Permanyer
Girona
Carrer de la Diputacio
Gran Via de
Plaça de Tetuan
Universitat
Carrer de Casp
5

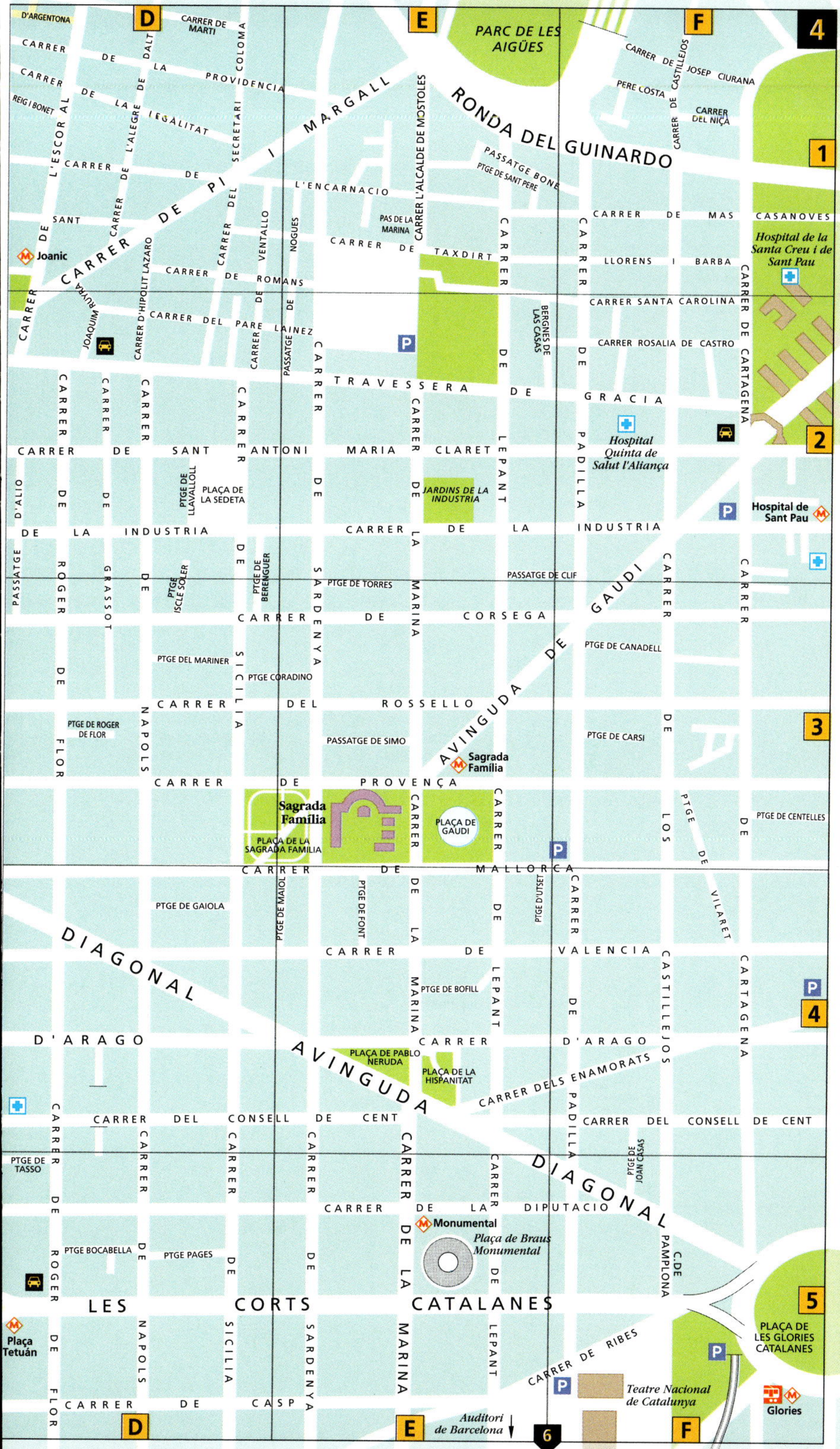
D
E
F
4
1
2
3
4
5
6
PARC DE LES AIGÜES
D'ARGENTONA
CARRER DE MARTI
CARRER DE LA PROVIDENCIA
CARRER DE LA IGUALITAT
REIG I BONET
L'ESCORIAL
COLOMA
SECRETARI
CARRER DE PI I MARGALL
RONDA DEL GUINARDO
CARRER DE JOSEP CIURANA
PERE COSTA
CARRER DE CASTILLEJOS
CARRER DEL NIÇA
PASSATGE BONET
PTGE DE SANT PERE
L'ENCARNACIO
CARRER L'ALCALDE DE MOSTOLES
PAS DE LA MARINA
CARRER DE TAXDIRT
CARRER DE MAS CASANOVES
Hospital de la Santa Creu i de Sant Pau
CARRER DE SANT
Joanic
CARRER DE L'ALEGRE
CARRER DEL SECRETARI
CARRER DE VENTALLO
NOGUES
CARRER DE ROMANS
CARRER LLORENS I BARBA
CARRER SANTA CAROLINA
CARRER ROSALIA DE CASTRO
BERGNES DE LAS CASAS
RUIRA JOAQUIM
CARRER D'HIPOLIT LAZARO
CARRER DEL PARE LAINEZ
PASSATGE DE
TRAVESSERA DE GRACIA
CARRER DE CARTAGENA
Hospital Quinta de Salut l'Aliança
CARRER DE SANT ANTONI MARIA CLARET
PTGE DE LLAVALLOLL
PLAÇA DE LA SEDETA
JARDINS DE LA INDUSTRIA
Hospital de Sant Pau
PASSATGE D'ALIO
CARRER DE LA INDUSTRIA
CARRER DE ROGER DE FLOR
GRASSOT
PTGE ISCLE SOLER
PTGE DE BERENGUER
PTGE DE TORRES
PASSATGE DE CLIF
CARRER DE CORSEGA
AVINGUDA DE GAUDI
PTGE DEL MARINER
PTGE CORADINO
PTGE DE CANADELL
CARRER DEL ROSSELLO
PTGE DE ROGER DE FLOR
PASSATGE DE SIMO
PTGE DE CARSI
Sagrada Família
CARRER DE NAPOLS
CARRER DE SICILIA
CARRER DE SARDENYA
CARRER DE LA MARINA
CARRER DE LEPANT
CARRER DE PADILLA
CARRER DE PROVENÇA
PLAÇA DE LA SAGRADA FAMILIA
PLAÇA DE GAUDI
PTGE DE CENTELLES
PTGE DE LOS VILARET
CARRER DE MALLORCA
PTGE DE GAIOLA
PTGE DE MAIOL
PTGE DE FONT
PTGE D'UTSET
CARRER DE VALENCIA
DIAGONAL
PTGE DE BOFILL
CASTILLEJOS
CARTAGENA
CARRER D'ARAGO
AVINGUDA
PLAÇA DE PABLO NERUDA
PLAÇA DE LA HISPANITAT
CARRER DELS ENAMORATS
CARRER DEL CONSELL DE CENT
PTGE DE TASSO
PTGE DE JOAN CASAS
CARRER DE LA DIPUTACIO
Monumental
Plaça de Braus Monumental
PTGE BOCABELLA
PTGE PAGES
C. DE PAMPLONA
LES CORTS CATALANES
Plaça Tetuán
PLAÇA DE LES GLORIES CATALANES
CARRER DE RIBES
Teatre Nacional de Catalunya
Glories
CARRER DE CASP
Auditori de Barcelona

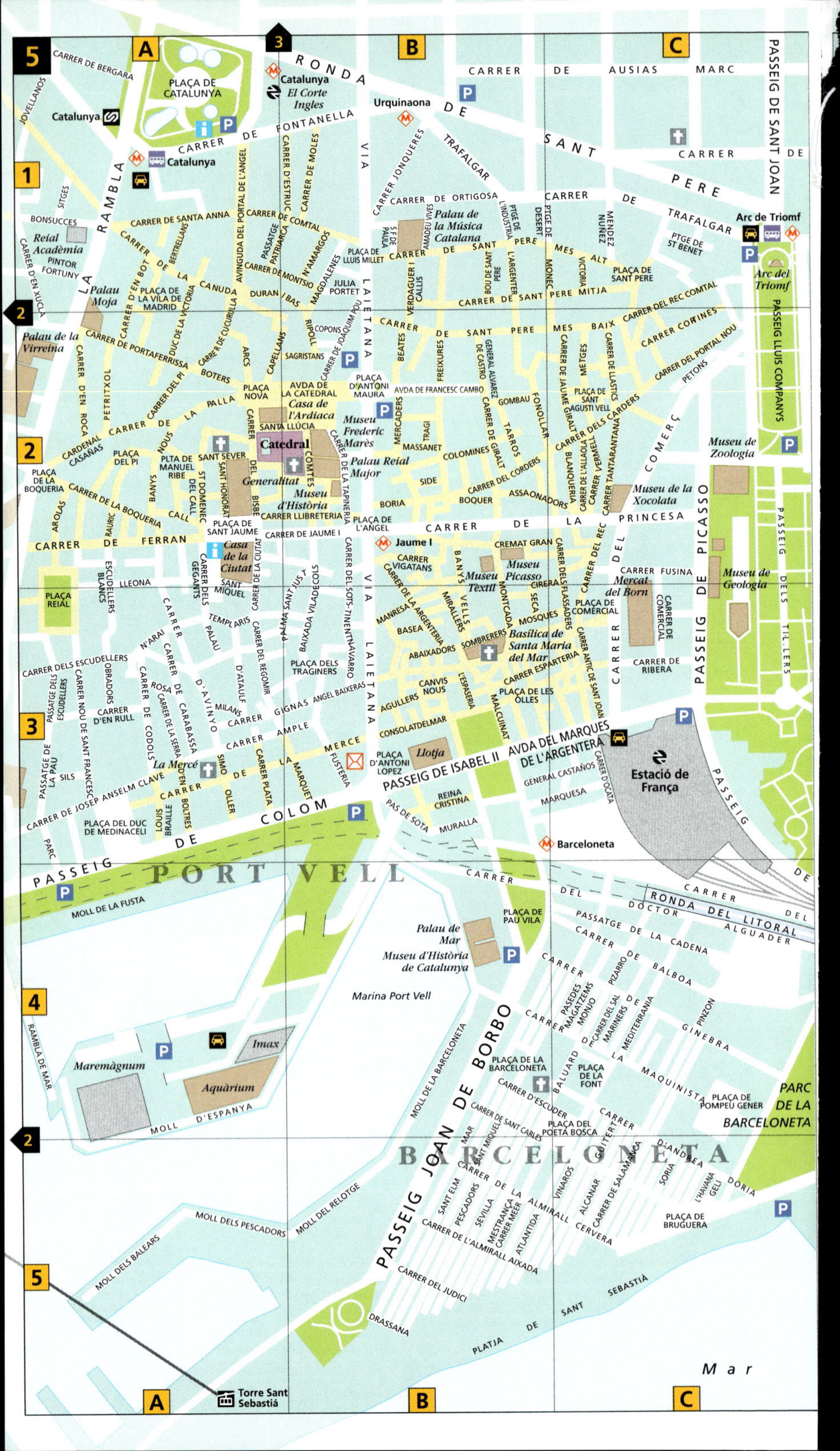

5
A
B
C
3
1
2
3
4
5
Plaça de Catalunya
Catalunya
El Corte Ingles
Urquinaona
Ronda de Sant Pere
Carrer de Ausias Marc
Passeig de Sant Joan
Carrer de Bergara
Jovellanos
Carrer de Fontanella
Carrer de Trafalgar
Carrer de Ortigosa
Arc de Triomf
Palau de la Música Catalana
La Rambla
Carrer de Santa Anna
Carrer Comtal
Reial Acadèmia
Palau Moja
Palau de la Virreina
Carrer de Portaferrissa
Carrer de la Canuda
Via Laietana
Carrer de Sant Pere Més Alt
Carrer de Sant Pere Mitja
Carrer de Sant Pere Més Baix
Carrer del Rec Comtal
Passeig Lluis Companys
Plaça Nova
Avda de la Catedral
Casa de l'Ardiaca
Catedral
Generalitat
Museu Frederic Marès
Palau Reial Major
Museu d'Història
Plaça de Sant Jaume
Casa de la Ciutat
Plaça d'Antoni Maura
Avda de Francesc Cambo
Museu de Zoologia
Museu de la Xocolata
Carrer de la Princesa
Carrer de Ferran
Plaça Reial
Carrer de la Boqueria
Plaça de la Boqueria
Jaume I
Museu Picasso
Museu Textil
Mercat del Born
Museu de Geologia
Passeig de Picasso
Basílica de Santa Maria del Mar
Carrer dels Escudellers
La Mercé
Plaça del Duc de Medinaceli
Passeig de Colom
Passeig de Isabel II
Avda del Marques de l'Argentera
Llotja
Estació de França
Barceloneta
Port Vell
Moll de la Fusta
Palau de Mar
Museu d'Història de Catalunya
Marina Port Vell
Carrer del Doctor Aiguader
Ronda del Litoral
Maremàgnum
Imax
Aquàrium
Moll d'Espanya
Rambla de Mar
Passeig Joan de Borbo
Barceloneta
Parc de la Barceloneta
Plaça de la Barceloneta
Moll de la Barceloneta
Moll del Rellotge
Moll dels Pescadors
Moll dels Balears
Platja de Sant Sebastià
Torre Sant Sebastià
Mar

D
E
4
F
6
1
2
3
4
5
CARRER DE AUSIAS MARC
CARRER DE BOLIVIA
Teatre Nacional de Catalunya
Auditori de Barcelona
CARRER DE RIBES
CARRER DE ALI-BEI
PTGE ALI BEI
CARRER DE TANGER
PTGE DE RATES
Estació del Nord
Auditori de Barcelona
AVINGUDA DE VILANOVA
CARRER DE SANCHO DE AVILA
AVINGUDA MERIDIANA
PARC DE L'ESTACIO DEL NORD
CARRER DE ROGER DE FLOR
CARRER DE SARDENYA
CARRER DE ALMOGAVERS
CARRER DE PAMPLONA
CARRER D'ALABA
Marina
Palau De Justicia
CARRER DE BUENAVENTURA MUÑOZ
CARRER DE NAPOLS
CARRER DE PALLARS
CARRER DE JOAN D'AUSTRIA
CARRER DE PERE IV
PASSEIG DE JOAQUIM RENART
CARRETERA ANTIGA DE MATARO
Bogatell
CARRER DE ZAMORA
PTGE VINYASSA
CARRER DE LLULL
PARC DE LA CIUTADELLA
AVINGUDA DEL DR TRUETA
CARRER DE WELLINGTON
CARRER DE RAMON TURRO
Museu d'Art Modern
Universitat Pompeu Fabra
Wellington
Parlament de Catalunya
CARRER DE FRANCESC D'ARANDA
PTGE DE GRAL BASSOLS
CARRER DE MOSCOU
CARRER DE JOAN MIRO
CARRER DE ROSA SENSAT
BOGATELL
CARRER DE ARQ. SERT
CARRER DE FREDERIC MOMPOU
CARRER DE VILLENA
PARC ZOOLOGIC
PARC CARLES I
Ciutadella-Vila Olímpica
CIRCUMVAL.LACIO
VILA OLIMPICA
DOCTOR AIGUADER
CARRER DE SALVADOR ESPRIU
PTGE GASOMETRE
PLAÇA DEL DOCTOR PONT I FREIXAS
CARRER DE SICILIA
PL. DELS VOLUNTARIS OLIMPICS
PARC DEL PORT OLIMPIC
PASSEIG MARITIM DE NOVA ICARIA
CARRER DE DON CARLES
Hospital Nostra Sra del Mar
TORREVELLA
PASSEIG MARITIM DE LA BARCELONETA
PASSEIG MARITIM DEL PORT OLIMPIC
PLATJA DE LA BARCELONETA
MOLL DE LA MARINA
Port Olimpic
MOLL DE GREGAL
Centre Municipal De Vela
MOLL DE XALOC
Mediterráneo

Index

Les numéros de page en **gras** renvoient aux principales entrées

A

Accès en fauteuil roulant *voir* voyageurs handicapés
Activités aériennes 170
Aéroclub de Sabadell 171
Aéroport El Prat (Barcelone) 182-183
Aïguamolls de l'Empordà 171
Air Europa 182
Air Nostrum 182
Air France 182
Albéniz, Isaac 19
Aller et circuler en Catalogne 182-197
  Catalogne 110
  en avion 182-183
  en bateau 183, **183**
  en bus 187
  en *golondrinas* (Barcelone) 69
  en métro 185
  en taxi 157
  en train 184-185
  en voiture 186-187
Almodóvar, Pedro 17
Almogàvers 43
Alphonse II, roi d'Aragon
  Monestir de Poblet 126
  Puigcerdà 114
Alphonse III, roi d'Aragon
  conquête de Majorque 43
Alphonse XIII, roi d'Espagne 95
Altafulla
  restaurants 150
Amargós, Josep 66
Ambulances 176, 177
American Express 178
Amposta 129
Andorra la Vella 114
  hôtels 137
  restaurants 150
Andorre 114
Angelico, Fra 95
Antiga Casa Figueres (Barcelone) 26
Antiquaires 155
Any Nou (Nouvel An) 36
Appartements *voir* locations
Aquarium 68
Aqüeducte de les Ferreres (Tarragone) 129
Arc de Berà (Tarragone) 129
Arc del Triomf (Barcelone) 65
Arché, Rafael 69
Architecture
  art et architecture romans 22-23
  Gaudí et le Modernisme 24-25
  La Ruta del Modernisme 26-27
Arenys de Marc 150
  restaurants 150
Aribau, Bonaventura 45
Arribas, Alfredo 89
Art gothique 28
Art
  art et architecture romans 22-23
  galeries 155
  peinture catalane 28-29
  voir aussi musées
Art Cristià 28
Art et architecture romans 22-23
Arties 112
  hôtels 138
Assistance juridique 177
Associació Catalana d'Estacions d'Esquí i Activitats de Muntanya (ACEM) 171
Associació de Campings de Barcelona 133
Associació Fondes de Catalunya 133
Assumpció (Assomption) 36
Assurances
  automobile 186
  de vacances 177
  médicale 176
Auditori de Barcelona (Barcelone) 163
Auguste, empereur 54
Auto-Express 184
Autocares Julià 187
Automne en Catalogne 36
Autopistes (autoroutes) 186-187
Aviaco 182
Avinguda Diagonal 106
Avinyonet de Puigventós
  hôtels 138
Avis 187

B

Baléares, îles
  liaisons maritimes 182, **183**
Banques 178
Banyoles 115
  hôtels 138
Baqueira-Beret 113
  hôtels 138
Barcelone
  aéroport 182-183
  cafés et bars 152-153
  en dehors du centre 93-99
  Eixample 71-83
  faire des achats 154-155
  festes 34-37
  hôtels 134-137
  métro 185
  Montjuïc 85-89
  plans 14-15, 50-51, 102-103, 104-105, 106-107, **192-197**
  Quadrat d'Or 72-73
  restaurants 146-149
  se distraire 162-163
  trains 184
  vieille ville 52-69
Barcelone, comtes de 42
Barceloneta 67
Barri Gòtic (Barcelone) 53
  plan pas à pas 54-55
Barruera 113
Bars 142, **152-153**, 163
Bartomeu, Mestre 28
Basílica de Santa Maria del Mar (Barcelone) 64
Bassa, Ferrer 28, 95
Bateaux
  golondrinas (Barcelone) 69
  liaisons maritimes 182, **183**
  Museu Marítim (Barcelone) 69
  voile 171
Beget 115
Begur 121
  hôtels 138
Bequeira-Baret
  hôtels 138
Berga
  festes 34
  restaurants 150
Berga i Boix, Josep 28
Besalú 115
Beuda
  hôtels 138
Bicyclette 170
Billets 179
Blai, Pere 57
Blanche d'Anjou 124
Blanes 120
Blay, Miquel
  Museu d'Art Modern (Barcelone) 65
  Museu Comarcal de la Garrotxa (Olot) 115
  Palau de la Música Catalana (Barcelone) 63
  plaça d'Espanya (Barcelone) 89
Bofill, Guillem 116
Bofill, Ricard 89, 99
Bolvir de Cerdanya
  hôtels 138
  restaurants 150
Bonaparte, Joseph 45
Born (el) 102-103
Borrassà, Lluís 28, 124
Bossòst 112
Bourbons ; dynastie des
  Castell de Montjuïc (Barcelone) 89
  guerres carlistes 46
  guerre de la Succession d'Espagne 44-45
Boutiques de mode **154**, 155
Boutiques spécialisées **154**, 155
Buigas, Carles 87, 89
Buigas, Gaietà 69
Buquebus 182
Bus 187

C

Caballé, Montserrat 19
Cadaqués 109, 120
  Costa Brava 121
  hôtels 138
Cadí-Moixeró 114
Cafés 142, **152-1(3**, 137
Café Zurich (Barcelone) 132
CaixaForum 98
Caldes de Boí 113
Cambrils 128
  restaurants 150
Campings 133
Camp Nou 94
Camprodon 115
Canaletto 95
Canaries, îles
  carte 13
Cantada d'havaneres 35
Carburant 186
Cardona 124
Cardona, ducs de 124, 126
  hôtels 138
Carnaval 37
Carnestoltes 37
Carreras, Josep (José) 19, 162
Carrer de Montcada 102
Carte au restaurant 143, **144-145**
Cartes bancaires 143, 178
Cartes et plans
  Barcelone 50-51, **192-197**
  Barcelone : centre-ville 14-15
  Barcelone : en dehors du centre 93
  Barcelone : Quadrat d'Or 72-73
  Barri Gòtic (Barcelone) 54-55
  Canaries, îles 13
  Catalogne 15, 110-111
  Eixample (Barcelone) 71
  Espagne 12-13
  Europe et Afrique du Nord 13
  Gérone 116
  La Rambla (Barcelone) 60

La Ruta del Modernisme 26-27
Montjuïc (Barcelone) 85, 76-87
région de production du *cava* 32-33
vieille ville (Barcelone) 53
Carthage 41
Casa Battló (Barcelone) 24, 25, **76-77**
Casa de la Ciutat (Barcelone) 57
plan pas à pas 54
Casa de l'Ardiaca (Barcelone) 56
plan pas à pas 54
Casa Fuster 105
Casa Lléo Morera (Barcelone) 26
plan pas à pas 72
Casa Macaya (Barcelone) 27
Casa Milà (Barcelone) 50, 78, 79
plan pas à pas 69
Casa-Museu Castell Gala Dalí (Figueres) 117
Casa-Museu Salvador Dalí (Cadaqués) 120
Casa Terrades (Barcelone) 79
plan pas à pas 69
Casa Vicens (Barcelone) 26, 105
Casals, Pau 19
Museu Pau Casals (Sant Salvador) 128
Casas, Ramon 29
Procession devant Santa Maria del Mar 28
Cases de Pagès 133
Castelldefels
hôtels 138
Castell de Montjuïc (Barcelone) 50, **89**
Castellers 35, 125
Castelló d'Empúries
hôtels 138
Catalan (langue) 18-19, **174**
Catalogne 108-129
cartes 12-13, 15, 110-111
histoire 41-47
hôtels 137-141
peinture catalane 24-25
restaurants 150-151
une image de la Catalogne 17-19
Cathédrale des pauvres, La (Mir) 29
Cathédrales
Barcelone 51, 54, **58-59**
Gérone 116-117
La Seu d'Urgell 114
Lleida 124
Tarragone 128
Vic 124
Cava 32-23
Central de Reservas 133
Centre Bonastruc Ça Porta (Gérone) 116
Centre d'Art Perrot-Moore (Cadaqués) 120
Centre Excursionista de Catalunya (Barcelone) 171
plan pas à pas 55
Centre Municipal de Tennis Vall d'Hebron 171
Centre Municipal de Vela Port Olímpic 171
Cercle de Pessons 114
Cerdà i Sunyer, Ildefons 24, 46
Eixample (Barcelone) 71
plaça de les Glòries Catalanes (Barcelone) 99
Cerdagne 114
Cervantes, Miguel de 43
César, Jules 120
Chagall, Marc 120
Chambres d'hôte 133
Change 178
Charlemagne, empereur 42, 116-117
Charles Martel, roi des Francs 42
Charles Ier le Chauve, roi des Francs 114
Charles IV, roi d'Espagne 126
Chasse 170
Châteaux
Cardona 124
Castell de Montjuïc (Barcelone) 50, **89**
Torre Bellesguard (Barcelone) 98
Chèques 123, 146
Chèques de voyage 143, 178, 179
Cinéma 164-165
Circuit artistisque 11
Circuit familial 11
Circuit Gaudi 11
Circuit historique 11
Climat 21, **34-37**
Club Azur 133
Clubs 163
Coll 113
Hôtels 139
Collet, Charles 123
Colmado Quílez (Barcelone) 155
Colomb, Christophe 44
cathédrale de Barcelone 58
Dia de la Hispanitat 36
Monument a Colom (Barcelone) 50, 60, **69**
Palau Reial Major (Barcelone) 56
Colón (Barcelone) 135
Col•legi de les Teresianes 25
Communications 180-181
Companys, Lluís
arrestation et emprisonnement 47
Castell de Montjuïc (Barcelone) 89
exécution 47, 89
Concerts, saison de (Barcelone) 35
Condes de Barcelona (Barcelone) 137
Consulat de Belgique 175
Consulat de France 175
Consulat de Suisse 175
Consulat du Canada 175
Contribuciones (Barcelone) 155
Convergència i Unió 18, 47
CosmoCaixa 98
Costa Brava 109, **121**
Costa Croisières 182
Costa Daurada 110
Croisières 183

D

Dalí, Gala 117
Dalí, Salvador 19, 29, **117**
Cadaqués 120
Casa-Museu Castell Gala Dalí (Figueres) 117
Casa-Museu Salvador Dalí (Cadaqués) 120
Centre d'Art Perrot-Moore (Cadaqués) 120
Taxi pluvieux 117
Teatre-Museu Dalí (Figueres) 117
Dalmau, Lluís 28, 88
Dangers en plein air 177
Danse **162**, 163
sardane **129**
Décoration d'intérieur 155
Délinquance 176-177
Delta de l'Ebre **129**, 171
Desclot, Bernard 43
Diada de Catalunya 36
Dia de la Constitució 36
Dia de la Hispanitat 36
Dijous Sant (jeudi saint) 34
Dilluns de Pasqua (lundi de Pâques) 36
Dimanche des Rameaux 34
Diners Club 178
Distributeurs automatiques de billets 178
Diumenge de Rams (dimanche des Rameaux) 34
Divendres Sant (vendredi saint) 34
Dolça de Provence 42
Domènech i Montaner, Lluís
Casa de l'Ardiaca (Barcelone) 56
Casa Lleó Morera (Barcelone) 72, 78
Fundació Antoni Tàpies (Barcelone) 72, 78
Hospital de la Santa Creu i de Sant Pau (Barcelone) 71, **79**
Modernisme 24
Museu de Zoologia (Barcelone) 66
Palau de la Música Catalana (Barcelone) 63
Domènech i Montaner, Pere 79
Domènech i Roura, Pere 89
Don Juan d'Autriche 69
Dona i Ocell (Miró) 94
Drapeaux
Les Quatre Barres 114
Drassanes (Barcelone) 69
Durro 113

E

Ebre, riu 129
École d'Olot 28, 29, 115
Eco-Museu (delta de l'Ebre) 129
Églises de Barcelone
Basílica de Santa Maria del Mar 64
heures d'ouverture 174-175
Sagrada Família 24, 51, 71, 78, **80-81**
Temple Expiatori del Sagrat Cor 93, 98
Eixample (Barcelone) 15, **71-83**
cafés et bars 153
hôtels 136-137
plan général 71
Quadrat d'Or : plan pas à pas 72-73
restaurants 148
Sagrada Família 80-81
El Bosc de les Fades (Barcelone) 163
El Corte Inglés (Barcelone) 155
El Greco 28, 88, 128
El Prat (aéroport de Barcelone) 182-183
El Raval (Barcelone) 62
El Vendrell 128
Électricité 175
Elisenda de Montcada de Piños 95
Els Tres Tombs (Barcelone) 37
Empúries 41, **120**
En attendant la soupe (Nonell) 29
Encants Vells (Barcelone) 155
Ensoleillement 35
Équitation 170
Erill-la-Vall 113
Escola Hípica 171
Escribà Pastisseries (Barcelone) 155
Escunhau 112
Espagne
carte 12-13
España (Barcelone) 134
Essence *voir* carburant
Estació del Nord (Barcelone) **99**, 187

Estació de Sants 187
Été en Catalogne 35
Étudiants 175
Eulàlia, saint 58, 59
Eurochèques 178
Eurolines 187
Europcar 187
Exposition internationale (1929) 46
  Montjuïc 85
  Museu Nacional d'Art de Catalunya (Barcelone) 88
  Pavelló Mies van der Rohe (Barcelone) 89
  Poble Espanyol (Barcelone) 89
Exposition universelle (1888) 24, 46
  Arc del Triomf (Barcelone) 66
  Monument a Colom (Barcelone) 65
  Museu de Zoologia (Barcelone) 69
  Parc de la Ciutadella (Barcelone) 65

F

Falqués, Pere 72, 99
Faune
  faune du *matollar* 21
  observation des oiseaux 170
  papillons de la Vall d'Aran 112
  Parc Nacional d'Aigüestortes 113
  Parc Natural del Delta de l'Ebre 129
Faust, Karl 120
Federació d'Entitats Excursionistes de Catalunya 133
Federació ECOM 133
Félix, saint 116
Ferdinand II, roi de Catalogne-Aragon 44, 56
Fériés, jours 36
Ferrer, Pere 57
Festa del Treball 34
Festa major de Gràcia (Barcelone) 35
Festa major de Sants (Barcelone) 35
Festa major de Vilafranca del Penedès 35
Festes 34-37
Festes de Sarrià i de Les Corts (Barcelone) 36
Festival del Grec 35
Fête-Dieu 34
Fêtes et festivals 34-37
  concours de *castellers* 125
Fiestas voir *festes*
Figueres 117
  hôtels 139
  restaurants 150
Fira de Sant Ponç (Barcelone) 34
Fiveller, Joan 57
Flamme dans l'espace et femme nue (Miró) 88
Fleurs du *matollar* 20-21
Flor, Roger de 43
Foix, comtes de 114
Folguera, Francesc 122
Fontaine magique (Barcelone) *voir* Font Màgica
Font de Canaletes (Barcelone) 61
Font Màgica (Barcelone) 85
  plan pas à pas 87
Fontseré, Josep
  Museu de Geologia (Barcelone) 66
  Parc de la Ciutadella (Barcelone) 65
Football
  F. C. Barcelona contre Real Madrid 95
  Futbol Club Barcelona **95**, 163
  Museu del Futbol Club Barcelona (Barcelone) 94
Forestier, Jean 65, 86
Forment, Damià 127
Foster, Norman 95
Franco, général Francisco 47
Francs 42
Free Evolució 171
Fundació Antoni Tàpies (Barcelone) 78
  plan pas à pas 72
Fundació Joan Miró (Barcelone) 88
  plan pas à pas 87
Futbol Club Barcelona **95**, 163
  Museu del Futbol Club Barcelona 94

G

Galeries *voir* musées
Galeries marchandes **154**, 155
Galtés, Charles 58, 59
Gandesa 111
Garona, riu 112
Garonne 112
Gaudí, Antoni 19, 46, **78**
  Casa Batlló (Barcelone) 24, 25, **76-77**, 78
  Casa Milà (Barcelone) 50, 73, 78, **79**
  Casa Vicens (Barcelone) 26
  mort 62
  Gaudí et le Modernisme 24-25
  Palau Güell (Barcelone) 24-25
  Palau Reial de Pedralbes (Barcelone) 95
  Parc de la Ciutadella (Barcelone) 65
  Parc Güell (Barcelone) 96-97
  Plaça Reial (Barcelone) 61
  Sagrada Família (Barcelone) 24, 51, 71, 78, **80-81**
  Torre Bellesguard (Barcelone) 98
Generalitat 17, 18, 47
  Palau de la Generalitat (Barcelone) 57
Georges, saint 34
Gérone (Girona) 109, **116-117**
  aéroport 182
  hôtels 139
  plan 116
  restaurants 150
Golf 170
Golf El Prat 171
Golf Sant Cugat 171
Golondrinas (Barcelone) 69
Gombren
  hôtels 139
Goya, Francisco de 28
Gràcia 104-105
  restaurants 149
Gran Via (Barcelone) 136
Gran Teatre del Liceu (Barcelone) 61
Granados, Enric 19
Grands magasins **154**, 155
Gratallops 150
Granollers
  hôtels 139
Groupe Grimaldi 183
Grup Aeri 719
Güell, comte Eusebi 46
  Palau Guël 62
  Palau Reial de Pedralbes (Barcelone) 95
  Parc Güell (Barcelone) 25, **96-97**
Guerre civile (1936-1939) 47, 129
Guerre de la Succession d'Espagne 44-45
Guerre de Trente Ans (1618-1659) 44
Guerre d'indépendance (1808-1814) 45
Guerres carlistes (1833-1839) 41, 45, 46
Guies del Pirineu 171

H

Habsbourg, dynastie des 44
Hamil Barca 41
Handicapés *voir* voyageurs handicapés
Hannibal 41
Harlem Jazz Club (Barcelone) 163
Hébergements ruraux 133
Hertz 187
Heure 175
Heures d'ouverture
  banques 178
  églises 174
  musées 174
  restaurants 142
Histoire 41-47
Hiver en Catalogne 37
Homar, Gaspar 26
Hôpitaux 176
Hospital de la Santa Creu i de Sant Pau (Barcelone) 79
Hostal Ciudad Condal (Barcelone) 136
Hôtels 134-141
  Barcelone 134-137
  Catalogne 137-141
  classement et services 132
  hébergements ruraux 133
  paradors 132
  prix 132
  réservation et arrivée 132
  voyageurs handicapés 133
Huguet, Jaume
  Museu Episcopal de Vic 124
  Museu Nacional d'Art de Catalunya (Barcelone) 88
  Palau Reial Major (Barcelone) 57
  Saint Georges et la Princesse 28

I

Ibères 41
Iberia 182
Illa de la Discòrdia (Barcelone) 78
  plan pas à pas 72
Immaculada Concepció 36
Incendie de forêt 177
Indicatifs téléphoniques 180
Information touristique 133, **174**, 175
Inquisition 56
Internacional de Cotxes d'Època 37
Intersace International 133
Isabelle de Castille 44, 56
Isozaki, Arata 89
IVA *voir* TVA

J

Jacques II, roi d'Aragon 95
  cathédrale de Barcelone 58, 59
  Monestir de Santes Creus 125
  peintre de la cour 28
Jacques Ier le Conquérant, roi d'Aragon 43, 57
Jardí Botànic Mar i Murtra (Blanes) 120
Jardins *voir* parcs et jardins
Jardins d'Aranjuez, Les (Rusiñol) 28
Jazz 163
  Terrassa Jazz Festival 34
Jean II, roi d'Aragon 126

Jeux olympiques (1992) 47
Estadi Olímpic de Montjuïc (Barcelone) 89
Montjuïc (Barcelone) 85
Port Olímpic (Barcelone) 67
Torre de Collserola (Barcelone) 95
Joan, Pere 129
Journaux 181
marchands de 155
Jours fériés 36
Juan Carlos, roi d'Espagne 47
Juifs 56
Besalú 115
Centre Bonastruc Ça Porta (Gérone) 116
expulsion d'Espagne 44
Jujol, Josep Maria 79
Parc Güell (Barcelone) 96-97
plaça d'Espanya (Barcelone) 89
Julià Tours 187

K

Keytel International 133
Kolbe, Georg 86
Morning 89

L

L'Arca de l'Àvia (Barcelone) 155
La Boqueria (Barcelone) 155
La Mercè (Barcelone) 36
La Moreneta 123
La Rambla (Barcelone) 51, **60-61**
plan 61
La Ruta del Modernisme 26-27
La Seu d'Urgell 110, **114**
hôtels 139
restaurants 150
Langues 18-19, 174
L'Escala 121
hôtels 139
L'Espluga de Francolí
hôtels 139
L'Estartit 121
Les Quatre Barres 114
Liaisons aériennes 182-183
Liaisons maritimes 183
Librairies 155
Lichtenstein, Roy 68
Limitations de vitesse 186
Lithographie (Tàpies) 29
Llafranc 121
Lleida 109, 124-125
restaurants 150
Llibreria Quera 171
Lliga de Catalunya 46
Llívia 114
Lloret (Barcelone) 135
Lloret de Mar 121
festes 35
hôtels 139
restaurants 151
Llotja (Barcelone) 63
Llúria, Roger de 43
Locations 133
Location de voitures **186**, 187
Lotto, Lorenzo 95
Luc, saint 123
Lull, Ramon 43
Luministes 29
Luna, Bigas 19
Luna Park 163

M

Macià, Francesc 46
Magasins spécialisés 160-161
Magazines 181
Maison de la Catalogne 133
Majestic (Barcelone) 137
Mancomunitat 46
Manresa 151
Maragall, Pasqual 47
Marche à pied
La Ruta del Modernisme 26-27
randonnée 170-171
sécurité 177
Marchés 155
Mercat de San Josep (Barcelone) 61
Marès i Deulovol, Frederic **56**, 127
Mariscal, Javier 19, 89
Martin l'Humain 57, 98
Martín de Cermeño, Juan 67
Martinet
restaurants 151
Martorell, Bernat, 88
La Transfiguration 59
Martorell, Joanot 43, 44
Mas i Fontdevila, Arcadi 29
Mastercard 178
Mateu, Pau 53
Matin (Kolbe) 89
Matollar
faune du *matollar* 21
fleurs du *matollar* 20-21
Maures 42, 44
Tortosa 129
Médecins 176
Medi Natural 171
Meier, Richard 62
Ménines, Les (Picasso) 64
Mercat de les Flors (Barcelone) 163
Mercat de Sant Josep (Barcelone) 61
Mesón Castilla (Barcelone) 135
Métro 185
Mies van der Rohe, Ludwig
Pavelló Mies van der Rohe (Barcelone) 89
Milà, famille 79
Mir, Joaquim
La Cathédrale des pauvres 29
Mirablau (Barcelone) 163
Miró, Joan 19, 29,
Académie des beaux-Arts de Barcelone 63
Dona i Ocell 86
Flamme dans l'espace et femme nue 80
Fundació Joan Miró (Barcelone) 79, **80**
Museu d'Art Moderne (Barcelone) 94
Museu de Ceràmica (Barcelone) 95
Parc de Joan Miró (Barcelone) 94
plaça de la Boqueria (Barcelone) 61
Miró, Toni 19
Mitjans, Francesc 94
Modernisme 19
Eixample (Barcelone) 71
Gaudí et le Modernisme 24-25
Illa de la Discòrdia (Barcelone) 78
La Ruta del Modernisme 26-27
Modes de transport 182-187
avion 182-183
bateau 182, **183**
bus 187
golondrinas (Barcelone) 69
métro 185
taxi 187
train 184-185
voiture 186-187
Mompou, Frederic 19
Monastères
Monestir de Montserrat 122-123
Monestir de Poblet 126-127
Monestir de Santa Maria (Ripoll) 22, 114
Monestir de Santa Maria de Pedralbes (Barcelone) 95
Monestir de Santes Creus 125
Sant Joan de les Abadesses 115
« triangle cistercien » 125, 126
Moneo, Rafael 99
Monnaie 178-179
Mont-Ras
restaurants 151
Montalbán, Manuel Vázquez 19
Montblanc 125
Montjuïc (Barcelone) 14, **85-89**
Castell de Montjuïc 50, **89**
plan général 85
plan pas à pas 86-87
Montseny
hôtels 139
Montserrat 122-123
hôtels 139
Monturiol i Estarriol, Narcís 117
Monument a Colom (Barcelone) 50, **69**
Murillo, Bartolomé Esteban 28
Musée archéologique (Barcelone)
voir Museu Arqueològic
Musée de Cire (Barcelone)
voir Museu de Cera
Musée de Géologie (Barcelone)
voir Museu de Geologia
Musée maritime (Barcelone)
voir Museu Marítim
Musée de la Ville (Barcelone)
voir Museu d'História de la Ciutat
Musée zoologique (Barcelone)
voir Museu de Zoologia
Musées (en général)
droits d'entrée 175
heures d'ouverture 174
Musées (individuels)
Casa-Museu Castell Gala Dalí (Figueres) 117
Casa-Museu Salvador Dalí (Cadaqués) 120
Castell de Montjuïc (Barcelone) 89
cathédrale de Barcelone 59
cathédrale de Gérone 117
Centre d'Art Perrot-Moore (Cadaqués) 120
Centre Bonastruc Ça Porta (Gérone) 116
Eco-Museu (delta de l'Èbre) 129
Fundació Antoni Tàpies (Barcelone) 78
Fundació Joan Miró (Barcelone) 87, **88**
Monestir de Montserrat 122
Museu Arqueològic (Barcelone) 87, **88**
Museu d'Art (Gérone) 117
Museu d'Art Contemporani (Barcelone) 62
Museu de Arts Decoratives (Barcelone) 95
Museu d'Autòmats (Barcelone) 98
Museu Cau Ferrat (Sitges) 128
Museu Comarcal de la Conca de Barberà (Montblanc) 125
Museu Comarcal de la Garrotxa (Olot) 115

Museu de Cera (Barcelone) 61
Museu de Ceràmica (Barcelone) 95
Museu del Cinema (Gérone) 117
Museu Diocesà (La Seu d'Urgell) 114
Museu Diocesà i Comarcal (Solsona) 124
Museu Episcopal de Vic (Vic) 22, 124
Museu Etnològic (Barcelone) 87
Museu Frederic Marès (Barcelone) 55, **56**
Museu del Futbol Club Barcelona (Barcelone) 94
Museu Ganivets (Solsona) 124
Museu de Geologia (Barcelone) 66
Museu d'Història de la Ciutat (Barcelone) 57, **57**
Museu d'Història de la Ciutat (Gérone) 117
Museu de Joguets (Figueres) 117
Museu de la Romanitat (Tarragone) 128-129
Museu Marítim (Barcelone) 69
Museu Municipal (Tossa de Mar) 120
Museu de la Música (Barcelone) 73
Museu Nacional Arqueològic (Tarragone) 129
Museu Nacional d'Art de Catalunya (Barcelone) 86, **88**
Museu Pau Casals (Sant Salvador) 128
Museu Picasso (Barcelone) 64, 102
Museu Tèxtil i d'Indumentària (Barcelone) 103
Museu de la Vall d'Aran (Vielha) 112
Museu del Vi (Vilafranca del Penedès) 125
Museu de Zoologia (Barcelone) 66
Sagrada Família (Barcelone) 80
Teatre-Museu Dalí (Figueres) 117
Musique
Flamenco 167
Gran Teatre del Liceu 166
musique classique 35, **162**, 163, 166
Museu de la Música (Barcelone) 73
Palau de la Música Catalana (Barcelone) 63, 166
rock, jazz et salsa 163, 166
Terrassa Jazz Festival 34

N

Nadal (Noël) 32, 33
Nagel, Andrés 86
Napoléon Ier, empereur 36, 45
Narcisse, saint 116
National ATESA 187
Navigation de plaisance
Noche negra 47
Noël 32, 33
Nonell, Isidre
En attendant la soupe 29
Nourriture et boissons
cava 32-33
cuisine catalane [illegible]
glossaire de plats typiques 144-145
magasins 154, 155
vins catalans 32
voir aussi restaurants
Nuage et Chaise (Tàpies) 72

O

Observation des oiseaux 170
Offices du tourisme 133, **174**, 175
Oliva, abbé 22, 42
Olot 115

P

Palais royal *voir* Palau Reial Major
Palamós 121
Palau Baró de Quadras (Barcelone) 26
Palau de la Generalitat (Barcelone) 57
plan pas à pas 54
Palau Güell (Barcelone) 24, 25, 61
Palau Macaya (Barcelona) 61
Palau Moja (Barcelone) 61
Palau de la Música Catalana (Barcelone) 63, 162
Palau Nacional (Barcelone) 50, 86, 88
Palau Reial de Pedralbes (Barcelone) 95
Palau Reial Major (Barcelone) 56-57
plan pas à pas 55
Palau Sant Jordi (Barcelone) 89
Pals
hôtels 140
Pan-Air 182
Panneaux routiers 186
Papillons de la Vall d'Aran 112
Pâques 34, 36
Parachutisme 170
Paradors **132**, 133
Parapente 170
Parc d'Attractions (Barcelone)98
Parc de la Ciutadella (Barcelone) 51, **65**
Parc de l'Espanya Industrial (Barcelone) 94
Parc del Laberint d'Horta (Barcelone) 98
Parc Güell (Barcelone) 96-97
Parc de Joan Miró (Barcelone) 94
Parc Nacional d'Aigüestortes **113**, 171
Parc Natural del Cadí-Moixeró 114, 171
Parc Natural del Delta de l'Ebre 129
Parc Zoològic (Barcelone) 66
Parcs et jardins
Jardí Botànic Mar i Murtra (Blanes) 120
Palau Reial de Pedralbes (Barcelone) 95
Parc de la Ciutadella (Barcelone) 51, **65**
Parc de l'Espanya Industrial (Barcelone) 94
Parc del Laberint d'Horta (Barcelone) 98
Parc Güell (Barcelone) 96-97
Parc de Joan Miró (Barcelone) 94
Parcs à thème
Port Aventura 128
Parcs nationaux
Parc Nacional d'Aigüestortes 113
randonnée 170-171
Park Hotel (Barcelone) 116
Pasqua (Pâques) 34
Passeig de Gràcia (Barcelone)
plan pas à pas 72
Passeig del Born 103
Passeig del Gracia 104
Passeports 174
Patinage sur glace 170
Pavelló Mies van der Rohe (Barcelone) 89
plan pas à pas 86
Pêche 170
Pedralbes
hôtels 118
restaurants 128
Peinture catalane 28-29
Peintures murales gothiques 28
Pelegrí de Tossa (Tossa de Mar) 37
Peña Ganchegui, Luis 94
Pepper, Beverley 99
Peralada
restaurants 151
Peramola
hôtels 140
Pétronille d'Aragon 42
Pharmacies 176
Philippe IV, roi d'Espagne 44
Philippe V, roi d'Espagne
Castell de Montjuïc (Barcelone) 89
Diada de Catalunya 36
guerre de la Succession d'Espagne 45
La Seu Vella (Lleida) 124
Parc de la Ciutadella (Barcelone) 65
Pi i Margall, Francesc 46
Picasso, Jacqueline 64
Picasso, Pablo 19, 29
Académie des beaux-arts de Barcelone 64
Centre d'Art Perrot-Moore (Cadaqués) 120
Les Ménines 64
Museu d'Art Modern (Barcelone) 65
Museu de Ceràmica (Barcelone) 95
Museu Picasso (Barcelone) 64
Pablo Picasso à Barcelone 64
Pièces de monnaie 179
Pierre, saint 123
Pierre III, roi d'Aragon 124
Pierre IV le Cérémonieux, roi d'Aragon 43, 126
Piscines 170
Piscines Bernat Picornell 171
Pista de Gel del F. C. Barcelona 171
Pla, Francesc 28
Plaça de la Boqueria (Barcelone) 61
Plaça del Prim 107
Plaça del Sol 105
Plaça d'Espanya (Barcelone) 89
Plaça de les Glòries Catalanes (Barcelone) 99
Plaça Reial (Barcelone) 61
Plages
Costa Brava 121
Costa Daurada 128
Platja d'Aro 35, 121
festes 37
Plongée sous-marine 171
Poble Espanyol (Barcelone) 89
plan pas à pas 86
Poblenou 99, **106-107**
restaurants 149
Poblet *voir* Monestir de Poblet
Police 176-177
Pompiers 177
Port Aventura 128
Port Olímpic (Barcelone) 67
Port Vell (Barcelone) 68
Pourboires
au restaurant 143
Prat de la Riba 46
Précipitations 36
Prim, général 65

Primo de Rivera, Miguel 46
Printemps en Catalogne 34
Procession devant Santa Maria del Mar (Casas) 28
Puig i Cadafalch, Josep
Casa Amatller (Barcelone) 78
Casa Macaya (Barcelone) 27
Casa Terrades (Barcelone) 73, 79
Modernisme 24
Museu de la Música 73
Palau Baró de Quadras (Barcelone) 26
Puigcerdà 114
Pujol, Jordi 14, 87
Pullmantur 187
Punt de Información Juvanil 184
Pyrénées 114

Q

Quadrat d'Or (Barcelone)
plan pas à pas 72-73

R

Radio Taxis 187
Radio 181
Ralbla del Poblenou 106
Randonnée 170-171, 177
Raventós, Josep 32
Raventós, Ramon 89
Raymond Bérenger Ier, comte de Barcelone 42, 59
Raymond Bérenger III, comte de Barcelone 42
Raymond Bérenger IV, comte de Barcelone 42
Monestir de Poblet 126
Monestir de Santes Creus 125
Real Madrid 95
Rebull, Joan
Trois Jeunes Gitans 54
Reccared, roi des Wisigoths 41
Reial Acadèmia de Ciències i Arts (Barcelone) 61
Reis Mags 36, 37
Regencos
hôtels 140
Renaixença 45-46
RENFE 184
Renseignements de FGC 184
Renseignements de TMB 184
Restaurants 142-151
Barcelone 146-149
carte des vins 143
Catalogne 150-151
étiquette 143
glossaire de plats typiques 144-145
heures des repas 142
lire la carte 143
prix et modes de paiement 143
tabac 143
voir aussi nourriture et boissons
voyageurs handicapés 143
Reus
aéroport 182
Revellón 37
Revetlla de Sant Joan 35
Ribera, José de 28, 88
Rigalt, Lluís 26
Ripoll 114
Rodrigue, roi des Wisigoths 42
Rogent, Elies 68
Roger, Emili Bosch
Paral•lel any 1930 12
Roig i Soler, Joan 25, 63
Ros i Güell, Antoni 26
Roses 121
restaurants 151
Rusiñol, Santiago 29
Les Jardins d'Aranjuez 28
Museu d'Art Modern (Barcelone) 65
Sitges 128

S

S'Agaró
hôtels 140
Sa Tuna
hôtels 140
Sabartes, Jaime 64
Safont, Marc 57
Sagnier, Enric 98
Sagrada Família (Barcelone) 51, 71, 78, **80-81, 82**
Façade de la Nativité 82
Façade de la Passion 82
Gaudí et le Modernisme 24
Saint Georges et la Princesse (Huguet) 28
Salardú 112
Salou 128
Salsa 163
Sant Celoni
restaurants 151
Sant Climent de Taüll 22, 113
Sant Cristòfol de Beget 23
Sant Jaume de Frontanyà 22, 114
Sant Joan 36
Sant Joan de les Abadesses 115
Sant Jordi 34
Sant Josep 34, 36
Sant Martí 114
Sant Medir (Barcelone) 34
Sant Miquel 36
Sant Pere de Besalú 23
Sant Pere de Camprodon 23
Sant Pere de Galligants 23
Sant Pere de Ribes
hôtels 140
Sant Pere de Rodes 23, 117
hôtels 140
Sant Pol de Mar 151
Sant Sadurní d'Anoia
cava 32-33
Santa Cristina (Lloret de Mar) 35
Santa Cristina d'Aro
hôtels 140
Santa Eulàlia (Barcelone) 37
Santa Maria (Ripoll) 22, 113
Santa Maria (Taüll) 113
Santa Pau
hôtels 140
Santé 176
Santes Creus 125
Saportella, Francesca 95
Sardane 129
Savoir-vivre 174
Sécurité des personnes 176-177
Semaine sainte 34
Sert, Josep Lluís
Fundació Joan Miró (Barcelone) 87, 88
Sert, Josep Maria 29, 124
Casa de la Ciutat (Barcelone) 57
cathédrale de Vic 124
Servi-COCEMFE 175
Services postaux 181
Setmana Santa (semaine de Pâques) 34
Setmana tràgica (1909) 46
Shopping
Barcelone 154-161
Sitges 111, **128**
festes 34, 37
hôtels 140
luministes 29
restaurants 151
Ski 171
Baqueira-Beret 113
Soldeu
hôtels 140
Solsona 124
Spanair 182
Spectacles 162-169
Sports 163, **170-171**
Sports d'hiver 171
Sports nautiques 171
Stationnement 187
Subirachs, Josep Maria 80
Super Esport 171
Swiss 182
Synagogues 56

T

Tabac
au restaurant 143
Tapas 144
Tàpies, Antoni 19, 29
Fundació Antoni Tàpies (Barcelone) 72, **78**
Lithographie 29
Museu d'Art Modern (Barcelone) 65
Nuage et Chaise 72
Tarragone 109, **128-129**
hôtels 141
restaurants 151
Tavérnoles
hôtels 141
Tavertet
hôtels 141
Taxes
au restaurant 143
produits détaxés 174
Taxi pluvieux (Dalí) 117
Taxis 187
Teatre-Museu Dalí (Figueres) 117
Teatre Nacional de Catalunya (Barcelone) 163
Teatre Grec (Barcelone)
plan pas à pas 87
Téléphone 180-181
urgences 176
Teletiempo 171
Télévision 181
Températures 37
Temple Expiatori del Sagrat Cor (Barcelone) 93, 98
Tennis 170
Terrassa Jazz Festival 34
Théâtre 162, 164, 165
Tibidabo (Barcelone) 98
parc d'attractions 163
restaurants 149
Tiepolo, Giovanni Battista 95
Titien 95
Toilettes publiques 177
Torre Bellesguard (Barcelone) 98
Torre de Collserola (Barcelone) 95
Torre de les Aigües 107
Torrent
hôtels 141
Tortosa 129
hôtels 141
Tossa de Mar 19, **120**, 121
festes 35

hôtels 141
Tots Sants (Toussaint) 36
Tours humaines 125
Trains 184-185
Traitements médicaux 176
Transfiguration, La (Martorell) 59
Trasmediterránea 182
Tredòs
hôtels 141
« Triangle cistercien » 125, 126
Trois jeunes gitans (Rebull) 54
Turisme de Barcelona 175
Turisme de Catalunya 175
Turisverd 133
Tusquets, Oliver 19
TVA
au restaurant 143
produits détaxés 174

U

Un Cotxe Menys 171
Union européenne 47
Unlimited Youth Student Travel et Viatgeteca 175
Urgences 176
Us et coutumes 174
Usatges (Constitution) 42

V

Vall d'Aran 112
papillons de la Vall d'Aran 112
Vall de Boí 113
Vallmitjana, Agapit et Venanci 123
Valls
festes 35
restaurants 151
Van Eyck, Jan 28
Van Gogh, Vincent 68
Vayreda i Vila, Joaquim 28, 115
Velázquez, Diego de 28, 64
Monestir de Santa Maria de Pedralbes 95
Museu Nacional d'Art de Catalunya (Barcelone) 88
Verdaguer, Jacint 45
Veronese, Paolo 95
Vestiges romains 41
Barri Gòtic (Barcelone) 54
Empúries 120
Museu d'História de la Ciutat 57
Tarragone 128-129
Vic 124
Vêtements
au restaurant 142
magasins 154, 155, 158, 159
Viajes 2000 175
Vic 124
hôtels 141
restaurants 151
Vieille ville (Barcelone) 15, **53-69**
Barri Gòtic pas à pas 54-55
cafés et bars 152-153
cathédrale de Barcelone 58-59
hôtels 134-137
La Rambla 60-61
plan général 53
restaurants 146-148
Vielha 112
hôtels 141
Vie nocturne 168-169
Vierge de Montserrat 123
Vierge noire 123
Viladomat, Antoni 28
Viladrau
hôtels 141
Vilafranca del Penedès 33, **125**
festes 35
Vilanova i la Geltrú 128
hôtels 141
Vilanova
festes 37
Vilaseca i Casanovas, Josep 65
Villar i Lozano, Francesc de Paula 81
Vin
au restaurant 143
cava 32-33
Museu del Vi (Vilafranca del Penedès) 125
vins de Catalogne 28
Virgen del Carmen (Barcelone) 35
VISA 178
Visas 174
Voile 171
Voitures 186-187
Vol 177
Voyageurs handicapés 175
à l'hôtel 133
au restaurant 143

W

Wilfred le Velu (Guifré el Pelós), comte de Barcelone 42
Les Quatre Barres 114
Ripoll 114
Sant Joan de les Abadesses 115
Wisigoths 41-42, 114

X

Xarxa d'Albergs de Catalunya 115

Z

Zoos
Parc Zoològic (Barcelone) 66
Zurbarán, Francisco de 28
Monestir de Santa Maria de Pedralbes 95
Museu Nacional d'Art de Catalunya (Barcelone) 88

Remerciements

L'éditeur remercie les organismes, les institutions et les particuliers suivants dont la contribution a permis la préparation de cet ouvrage.

Auteur

Roger Williams a participé à la rédaction du guide « Voir » Espagne et a écrit les « Insight Guides » sur Barcelone et la Catalogne. Il est aussi le principal auteur du guide « Voir » Provence. Son dernier roman a pour cadre le pourtour de la Méditerranée et s'intitule *Lunch with Elizabeth David*.

Collaborateurs

Mary Jane Aladren, Pepita Arias, Emma Dent Coad, Rebecca Doulton, Josefina Fernández, Nick Rider, David Stone, Judy Thomson, Clara Villanueva.

Collaboration artistique et éditoriale

Remerciements particuliers à Amaia Allende, Queralt Amella Miró (Bureau du tourisme catalan), Gillian Andrews, Imma Espuñes i Amorós, Alrica Green, Elly King, Kathryn Lane, Barbara Minton, Alícia Ribas Sos, Mary Scott, Lola Carbonell Zragoza.

Lecteur

Stewart J. Wild.

Responsable de l'index

Hilary Bird.

Photographies d'appoint

Max Alexander, D. Murray/J. Selmes, Dave King, Clive Streeter.

Autorisation de photographier

© Obispado de VIC ; © Cabildo de la Catedral de Girona ; Teatre Nacional de Catalunya (Barcelona) ; Institut Mpal. del Paisatge Urba i la Qualitat de Vida, Ajuntament de Barcelona.

L'éditeur remercie tous les musées, cathédrales, églises, hôtels, restaurants, magasins, galeries et autres sites et établissements trop nombreux pour être tous cités.

Crédit photographique

h = en haut ; hg = en haut à gauche ; hgc = en haut à gauche au centre ; hc = en haut au centre ; hdc = en haut à droite au centre ; hd = en haut à droite ; cgh = au centre à gauche en haut ; ch = au centre en haut ; cdh = au centre à droite en haut ; cg = au centre à gauche ; c = au centre ; cd = au centre à droite ; cgb = au centre à gauche en bas ; cb = au centre en bas ; cdb = au centre à droite en bas ; bg = en bas à gauche ; b = en bas ; bc = en bas au centre ; bcg = en bas au centre à gauche ; bd = en bas à droite ; bcd = en bas au centre à droite ; (d) = détail.

Les œuvres d'art ont été reproduites avec l'aimable autorisation des organismes suivants :

Dona i Ocell Joan Miró © ADAGP, Paris & DACS, London 1999 ; *Morning* George Kolbe © DACS 1999 ; IOC/Olympic Museum Collections ; Tapisserie de la Fondation Joan Miró 1975 © ADAGP, Paris & DACS, London ; *Taxi pluvieux* © Salvador Dalí - Foundation Gala - Salvador Dalí/DACS 1999.

L'éditeur exprime sa reconnaissance aux particuliers, sociétés et bibliothèques qui ont autorisé la reproduction de leurs photographies :

ACE PHOTO LIBRARY : Mauritius 19h ; AISA, Barcelona : 14b, 18b, 23bg, *San Jorge* Jaume Huguet 28c, 40, 41c, 44cb, 46c, 46bl, 176bc ; ALAMY IMAGES : Douglas Armand hdc ; John Arnold Images 76 hd ; Andrew Bargery 62 bd, 76 bg ; Neil Barks 77 hg ; Peter Barrit 82 hd ; Olivier Bee 76 cgb, 77 bd ; Dalgleish Images 96 bg ; Iain Davidson Photographic 102 chg, 103 hg ; Chad Ehlers 97 hg ; Richard Foot 96 hd , BJ Gadie 62 hc ; Stephen Saks Photography 68 h ; Neil Setchfield 60 bd. 97AQUILA PHOTOGRAPHICS : Adrian Hoskins 112bgh ; 112bg ; James Pearce 21b ; NATIONAL ATESA : 186cd.

JAUME BALANYA : 81crb ; MIKE BUSSELLE : 111b, 112t. COCEMFE : 154 C ; CODORNIU : 33h, 33c ;

BRUCE COLEMAN COLLECTION : Erich Crichton 20hd ; José Luis González Grande 21hd ; Norbert Schwirtz 21hg ; Colin Varwdell 21 cdh ; CORBIS : Peter Aprahamian 62 bg, 105 bd ; Carlos Dominguez 11 cgb ; Owen Franken 124 hg, 125 c ; Dave G. Houser cgh ; Andrea Jemolo 82 cgh ; Jose Fuste Raga 11hg ; James Sparshatt 82 hg ; Mark L. Stephenson 83 hd ; Sandro Vannini 82 bc ; Vanni Archives 83 bd. COVER, Madrid : Pepe Franco 154c ; Matias Nieto 191b.
EUROPEAN COMMISSION : 179
FIRO FOTO : 69 cg. FREIXENET : 32c, 33b ;
FUNDACION COLLECTION THYSSEN-BORNEMISZA : *Vierge d'humilité* Fra Angelico 95h ; FUNDACIO JOAN MIRO, Barcelona : *Flama en l'espai i dona nua* Joan Mirl'espai iADAGP, Paris et DACS, London 1999 88h.

GODO PHOTO : 129h, José Luis Dorada 125h.
ROBERT HARDING PICTURE LIBRARY : 25hd, 59ch, 72ch, 88b, 89b.

THE ILLUSTRATED LONDON NEWS PICTURE LIBRARY : 47h ; INDEX, Barcelona : CJJ. 19b, 44h, 47c ; IMAGE BANK : 24b, 73b ; Andrea Pistolesi 92 ; IMAGES COLOUR LIBRARY : 24c, 183b ; AGE Fotostock 76, 113b, 118-119, 155h, 155c, 170cd ; NICK INMAN : 20b, 96 bd.

LIFE FILE PHOTOGRAPHIC : Xabier Catalan 25c ; Emma Lee 25cdh.
MARKA, Milan : Sergio Pitamitz 62 hg ; MAS SALVANERA : Ramón Ruscalleda 133h ;
MARY EVANS PICTURE LIBRARY : 27 (encadré) ; JOHN MILLER : 108 ; MUSEU NACIONAL D'ART DE CATALUNYA : J. Calveras J. Sagrista 82-83 ;
La Compañia de Santa Barbara 1891 Ramon Marti Alsina 45h ; MUSEU PICASSO : *Autoportrait* Pablo Ruiz Picasso
© DACS 1999 60bg, *Les Ménines* Pablo Ruiz Picasso 1957 © DACS 1999 64bg. ABADIA DE MONTSERRAT (Barcelone) 122 bd.

NATURAL SCIENCE PHOTOS : C. Dani & I. Jeske 170c ; NATURPRESS, Madrid : 17b ; Oriol Alamany 34c, 37b ; Walter Kvaternik 37c, 26-27, 177b ; Carlos Vegas 178 h, 180 hd ; Jose A Martinez 109 b.

ORONOZ (Madrid) : 41b, 42h, 42c, 45bg, 46 h.

PHOTOGRAPHERSDIRECT.COM : Michael Dobson/Echo Imagery 107 c, 107 bd ; Fran Fernandez Photography 102b, 104b, 105c, 106 hg, 107 hg ; Jan van der Hoeven 101 h, 103 b, 104 cgh, 106 bd. Pictures Colour Library : 74-75 ;
PRISMA, Barcelona : 4h, *Paralelo Año 1930* Roger Bosch 8-9, 9 (encadré), 18h, *Procesión en Santa María del Mar*
Carbo Cases 28h, *Jardines de Aranjuez* 1907 Rusiñol y Prats 28b, *Esperando la Sopa* 1899 Isidro Monell y Monturiol 29h, *La Catedral de los Pobres* Mir Trinxet 29c, Litografía Tàpies © ADAGP, Paris & DACS, London 1999 29b, 38-39, 45cb, 46 cdh, 131 (encadré), 154b, 163c, 173 (encadré), 182ch, 187h ; Carles Aymerich 22bg, 36c ; A. Bofill 19c ; Barbara Call 17h ; Jordi Cami 34b ; Albert Heras 2-3, 36b ; Kuwenal 43h, 43c ; Mateu 35c.

RAIMAT : 32cb ; RED-HEAD : 52 ;
REX FEATURES : 117cb ; ELLEN ROONEY :1.

M. ANGELES SÁNCHEZ : 35b ;
SCIENCE PHOTO LIBRARY : Geospace 12 ;
SPECTRUM COLOUR LIBRARY : 24hd ; STOCKPHOTOS, Madrid : 170b ;
Campillo 171h.

COUVERTURE
1ère – CORBIS : David G. Houser image principale ; DK PICTURE LIBRARY : Heidi Grassley bd ; Clive Streeter cgb ; MUSEU ARQUEOLOGIC DE BARCELONA : cdb. 4e – DK PICTURE LIBRARY : Heidi Grassley h ; Alan Keohane b. Dos – CORBIS : David G. Houser.

PREMIÈRE PAGE DE GARDE : dans le sens des aiguilles d'une montre John Miller ; Image Bank Andrea Pistolesi ; Red-Head ; Images Colour Library/AGE FOTOSTOCK.

Toutes les autres photos © Dorling Kindersley.
Pour plus d'informations :
www.DKimages.com

Lexique

Au secours !	**Auxili !**	aou-**gzi**-li
Arrêtez !	**Pareu !**	**pah**-rè-ou
Appelez un médecin !	**Telefoneu un metge !**	tè-lè-fohn-**è**-ou oun mè-dja
Appelez une ambulance !	**Telefoneu una ambulància !**	tè-lè-fohn-**è**-ou ou-nah ahm-bou-**lahn**-si-ah
Appelez la police ! la police !	**Telefoneu la policia !**	tè-lè-fohn-**è**-ou lah poh-li-**si**-ah
Appelez les pompiers !	**Telefoneu els bombers !**	tè-lè-fohn-**è**-ou alz boum-**bès**
Où est le téléphone le plus proche ?	**On és el telèfon més proper ?**	**ohn**-ès el te-lè-**fohn mès** prou-**pè**
Où est l'hôpital le plus proche ?	**On és l'hospital més proper ?**	**ohn**-ès lous-pi-**tahl mès** prou-**pè**

L'essentiel

Oui	**Si**	si
Non	**No**	no
S'il-vous-plaît	**Si us plau**	**sis plah**-ou
Merci	**Gràcies**	**grah**-si-as
Pardon	**Perdoni**	par-**toh**-ni
Bonjour	**Hola**	**oh**-lah
Au revoir	**Adéu**	ah-tè-**ou**
Bonne nuit	**Bona nit**	**bo**-nah **nit**
Le matin	**El matí**	al ma-**ti**
L'après-midi	**La tarda**	lah **tahr**-ta
Le soir	**El vespre**	al **vès**-pra
Hier	**Ahir**	ah-**i**
Aujourd'hui	**Avui**	a-vou-**i**
Demain	**Demà**	da-**mah**
Ici	**Aquí**	a-**ki**
Là	**Allà**	a-**lyah**
Quoi ?	**Què ?**	**kè**
Quand ?	**Quan ?**	**kwahn**
Pourquoi ?	**Per què ?**	par **kè**
Où ?	**On ?**	**ohn**

Quelques phrases utiles

Comment allez-vous ?	**Com està ?**	**kom** as-**tah**
Très bien, merci.	**Molt bé, gràcies.**	mol **bè** **grah**-si-as
Ravi de faire votre connaissance.	**Molt de gust.**	mol da **goust**
À bientôt.	**Fins aviat.**	fihnz av-**yat**
C'est parfait.	**Està bé.**	as-**tah bè**
Où est/sont... ?	**On és/són ?**	**ohn** ès/**sohn**
À quelle distance se trouve... ?	**Quants metres/kilòmetres hi ha d'aquí a... ?**	**kwahnz mè**-tras/ki-**loh**-ma-tras **yah** dah-**ki** a
Comment aller à... ?	**Per on es va a... ?**	par **ohn** as **bah** ah
Parlez-vous français ?	**Parla francès ?**	**par**-la frahn-**sès**
Je ne comprends pas	**No l'entenc.**	noh lahn-**tèhng**
Pouvez-vous parler plus lentement s'il vous plaît ?	**Pot parlar més a poc a poc, si us plau ?**	**pot** par-**lah mès pok** a **pok sis plah**-ou
Excusez-moi.	**Ho sento.**	ou **sèn**-tou

Quelques mots utiles

grand	**gran**	**grahn**
petit	**petit**	pa-**tit**
chaud	**calent**	kah-**lén**
froid	**fred**	**fred**
bon	**bo**	**boh**
mauvais	**dolent**	dou-**lén**
assez	**bastant**	bahs-**tahn**
bien	**bé**	**bè**
ouvert	**obert**	ou-**bèr**
fermé	**tancat**	tahn-**kat**
gauche	**esquerra**	as-**kèr**-ra
droite	**dreta**	**drè**-ta
tout droit	**recte**	**rèk**-ta
près	**a prop**	a **prop**
loin	**lluny**	**lyoun**-ya
en haut	**a dalt**	a **dahl**
en bas	**a baix**	a **bah**-ich
tôt	**aviat**	av-**yat**
tard	**tard**	**tahrt**
entrée	**entrada**	ahn-**trah**-ta
sortie	**sortida**	**sour**-ti-ta
toilettes	**lavabos/serveis**	la-**vah**-bous sèr-**bè**-is
plus	**més**	mess
moins	**menys**	ményis

Le shopping

Combien cela coûte-t-il ?	**Quant costa això ?**	**kwahn kost** ès-**choh**
Je voudrais...	**M'agradaria...**	ma-grad-a-ri-ah
Avez-vous... ?	**Tenen ?**	**tèn**-én
Je ne fais que regarder, merci.	**Només estic mirant, gràcies.**	nou-mess ès-tik mi-**rahn** **grah**-si-as
Acceptez-vous les cartes de crédit ?	**Accepten targes de crèdit ?**	ak-**sèp**-tahn tahr-**zhas** da **krè**-dit
À quelle heure ouvrez-vous ?	**A quina hora obren ?**	ah **kin**-a oh-ra **oh**-brahn
À quelle heure fermez-vous ?	**A quina hora tanquen ?**	ah **kin**-a oh-ra **tahn**-kahn
Ceci.	**Aquest**	ah-**ket**
Cela.	**Aquell**	ah-**kèl**
cher	**car**	**kahr**
bon marché	**bé de preu/barat**	**bè** ta **prè**-ou/bah-**rat**
taille (vêtement)	**talla/mida**	**tah**-lyah/**mi**-ta
taille (chaussures)	**número**	**nou**-mèr-ou
blanc	**blanc**	**blahng**
noir	**negre**	**nè**-gra
rouge	**vermell**	var-**mel**
jaune	**groc**	**grok**
vert	**verd**	**bèrt**
bleu	**blau**	**blah**-ou
l'antiquaire	**antiquari/botiga d'antiguitats**	ahn-ti-**kwah**-ri/bou-**ti**-gah/dahn-ti-ghi-**tats**
la boulangerie	**el forn**	al **forn**
la banque	**el banc**	al **bahng**
la librairie	**la llibreria**	lah lyi-bra-**ri**-ah
la boucherie	**la carnisseria**	lah kahr-ni-sa-**ri**-a
la pâtisserie	**la pastisseria**	lah pahs-ti-sa-**ri**-a
la pharmacie	**la farmàcia**	lah far-**mah**-si-ah
la poissonnerie	**la peixateria**	lah pè-cha-ta-**ri**-a
le marchand de légumes	**la fruiteria**	lah frou-i-ta-**ri**-a
l'épicerie	**la botiga de queviures**	lah bou-**ti**-ga da kè-vi-**ou**-ras
le coiffeur	**la perruqueria**	lah pè-rou-ka-**ri**-a
le marché	**el mercat**	al mar-**kat**
le marchand de journaux	**el quiosc de premsa**	al ki-**ohsk** da **prem**-sa
la poste	**l'oficina de correus**	lou-fi-**si**-na da kou-**rè**-ous
le marchand de chaussures	**la sabateria**	lah sah-bah-ta-**ri**-a
le supermarché	**el supermercat**	al sou-par-mar-**kat**
le débit de tabac	**l'estanc**	las-**tahng**
l'agence de voyages	**l'agència de viatges**	la-**jén**-si-a da vi-**ad**-jas

Le tourisme

la galerie d'art	**la galeria d' art**	lah gah-la **ri**-ya **dart**
la cathédrale	**la catedral**	lah ka-ta-**trahl**
l'église	**l'església**	laz-**glè**-zi-a
	la basílica	lah ba-**zi**-li-ka
le jardin	**el jardí**	al zhahr-**di**
la bibliothèque	**la biblioteca**	lah bi-bli-ou-**tè**-ka
le musée	**el museu**	al mou-**sè**-ou
l'office du tourisme	**l'oficina de turisme**	lou-fi-si-na ta tou-**riz**-ma
l'hôtel de ville	**l'ajuntament**	la-djoun-ta-**mén**
fermé les jours fériés	**tancat per vacances**	tahn-**kat** par bah-**kahn**-sas
la gare routière	**l'estació d'autobusos**	las-tah-si-**oh** daou-toh-**bou**-zous
la gare	**l'estació de tren**	las-tah-si-**oh** ta **trén**

À l'hôtel

Avez-vous une chambre libre ?	**¿Tenen una habitacib lliure ?**	**tè**-nahn **ou**-na ah-bi-ta-si-**oh** **lya**-ra
Une chambre	**habitació**	ah-bi-ta-si-**oh**

pour deux personnes avec un grand lit	**doble amb llit de matrimoni**	**doh**-bla am **lyit** da mah-tri-**moh**-ni
une chambre à deux lits	**habitació amb dos llits/ amb llits individuals**	ah-bi-ta-si-**oh** am **dohs lyits**/ am **lyits** in-ti-vi-tou-**ahls**
une chambre pour une personne	**habitació individual**	ah-bi-ta-si-**oh** ihn-di-vi-tou-**ahl**
une chambre avec bain	**habitació amb bany**	ah-bi-ta-si-**oh** am **bahn**ya
douche	**dutxa**	**dou**-cha
le portier	**el grum**	al **groum**
la clé	**la clau**	lah **klah**-ou
J'ai réservé une chambre	**Tinc una habitació reservada**	**ting ou**-na ah-bi-ta-si-**oh** rè-sèr-**vah**-tah

Au restaurant

Avez-vous une table pour... ?	**Tenen taula per... ?**	**tè**-nahn **tow**-la par
Je voudrais réserver une table.	**Voldria reservar una taula.**	voul-**dri**-a rè-sèr-**vahr** **ou**-na **tow**-la
L'addition s'il vous plaît.	**El compte, si us plau.**	al **kohm**-ta **sis plah**-ou
Je suis végétarien/ne	**Se vegetarià/ vegetariana**	**sok** ba-zha-ta-ri-**ah** ba-zha-ta-ri-**ah**-nah
serveuse	**cambrera**	kam-**brè**-ra
serveur	**cambrer**	kam-**brè**
la carte	**la carta**	lah **kahr**-ta
le menu à prix fixe	**menú del dia**	ma-**nou** tal **di**-a
la carte des vins	**la carta de vins**	lah **kahr**-ta ta **vins**
un verre d'eau	**un got d'aigua**	oun **got dah**-i-gwah
un verre de vin	**una copa de vi**	**ou**-na **ko**-pah ta **vi**
une bouteille	**una ampolla**	**ou**-na am-**pol**-ya
un couteau	**un ganivet**	oun gahn-i-**vèt**
une fourchette	**una forquilla**	**ou**-na four-**kil**-ya
une cuillère	**una cullera**	ou-na koul-**yè**-ra
le petit déjeuner	**l'esmorzar**	les-mour-**sah**
le déjeuner	**el dinar**	al di-**nah**
le dîner	**el sopar**	al sou-**pah**
le plat principal	**el primer plat**	al pri-**mè** **plat**
les entrées	**els entrants**	alz èn-**trahnz**
le plat du jour	**el plat del dia**	al **plat** dal **di**-a
le café	**el cafè**	al kah-**fè**
saignant	**poc fet**	**pok fet**
à point	**al punt**	ahl **poun**
bien cuit	**molt fet**	mol **fet**

Lire le menu *(voir aussi p. 30-31 et 144-145)*

l'aigua mineral	**lah**-i-gwa mi-na-**rahl**	l'eau minérale
sense gas/amb gas	sén-za gas/am gas	plate/gazeuse
al forn	ahl **forn**	cuit au four
l'all	**lahl**ya	l'ail
l'arròs	lahr-**roz**	le riz
les botifarres	lahs **bou**-ti-fah-rahs	les boudins
la carn	lah **karn**	la viande
la ceba	lah **sè**-ba	l'oignon
la cervesa	lah-sèr-**ve**-sah	la bière
l'embotit	lum-bou-**tit**	la viande froide
el filet	al fi-**let**	le filet
el formatge	al for-**mah**-dja	le fromage
fregit	frè-**zhit**	frit
la fruita	lah frou-**i**-tah	le fruit
els fruits secs	alz frou-**its seks**	les fruits secs
les gambes	lahs **gam**-bus	les crevettes
el gelat	al dja-**lat**	la crème glacée
la llagosta	lah lyah-**gos**-tah	la langouste
la llet	lah **lyet**	le lait
la llimona	lah lyi-**moh**-nah	le citron
la llimonada	lah lyi-moh-**nah**-ta	la limonade
la mantega	lah mahn-**tè**-gah	le beurre
el marisc	al ma-**risk**	le coquillage
la menestra	lah ma-**nès**-tra	le bouillon de légumes
l'oli	**loll**-i	l'huile
les olives	las ou-**li**-vas	les olives
l'ou	**loh**-ou	l'œuf
el pa	al **pah**	le pain
el pastís	al pahs-**tis**	le gâteau
les patates	lahs pah-**tah**-tas	les pommes de terre
el pebre	al **pè**-bra	le poivre
el peix	al **pèch**	le poisson
el pernil salat serrà	al par-**nil** sa-**lat** sèr-**rah**	le jambon de pays
el plàtan	al **plah**-tahn	la banane
el pollastre	al pou-**lyah**-stra	le poulet
la poma	la **poh**-mah	la pomme
el porc	al **pohr**	le porc
les postres	lahs **pohs**-tras	les desserts
rostit	rohs-**tit**	rôti
la sal	lah **sahl**	le sel
la salsa	lah **sahl**-sa	la sauce
les salsitxes	lahs sahl-**si**-chas	les saucisses
sec	**sèk**	sec
la sopa	lah **soh**-pa	la soupe
el sucre	al-**sou**-kra	le sucre
la taronja	lah ta-**rohn**-dja	l'orange
el te	al tè	le thé
les torrades	lahs tou-**rah**-tas	les toasts
la vedella	lah vè-**tè**-lya	le bœuf
el vi blanc	al **bi blahng**	le vin blanc
el vi negre	al **bi nè**-gra	le vin rouge
el vi rosat	al **bi** rou-**zaht**	le vin rosé
el vinagre	al bi-**nah**-gra	le vinaigre
el xai/el be	al **chahi**/al **bè**	l'agneau
el xerès	al cha-**rès**	le xérès
la xocolata	lah chou-kou-**lah**-ta	le chocolat
el xoriç	al chou-**ris**	le chorizo

Les nombres

0	**zero**	**sè**-rou
1	**un (masc)**	**oun**
	una (fem)	**oun**-a
2	**dos (masc)**	**dohs**
	dues (fem)	**dou**-as
3	**tres**	**très**
4	**quatre**	**kwa**-tra
5	**cinc**	**sing**
6	**sis**	**sis**
7	**set**	**set**
8	**vuit**	**vou**-it
9	**nou**	**noh**-ou
10	**deu**	**dè**-ou
11	**onze**	**ohn**-za
12	**doce**	**doh**-dza
13	**tretze**	**trè**-dza
14	**catorze**	kah-**tohr**-dza
15	**quinze**	**kin**-za
16	**setze**	**set**-za
17	**disset**	di-**set**
18	**divuit**	di-vou-**it**
19	**dinou**	di-**noh**-ou
20	**vint**	**bin**
21	**vint-i-un**	bihn-ti-**oun**
22	**vint-i-dos**	bihn-ti-**dohs**
30	**trenta**	**trén**-tah
31	**trenta-un**	**trén**-tah oun
40	**quaranta**	kwa-**rahn**-ta
50	**cinquanta**	sihn-**kwahn**-tah
60	**seixanta**	sè-i-**chahn**-tah
70	**setanta**	sè-**tahn**-tah
80	**vuitanta**	vou-i-**tahn**-tah
90	**noranta**	noh-**rahn**-tah
100	**cent**	**sén**
101	**cent un**	**sént oun**
102	**cent dos**	sén **dohs**
200	**dos-cents (masc)**	dohs-**séns**
	dues-centes (fem)	dou-as **sén**-tas
300	**tres-cents**	**très-sénz**
400	**quatre-cents**	**kwah**-tra-**sénz**
500	**cinc-cents**	**sing-sénz**
600	**sis-cents**	**sis-sénz**
700	**set-cents**	**set-sénz**
800	**vuit-cents**	**vou**-it-**sénz**
900	**nou-cents**	**noh**-ou-**cénz**
1000	**mil**	**mil**
1 001	**mil un**	**mil oun**

Le jour et l'heure

une minute	**un minut**	**oun** mi-**nout**
une heure	**una hora**	**ou**-na **oh**-ra
une demi-heure	**mitja hora**	**mi**-ja **oh**-ra
lundi	**dilluns**	di-**lyounz**
mardi	**dimarts**	di-**marts**
mercredi	**dimecres**	di-**mè**-kras
jeudi	**dijous**	di-**zhoh**-ous
vendredi	**divendres**	di-**vén**-dras
samedi	**dissabte**	di-**sab**-ta
dimanche	**diumenge**	di-ou-**mèn**-ja